科学出版社"十四五"普通高等教育本科规划教材

动物卫生法学

（第二版）

粟绍文　陈向武　主编

科学出版社

北　京

内 容 简 介

本书由来自高等农林院校、动物卫生行政管理部门和青岛东方动物卫生法学研究咨询中心的 27 位专家共同编写完成。全书共包括 3 篇 12 章，第一篇介绍法学基础理论与动物卫生行政法的相关知识，覆盖动物卫生行政立法等知识；第二篇介绍国内外主要动物卫生法律制度，重点是国内动物防疫、进出境动物检疫、重大动物疫情应急、动物产品质量安全保障、病原微生物实验室生物安全管理等方面的法律制度；第三篇介绍动物卫生行政执法与救济的相关知识。

本书适合作为高等农林院校动物医学、动植物检疫、动物药学、兽医公共卫生等相关专业本科生和研究生的教材，也可作为动物卫生行政部门、动物及动物产品检验检疫监督部门、进出境检验检疫部门及相关生产单位和科研部门等的参考书。

图书在版编目（CIP）数据

动物卫生法学 / 栗绍文，陈向武主编. —2 版. —北京：科学出版社，2023.10

科学出版社"十四五"普通高等教育本科规划教材

ISBN 978-7-03-076448-5

Ⅰ. ①动… Ⅱ. ①栗… ②陈… Ⅲ. ①动物防疫法–中国–高等学校–教材 ②兽医卫生检验–法规–中国–高等学校–教材 Ⅳ. ①D922.4

中国版本图书馆 CIP 数据核字（2023）第 177467 号

责任编辑：刘 丹 韩书云 / 责任校对：严 娜
责任印制：赵 博 / 封面设计：无极书装

科 学 出 版 社 出版

北京东黄城根北街 16 号
邮政编码：100717
http://www.sciencep.com

北京科印技术咨询服务有限公司数码印刷分部印刷
科学出版社发行 各地新华书店经销

＊

2011 年 6 月第 一 版 开本：787×1092 1/16
2023 年 10 月第 二 版 印张：17 3/4
2025 年 1 月第十四次印刷 字数：454 000

定价：69.80 元

（如有印装质量问题，我社负责调换）

《动物卫生法学》（第二版）编委会名单

主　编　栗绍文　陈向武

副主编　（按姓氏笔画排序）

　　　　杨亮宇　杨增岐　路义鑫　薛惠文

编　者　（按姓氏笔画排序）

　　　　牛家强（西藏农牧学院）

　　　　丛彦龙（吉林大学）

　　　　包福祥（内蒙古农业大学）

　　　　华　松（西北农林科技大学）

　　　　刘　峰（长江大学）

　　　　李建亮（山东农业大学）

　　　　杨泽晓（四川农业大学）

　　　　杨亮宇（云南农业大学）

　　　　杨增岐（西北农林科技大学）

　　　　吴亚楠（河南农业大学）

　　　　何　放（浙江大学）

　　　　张小荣（扬州大学）

　　　　张立梅（云南农业大学）

　　　　张光辉（河南农业大学）

　　　　陈向武（青岛东方动物卫生法学研究咨询中心）

　　　　周　明（华中农业大学）

　　　　孟宪荣（华中农业大学）

　　　　栗绍文（华中农业大学）

　　　　徐共和（武汉海关）

　　　　唐晓云（吉林省动物卫生监督所）

　　　　涂玲玲（武汉海关）

　　　　符华林（四川农业大学）

　　　　彭　斌（新疆农业大学）

　　　　路义鑫（东北农业大学）

　　　　谭镜明（长沙市农业综合行政执法局）

　　　　薛惠文（甘肃农业大学）

　　　　魏衍全（甘肃农业大学）

主　审　邓干臻（华中农业大学）

　　　　陈向前（中国动物卫生与流行病学中心）

《动物卫生法学》（第一版）编委会名单

第二版前言

随着我国社会主义法治化的不断完善和兽医体制改革的不断推进,尤其是兽医职业资格认证的逐步开展,兽医法规作为执业兽医资格考试的主要内容,是动物医学、动植物检疫、兽医公共卫生、动物药学等专业毕业生必须掌握的一门课程,也是兽医从业人员尊法、学法、守法、用法必须掌握的知识。为此,2011 年我们组织专家编写了《动物卫生法学》教材,并由科学出版社出版,2015 年进行修正。本书自出版以来,受到相关教师和学生的普遍认可,对于提升师生法律意识,掌握相关法律法规,推动兽医管理法治化和规范化起到了重要作用。随着《中华人民共和国动物防疫法》2021 年修订完成,面对当前我国法治化强国建设和动物卫生事业的新形势,对教材进行修订势在必行。为此,我们组织我国高等农林院校、动物卫生行政管理部门和青岛东方动物卫生法学研究咨询中心的 27 位专家共同完成了本书的编写工作,教材编写紧密围绕动物卫生相关法律法规和我国动物卫生实际,沿袭上版教材动物卫生法理和法规相结合的特点,注重科学性和实用性,结构体系合理,写作力求严谨、精练。

全书共包括 3 篇 12 章,第一篇介绍法学基础理论与动物卫生行政法的相关知识,覆盖动物卫生行政立法等知识;第二篇介绍国内外主要动物卫生法律制度,重点是国内动物防疫、进出境动物检疫、重大动物疫情应急、动物产品质量安全保障、病原微生物实验室生物安全管理等方面的法律制度;第三篇介绍动物卫生行政执法与救济的相关知识。编写分工为:第一章至第三章,陈向武、谭镜明、唐晓云;第四章,路义鑫、孟宪荣;第五章,栗绍文、丛彦龙、何放;第六章,杨增岐、华松、李建亮、孟宪荣、丛彦龙、牛家强、周明;第七章,徐共和、涂玲玲;第八章,薛惠文、魏衍全;第九章,杨亮宇、薛惠文、彭斌、魏衍全、张立梅;第十章,包福祥、刘峰;第十一章,符华林、张光辉、路义鑫、杨泽晓、吴亚楠;第十二章,张小荣。

本书特别邀请教材前任主编华中农业大学邓干臻教授和中国动物卫生与流行病学中心陈向前研究员担任主审,他们在教材大纲修订和内容编写审定过程中均提出了许多宝贵意见和建议,特此表示衷心的感谢。

本书内容体现了动物卫生法基础理论和法律法规的有机结合,兼顾学科的系统性、科学性、规范性和实用性,既可作为相关专业学生的教材,又适合相关行政管理人员工作实践中使用。

尽管编者付出了巨大努力,但由于水平有限,难免存在诸多不足之处,恳请广大读者批评指正。

编　者
2023 年 10 月

第一版前言

  随着我国法治化的不断完善和兽医体制改革的不断推进，尤其是兽医职业资格认证的逐步开展，兽医法规作为执业兽医资格考试的主要内容，以及官方兽医资格需要掌握的主要内容，成为动物医学、动物检疫等专业毕业生必须掌握的一门课程，也是兽医从业人员必须掌握的知识。但目前国内缺乏系统性、完整性、实用性的教材可供使用。为此，我们联合我国高等农林院校、动物卫生行政管理部门和青岛东方动物卫生法学研究所的 21 位专家共同编写完成了本书。

  全书共包括 12 章，包括法学基础理论，动物卫生行政法基础知识，动物卫生行政立法、执法和救济，国际动物卫生法律制度，并重点介绍了我国主要的动物卫生法律制度。编写分工为：第一章至第三章，陈向前、陈向武；第四章，邓干臻；第五章，栗绍文、孟宪荣；第六章，杨增岐、崔言顺、黄利权、李建亮、牛家强；第七章，徐共和、冯汉利；第八章，薛惠文、胡永浩；第九章，丁壮、张晶；第十章，杜亚楠；第十一章，符华林、张光辉、路义鑫；第十二章，张小荣。

  本书特别邀请农业部畜牧兽医局医政处吴晗处长和华中农业大学文法学院刘旭霞教授担任主审，他们在教材大纲修订和编写过程中提供了许多宝贵意见和建议，在此表示衷心的感谢。

  本书内容体现了基本动物卫生法基础理论和法律法规的有机结合，兼顾学科的系统性、科学性、规范性和实用性，结构体系合理，写作力求严谨、精练，既可满足相关专业学生的培养要求，又适合相关行政管理人员培训使用。

  尽管编者付出了巨大努力，但由于水平有限，难免存在诸多不足之处，恳请广大读者批评指正。

编　者

2011 年 5 月

目　　录

第二版前言
第一版前言

第一篇　法学基础理论与动物卫生行政法

第一章　法学基础理论 ··· 1
 第一节　法的概述 ··· 1
 第二节　法律体系 ··· 5
 第三节　法律规范 ··· 7
 第四节　法的效力 ··· 9
 第五节　法的价值 ··· 11
 第六节　法的适用 ··· 13
 第七节　法律关系 ··· 16
 第八节　守法和违法 ··· 20
 第九节　法律责任和法律制裁 ··· 22
 复习思考题 ··· 25
第二章　动物卫生行政 ··· 26
 第一节　动物卫生行政概述 ··· 26
 第二节　动物卫生行政组织体系 ··· 28
 第三节　动物卫生行政行为 ··· 34
 第四节　动物卫生行政法律关系 ··· 36
 第五节　动物卫生行政法律责任和法律制裁 ······································· 40
 复习思考题 ··· 43
第三章　动物卫生行政法和行政程序法 ··· 44
 第一节　行政法的基本知识 ··· 44
 第二节　行政程序的基本制度 ··· 46
 第三节　动物卫生行政法概述 ··· 47
 第四节　动物卫生行政程序法概述 ··· 51
 复习思考题 ··· 54
第四章　动物卫生行政立法 ··· 55
 第一节　动物卫生行政立法概述 ··· 55
 第二节　动物卫生行政立法的原则和程序 ··· 60
 第三节　动物卫生行政立法技术和动物卫生行政法的整理 ··························· 63
 复习思考题 ··· 65

第二篇 国内外主要动物卫生法律制度

第五章 国际动物卫生法律制度简介 ·· 66
  第一节 动物卫生国际组织简介 ·· 66
  第二节 国际动物卫生法简述 ·· 73
  复习思考题 ··· 87

第六章 动物防疫法律制度 ··· 88
  第一节 动物防疫法律制度概述 ·· 88
  第二节 动物疫病的预防法律制度 ·· 90
  第三节 动物疫情的报告、认定、通报和公布法律制度 ······························· 101
  第四节 动物疫病的控制法律制度 ·· 105
  第五节 动物和动物产品的检疫法律制度 ·· 109
  第六节 病死动物和病害动物产品的无害化处理 ··· 116
  第七节 动物诊疗法律制度 ··· 119
  第八节 动物防疫监督管理的法律制度 ··· 126
  第九节 动物防疫保障制度 ··· 131
  复习思考题 ··· 133

第七章 进出境动物检疫法律制度 ·· 135
  第一节 进出境动物检疫法律制度概述 ··· 135
  第二节 进境检疫制度 ··· 139
  第三节 出境检疫制度 ··· 143
  第四节 过境检疫制度 ··· 144
  第五节 携带、寄递物检疫制度 ·· 145
  第六节 运输工具检疫制度 ··· 146
  第七节 法律责任 ··· 147
  复习思考题 ··· 147

第八章 重大动物疫情应急法律制度 ··· 148
  第一节 重大动物疫情应急法律制度概述 ·· 148
  第二节 重大动物疫情应急准备法律制度 ·· 156
  第三节 重大动物疫情监测、报告和公布法律制度 ·· 158
  第四节 重大动物疫情应急处理法律制度 ·· 160
  第五节 重大动物疫情应急法律责任制度 ·· 163
  复习思考题 ··· 165

第九章 动物产品质量安全保障法律制度 ·· 166
  第一节 动物产品质量安全管理法律制度 ·· 166
  第二节 兽药管理法律制度 ··· 171
  第三节 饲料和饲料添加剂管理法律制度 ·· 185
  第四节 生猪屠宰管理法律制度 ·· 193

　　第五节　乳品质量安全管理法律制度 ……………………………………………199
　　复习思考题 ……………………………………………………………………………202
第十章　病原微生物实验室生物安全管理法律制度 …………………………………203
　　第一节　病原微生物实验室生物安全管理法律制度概述 …………………………203
　　第二节　病原微生物的分类与管理法律制度 ………………………………………206
　　第三节　病原微生物样本采集、运输、保藏和管理法律制度 ……………………208
　　第四节　病原微生物实验室设立、活动和管理法律制度 …………………………214
　　第五节　实验室感染的控制法律制度 ………………………………………………219
　　第六节　监督管理法律制度 …………………………………………………………219
　　复习思考题 ……………………………………………………………………………220

第三篇　动物卫生行政执法与救济

第十一章　动物卫生行政执法 …………………………………………………………221
　　第一节　动物卫生行政执法概述 ……………………………………………………221
　　第二节　动物卫生行政许可 …………………………………………………………226
　　第三节　动物卫生行政处罚 …………………………………………………………233
　　第四节　动物卫生行政强制 …………………………………………………………247
　　复习思考题 ……………………………………………………………………………252
第十二章　动物卫生行政救济 …………………………………………………………253
　　第一节　动物卫生行政救济概述 ……………………………………………………253
　　第二节　动物卫生行政复议 …………………………………………………………254
　　第三节　动物卫生行政诉讼 …………………………………………………………260
　　第四节　动物卫生行政赔偿 …………………………………………………………268
　　复习思考题 ……………………………………………………………………………273

参考文献 …………………………………………………………………………………274

第一篇 法学基础理论与动物卫生行政法

第一章 法学基础理论

本章内容提要 法学基础理论研究的是法的一般理论,主要包括法的概述、法律体系、法律规范、法的效力、法的价值、法的适用、法律关系、守法和违法、法律责任和法律制裁 9 个方面。学习法学基础理论需要理解法、法律规范、法律效力、法的价值、法律关系及法律责任和法律制裁之间的关系。法是统治阶级意志的体现,主要规范人们的行为。统治阶级的意志通过制定或认可两种形式,以规范性法律文件的形式表现出来。规范性法律文件由不同的具有严密逻辑结构的法律规范构成,这些法律规范通过法律条文的形式,确立了人们的权利和义务。规范性法律文件公布生效后,公民、法人或其他组织行使权利或履行义务,就形成了法律关系,如果违法行使权利或不履行义务,就会产生法律责任并由有权机关通过具体的惩罚措施达到法律制裁的目的。因而正确理解和掌握法学基础理论,对学习动物卫生行政法有普遍指导意义。

第一节 法 的 概 述

一、法的概念和特征

(一)法的概念

法和国家一样不是从来就有,也不是永远存在的,而是阶级社会特有的历史现象。法的产生是社会基本矛盾运动,尤其是生产力发展的必然结果。私有制的出现是法产生的经济根源,阶级的出现是法产生的政治根源。法是阶级矛盾不可调和的产物,也是社会经济发展的必然结果,它是随着社会生产力的发展,以及私有制、阶级和国家的形成而出现的。

法是统治阶级意志的体现,反映了对立阶级之间的不平等关系,其目的在于确认、保护和发展有利于统治阶级的社会关系和社会秩序,具有明显的阶级性。在阶级社会里,处于不同阶级地位的各个阶级都有自己的愿望和要求,但只有统治阶级才能把自己的意志上升为法律。因为统治阶级掌握着国家的政权,可以通过国家制定或认可,把本阶级的意志变为国家的意志,变成以国家强制力保证实施且人们都必须遵守的行为准则。所以,法是统治阶级整体意志和利益的体现,是由国家制定或认可,并由国家强制力保障实施的各类行为规范的总和。法律有广义和狭义之分。广义的法律是从抽象意义上而言的,指法的整体,包括由国家制定的宪法、法律、条例、法令、决议、规章等规范性法律文件和国家认可的判例、习惯等。就我国现行法律来说,主要指作为根本法的宪法、全国人民代表大会及其常务委员会制定的法律、国务院制定的行政法规、有权机关制定的地方性法规及规章。狭义的法律是从特定或具体意义上而言的,专指拥有立法权的国家机关(全国人民代表大会及其常务委员会)依照立法程序制定的规范性文件。

（二）法的特征

1. 国家创制性　　法律出自国家，一般来讲国家是法律的唯一来源。在特殊情况下，如联合国（UN）、欧盟（EU）、世界贸易组织（WTO）、世界动物卫生组织（WOAH）等国际组织共同制定或认可的国际规则、协议或者条约，凡加入这些国际组织的成员均受其约束。制定和认可是国家创制法律的两种途径。制定是指拥有立法权的国家机关按照一定的程序创造出新的法律规范，通过这种方式产生的法律，称为制定法或成文法。认可是指拥有立法权的国家机关赋予社会上已经存在的某种行为规范以法律效力，通过这种行为产生的法律，称为不成文法。

2. 特殊规范性　　法律与其他社会规范的区别在于其具有特殊规范性。法律是由法律规范构成的，法律规范有自身特殊的逻辑结构，是一种行为规范，通过对人们的行为提出模式化要求，进而实现调整社会的目的。人的行为是法律规范的直接调整对象，社会关系则是法律规范的间接调整对象。法律规范调整人的行为，而不是人的思想，这是法律规范区别于其他社会规范的重要特征之一。例如，道德规范主要通过思想引导和舆论压力来调整社会关系。

3. 以权利和义务为内容　　法设定以权利和义务为内容的行为模式，指引人的行为，将人的行为纳入统一的秩序之中，以调整社会关系。法律以权利和义务为内容，意味着一定条件具备时，人可以从事或者不从事某种行为，必须做或者必须不做某件事，法律承认人谋求自身利益的正当性，区别于主要强调义务的道德规范。

4. 普遍适用性　　法的普遍适用性是指法作为一个整体在本国主权范围内或法所规范的界限内，具有使一切国家机关、社会团体和公民共同遵守的法律效力。法具有普遍适用性，是将法作为一个整体而言的，并不是说每一部特定法律都在一国全部领域内对所有的人生效。

5. 国家强制性　　在所有的社会规范中，只有法律是靠国家强制力来保证实施的。国家强制力是指统治阶级为实现其统治目的而建立起来的军队、警察、法庭、监狱等国家暴力机器，由专门的国家机关依法定的程序来执行。不管每个人的主观愿望如何，都必须遵守法律，否则就会受到国家的干预，受到相应的法律制裁。

二、法的渊源

（一）法的渊源的概念

法的渊源是指法的各种具体表现形式（也称法的形式），即由不同国家机关制定或认可的、具有不同法律效力或法律地位的各种类别的规范性法律文件的总称。

法的渊源通常分为正式渊源和非正式渊源两种。正式渊源主要指制定法，如立法机关或立法主体制定的宪法、法律、法规、规章和条约等；非正式渊源主要指具有法律说服力并能够成为法律推理大前提的准则来源的资料，如正义标准、公平观念，政策、道德和习惯等准则，以及权威性法学著作等。

（二）我国法的正式渊源

1. 宪法　　宪法是国家的根本大法，是我国社会主义法的主要渊源，由全国人民代表大会通过和修改，具有最高的法律地位和效力，其制定和修改的程序非常严格。它规定和调整国家的社会制度和国家制度、公民的基本权利和义务等最根本的全局性问题。

2. 法律　　法律是由全国人民代表大会及其常务委员会经过特定的立法程序制定的规范性法律文件，其地位和效力仅次于宪法。法律又分为基本法律和基本法律以外的其他法律。全国人民代表大会制定和修改基本法律，在全国人民代表大会闭会期间，全国人民代表大会常务委员会可以对这些基本法律进行部分补充和修改，但不得与该法律的基本精神和原则相抵触。全国人民代表大会常务委员会制定和修改基本法律以外的其他法律，全国人民代表大会及其常务委员会发布的规范性决议、决定也具有法的效力。

3. 行政法规及规章　　行政法规是由国务院根据宪法和法律，在其职权范围内制定的有关国家行政管理活动的规范性法律文件，其地位和效力仅次于宪法和法律。根据《中华人民共和国立法法》（以下简称"《立法法》"）的规定，国务院各部、委员会、中国人民银行、审计署和具有行政管理职能的直属机构可以制定部门规章；省、自治区、直辖市人民政府及其所在地的市、经济特区所在地的市和经国务院批准的较大的市的人民政府，可以制定政府规章，具有法的效力，但其法律地位低于行政法规和地方性法规；设区的市、自治州的人民政府也可以制定地方政府规章，但仅限于城乡建设与管理、生态文明建设、历史文化保护等方面的事项。

4. 地方国家机关的地方性法规　　地方性法规是指省、自治区、直辖市，以及省级人民政府所在地的市、经济特区所在地的市和经国务院批准的较大的市的人民代表大会及其常务委员会制定的适用于本地区的规范性文件。此外，设区的市的人民代表大会及其常务委员会，也可以制定仅限于城乡建设与管理、生态文明建设、历史文化保护等方面事项的地方性法规，但有一定的限制性。地方性法规不得与宪法、法律和行政法规相抵触。

5. 民族自治地方的自治条例、单行条例　　自治条例和单行条例是由民族自治地方的人民代表大会依照当地民族的政治、经济和文化的特点制定的规范性文件。自治区的自治条例和单行条例报全国人民代表大会常务委员会批准后生效；自治州、自治县的自治条例和单行条例报省、自治区、直辖市的人民代表大会常务委员会批准后生效。

6. 特别行政区的规范性文件　　特别行政区的法是由全国人民代表大会制定的和特别行政区依法制定并报全国人民代表大会常务委员会备案的、在该特别行政区内有效的规范性法律文件。特别行政区同中央的关系是地方与中央的关系，其权限根据全国人民代表大会制定的关于特别行政区的法律来行使。特别行政区享有其他地方国家机关所没有的某些权力。

7. 国际条约　　这里讲的国际条约是指我国同外国缔结或加入并生效的国际规范性法律文件，如条约、公约、合约、协定、声明等。这种国际法虽然不属于我国国内法的范围，但就其具有与国内法相同的效力而言，也是我国法的渊源之一。

8. 立法解释　　法律解释权属于全国人民代表大会常务委员会。由全国人民代表大会常务委员会解释的情况：①法律规定需要进一步明确具体含义的；②法律制定后出现新的情况，需要明确适用法律依据的。全国人民代表大会常务委员会的法律解释同法律具有同等效力。

9. 司法解释　　最高人民法院、最高人民检察院作出的属于审判、检察工作中具体应用法律的解释，主要针对具体的法律条文。司法解释应当自公布之日起 30 日内报全国人民代表大会常务委员会备案。

（三）我国法的非正式渊源

1. 习惯[1]　　习惯是人们在长期共同的生产与交往的过程中自发形成的行为模式。人们生活中存在多种多样的习惯，但不是所有的习惯都能成为法律，只有经过国家认可的习惯才能成为法律。

2. 判例　　判例是指拥有司法权的机关和人员对案件所做的判决。在一些国家，主要是英美法系国家，判例不仅对本案有效，而且对以后案件的审判活动有强制性和指导性，以至于以后的类似案件必须符合前例，这就是法学中所称的"遵循先例"。判例可以弥补制定法的不足，至少可以为将来的法律人运用该制定法[2]解决具体案件提供思路、经验和指导。近年来正在推行的由最高人民法院选定典型案例以指导法院审判工作，具有重要意义。

3. 政策　　政策是指国家政权机关、政党组织和其他社会政治集团为了实现自己所代表的阶级、阶层的利益与意志，以权威形式标准化地规定在一定的历史时期内，应该达到的奋斗目标、遵循的行动原则、完成的明确任务、实行的工作方式、采取的一般步骤和具体措施。国家的政策对法的制定和实施具有指导作用。

4. 法理　　法理是由学者通过分析和研究提出的、经过国家认可的、可以对法律实践有实际影响或直接约束力的法。一般情况下，世界各国历史上都曾把法理视为法的正式渊源，现代各国则普遍否定法理具有直接的法律效力。

三、法的分类

按照不同的划分标准和方法，可以将法分为不同的类型。

1. 成文法与不成文法　　按照法的创制方式和表达形式不同，可以将法分为成文法与不成文法。①成文法是指国家机关制定和公布的、以比较系统的法律条文形式出现的法，又称制定法。我国是典型的成文法国家。②不成文法是指由国家认可的、不具有规范的条文形式的法，大体上可分为习惯法、判例法、法理三种。

2. 实体法和程序法　　根据法的内容，可以将其分为实体法和程序法。①实体法是直接规定人们权利和义务的实际关系，即确定权利和义务的产生、变更、消灭的法，如《中华人民共和国动物防疫法》（以下简称"《动物防疫法》"）。②程序法是规定保证权利和义务得以实现的程序的法律，如《中华人民共和国行政诉讼法》（以下简称"《行政诉讼法》"）。实体法和程序法是对应的，是从司法审判活动中分出来的法律类别，前者规定的是审判内容，后者规定的是审判程序[3]。

3. 根本法与普通法　　根据法的地位、内容和制定程序的不同，可以将其分为根本法与普通法，这种分类仅限于成文宪法制国家。①根本法，即宪法，在有的国家又称为基本法，是规定国家各项基本制度、基本原则和公民的基本权利等国家根本问题的法。②普通法是指宪法以外的、确认和规定社会关系某个领域问题的法。其法律地位和效力低于根本法，不得与根本法相抵触，因此，法学上有时将根本法称为"母法"，将普通法称为"子法"。

---

[1] 《中华人民共和国民法典》（以下简称"《民法典》"）第十条规定，处理民事纠纷，应当依照法律；法律没有规定的，可以适用习惯，但是不得违背公序良俗。

[2] 制定法是指由立法者有意识地制定的系统、条文化、书面形式的法律。它是针对某一类情况制定的、一开始就具有法律效力的行为规范。

[3] 实体公正，是结果的公正；程序公正，是过程的公正。

4. 一般法与特别法　　按照法的效力范围不同，可以将其分为一般法与特别法。①一般法是针对一般人或一般事项，在全国适用的法，如《中华人民共和国民法典》《中华人民共和国刑法》《中华人民共和国诉讼法》等。②特别法是针对特定的人群或特定事项，在特定区域有效的法，如《中华人民共和国公务员法》《中华人民共和国妇女权益保障法》等。一般法与特别法的划分是相对的。有时一部法律相对于某一部法律是特别法，而相对于另一部法律则是一般法。但是，这种划分并非没有意义。因为，从理论上讲，特别法的效力优于一般法，即特别法发布后，一般法的相应规定在特殊地区、特定时间、对特定人群将终止或暂时终止生效。

5. 国际法与国内法　　按照法的创制和适用主体的不同，可以将其分为国际法与国内法。①国际法是不同的国家或地区经过协商形成的处理双边或多边关系的协议，用以规定国家间、地区间的相互关系。国际法仅对加入或签订协议的国家和地区有效。②国内法是一国立法者制定的、适用于本国的个人和组织的行为、规定一个国家内部关系的法。国内法一般来说在国家主权所涉及的范围内均有法律效力。

6. 公法与私法　　按照法保护的利益不同，可以将其分为公法与私法。公法与私法的划分始于民法法系国家，在普通法系国家中不适用。公法是为了保护国家利益和公共利益而设定的法律。私法是为了保护私人利益而非国家利益或公共利益所设定的法律。

第二节　法　律　体　系

一、法律体系的概念

法律体系也称部门法体系，是指国家全部现行的法律规范按照一定的标准和原则划分为不同的法律部门[1]而形成的内部和谐一致、有机联系的整体。法律体系有如下基本特性。

1. 相对的独立性与协调性　　法律体系是立法系统的结果，是执法系统、司法系统、守法系统的前提。法律体系一经形成，就具有其自身的组成与结构、功能与特征，并具有相对的独立性与协调性。

2. 要素的多样性与统一性　　法律体系是多个法律部门的体系，是多样法律规范的体系。但法律体系又具有内在的统一性，即从横向看，法律原则、法律概念、法律技术性规定、法律规范是统一的；从纵向看，法律部门、具体法律制度、法律规范是统一的。

3. 现时稳定性与适时变动性　　现行法律体系必然有其存在的原因和理由，故其在一定时期内是稳定的；但现存法律体系不是一成不变的，法律体系与社会系统的动态协调，是法律体系适时变动的原因。从传统社会转向现代社会，从人治社会转向法治社会，法律体系必将发生新的变化。

二、法律体系的划分标准

划分法律部门的标准主要是社会关系的不同领域、性质，即法律调整的对象和调整的方法。法律调整的对象一般是社会关系参加者的有意识的行为，实质上调整的是人与人之间以经济关系为基础的社会关系。这里的人既包括自然人，也包括国家机关、社会组织及国家本身。从社

---

[1] 法律部门，也称部门法，是根据一定标准和原则所划定的调整同一类社会关系的法律规范的总称。

会关系的内容和领域来看,有三种情况,即同一法律部门调整不同的社会关系;同一社会关系由不同的法律部门进行调整;不同的社会关系由相应的法律部门进行调整。法律调整的方法一般可以理解为国家利用法律调整社会关系时用以影响这些关系的手段和方式,其中包括法律制裁的不同方法和权利受到损害时的补救方法。

三、我国的法律体系

新中国成立以来,特别是改革开放40多年来,在党的正确领导下,经过各方面共同的不懈努力,立法工作取得了举世瞩目的巨大成就。我国的法律体系部门齐全、层次分明、结构协调、体例科学,形成了以宪法为统帅,以宪法及相关法、民法商法、行政法、经济法、社会法、刑法、诉讼法与非诉讼程序法等7个法律部门的法律为主干,由法律、行政法规及规章、地方性法规、自治条例和单行条例等不同层次的法律规范构成的中国特色社会主义法律体系。

1. 宪法及相关法[1]　　宪法在我国的法律体系中具有特殊的地位,是整个法律体系的基础。它规定了国家的根本任务和根本制度,即社会制度、国家制度的原则和国家政权的组织,以及公民的基本权利和义务等内容。宪法部门是最基本的规范。宪法是我国的根本大法,具有最高的法律效力,其他任何法律、法规都不得与宪法相抵触。除宪法外,宪法部门还有下列几个附属的较低层次的法律规范,主要有国家机关组织法、选举法、民族区域自治法、特别行政区基本法、授权法(仅指全国人民代表大会及常务委员会为授权国务院或其他国家机关制定某种规范性文件而颁布的法律,不包括根据授权而制定的规范性文件)、国籍法和其他公民权利法等。

2. 民法商法[2]　　民法是调整平等主体的公民之间、法人之间、公民与法人之间的财产关系和人身关系的法律,如《民法典》。商法是在明确提出建立市场经济体制以后,才被人们所认识。商法是调整平等主体之间的商事关系和商事行为的法律,有《中华人民共和国企业破产法》《中华人民共和国海商法》《中华人民共和国票据法》《中华人民共和国保险法》等。民法规定的有关民事关系的很多概念、原则也适用于商法,故从这一意义上讲,我国实行了"民商合一"的原则。

3. 行政法[3]　　行政法是调整国家行政管理活动中各种社会关系的法律规范的总称。其涉及范围广,如动物卫生、民政、教育、体育、医药卫生、城市建设、治安、环境保护等各领域的行政管理方面的法律法规。

4. 经济法[4]　　经济法是调整国家在经济管理中发生的经济关系的法律,包括农牧业生产、动物疫病防控、税收等国家宏观调控和经济管理方面的法律。

---

[1] 宪法相关法包括国家机构的产生、组织和职权等,目前现行有效的宪法相关法包括《中华人民共和国国籍法》《中华人民共和国国务院组织法》《中华人民共和国民族区域自治法》《中华人民共和国国家安全法》等。
[2] 民法商法目前现行有效的法律包括《民法典》《中华人民共和国票据法》《中华人民共和国消费者权益保护法》《中华人民共和国涉外民事关系法律适用法》等。《民法典》(2020年5月28日,经第十三届全国人民代表大会第三次会议表决通过,国家主席习近平签署第四十五号主席令,自2021年1月1日起施行)共7编、1260条,各编依次为总则、物权、合同、人格权、婚姻家庭、继承、侵权责任,以及附则。通篇贯穿以人民为中心的发展思想,着眼满足人民对美好生活的需要,对公民的人身权、财产权、人格权等作出明确翔实的规定,并规定侵权责任,明确权利受到削弱、减损、侵害时的请求权和救济权等,体现了对人民权利的充分保障,被誉为"新时代人民权利的宣言书"。
[3] 行政法目前现行有效的法律包括《中华人民共和国土地管理法》《中华人民共和国野生动物保护法》《中华人民共和国律师法》《中华人民共和国行政许可法》等。
[4] 经济法目前现行有效的法律包括《中华人民共和国农业法》《中华人民共和国动物防疫法》《中华人民共和国畜牧法》《中华人民共和国进出境动植物检疫法》等。

5. 社会法[1]　　社会法是维护社会稳定的法律规范，包括保护弱势群体的法律规范，如《中华人民共和国老年人权益保障法》等。例如，《中华人民共和国劳动法》与社会保障法律、法规，《中华人民共和国劳动法》是调整劳动关系的法律。社会保障法律、法规是调整社会保障、社会福利的法律、法规。

6. 刑法[2]　　刑法部门是指规定何种行为是犯罪及对该犯罪行为处以何种刑罚的法律规范的总称。刑法是一个以刑事责任与刑事制裁方法划分的法律部门，它是我国法律体系中的一个基本的并有突出特点的法律部门。刑法部门主要是指我国的《中华人民共和国刑法》（以下简称"《刑法》"）及其修正案，以及全国人民代表大会常务委员会制定的有关惩治犯罪的决定等。

7. 诉讼法与非诉讼程序法[3]　　诉讼法又称程序法，是有关各种诉讼活动的法律，它以诉讼程序保证实体法的正确实施，保证实体权利、义务的实现。该法律部门中的主要规范性法律文件有《中华人民共和国刑事诉讼法》《中华人民共和国民事诉讼法》《中华人民共和国行政诉讼法》等。

第三节　法　律　规　范

一、法律规范的概念

法律规范是由国家制定或认可、反映掌握国家政权阶级的意志、具有普遍约束力、以国家强制力保证实施的行为规则。法律规范实际上是对人们行为自由及限度的规定，是对人们行为自由的认可与对人们行为责任的设定。

法律规范和法律条文是既有联系又有区别的两个概念。法律规范是行为规则本身，而法律条文则是法律规范的外在表现形式。法律规范是法的基本构成要素，而法律条文则是法律内容的文字表述，以"条"为基本单位。法律条文分为规范性条文和非规范性条文。规范性条文是表述法律规范的条文，即规定具体权利、义务的条文；非规范性条文是指并不具体设置权利、义务的条文，通常在规范性法律文件的总称和附则条文中，或者是在开头的几条中表述立法的根据、目的、任务、原则、概念和技术性规定等。

法律规范与规范性法律文件也不相同。规范性法律文件通常是若干法律规范的集合体，即将某一类或相近的几类社会关系的规定集中于有一个总名称、贯穿了共同原则的法律文本中，这些规定在这一文本中有着较严密的逻辑关系。规范性法律文件除了以法律规范为要素，还包括诸如规定法的原则、概念、技术性规定等内容的非规范性条文。

法律文件除了规范性法律文件，还有非规范性法律文件（是指在对社会活动中的行为适用法律规范的规定时所产生的具有法律效力的文件），如判决书、裁定书、行政处罚决定书、搜查证、逮捕证、结婚证、公证书等。非规范性法律文件与规范性法律文件最大的区别在于：非

---

[1] 社会法目前现行有效的法律包括《中华人民共和国未成年人保护法》《中华人民共和国职业病防治法》《中华人民共和国反家庭暴力法》《法律援助条例》等。

[2] 刑法目前现行有效的法律包括《刑法》及其修正案、《中华人民共和国反有组织犯罪法》《中华人民共和国反电信网络诈骗法》《全国人民代表大会常务委员会关于惩治骗购外汇、逃汇和非法买卖外汇犯罪的决定》等。

[3] 诉讼法与非诉讼程序法目前现行有效的法律包括《中华人民共和国刑事诉讼法》《中华人民共和国民事诉讼法》《中华人民共和国行政诉讼法》《中华人民共和国仲裁法》等。

规范性法律文件只针对具体的人和事，其法律效力只对特定的对象，没有普遍适用的规范性，不能反复适用；而规范性法律文件规定了人们普遍的权利、义务，对一般人、一般事有效力。

二、法律规范的逻辑结构

法律规范总是通过一定的结构表现出来，从不同的角度可分为文法结构、系统结构和逻辑结构等。一般所指法律规范的结构为逻辑结构，由前提条件、行为模式和法律后果三个要素组成。

1. 前提条件　　前提条件是指法律规范中关于适用该规范的条件部分，说明在什么时间、地点和条件下，某一社会关系才由这一法律规范来调整。在具体的法律规范中，规定时间效力、空间效力（法生效的地域范围）和对人效力的部分，属于法律规范的前提条件。

2. 行为模式　　行为模式是指法律规范中具体要求人们可以这样行为的模式、应该这样行为的模式、禁止这样行为的模式，具体指明了人们的权利和义务，是法律规范的核心部分。

3. 法律后果　　法律后果是指法律规范中规定的履行或者违反该规范所导致的法律后果的部分，分为肯定式和否定式法律后果。

正确理解法律规范的三个要素，要注意以下三方面的问题。

（1）法律规范的三个组成部分是有机联系在一起的，缺一不可。

（2）法律规范的行为模式，即对于某种行为许可、命令或禁止，往往是通过这种行为所赋予的法律后果体现出来的。例如，《刑法》第二百三十二条规定，故意杀人的，处死刑、无期徒刑或者十年以上有期徒刑。这里对故意杀人行为的禁止，是通过对这种行为的否定性法律后果体现出来的。

（3）法律规范三个要素的划分是一种逻辑结构，而不一定会、通常也不会都表现在同一个法律条文中。多数情况下，前提条件省略或隐含于其他条文之中。例如，《动物防疫法》第七十八条的法律规范中，前提条件隐含于其他条文之中，行为模式为禁止行为人有转让、伪造或者变造检疫证明、检疫标志或者畜禽标识的行为；法律后果为没收违法所得和检疫证明、检疫标志、畜禽标识，罚款或刑罚。《动物防疫法》第二十九条第一款和第九十七条体现了一个法律规范中的行为模式和法律后果，该规范的前提条件是在中国领域内的任何单位和个人在本法生效期间，只要违反了第二十九条第一款规定的行为模式，就要承担第九十七条规定的法律后果。

三、法律规范的分类

根据不同的标准，可以对法律规范作不同的分类，主要有以下几种分类。

（一）依照法律规范行为模式内容的分类

1. 授权性规范　　授权性规范是指规定人们有权作一定行为或不作一定行为的规范。这些规范是确定主体的权利，如宪法中关于公民基本权利的规定和对国家机关职权的确定均属授权性规范。

2. 义务性规范　　义务性规范是指直接规定人们的某种义务或责任的规范。其可分为命令性规范（规定人们必须做什么或该做什么，是一种积极义务性规范）和禁止性规范（规定人们不得做什么或禁止做什么，是规定人们必须不作一定行为的规范，也称消极义务性规范）。

（二）依据法律规范所表明的行为要求程度的分类

1. 强制性规范　　规范的行为具有强制性，必须以此而行，否则就有相应的制裁后果，也不允许法律关系一方或双方随便加以变更。例如，《刑法》大多属于强制性规范，其他法律规范中的义务性规范和禁止性规范也属于强制性规范。

2. 任意性规范　　其行为要求不具有强制性质，而且允许行为主体选择而行，包括选择作为或不作为，以及怎样作为，允许法律关系主体双方在法律允许的范围内自行商定如何行为。例如，《中华人民共和国民事诉讼法》中的有关选择管辖。

此外，还有其他一些分类，如宪政规范、行政规范、国内法律规范和国际法律规范；公法规范、私法规范和社会法规范；普通规范和特殊规范；抽象规范和具体规范；等等。

第四节　法的效力

一、法的效力的概念

法的效力是指由国家制定或认可的法律及其表现形式规范性法律文件对主体行为所具有的约束力。法的效力通常有狭义和广义两种理解。广义上是指法的约束力和强制力，既包括规范性法律文件的效力，又包括非规范性法律文件的效力；狭义上仅指法律的生效范围或适用范围，即对什么人、什么事、在什么地方和什么时间有约束力。非规范性法律文件经过法定程序之后也具有约束力，任何人不得违反。但是非规范性法律文件是适用法律的后果而不是法律本身，因此不具有普遍约束力。

影响法的效力层次的因素主要有法的制定主体、制定时间和适用范围。由于这些因素的影响，不同效力的法得以形成，从而形成法的效力等级或效力层次。识别法律效力层次高低的具体标准主要有三条：一是根据主体识别，立法主体的地位高，其制定出来的法律的效力层次也相应比较高；二是根据立法依据识别，一部法律依据另一法律而制定，则这部法律的效力层次低于所依据法律的效力层次；三是根据效力范围识别，全国性的法律效力范围高于地方性法律规范。但确定这些不同等级法律的效力还需遵循一定的原则。

二、法的效力范围

法的效力范围通常包括法的时间效力、空间效力、对人效力和对事效力。

（一）法的时间效力

法的时间效力是指法生效的时间范围，包括法开始生效和终止生效的时间，以及对法律颁布以前的事件和行为该法律是否有效，即法的溯及力问题。

1. 法开始生效的时间　　我国法律开始生效的时间有以下几种情况：①自法律公布之日起开始生效。这种情形又分为两种情况：一是该法律中没有规定其开始生效的时间，而由其他法律文件宣告生效。例如，我国 1982 年 12 月 4 日通过的《中华人民共和国宪法》，其本身没有规定开始生效的时间，是由同日通过的全国人民代表大会公告"公布施行"。二是该法律有明确规定其开始生效的时间。例如，《中华人民共和国国籍法》第十八条规定，本法自公布之日起施行。②由法律明文规定该法律开始生效的时间。例如，我国 2021 年 1 月 22 日第十三届全国人民代表大会常务委员会第二十五次会议修订通过的《动物防疫法》第一百一十三条规定，本法自 2021 年 5 月 1 日起施行。③规定法律公布后达到一定期限或满足一定条件后开始生效。例如，我国 1986 年通过的《中华人民共和国企业破产法（试行）》第四十三条规定，本法自《中华人民共和国全民所有制工业企业法》实施满三个月之日起试行。而《中华人民共和国全民所有制工业企业法》直至 1988 年 4 月才被通过。

2. 法终止生效的时间　　法律终止生效是指法律被废止，其效力消灭。我国法律终止生效实际上有以下三种情况：①新法取代原有法律，同时在新法中明文规定旧法作废。例如，《中华人民共和国进出境动植物检疫法》（以下简称"《进出境动植物检疫法》"）第五十条规定，本法自 1992 年 4 月 1 日起施行。1982 年 6 月 4 日国务院发布的《中华人民共和国进出口动植物检疫条例》同时废止。②由有关机关颁布专门的决议、决定，宣布废除某些法律，从宣布废除之日起，该法即停止生效。例如，2001 年 10 月 6 日国务院令第 319 号《国务院关于废止 2000 年底以前发布的部分行政法规的决定》，在该决定中明令废止了《工矿产品购销合同条例》。③法律本身自行规定有效时期，至时期满又无延期规定的即行停止生效。例如，国务院颁布的《中华人民共和国一九八五年国库券条例》只在 1985 年内生效，1985 年以后该条例自然终止生效。此外，有些法律由于已经完成历史任务而不再适用。例如，1950 年 6 月 28 日由中央人民政府委员会第八次会议通过的《中华人民共和国土地改革法》。

3. 法的溯及力问题　　法的溯及力是指法律溯及既往的效力。法的溯及力问题则是指新法颁布以后对其生效以前所发生的事件和行为是否适用的问题。如果适用，则该法有溯及力；如果不适用，则该法没有溯及力。就现代法治原则而言，法律一般只能适用于生效后发生的事件和行为，不适用于生效前的事件和行为，即采取法不溯及既往的原则。因为人们不可能根据尚未颁布的法处理社会事务，但在现代各国法甚至是各国刑法中，法无溯及力的原则也不是绝对的。我国《刑法》在这个问题上采用的原则是从旧兼从轻原则，即承认新法原则上没有溯及力，但如果新法不认为是犯罪或对行为人的处罚较轻时就适用新法。

（二）法的空间效力

法的空间效力是指法生效的地域范围，即法在哪些地方具有拘束力。根据国家主权原则，一国的法在其主权管辖的全部领域有效，包括陆地、水域及底土和领空。此外，还包括延伸意义上的领土，即本国驻外大使馆、领事馆，在本国域外的本国船舶和飞行器。法的空间效力一般可分为法的域内效力和法的域外效力。

1. 法的域内效力　　法的域内效力是指法在本国主权管辖领域内的约束力。其包括两种情况：一是在全国范围内有效，如宪法、法律、行政法规等在全国范围内有效。二是法在国家部分区域有效，如《中华人民共和国香港特别行政区基本法》等；而省、自治区、直辖市和其他国家机关制定的地方性法规和民族区域自治地方的自治法规，只能在这些法规的制定机关管辖范围内有效。

2. 法的域外效力　　法的域外效力是指法不仅在国内而且在本国主权管辖领域外有效。现代社会是国际经济、贸易和文化交流非常频繁的社会，各国为了维护自己的主权和利益，大多规定自己的国内法在一定条件下可以在本国领域外生效，如我国《刑法》第七条规定："中华人民共和国公民在中华人民共和国领域外犯本法规定之罪的，适用本法，但是按本法规定的最高刑为三年以下有期徒刑的，可以不予追究。中华人民共和国国家工作人员和军人在中华人民共和国领域外犯本法规定之罪的，适用本法。”

（三）法的对人效力

法的对人效力是指法对哪些人适用或有效，包括对哪些自然人、法人和其他组织适用或有效。我国法的对人效力大体包括以下两个方面。

1. 对我国公民的效力　　我国宪法规定，凡具有中国国籍的人都是中国公民。我国公民在我国领域内一律适用中国法律，并且法律面前一律平等。但国内法也有一般法与特别法之分，特别法只适用于特定的人、特定的时间或特定的地域范围，并不对所有的中国人有效。此外，中国公民在中国领域外原则上仍受中国法的保护，并负有遵守中国法律的义务。

2. 对外国人的效力　　我国法对外国人的效力分为两种情况：一是对在我国领域内的外国人的效力，除法律另有规定外，一律适用我国法，我国法既保护其合法权益，又追究其违法责任。二是对在我国领域外的外国人的效力，如果我国领域外的外国人，侵害了我国国家或公民的权益，或与我国公民发生法律交往，也可适用我国法律规范。例如，我国《刑法》第八条规定：“外国人在中华人民共和国领域外对中华人民共和国国家或者公民犯罪，而按本法规定的最低刑为三年以上有期徒刑的，可以适用本法，但是按照犯罪地的法律不受处罚的除外。”

（四）法的对事效力

法的对事效力是指法在实施过程中对哪些事项具有约束力。通常的原则是对法所规定的事项发生效力，而不属于法所规定的事项则无效。法的对事效力应以明文规定的事项为限。法的对事效力要遵循下面两个原则。

1. 一事不再理原则　　一事不再理原则是指同一机关对基于同一法律关系已作出了判决，同一机关不得受理同一当事人所作的同一请求。除符合审判监督程序的情况外，同一当事人也不得再有同一请求。

2. 一事不再罚原则　　一事不再罚原则是指对同一行为，不得处以两次及两次以上性质相同或同一罪名的处罚。但是对于同一违法行为并处两种处罚是可以的，而且也是经常的。例如，在《刑法》中对同一犯罪事实处以徒刑和罚金，处以徒刑和剥夺政治权利；在行政处罚中对同一违法行为处以拘留和罚款等。

第五节　法 的 价 值

一、法的价值的概念

法的价值，也称为法律价值，是法律存在的正当性依据，它构成一个社会的法律制度、法律主体和法律职业的精神存在的核心成分，直接决定着一个社会中的个体和群体的法律实践方式和法律思维方式的基本形态，并由此深刻地影响着整个社会公共领域和私人领域中生活方式的基本形态。因此，法的价值不仅在法理学的基本范畴和法学理论体系建构中具有重要地位，在培养学生正确的价值观方面也有重要意义。

法律价值作为价值的一个分支概念，是指在人对于法律的需要和实践的过程中所体现出来的法的积极意义和有用性。它必然具有价值的基本属性，同时也具有法律价值的自身特性。从价值的基本属性来看，法的积极意义和有用性也是在人类的实践活动中所体现出来的。并且，根据马克思主义观点，法律是在出现阶级分化之后产生的，是统治阶级实现其统治的必然需要，为统治阶级所认识和实践的法律价值必然反映这种需要，法的积极意义和有用性更多的是对统治阶级而言的。从法律价值的自身特性来看，由于法律不仅由社会物质生活条件所决定，政治、思想、道德、文化、历史传统、民族、科技等因素也会对法律产生一定的影响，因此，统治阶级所认识和需要的法律价值也受到这些因素的影响。

二、法的价值的种类

（一）安全价值

安全是与一切主体的切身利益关系最为直接和最为关键的价值。在法律的各种价值中，安全属于基础性价值，也可以称为底线价值；也就是说，安全价值是其他法的价值存在的基础，只有在最起码的安全得到保障的基础上，其他法的价值才具有实现的可能性。

安全作为基础性或者底线性法的价值的意义，主要表现在两个方面：其一，在私人领域，如果自然人或者法人的安全总是处于危险之中，生命安全没有基本的保障，自由和财产随时可能被剥夺。对于自然人和法人主体而言，所谓的秩序、自由、平等、公平正义和人权就会变得毫无实际意义。其二，在公共领域，如果领土安全、国防安全、公共治安、经济安全、生态安全等安全价值得不到基本的保障，表明政治共同体面临着解体的危机，这时公共权力也不可能有足够的能力来保护秩序、自由、平等、公平正义和人权。

（二）秩序[1]价值

法律的根本而首要的任务是确保统治者秩序的建立，统治者正是通过法的制定和实施来维持秩序的。秩序是法的基础价值，人类社会的存在和发展在事实与逻辑上始终都以一定的秩序作为前提和基础。而作为基本的社会规范系统的法律，其本身就是保障社会秩序所不可或缺的，对于实现稳定的社会秩序具有重要的意义。

（三）自由[2]价值

在法理学的意义上，自由是指主体的行为与法律的既有规定相一致或相统一。一方面，自由意味着主体可以自主地选择和从事一定的行为；另一方面，自由也同时表现为主体自主选择

---

[1] 秩序是指在一定的时间和空间范围内，事物之间及事物内部要素之间相对稳定的结构状态。秩序可以分为自然秩序和社会秩序。自然秩序主要针对自然界之物，是依照事物的自然规律而形成的一种状态，客观性是其基本特性。社会秩序主要针对由人类生活所形成的各个社会领域中的社会事务。与自然秩序不同，社会秩序不仅受制于社会发展的客观规律，人的主动性和能动性也在其中发挥着重要作用。在人类的社会生活领域，秩序意味着在社会中存在着某种程度的关系的稳定性、进程的连续性、行为的规则性及财产和心理的安全性等基本社会因素。

[2] 自由是人的本质属性与本质要求，有一些最基本的自由是人之为人的基础条件，任何人都绝不可放弃。放弃这些最基本的自由不仅损害具体主体的自由，更是对人类尊严的否定。因此，对于主体某些情况下不负责任任意放弃自身自由的行为（如自愿为奴的行为），法律也会加以禁止。

【名言】文化上的每一个进步，都是迈向自由的一步。法律不是压制自由的措施，正如重力定律不是阻止运动的措施一样。恰恰相反，法律是肯定的、明确的、普遍的规范，在这些规范中自由获得了一种与个人无关的、理论的、不取决于个别人的任性的存在。法典就是人民自由的圣经。——马克思

哪里没有法律，哪里就没有自由。——洛克

的行为又必须与既有的法律规范的规定相一致。追求自由是人的本性，法律也应该将确认和保障自由作为自己的价值追求。是否以保障人的自由为目的，以及是否能够切实保障人的自由，可以说已经成为现代社会衡量法律好坏的一个重要标准。自由是法律最本质的价值，也是法律最高的价值目标。

（四）正义价值

从实质内容而言，正义又体现平等、公平等具体形态。正义是法的基本标准和评价体现，可以成为衡量法律是"良法"抑或"恶法"的标准。公平正义是人类追求的共同理想，也是法律的核心价值，它既是法律产生的重要动因，也是法律存在的主要理由。法律应该是公平正义的化身，公平正义是法治的生命线。在我国，公平正义是执政党追求的一个非常崇高的价值，全心全意为人民服务的宗旨决定了执政党必须追求公平正义，保护人民权益，伸张正义。

三、价值冲突的解决原则

法的各种价值之间是存在冲突的，秩序与正义之间有矛盾，正义和自由也往往发生冲突，程序公正与实体公正也是矛盾的。因此，问题的关键不是各种价值之间是否存在矛盾，而是出现了矛盾之后，如何妥善地处理。

1. 价值位阶原则　　价值位阶原则是指在不同位阶的价值发生冲突时，在先的价值优于在后的价值，基本价值（自由、正义与秩序）高于非基本价值（效率与利益等）。

2. 个案平衡原则　　个案平衡原则是指在处于同一位阶上的法的价值之间发生冲突时，必须综合考虑主体之间的特定情形、需求和利益，以使得个案的解决能够适当兼顾双方的利益。不以"公共利益"绝对高于"个人利益"的价值标准来看待，而是结合案件的具体情形来寻找两者之间的平衡点。

3. 比例原则　　比例原则是指为保护较为优越的价值而必须损害其他价值时，此种损害不得超过实现此目的所必要的限度。

第六节　法的适用

一、法的适用的概念和基本特征

（一）法的适用的概念

法的适用是指国家专门机关、国家授权的特定单位依照法定的职权与程序，将法律适用于具体的人或组织的活动。法的适用首先是由国家专门机关进行的，这些专门机关包括监察机关、审判机关、检察机关、公安机关、安全机关，以及其他行政机关如农业农村、生态环境、税务等部门；其次是由国家授权的特定单位进行的，如动物卫生监督机构。法律适用的对象是具体的人和组织，这里的人是指自然人，组织包括法人和其他组织。

（二）法的适用的基本特征

1. 合法性　　法的适用必须是合法的行为。其合法内容包括：适用的主体必须合法，适用的实体法律必须合法，适用法律必须符合法定的程序。此外，适用法律的形式也必须合法，除法律另有规定外，都应具有法定的书面形式。

2. 国家强制性　　任何法的适用行为都是代表国家所作出的，相应的组织和个人必须自觉履行，否则由国家强制力保障实施。例如，人民法院的判决对法的适用就具有最终的强制意义，一经作出即由国家强制力保证执行的效力。

3. 法律特定性　　法的适用具有法律意义上的特定性。要求适用主体必须是特定的国家机关或单位，适用的行为是具体的法律行为，适用的文书是特定的且仅对被适用者有效，适用的法律后果必须具有可执行性。

4. 法定程序性　　法的适用的程序一般都是由法律规定的，在法的适用时应严格遵循。例如，在动物卫生行政处罚中，动物卫生行政主体必须要经过立案、调查、告知当事人权利，才能给予行政相对人处罚，否则程序违法。

二、法的适用的形式

一般来讲，法的适用的形式包括执法、司法和仲裁。

（一）执法

执法在广义上是执行法律的简称，狭义上仅指与司法机关的司法活动相对应的行政机关和法律法规授权组织执行法律的活动。这里是指狭义的执法，具有如下特征。

1. 执法的主体是特定的国家机关或组织　　行政机关是国家最主要、最庞大的管理机构，大量的法律是由国家行政机关及其工作人员代表国家来执行的。但是有些机构并不属于国家行政机关，它们受国家的委托从事相关法律规范的执行工作，如动物卫生监督机构。

2. 执法具有主动性　　执法的主动性是相对于司法的被动性而言的。司法一般都以"不告不理"为原则，而执法必须要主动地依照法定的职权执行法律，否则应当承担失职的法律责任。

3. 执法具有单向性　　在执法过程中，执法机关与行政相对人之间建立起行政法律关系，他们之间具有管理与被管理的关系。执法机关的执法行为不受行政相对人的意愿所左右，是执法机关单方的意思表示。

4. 执法具有行政强制性　　这种强制性不同于司法的强制性，通常情况下不具有终极性质的强制效力。

5. 执法是行政机关的法律行为，在执法活动中必须坚持依法行政的法治原则　　法治原则的一个极其重要的内容就是权力，尤其是行政权力必须受法律的约束，行政活动必须依法进行。

6. 执法必须强调效率　　执法一般都不具有终局裁决的效力，在其后还有必要的行政救济与司法救济作为保障。如执法不及时，会耗费更多的时间，这不利于国家及时行政，也不利于社会发展。

（二）司法

司法是指国家司法机关依照法定职权和程序具体应用法律处理案件的专门活动，它是一种以国家名义运用法律行使司法权的活动。司法具有如下特征。

1. 由司法机关进行 我国拥有国家司法权的机关，是指人民法院和人民检察院。除此之外，其他任何单位和个人均无权行使司法权。

2. 具有被动性 司法总是在相应的纠纷或者违法情形产生之后而采取的措施。司法往往是"不告不理"，在民事和行政诉讼中，如果没有原告，就不能称其为民事诉讼或行政诉讼，而且刑事诉讼也是以控诉机构或刑事诉讼原告的提起控告作为其前提条件。

3. 以案件的存在为条件 没有案件，也就无所谓司法。司法机关总是为处理案件而工作的，而执法不一定以有案件存在或者发生为前提。

4. 需严格按照法定程序进行 司法活动的开展必须以诉讼法律规定的程序进行。严格的诉讼程序，是司法工作的重要保证，其与实体具有同等重要的地位。没有程序的公正就没有实体的公正。

5. 具有终极的性质 行政裁决一般都不是终极的，常常都以必要的行政救济和司法救济作为其正确性与公正性的保证。行政裁决可能被司法裁决撤销，但司法裁决绝不可能被行政裁决撤销，只有司法才有修正司法的效力。

（三）仲裁

仲裁是一种根据相关方的共同约定，而将纠纷交由第三人依照法律和公正的原则裁断，以确定各方权利和义务的纠纷解决方式。仲裁也是法的适用的重要形式。其主要特征如下。

1. 自愿性 进行仲裁的纠纷必须是法律允许仲裁且当事人在事前或事后具有仲裁约定。凡是当事人没有达成仲裁约定的，仲裁机构不予受理。但有关婚姻、收养、监护、扶养、继承纠纷，以及依法应当由行政机关处理的行政争议不能仲裁。

2. 民间性 我国的仲裁委员会是社团法人，各仲裁委员会之间相互独立，且各仲裁委员会与行政机关独立。仲裁协会是仲裁委员会的自律性组织，仲裁员不得具有政府官员和司法官员的身份。

3. 秘密性 除非各方当事人协议自愿公开审理，否则仲裁庭的仲裁均不公开进行，但涉及国家秘密的不得公开仲裁。仲裁的秘密性与审判的公开性形成鲜明的对比，它对保护当事人的商业秘密和尊重当事人的保密意愿都具有独特的意义。

4. 及时性 及时裁决纠纷是仲裁的重要原则。仲裁实行一裁终结，减少了当事人的诉累，及时化解了矛盾，使合法权益及时得到保护。但对于违法的仲裁裁决，人民法院可以撤销或者不予执行。

三、法的适用的基本要求和原则

（一）法的适用的基本要求

1. 正确 首先要求正确地认定法律事实，即对有关的事实予以查明，证据的收集、查证、质证、认定、使用都是必不可少的环节。其次要求适用法律正确，不同的法律调整不同的社会领域，因此要寻找恰当的法律规范来适用。

2. 合法 一是指法的适用主体应符合法律的规定，法的适用活动应符合法律的要求；二是指法的适用既要符合实体法，又要符合程序法。

3. 及时 法的适用在确保正确、合法的前提下，应提高法的适用效率，使法律迅速发挥应有的效用，不可随意超越法定的时间期限。

（二）法的适用的基本原则

1. 以事实为依据，以法律为准绳　　以事实为依据，是指法的适用机关及其官员在法的适用时，必须以一定的法律事实作为适用法律的根据。这里的"事实"不是指一般的哲学意义上的客观事实，而是具有法律意义的事实，是指作为案件真实情况的事实，即能以证据证明的事实。以法律为准绳是指法的适用机关及其官员在适用法律时，只能以法律作为准则，以法律作为处理案件等法律事务的唯一尺度或标准，做到"有法可依、有法必依、执法必严、违法必究"。

2. 法律面前人人平等　　法律面前人人平等是指公民、法人或其他组织在法的适用上一律平等，是法的适用机关和官员在法的适用过程中对于任何法律关系主体，不论其个体差异有多大，都必须平等对待。任何主体都必须同等地享受法律权利，合法权益获得同等的法律保护，违法犯罪行为都应当承担相应的法律责任，受到相应的制裁。

3. 依法行政与依法独立行使职权原则　　法的适用包括执法和司法。执法，必须坚持依法行政的原则，它是行政执法中依法执法的保障；司法，必须坚持依法独立行使职权。司法权只能由司法机关行使，其他任何组织和个人不得行使，不受行政机关、社会团体和个人的干涉，该原则对保证司法公正和司法权威具有重大的意义。

第七节　法律关系

一、法律关系的概念和特征

（一）法律关系的概念

法律关系是一个基本的法律概念，如法、法律规范、法律责任和法律制裁等大多都直接或间接地同此概念相关联。法律关系是指在法律规范调整一定社会关系的过程中所形成的人们之间的权利和义务关系。

（二）法律关系的特征

1. 法律规范是法律关系产生的前提　　法律关系是根据法律规范建立的一种社会关系，如果没有相应的法律规范的存在，就不可能产生法律关系。法律关系是法律规范的实现形式，是法律规范的内容（行为模式及其后果）在现实社会生活中得到具体的贯彻。通俗地讲，是人们按照法律规范的要求行使权利、履行义务并由此发生特定的法律上的联系，这既是一种法律关系，也是法律规范的实现状态。

2. 法律关系是体现意志性的特殊社会关系　　法律关系是根据法律规范有目的、有意识地建立的，因而法律关系像法律规范一样必然体现国家的意志，是特殊的社会关系。法律关系并不同于法律规范，它是特定的法律主体所参与的具体社会关系。

3. 法律关系是特定法律主体之间的权利和义务关系　　法律关系是法律规范逻辑结构中"行为模式"的体现。法律规范设定了权利和义务，实际享有法律权利，或者履行特定的法律义务的公民、法人或其他组织之间会发生这样或那样的联系，这些联系就形成了法律关系。

二、法律关系的种类

按照相对应的法律规范所属的法律部门不同，可以将法律关系分为宪法法律关系、民事法律关系、经济法律关系、行政法律关系、刑事法律关系、诉讼法律关系等；根据法律的职能不同，可以将法律关系划分为调整性法律关系（如民事法律关系）和保护性法律关系（如刑事、行政法律关系）；此外还可以划分为单向法律关系、双向法律关系和多向法律关系，以及第一性法律关系和第二性法律关系。

（一）调整性法律关系和保护性法律关系

1. 调整性法律关系　　调整性法律关系是基于人们的合法行为而产生的、执行法的调整职能的法律关系，它所实现的是法律规范（规则）的行为规则（指示）的内容，不需要适用法律制裁，法律主体之间即能够依法行使权利、履行义务。

2. 保护性法律关系　　保护性法律关系是因违法行为而产生的，旨在恢复被破坏的权利和秩序的法律关系，它执行法的保护职能，所实现的是法律规范（规则）的保护规则（否定性法律后果）的内容，是法实现的非正常形式。

（二）纵向（隶属）的法律关系和横向（平权）的法律关系

1. 纵向（隶属）的法律关系　　纵向（隶属）的法律关系是指在不平等的法律主体之间所建立的权力服从关系，权利与义务具有强制性，既不能随意转让，也不能任意放弃。

2. 横向（平权）的法律关系　　横向（平权）的法律关系是指平权法律主体之间的权利与义务关系，权利和义务的内容具有一定程度的任意性。

（三）单向（单务）法律关系、双向（双边）法律关系和多向（多边）法律关系

1. 单向（单务）法律关系　　单向（单务）法律关系是指权利人仅享有权利，义务人仅履行义务，是法律关系体系中最基本的构成要素。

2. 双向（双边）法律关系　　双向（双边）法律关系是指在特定的双方法律主体之间，互享权利，互担义务。

3. 多向（多边）法律关系　　多向（多边）法律关系是指存在多方法律关系主体。

（四）第一性法律关系（主法律关系）和第二性法律关系（从法律关系）

第一性法律关系（主法律关系）是指不依赖其他法律关系而独立存在的或在多向法律关系中居于支配地位的法律关系，居于从属地位的法律关系，就是第二性法律关系或从法律关系[1]。

三、法律关系的构成

法律关系由主体、内容、客体三部分构成。

---

[1] 一切相关的法律关系均有主次之分。例如，在调整性和保护性法律关系中，调整性法律关系是第一性法律关系（主法律关系），保护性法律关系是第二性法律关系（从法律关系）；在实体和程序法律关系中，实体法律关系是第一性法律关系（主法律关系），程序法律关系是第二性法律关系（从法律关系）；等等。

（一）法律关系主体

1. 法律关系主体的概念和种类　　　法律关系主体是指法律关系的参加者，即在法律关系中权利的享有者和义务的承担者。法律关系主体包括自然人、国家[1]、法人和其他组织。自然人既包括中国公民，还包括外国人和无国籍人。法人是指能以自己的名义从事社会活动，并能独立承担法律责任的具备法人资格的组织，包括国家机关、企事业组织、各政党和社会团体。其他组织（也称非法人组织）是指虽然能以自己的名义从事社会活动，但不能独立承担法律责任，且不具备法人资格的组织，如各商业银行设在各地的分支机构。

2. 法律关系主体构成的资格　　　公民、法人或其他组织要想成为法律关系主体、享有权利和承担义务，就必须具有权利能力和行为能力，即具有法律关系主体构成的资格。

1）权利能力　　　权利能力是指能够参与一定的法律关系，依法享有权利和承担义务的法律资格。它是法律关系主体实际取得权利、承担义务的前提条件。公民的权利能力分为一般权利能力和特殊权利能力。我国公民的一般权利能力始于出生终于死亡[2]，而特殊权利能力是公民在特定条件下具有的法律资格，这种资格并不是每个公民都可以享有，而只授予某些特定的法律主体，如官方兽医资格、执业兽医资格。同时按照法律部门的不同，权利能力可以分为民事权利能力、政治权利能力、行政权利能力、劳动权利能力、诉讼权利能力等。其中既有一般权利能力（如民事权利能力），也有特殊权利能力（如政治权利能力、劳动权利能力）。

法人的权利能力[3]与公民的权利能力不同，一般而言，法人的权利能力自法人成立时产生，至法人解体时消灭。其权利能力依法人性质的不同而有所不同。例如，营利法人（包括有限责任公司、股份有限公司和其他企业法人等）、非营利法人（包括事业单位、社会团体、基金会、社会服务机构等）、特别法人（如机关法人、农村集体经济组织法人、城镇农村的合作经济组织法人、基层群众性自治组织法人）各自的权利能力是不相同的。其权利能力由法律规定或章程确定。

2）行为能力　　　行为能力是指法律关系主体能够通过自己的行为实际取得权利和履行义务的能力。确定公民有无行为能力，其标准有两个：一是能否认识自己行为的性质、意义和后果；二是能否控制自己的行为并对自己的行为负责。因此，公民是否达到一定年龄、神智是否正常，就成为衡量公民是否享有行为能力的重要标志。公民的行为能力不同于其权利能力，具有行为能力必须首先具有权利能力，但具有权利能力，并不必然具有行为能力。一般将公民划分为完全行为能力人、限制行为能力人和无行为能力人三种。

（1）完全行为能力人：是指达到一定法定年龄、智力健全、能够对自己的行为负完全责任的自然人。我国法律规定 18 周岁以上的公民是成年人，是完全民事行为能力人；16 周岁以上的未成年人，以自己的劳动收入为主要生活来源的，视为完全民事行为能力人，也称为"劳动成年人"[4]。已满 16 周岁的人是完全负刑事责任能力人[5]；已满 18 周岁的公民是完

---

[1] 国家可以作为一个整体成为法律关系主体。例如，国家作为主权者是国际公法关系的主体，可以成为外贸关系中的债权人或债务人；在国内法上，国家可以直接以自己的名义参与国内的法律关系（如发行国库券），但在多数情况下由国家机关或授权的组织作为代表参加法律关系。

[2] 《民法典》第十三条规定：自然人从出生时起到死亡时止，具有民事权利能力，依法享有民事权利，承担民事义务。

[3] 《民法典》第五十九条规定：法人的民事权利能力和民事行为能力，从法人成立时产生，到法人终止时消灭。

[4] 《民法典》第十七条规定：十八周岁以上的自然人为成年人。不满十八周岁的自然人为未成年人。第十八条规定：成年人为完全民事行为能力人，可以独立实施民事法律行为。十六周岁以上的未成年人，以自己的劳动收入为主要生活来源的，视为完全民事行为能力人。

[5] 《刑法》第十七条规定：已满十六周岁的人犯罪，应当负刑事责任。已满十四周岁不满十六周岁的人，犯故意（转下文）

全负行政责任能力人。

（2）限制行为能力人：是指行为能力受到一定的限制，只具有部分行为能力的自然人。《民法典》规定，8 周岁以上的未成年人和不能完全辨认自己行为的成年人，是限制民事行为能力人；《刑法》将已满 12 周岁不满 18 周岁的未成年人，尚未完全丧失辨认或者控制自己行为能力的精神病人，以及又聋又哑的人和盲人，视为限制刑事责任能力人（不完全负刑事责任能力人）。此外，将已满 12 周岁不满 16 周岁的人视为相对无刑事责任能力人。《中华人民共和国行政处罚法》（以下简称"《行政处罚法》"）将已满 14 周岁不满 18 周岁的自然人视为限制行政责任能力人。

（3）无行为能力人：是指完全不能以自己的行为行使权利、履行义务的公民。我国法律规定，不满 8 周岁的未成年人和不能辨认自己行为的成年人，是无民事行为能力人[1]；不满 12 周岁的未成年人和因精神疾病而不能辨认或控制自己行为的人，视为完全无刑事和行政责任能力人，不承担刑事和行政责任。

法人的行为能力与公民的行为能力不同。法人的行为能力和权利能力是同时产生和同时消灭的。法人一经成立就同时具有权利能力和行为能力，法人一经撤销，其权利能力和行为能力就同时消灭。

（二）法律关系内容

法律关系内容是指法律关系主体之间的法律权利和法律义务关系。

1. 法律权利　　法律权利是指国家通过法律规定对法律关系主体可以自主决定作出某种行为的许可和保障。权利是由法律规范所规定的，因而其具有国家强制力保障的属性，当权利受到侵犯时，国家应当通过制裁侵权行为以保证权利的实现。

2. 法律义务　　法律义务是指国家通过法律规定，对法律关系主体行为的一种约束手段。它要求人们必须作出一定行为的义务，称为"作为义务"或"积极义务"，如执业兽医有参加动物疫病控制、扑灭的义务等。要求人们不得作出一定行为的义务，称为"不作为义务"或"消极义务"，如禁止任何单位和个人经营病死或死因不明的动物、动物产品等。不履行义务就构成了对他人权利的侵犯，就是违法，须承担一定的法律责任。

（三）法律关系客体

法律关系客体是指法律关系主体之间权利和义务所指向的对象。其包括以下 4 类。

1. 物　　物是指法律关系主体能够支配的、在生产上和生活上所需要的客观实体。其不仅具有物理属性，也具有法律属性。

（接上文）杀人、故意伤害致人重伤或者死亡、强奸、抢劫、贩卖毒品、放火、爆炸、投放危险物质罪的，应当负刑事责任。已满十二周岁不满十四周岁的人，犯故意杀人、故意伤害罪，致人死亡或者以特别残忍手段致人重伤造成严重残疾，情节恶劣，经最高人民检察院核准追诉的，应当负刑事责任。对依照前三款规定追究刑事责任的不满十八周岁的人，应当从轻或者减轻处罚。因不满十六周岁不予刑事处罚的，责令其父母或者其他监护人加以管教；在必要的时候，依法进行专门矫治教育。

[1]《民法典》第十九条规定：八周岁以上的未成年人为限制民事行为能力人，实施民事法律行为由其法定代理人代理或者经其法定代理人同意、追认；但是，可以独立实施纯获利益的民事法律行为或者与其年龄、智力相适应的民事法律行为。8 周岁以上的未成年人已经具有一定的辨认识别能力，法律允许其独立实施一定的民事法律行为。8 周岁以上的未成年人可以独立实施的民事法律行为包括两类：一是纯获利益的民事法律行为，如接受赠予等；二是与其年龄、智力相适应的民事法律行为，如 8 周岁的儿童购买学习用品等。

2. 人身[1]　　人身是由各个生理器官组成的生理有机体，它是人的物质形态，也是人的精神利益的体现。人身不仅是人作为法律关系主体的承载者，而且在一定范围内成为法律关系的客体，如器官移植等。

3. 精神产品　　精神产品是指人通过某种物体或大脑记载下来并加以流传的思维成果，其价值在于载体中所承载的精神内容，属于非物质财富，也称为"智力成果"或"无体财产"。

4. 行为结果　　行为结果是指义务人完成其行为所产生的能够满足权利人利益要求的结果。在很多法律关系中，其主体的权利和义务所指向的对象是行为结果。

（四）法律关系的产生、变更和消灭

法律关系是根据法律规范产生的、在主体之间形成的权利和义务关系。但是，只有法律规范和社会活动主体还不足以产生法律关系，法律关系的产生、变更和消灭还必须有法律规范所规定的某种法律事实[2]的出现。

法律规范是法律关系产生、变更和消灭的抽象的、一般的条件，法律事实则是法律关系产生、变更和消灭的具体条件。法律关系只有在一般与具体的条件都具备的情况下才会出现产生、变更和消灭的情况。

第八节　守法和违法

一、守法

（一）守法的含义

守法或称法的遵守，是指国家机关、社会组织和公民按照法律规范行使权利和履行义务的活动。守法是法的实施中最为广泛且最为重要的一种方式，是法治的重要环节和必然要求，也是法律得以实施的重要方式。

（二）守法的主体

守法的主体是指一切国家机关、社会组织和公民，其都有守法的义务，而没有违法的权利。而且所有的守法主体在法律的遵守上都必须是法律面前人人平等，任何个人或组织都不能享有不遵守法律的特权。

（三）守法的内容

守法的内容包括遵守我国宪法和所有法律规范，具体包括宪法、法律、行政法规、地方性法规、民族自治地区的自治条例和单行条例、特别行政区法和国际条约等。

---

[1] 权利人不得对自己的人身进行违法或者有伤风化的活动，不得滥用或自践自己的身体和人格。

[2] 法律事实包括法律事件和法律行为。法律事件是指法律规范规定的，不以当事人的意志为转移而引起法律关系形成、变更和消灭的客观事实，又可以分为社会事件（如革命、战争等）和自然事件（如生老病死、自然灾害等）。法律行为可分为两类，即合法行为和违法行为。

二、违法

（一）违法的概念

违法是指行为人违反法律规范的规定，不履行法律规范规定的义务或超越法律规范规定的界限，给社会造成某种危害的行为。违法违反的是法律而非道德，而且违法一定是具有社会危害性的行为，社会危害性是违法的本质属性。

（二）违法的构成要件

违法的构成要件是衡量违法是否成立的标准，也是违法成立的条件。它包括客观要件、主观要件、主体要件和客体要件4个方面。

1. 客观要件　　客观要件是指行为人作出了法律不允许的，或是不作法律所要求的行为，或是违反了法律规定的程序和方式的行为。违法要有实际的行为，即客观存在的行为。无论是积极的作为，还是消极的不作为，法律只针对违法者的行为，而不针对人们的思想。

2. 主观要件　　违法必须是行为人有主观过错的行为，主观过错分为故意和过失两种状态。故意是指行为人明知自己的行为会发生危害社会关系的结果，并希望或放任这种结果发生的心理状态。过失是指行为人应当预见自己的行为可能发生危害社会关系的结果，因疏忽大意没有预见，或已经预见但轻信能够避免，以致发生危害结果的心理状态。

3. 主体要件　　违法的主体必须是公民、法人或其他组织。对于作为违法主体的个人来说，不必强调其年龄和智力状况。即使是未达到法定责任年龄的人，其行为如果违反了法律的规定，同样应当认为是违法行为，而不能因其年龄幼小或是否具有正常的智力状况就改变了行为的性质。至于违法者年龄幼小或精神不正常而被免除了责任，这是基于行为本身之外的因素的考虑。某种行为是否构成违法与某种行为是否承担法律责任，是两个问题。

4. 客体要件　　客体要件是指违法行为所侵犯的、法律规范所保护的社会关系。任何违法都必须是对法律所保护的社会关系的破坏，具有社会危害性。不具备违法客体要件的任何行为都不能被视为违法，甚至还应当得到法律的保护。例如，正当防卫和紧急避险行为，具有了其他所有的违法构成要件，但因为没有违法的客体，即没有社会危害性，因此不构成违法。

（三）违法的种类

根据各种违法行为所违反的法律的种类或性质，可以把违法划分为以下4类。

1. 违宪行为　　违宪行为通常是指国家机关或国家机关领导人违反宪法的原则和要求，制定违反宪法的法律文件；作出违反宪法的决议、命令；采取违反宪法的措施，侵犯国家、集体和公民合法权益等违反宪法规定的行为。

2. 刑事违法　　刑事违法也称犯罪，是指具有社会危害性的、违反刑事法律规定的、依法应受刑罚惩罚的行为。它是最严重的违法行为，具有最严重的社会危害性，也会受到最严厉的法律制裁。

3. 民事违法　　民事违法是指违反民事法律规定，依法应当承担民事法律责任的行为。其是社会中最普遍也是常见的违法行为，如侵权行为和违约行为等。

4. 行政违法　　行政违法是指违反行政法律规范规定的、应当承担行政法律责任的行为。行政违法中既包括一般公民、法人或者其他组织的违法行为，也包括国家机关的公务员在执行职务活动中违反行政法规的行为。

第九节　法律责任和法律制裁

一、法律责任

（一）法律责任的概念

法律责任[1]是指行为人实施的行为违反了法律规定，需要承担的具有强制性的法律后果。

（二）法律责任的种类

根据违法的性质和危害程度，可将法律责任进行如下划分。

1. 违宪责任　违宪责任是指因违宪行为而承担的法律后果。由于违宪行为与行使国家权力相关，故违宪的责任主体只能是国家机关和国家重要领导人。世界上，追究违宪责任的主体比较复杂，有的是特定的司法机关，有的是普通的司法机关，还有的是专设的机关。在我国，全国人民代表大会常务委员会负责监督宪法的实施。

2. 刑事责任　刑事责任是指犯罪主体必须承担的刑罚处罚的法律责任，是最严厉的法律责任，承担的主体可以是公民，也可是法人或其他组织。刑事责任属于过错责任，只能由犯罪主体本人承担，不株连他人，且主要是人身责任。

3. 民事责任　民事责任是指民事违法行为或特定的法律事实出现所导致的赔偿或补偿的法律后果。国家机关在执行职务中，侵犯民事权益的，也要承担民事责任。民事责任大多数属于过错责任，但也存在无过错责任。民事责任的承担，既有独立责任，也有连带责任，还有相关人所负的替代责任。

4. 行政责任　行政责任是指因行政违法行为而承担的法律后果，专指行政相对人违反行政法律规范而承担的法律责任，如违反《动物防疫法》应承担的法律责任。

5. 国家赔偿责任　国家赔偿责任是指国家对于国家机关及其工作人员执行职务、行使公共权力时，损害公民、法人或其他组织的法定权利与利益所应承担的赔偿责任。目前我国国家赔偿责任的范围只包括行政赔偿与刑事赔偿两部分。

（三）法律责任的构成要件

法律责任的构成要件，是行为人承担法律责任必须具备的基本条件，也是国家机关认定和追究行为人的法律责任时必须考虑的基本因素。尽管不同类型的法律责任的构成要件有所不同，但从总体上说，法律责任的构成要件通常包括下列 5 个基本要素。

1. 责任主体　责任主体是指违反法定或约定的义务，并具有责任能力因而必须承担法律责任的人，包括自然人、法人和国家。具有责任能力是行为人承担法律责任的前提条件。如果行为人虽然实施了违法行为，但并不具有责任能力，则行为人不承担法律责任。

2. 违法或违约行为　违法或违约行为是法律责任的核心构成要素。不存在违法或违约

---

[1] 法律责任是贯穿于法的运行全过程的重要问题，是法的约束力和强制力的直接体现。立法的重要任务之一是合理地设定和分配法律责任，指引人们正确行使法定权利和履行法定义务。行政执法和司法的主要任务是依法公正地认定和追究当事人违反法律的责任，保证法律在全社会的有效实施。

行为,就谈不上法律责任。违法或违约行为包括作为和不作为两类。作为是指当法律或合同禁止行为人作出一定行为时,行为人违反法律规定或合同约定作出了该种行为。大部分违法或违约行为,都属于作为。不作为是指当法律或合同要求行为人作出一定行为时,行为人拒不作该种行为。区分作为与不作为,对于确定法律责任的范围、大小具有重要意义。

3. 主观过错 主观过错是指行为人实施违法或违约行为时的主观心理状态。在人类社会的早期,按照客观原则进行归责,因而主观过错对法律责任的构成没有什么意义,仅与法律责任的大小有一定关系。现代社会将主观过错作为法律责任构成的要件之一,不同的主观心理状态与认定某一行为是否有责任及承担何种法律责任有着直接的联系。主观过错作为犯罪的主观要件,是犯罪构成的必要条件之一,对于认定和衡量刑事法律责任即区分罪与非罪、此罪与彼罪、一罪与数罪、重罪与轻罪具有重要作用。在民事法律责任方面,一般也要考虑主观过错,采用过错责任原则。主观过错包括故意和过失两类。一般来说,由于故意比过失的主观恶性更大,法律对出于故意的违法行为的惩罚要重于对出于过失的违法行为的惩罚。

在现代法律责任体系中,也出现了一种特殊的法律责任,即无过错责任。这种法律责任不需要考量行为人的主观心理状态,只要存在法律规定的情形就应当承担相应的法律责任。无过错责任主要出现在一些特殊的民事法律责任中,如产品责任、危险责任等。

4. 损害结果 损害结果是指违法行为或违约行为对他人的合法权益或社会利益所造成的损失和伤害。损害结果既包括既得利益的损害,又包括预期利益的丧失。损害结果的表现形式多样,包括人身伤害、财产损失、精神损害等。损害结果的发生,表明法律所保护的合法权益遭受了侵害,因而具有社会危害性。损害结果必须具有确定性,它是违法行为或违约行为已经实际造成的侵害事实,而不是推测的、臆想的、虚构的、尚未发生的情况。损害结果的确定性,表明损害事实在客观上能够认定。认定损害结果,一般要根据法律、社会普遍认识、公平观念,并结合社会影响、环境等因素。

就多数法律责任而言,损害结果的存在是不可或缺的构成要件。但是,并非所有法律责任的构成都要求有损害结果的存在。某些法律责任的构成并不要求有损害结果的存在。例如,《刑法》中行为犯的构成,只要求行为人实施了犯罪行为,而并不要求犯罪结果的发生。因此,只要行为人实施了此类犯罪行为,如生产、销售有毒有害食品,传授犯罪方法,非法侵入计算机信息系统,即使没有产生危害结果,也应当追究行为人的刑事法律责任。

5. 因果关系 法律责任的构成,不仅要求具备上述 4 个方面的构成要素,而且要求这些构成要素之间具有因果关系。这些构成要素之间的因果关系主要包括两类:一类是行为人的行为与损害结果之间的因果关系,即特定的损害结果是由行为人的行为引起的;另一类是行为人的心理活动和外在行为之间的因果联系,即行为者的外在行为是在其主观意识支配下的行为的结果。在通常情况下,只有当这两类因果关系成立时,才能追究行为人的法律责任。

（四）法律责任的归责原则

归责是责任的归咎,即把责任归于一定的主体。归责原则是确定相应主体在什么情况下承担法律责任的标准或准则,它是法律责任制度的核心。一般来讲,归责原则有过错责任原则、严格责任原则和公平责任原则三项。

1. 过错责任原则 过错责任原则是指违法行为主体由于主观过错侵害他人的法律权利

而应承担法律责任的归责原则。过错责任原则最核心的是强调行为人的主观过错，是将责任与行为人的主观过错联系在一起的。过错构成了责任的要件，因此，过错责任原则的抗辩理由就是无过错，只要无过错就不承担法律责任。

2. 严格责任原则　　严格责任原则是指因行为或与行为相关的事件对他人权利造成损害而应承担法律责任的归责原则。这一归责原则不考虑行为人的主观过错，即不以主观过错为责任条件，只要行为造成了危害的结果，行为人就要承担法律责任。严格责任原则的抗辩理由为损害后果是由受害人的故意行为引起的，则行为人不承担责任。

3. 公平责任原则　　公平责任原则是指当事人双方在对造成损害均无过错的情况下，由法院（法官）根据公平观念，结合当事人财产状况及其条件，确定一方对另一方的损失给予适当补偿的责任。公平责任原则是一种利益平衡原则。

二、法律制裁

（一）法律制裁的概念

法律制裁是指由特定国家机关对违法者依其法律责任而实施的强制性惩罚措施。法律制裁是承担法律责任的重要方式，法律责任是前提，法律制裁是结果或体现。

（二）法律制裁的种类

根据违法行为和法律责任的性质不同，法律制裁可以分为以下4种。

1. 违宪制裁　　违宪制裁是对违反宪法所实施的一种强制措施。我国监督宪法实施的机关是全国人民代表大会常务委员会，它也是行使违宪制裁权的主体。承担违宪责任的主体主要是国家机关及其领导人。制裁措施包括：撤销同宪法抵触的法律、行政法规、地方性法规；罢免国家机关的领导成员。

2. 刑事制裁　　刑事制裁是司法机关根据刑事责任对犯罪者所确定并实施的强制性惩罚措施。承担刑事责任的主体既可以是公民，也可以是法人或其他组织，但对法人或其他组织的刑事制裁只能是科以没收财产、罚金等财产刑。刑事制裁以刑罚为主要组成部分，刑罚分为主刑（管制、拘役、有期徒刑、无期徒刑、死刑）和附加刑（罚金、剥夺政治权利、没收财产）两类，主要包括自由刑、生命刑、资格刑和财产刑。刑罚是一种最严厉的法律制裁。

3. 民事制裁　　民事制裁是由人民法院所确定并实施的，对民事责任主体给予的强制性处罚措施。根据《民法典》第一百七十九条的规定，承担民事责任的方式主要包括停止侵害，排除妨碍，消除危险，返还财产，恢复原状，修理、重作、更换，继续履行，赔偿损失，支付违约金，消除影响、恢复名誉，赔礼道歉。民事责任主要是一种财产责任，所以民事制裁也是以财产关系为核心的一种制裁。承担民事责任的主体既可以是自然人，也可以是法人或其他组织。

4. 行政制裁　　行政制裁是指由国家机关对行政责任者依其行政责任所实施的强制性惩罚措施。行政制裁可以分为行政处分和行政处罚两类。行政处分是由国家行政机关或其他组织依照行政隶属关系，对于违反行政法律规定的国家公务人员或所属人员实施的惩罚措施，主要有警告、记过、记大过、降级、撤职和开除6种形式。行政处罚是由特定执法机关对违反行政法律规定的公民、法人或其他组织所实施的惩罚措施，根据《行政处罚法》第九条的规定，处罚形式主要包括警告、通报批评，罚款、没收违法所得、没收非法财物，暂扣许可证件、降低资质等级、吊销许可证件，限制开展生产经营活动、责令停产停业、责令关闭、限制从业，行政拘留等。

（三）法律制裁的原则

法律责任是通过法律制裁的方式实现的。追究法律责任的原则不是归咎责任的原则，而是指国家机关在确定责任人的制裁措施时应当遵循的准则或标准。从我国的法律制度来看，这些原则包含以下几项。

1. 责任法定原则　　责任法定原则是指在确定和追究法律责任时严格遵循法律的规定，当出现了某种违法行为或法律事实时，对责任主体是否追究法律责任、追究何种法律责任、确定何种法律责任承担方式，以及是否适用有关从重、加重、从轻、减轻或者免予处罚等责任机制，均只能依照法律的规定执行。这也是法无明文规定不为罪、法无明文规定不处罚原则的具体体现。

2. 责任自负原则　　在确定和追究法律责任时，只限于责任主体，而不能株连他人。对违法主体而言，必须承担法律责任，无辜者不受追究。这是社会主义法的民主性和公正性的体现。

3. 因果联系原则　　在认定违法嫌疑人有无法律责任时，首先必须确认有无因果关系，即行为与损害结果之间的因果联系，也就是特定的物质性或非物质性损害结果是不是由该行为引起的。

4. 程序保障原则　　确定和追究法律责任必须通过一定的合法程序。该原则是确定和追究法律责任正确性的保证，是公民、法人或其他组织合法权益的保障。

除上述原则外，法律制裁的原则还有公正、平等原则，重在教育原则，等等。

复习思考题

1. 简述法的概念和特征。
2. 简述法律规范、法律条文和规范性法律文件之间的关系。
3. 简述法律规范的逻辑结构。
4. 简述法律效力的范围。
5. 简述法律关系的构成要素。
6. 简述违法的构成要件。
7. 简述法律责任的概念、种类和原则。
8. 简述法律制裁的概念、种类和原则。

第二章　动物卫生行政

本章内容提要　动物卫生行政包括动物卫生行政概述、动物卫生行政组织体系、动物卫生行政行为、动物卫生行政法律关系、动物卫生行政法律责任和法律制裁5方面的内容。在学习本章的内容时，要正确理解这5部分内容之间的关系。动物卫生行政主体按照动物卫生行政法律规范代表国家对动物卫生工作进行组织与管理,这些组织与管理活动可以统称为动物卫生行政行为。在实施动物卫生行政行为的过程中,形成了动物卫生行政法律关系,动物卫生行政法律关系是动物卫生法律规范的实现,并由此而产生动物卫生行政法律责任和法律制裁。

第一节　动物卫生行政概述

动物卫生行政[1]是指动物卫生行政主体代表国家依法对动物卫生工作进行组织与管理的活动，它是我国行政的组成部分。

一、动物卫生行政主体

（一）动物卫生行政主体的概念

动物卫生行政主体是指各级农业农村主管部门和县级以上地方人民政府的动物卫生监督机构。动物卫生行政主体在行政时，必须遵守宪法、法律、法规、规章及其他规范性文件，在动物卫生行政法律规范所规定的范围内依法行使职权。任何超越动物卫生行政法律规范规定所实施的动物卫生行政行为，都是违法行为，应当承担违法行政的法律后果。

（二）动物卫生行政主体的特征

（1）动物卫生行政的主体是一种组织，不是个人。
（2）动物卫生行政主体能够以自己的名义行使行政权，是国家管理活动的一种表现形式。
（3）动物卫生行政主体能够独立承担法律责任。
（4）动物卫生行政主体是行政法律关系中的一方特殊主体。

二、动物卫生行政的对象

动物卫生行政的对象是指动物卫生行政主体代表国家,在组织和管理动物卫生工作中其行政行为所指向的标的。动物卫生行政的对象非常广泛，包括公民、法人或其他组织，动物、动物产品，车辆、饲料、设施设备、有关物品，环境等。

---

[1] 行政（administration）分为公共行政和私人行政。日常用语中，行政是执行、管理的代名词，通常表示国家与公共事务的行政和社会组织、企业的行政；在三权分立的国家政治体制中，行政是相对于立法、司法而言的，行政机关管理国家和公共事务的一切活动都包含在内；而在行政法领域，行政是指国家与公共事务的行政，是相对于社会组织、企业的"私人行政"而言的，通称为"公共行政"。

（一）公民、法人或其他组织

凡是国家颁布的有关动物卫生行政的法律规范和其他规范性文件，全体公民、法人和其他组织都有遵守的义务。公民、法人或其他组织申请"动物防疫条件合格证"，或取得动物检疫证明、"动物诊疗许可证"，或违反动物卫生法律规范，或从事动物饲养、经营、屠宰、运输及动物产品经营、加工、运输、贮藏等活动，或因饲养、经营的动物染疫，参与到动物卫生行政法律关系中，因而成为动物卫生行政的对象。

（二）动物、动物产品

动物卫生行政主体在职权范围内依照动物卫生法律规范、动物防疫检疫技术标准和规程对动物（包括野生动物、观赏动物、演艺动物等）、动物产品进行动物防疫检疫监督管理。因此，动物、动物产品也是动物卫生行政的对象。

（三）车辆、饲料、设施设备、有关物品

为了防止运输车辆、饲料、饲养器具/用具、屠宰加工设备及有关物品带有病原体而传播疫病或污染动物产品，动物卫生行政主体必须对相关车辆、饲料、器具/用具、设备及有关物品进行备案、消毒和动物防疫监督管理。因此，与饲养、经营、运输、屠宰动物和生产、经营、加工、运输、贮藏动物产品有关的车辆、饲料、器具/用具、设施设备及有关物品也是动物卫生行政的对象。

（四）环境

环境是指饲养、生产、屠宰、加工、经营、运输动物及动物产品所涉及的场所及其周围的境况。这些场所、环境要符合法定的动物防疫条件，在发现人畜共患传染病和新发现的危害较大的动物传染病的地区，除对动物采取隔离、封锁、扑杀、销毁等措施外，还要对受污染的环境采取消毒等动物卫生行政处理措施。因此，环境也是动物卫生行政的对象。

三、动物卫生行政的范围

动物卫生行政的范围十分广泛。按动物卫生行政的具体内容，可将动物卫生行政的范围划分为：兽医医政、兽药药政及相关场所的动物防疫管理，动物、动物产品的卫生管理，饲养、屠宰、运输、购销动物及加工、生产、运输、经营、贮藏动物产品活动的动物防疫管理，动物检疫证章标志的统一管理，"动物防疫条件合格证"的管理，"动物诊疗许可证"及动物防疫组织管理，等等。

四、动物卫生行政的基本原则

（一）依法行政原则[1]

依法办事是行政主体实施行政行为的基本要求，行政机关行使行政权力，实施管理活动，

---

[1] 行政机关的任何规定和决定都不得与法律相抵触，否则就是越权，而越权行为应当无效；行政机关有义务积极履行法律规定的义务，否则就属于不作为的违法。

要依据法律、符合法律。行政主体实施行政行为必须遵循法定的权限、条件，行使行政权力的过程必须符合法定程序。违法的行政行为不仅应被确认无效或予以撤销，给公民造成的损失还应当依法给予赔偿。

（二）合理行政原则

合理行政原则的基本内容包括行使裁量权应建立在正当考虑的基础上，符合法律的目的，动机正当，应考虑相关因素。行使权力要兼顾相对人的权益，尽可能降低对相对人权益的不利影响。

（三）程序正当原则

程序正当原则要求行政机关实施行政行为时依照法定程序进行，其基本内容包括行政公开[1]、民主参与和防止私偏。行政公开包括行政行为内容公开、行政过程公开、行政信息公开，以实现公民的知情权，但涉及国家秘密和依法受到保护的商业秘密、个人隐私的不得公开。民主参与是指在行政权力的运行过程中要有公众的有效参与，应当听取公民、法人和其他组织的意见，要为公民参与管理、参与决定自己的事情提供程序上的保障。防止私偏主要指行政机关工作人员履行职责与行政相对人存在利害关系时，应当回避。

（四）信赖保护原则

当公民、法人或其他组织对行政机关及其管理活动已经产生信赖利益，并且这种信赖利益因其具有正当性而应当得到保护时，行政机关不得随意变动这种行为，如果变动则必须补偿相对方的信赖损失。行政行为一经作出，非依法定事由和法定程序不得随意撤销、废止或改变。行政机关撤销或改变其违法的行政行为，如果这种违法行政行为非由行政相对人过错造成的，应对行政相对人因此受到的损失加以赔偿。行政机关对行政相对人作出授益性行政行为后，事后即使发现有违法情形，只要这种违法情形不是由行政相对人过错造成的，行政机关也不得撤销或改变，除非不撤销或改变这种违法行政行为会严重损害国家、社会公共利益。

（五）权责统一原则

权责统一原则要求行政机关依法履行管理经济、社会和文化事务的职责，应当由法律法规赋予其相应的执法手段。行政机关违法或者不当行使职权，应当依法承担法律责任，实现权利和责任的统一。依法做到执法有保障、有权必有责、用权受监督、违法受追究、侵权须赔偿。

（六）高效便民原则

要求行政机关实施行政管理，应当遵守法定时限，积极履行法定职责，提高办事效率，提供优质服务，方便公民、法人和其他组织。

第二节　动物卫生行政组织体系

动物卫生行政组织体系是由各级动物卫生行政主管部门、各级动物卫生行政执法部门、各

---

[1]《中华人民共和国政府信息公开条例》第五条规定：行政机关公开政府信息，应当坚持以公开为常态、不公开为例外，遵循公正、公平、合法、便民的原则。

级动物卫生技术支撑部门,以及这些部门的工作人员组成的机构体系。健全的动物卫生行政组织体系对有效开展动物防疫工作,控制疫病传播,保障畜牧业健康发展具有很重要的意义。

我国现行的动物卫生行政管理体系,分为中央、省、设区的市、县 4 级。农业农村部[1]是全国动物卫生行政管理的最高行政机关,内设畜牧兽医局承担全国的动物卫生行政管理工作,并指导和管理中国动物疫病预防控制中心(农业农村部屠宰技术中心)、中国动物卫生与流行病学中心、中国兽医药品监察所(农业农村部兽药评审中心)等与动物卫生行政管理有关的部直属事业单位。目前,省、设区的市、县三级动物卫生行政管理机构大都是人民政府农业农村主管部门,个别省份保留畜牧兽医主管部门。在设区的市、县两级,大都从属于地方的农业农村主管部门,和本省省级的设置基本对应。

改革开放以来,我国兽医队伍建设取得了长足进展,形成了一支体系较为健全的兽医队伍。兽医队伍在防控重大动物疫病工作中发挥了重要的作用。由于我国饲养动物量大面广,养殖方式相对落后,动物及动物产品国际贸易增多,基层动物防疫体系薄弱,动物防疫形势严峻复杂。为此,2021 年修订通过的《动物防疫法》,着力解决动物防疫面临的制度性问题,对动物防疫方针、保障公共卫生安全和人体健康的工作机制、防疫责任体系、制度体系、监管体系和法律责任进行调整完善,构建科学、合理、健全的动物防疫法律制度。

一、动物卫生行政主管部门

(一)动物卫生行政主管部门的概念

动物卫生行政主管部门是指依法成立并在同级人民政府的领导下,代表国家行使动物卫生行政管理职权的动物卫生行政机关。其主要包括国务院农业农村主管部门(农业农村部)和地方各级人民政府农业农村主管部门(个别省份保留了畜牧兽医主管部门,如吉林省畜牧业管理局)。

(二)动物卫生行政主管部门的职责

农业农村部内设的畜牧兽医局依法履行国家动物卫生行政管理职责,主管全国的动物防疫工作,其主要职责为:起草畜牧业、饲料业、畜禽屠宰行业、兽医事业发展政策和规划;监督管理兽医医政、兽药及兽医器械;指导畜禽粪污资源化利用;监督管理畜禽屠宰、饲料及其添加剂、生鲜乳生产收购环节质量安全;组织实施国内动物防疫检疫;承担兽医国际事务、兽用生物制品安全管理和出入境动物检疫有关工作。

地方各级行使动物卫生行政管理职责的部门大多为农业农村主管部门,其职责由本级人民政府结合本地养殖业发展情况和兽医工作的需要确定。上级农业农村主管部门对下级农业农村主管部门负有指导职责;各级农业农村主管部门对动物防疫工作负有指导和监督职责。

二、动物卫生行政执法部门

这里的动物卫生行政执法部门泛指所有动物卫生行政执法的主体,是指国家行政机关和法

---

[1] 2018 年 3 月,中共中央印发了《深化党和国家机构改革方案》,该方案明确组建农业农村部,主要职责是统筹研究和组织实施"三农"工作战略、规划和政策,监督管理种植业、畜牧业、渔业、农垦、农业机械化、农产品质量安全,负责农业投资管理等。

律、法规授权的组织，能够以自己的名义实施动物卫生行政管理，并能独立承受一定法律后果的组织。其包括动物卫生行政主管部门和动物卫生监督机构，以及能以自己的名义实施动物卫生监督管理、行政强制和行政处罚的行政综合执法部门。

需要说明的是，自 2018 年起，国家推行农业综合执法改革，地方各级农业农村主管部门大多设立了农业综合行政执法机构，具体承担动物卫生监督管理、行政强制和行政处罚职责，但其只能以农业农村主管部门的名义实施，不能以自己的名义进行动物卫生行政执法活动，因而不属于动物卫生行政执法部门。此外，农业综合行政执法机构不同于以自己的名义实施动物卫生监督管理、行政强制和行政处罚的行政综合执法部门；前者是将农业农村部门的执法权综合给一个机构行使，后者是将大部分政府部门的执法权综合由一部门行使；前者不是独立的行政主体，不能以自己的名义进行行政执法活动，如长沙市农业综合行政执法局具体承担查处本辖区内违反《动物防疫法》违法行为的职责，但对违法行为作出行政处罚时必须以长沙市农业农村局的名义进行；后者是独立的行政主体，能以自己的名义进行行政执法活动，如长沙县行政执法局有权以自己的名义对本辖区内违反《动物防疫法》的违法行为作出行政处罚。

行政执法包括行政许可、行政处罚、行政强制、行政检查、行政征收、行政给付、行政确认、行政裁决等。动物行政主管部门的行政执法职责主要体现为动物卫生行政许可、行政处罚、行政强制、行政检查等动物卫生行政管理工作，如省级人民政府农业农村主管部门对通过执业兽医资格考试的人员颁发执业兽医资格证书，县级人民政府农业农村主管部门颁发"动物诊疗许可证"，等等；而动物卫生行政处罚、行政强制及行政检查的具体工作，主要由农业农村主管部门所属的农业综合行政执法机构承担，因此产生的法律后果由农业农村主管部门承担。动物卫生监督机构的行政执法职责主要体现在动物卫生行政许可方面，即对动物、动物产品实施检疫，出具检疫证明；对依法应当检疫而未经检疫的动物、动物产品实施补检。

三、动物卫生行政技术支撑体系

为有效控制动物疫病，健全动物疫病防控体系，原农业部对下属的兽医技术支持机构进行了改革，设立了中国动物疫病预防控制中心（农业农村部屠宰技术中心）、中国兽医药品监察所（农业农村部兽药评审中心）、中国动物卫生与流行病学中心。同时，整合科研力量，充分发挥现有科研院所的作用，至 2018 年共指定了禽流感、口蹄疫、牛海绵状脑病等 13 个国家兽医参考实验室和禽流感、口蹄疫、牛海绵状脑病等 9 个国家兽医专业实验室[1]，在中国农业科学院北京、哈尔滨、兰州和上海 4 个兽医研究所设立了中国动物卫生与流行病学中心分中心，强化了中央一级兽医研究力量。各省、自治区、直辖市根据工作需要分别在省、设区的市、县三级设立了动物疫病预防控制中心，并归口同级农业农村主管部门管理。

（一）中国动物疫病预防控制中心（农业农村部屠宰技术中心）

中国动物疫病预防控制中心（农业农村部屠宰技术中心）承担全国动物疫情分析和处理、重大动物疫病防控、畜禽产品质量安全检测和动物卫生监督等技术工作。其主要职责如下。

（1）协助畜牧兽医行政主管部门拟定兽医、动物防疫检疫等有关法律、法规和政策建议，

1　2015 年农业部公告第 492 号公布了首批国家兽医参考实验室名单；2018 年农业部公告第 1645 号公布了第二批国家兽医参考实验室和首批国家兽医专业实验室名单。

承担全国动物卫生监督的业务指导工作，协助开展重大动物卫生违法案件的调查；组织实施动物及动物产品检疫。

（2）研究提出重大动物疫病（包括人畜共患病）预防控制规划、扑灭计划、应急预案建议，指导、监督重大动物疫病预防、控制、净化和消灭工作，指导人畜共患病防治工作。

（3）组织开展动物防疫技术研究、国际交流与合作；研究提出动物疫病防治技术规范建议，经批准后组织实施。

（4）负责全国动物疫情收集、汇总、分析及重大动物疫情预报预警工作，指导全国动物疫情监测体系建设，组织实施动物疫病监测工作，指导国家级动物疫情测报站和边境动物疫情监测站的业务工作。

（5）负责国家动物防疫网络信息系统、网络溯源及应急指挥平台的建立及管理。

（6）承担全国高致病性动物病原微生物实验室资格认定及相关活动的技术、条件审核等有关工作；承担全国动物病原微生物实验室生物安全监督检查工作；协调各级诊断实验室的疫情诊断工作。

（7）承担动物及动物源性产品质量安全检测及其有关标准、标准物质研制工作；承担动物标识管理、动物和动物产品溯源工作。

（8）承担动物诊疗机构和执业兽医的相关工作；承担兽医执法人员的培训工作，负责兽医行业职业技能鉴定工作。

2013年，农业部印发了农人发〔2013〕10号通知，决定在中国动物疫病预防控制中心加挂"农业部屠宰技术中心"的牌子。其主要职责如下。

（1）协助畜牧兽医行政主管部门拟订相关法律、法规和政策建议，配合开展屠宰环节质量安全监管工作和重大私屠滥宰违法案件调查。

（2）协助制订畜禽屠宰厂（场）设置规划、分等定级标准，组织制定屠宰技术和肉品品质检验检测标准。

（3）协助组织开展屠宰资格清理，组织打击私屠滥宰、注水或注入其他物质等专项行动等工作。

（4）负责屠宰技术指导工作，组织屠宰技术流程改进、屠宰设施设备鉴定、屠宰车间和流水线设计等工作。

（5）负责屠宰环节病害畜禽无害化处理指导协调工作。

（6）负责建设维护相关屠宰管理和相关信息数据系统及网络监管平台。

（7）负责屠宰技术培训工作。

（8）承担全国屠宰加工标准化技术委员会的日常工作。

地方各级动物疫病预防控制机构的职责由本级人民政府结合本地养殖业发展情况和兽医工作的需要确定。上级动物疫病预防控制机构对下级动物疫病预防控制机构负有指导职责。

（二）中国兽医药品监察所（农业农村部兽药评审中心）

中国兽医药品监察所（农业农村部兽药评审中心）承担兽药评审，兽药、兽医器械质量监督、检验和兽药残留监控，菌（毒、虫）种保藏，以及兽药国家标准的制修订，标准品和对照品制备标定等工作。其主要职责如下。

（1）承担兽药质量标准、兽药实验技术规范、兽药审评技术指导原则的制修订工作；承担全国兽药的质量监督及兽药违法案件的督办、查处等工作；负责兽药质量检验和兽药残留检验最终技术仲裁；负责全国兽用生物制品批签发管理和兽药产品批准文号审查工作。

（2）承担新兽药和外国企业申请注册兽药的技术审评工作，提出审评意见。

（3）承担《兽药生产质量管理规范》（兽药 GMP 规范）、《兽药临床试验质量管理规范》（兽药 GCP 规范）和《兽药非临床研究质量管理规范》（兽药 GLP 规范）规定的检查验收工作；组织开展省级兽药监察所资格认证工作；指导省级兽医药品监察所和有关兽药生产企业的质量检验工作。

（4）承担兽药残留标准的制修订工作；承担兽药残留监控工作；开展兽药残留检测工作；承担国家兽药残留基准实验室和省级残留实验室的技术指导工作。

（5）承担兽医器械标准的制修订及检验测试工作；承担全国兽医器械的质量监督工作。

（6）承担兽药检验标准、物质标准的制修订工作；负责兽药标准物质的研究、制备、标定、鉴定及供应等工作。

（7）承担兽药的风险评估和安全评价；承担Ⅰ类、Ⅱ类兽医病原微生物菌（毒）种的试验和生产条件的审查工作；负责国家兽医微生物菌（毒、虫）种保藏、提供和管理工作；承担行业实验动物管理工作。

（8）参与起草兽药、兽医器械管理的法律、法规；开展相关检验技术研究、行业技术培训及国际技术交流与合作。

（9）承担兽药、兽医器械综合评价工作；跟踪了解兽药、兽医器械科研、生产、经营及使用等方面的信息，承担相关信息发布工作。

地方兽医药品监察机构除省一级设立外，省级以下一般不设立专门的兽医药品监察机构。

（三）中国动物卫生与流行病学中心

中国动物卫生与流行病学中心承担重大动物疫病流行病学调查、诊断、监测，动物和动物产品兽医卫生评估，动物卫生法规标准和重大外来动物疫病防控技术措施研究等工作。其主要职责如下。

（1）负责组织开展动物流行病学调查、分析、研究和疫病普查；负责收集、处理、保藏各种动物血清，开展重大动物疫病动态监测和疫情追溯。

（2）负责重大外来动物疫病诊断、疫情监测及防控技术措施研究。

（3）负责收集国外动物疫情信息、建立国家动物卫生与流行病学数据库、开展动物疫病预警分析工作。

（4）承担动物和动物产品兽医卫生评估、动物疫病区域风险评估工作，组织实施企业动物卫生认证。

（5）协调国家动物卫生与流行病学分中心、国家兽医参考实验室、各级各类兽医实验室的流行病学调查工作，分析和汇总流行病学调查相关数据，提出流行病学调查总体报告。

（6）开展动物疫病诊断技术和诊断试剂研究。

（7）收集分析国际动物卫生法律法规和《实施卫生与植物卫生措施协定》（Agreement of Sanitary and Phytosanitary Measures，以下简称"《SPS 协定》"）相关法规及案例，开展动物卫生法规标准研究工作；承担动物卫生技术性贸易措施及国际兽医事务的综合评估工作。

（8）承担全国动物卫生标准化技术委员会和全国动物卫生流行病学专家委员会的日常工作。

中国动物卫生与流行病学中心除在中国农业科学院北京、哈尔滨、兰州和上海 4 个兽医研究所设立了分中心外，其他省、自治区、直辖市不设立分中心。

四、动物卫生行政的公职人员

（一）动物卫生行政公职人员的范围

动物卫生行政的公职人员，是指依法履行动物卫生行政公共职务的农业农村主管部门、动物卫生行政执法机构、动物卫生技术支撑机构的工作人员。动物卫生行政的公职人员具体从事动物卫生行政管理、动物卫生行政执法、动物卫生技术支撑等工作。

目前，在实际工作中，从事动物卫生行政管理工作的基本是公务员，从事动物卫生技术支撑工作的基本是事业编制人员，从事动物卫生行政执法职务的既有公务员、参照公务员管理的人员，又有事业编制人员。在县级从事动物检疫工作和动物卫生行政执法工作的多为事业编制人员，从事动物检疫工作的人员还需要具有官方兽医身份。

（二）动物卫生行政执法人员

这里的动物卫生行政执法人员是狭义概念，仅指专门从事动物卫生行政监督检查、动物卫生行政强制和动物卫生行政处罚，并取得行政执法资格的人员。2018 年 11 月 23 日，中共中央办公厅、国务院办公厅印发了《关于深化农业综合行政执法改革的指导意见》（中办发〔2018〕61 号），对农业综合行政执法进行改革，这是中央深化党和国家机构改革的一项重大决策，是指导新时期农业农村法治建设、全面推进农业依法行政的纲领性文件。按照该文件的要求，将兽医兽药、生猪屠宰、种子、化肥、农药、农机、农产品质量、渔业渔政等分散在同级农业农村部门内设机构及所属单位的行政处罚，以及与行政处罚相关的行政检查、行政强制职能剥离，整合组建农业综合行政执法队伍，以农业农村部门的名义统一执法。截至 2022 年 11 月，农业综合行政执法改革仍在推进中，动物卫生行政执法人员身份还不统一，既有公务员、参照公务员管理的人员，也有事业编制人员，因此农业综合行政执法队伍在全国农业综合执法改革未到位前，动物卫生行政执法人员仍然保持不同性质编制的现状，待中央统一明确政策后，逐步加以规范。在动物卫生行政管理中，动物卫生行政执法人员是维护动物防疫管理秩序的主力军，承担动物防疫监督管理和行政处罚等具体工作。

（三）官方兽医制度

1. 官方兽医和官方兽医制度　世界动物卫生组织（WOAH）颁布的《陆生动物卫生法典》中规定，官方兽医是指由国家兽医主管部门授权的兽医。其负责执行动物卫生或公共卫生和商品（动物、动物产品、精液、胚胎/卵、生物制品和病料）检验相关官方任务，并在适宜情况下进行出证。

官方兽医制度是指由国家兽医主管部门授权的官方兽医，对动物及动物产品生产全过程行使监督、控制的一种管理制度。官方兽医制度是世界各国普遍实行的一种兽医管理制度。

2. 官方兽医制度的主要类型　从世界各国的总体情况来看，官方兽医制度大致分为三种类型：欧洲和非洲的多数国家特别是欧盟成员国属于典型的国家垂直管理类型，其官方兽医制度和 WOAH 规定的完全一致；美国和加拿大等美洲国家属于国家（联邦）垂直管理和各州共管的兽医官制度类型；澳大利亚和新西兰等大洋洲国家属于州垂直管理的政府兽医制度类型。

3. 我国的官方兽医制度   2007 年修订的《动物防疫法》中，建立了官方兽医制度，明确了官方兽医的职责。2021 年修订后的《动物防疫法》设立了"兽医管理"章节，对官方兽医管理进行统一规范，明确国家实行官方兽医任命制度，官方兽医应当具备农业农村部规定的条件，由省级农业农村主管部门按照程序确认，由所在地县级以上人民政府农业农村主管部门任命。海关从事进出境动物检疫、出具检疫证书的人员纳入官方兽医范围，具体条件由农业农村部和海关总署共同规定，由海关总署任命。官方兽医承担动物饲养、运输、市场流通、屠宰加工、出入境检疫等全过程的动物卫生监管职责，负责动物及动物产品检疫并出具检疫证书，对兽药使用行为实施监督，行使政府职能。2022 年 2 月 10 日，农业农村部发布了《2022—2025年全国官方兽医培训计划》（农牧发〔2022〕6 号），对官方兽医的培训提出了总体要求和指导原则。县级以上人民政府农业农村部门应该制定本区域内官方兽医的具体培训计划，提供相应的培训条件，定期对官方兽医进行培训和考核。

第三节   动物卫生行政行为

行政行为是指行政机关和法定授权组织为实现行政管理目标，运用国家行政权作出的具有法律效力的行为。动物卫生行政行为是指动物卫生行政主体代表国家，并以国家的名义对动物卫生事务进行管理的行政行为。

一、动物卫生行政行为的特征

（一）法律从属性

动物卫生行政主体的行政权力来自动物卫生法律规范的授权。因此，动物卫生行政主体在实施行政行为[1]时，必须依据动物卫生法律规范的相关规定，没有法律规范的明确规定或授权，动物卫生行政主体不得作出任何行政行为。

（二）效力先定性

动物卫生行政行为一经作出，就具有法律效力，行政相对人必须服从，除非由有权机关经法定程序变更或撤销该行政行为。

（三）单方面意志性

动物卫生行政行为与其他行政行为一样，只需动物卫生行政主体单方面的意思表示即可成立，行政相对人同意与否不影响动物卫生行政行为的效力。这与民事行为的成立以双方合意为原则形成鲜明的对比。

---

[1] 行政行为不同于公民个人、组织的行为，法治对公民、组织的要求是不违法，不做法律禁止其做的事情，即"法无禁止则可为"。而行政机关的行政行为则不同，法治对行政机关的要求是依法行政，即"法无授权不可为""法定职责必须为""法定职权职责依法为"。

（四）国家强制性

行政行为是行政主体代表国家，以国家的名义实施的执法行为。行政主体为行使其管理职能，享有相应的管理权力和管理手段。行政主体行使职能的行为如遇到障碍，在没有其他途径克服障碍时，可以运用其行政权力和手段，包括运用行政强制手段，以消除障碍，保障其行政执法目标的事项。当动物卫生行政主体作出处理、处罚决定时，若行政相对人拒不执行，动物卫生行政主体可以依法强制执行或申请人民法院强制执行。行政相对人对动物卫生行政主体作出的处理、处罚决定，在法定期限内既不申请复议或提起诉讼，也不履行的，动物卫生行政主体即可申请人民法院强制执行。

（五）自由裁量性

动物卫生行政行为的自由裁量性与法律从属性不是截然对立的，而是矛盾的对立统一。自由裁量不是无限制的自由裁量，而是在法律、法规范围内的裁量，从属于法律但不是机械地执行法律、适用法律，而是充分运用其主观能动性，紧紧地把握相应法律、法规的立法目的，积极、灵活地执行法律、适用法律，使立法目的得到最佳实现。

例如，《动物防疫法》第一百零一条规定："违反本法规定，将禁止或者限制调运的特定动物、动物产品由动物疫病高风险区调入低风险区的，由县级以上地方人民政府农业农村主管部门没收运输费用、违法运输的动物和动物产品，并处运输费用一倍以上五倍以下罚款。"《规范农业行政处罚自由裁量权办法》（农业农村部公告第180号）第十一条规定："法律、法规、规章设定的罚款数额有一定幅度的，在相应的幅度范围内分为从重处罚、一般处罚、从轻处罚。除法律、法规、规章另有规定外，罚款处罚的数额按照以下标准确定……（三）罚款为一定金额的倍数，并同时规定了最低罚款倍数和最高罚款倍数的，从轻处罚应低于最低罚款倍数和最高罚款倍数的中间倍数，从重处罚应高于中间倍数……"。因此，动物卫生行政行为自由裁量也是在《规范农业行政处罚自由裁量权办法》规定的范围内行使的。

二、动物卫生行政行为的分类

动物卫生行政行为多种多样，根据不同标准可将其作不同的分类。以动物卫生行政行为的对象是否特定可将其分为抽象行政行为与具体行政行为。

1. 抽象行政行为　　抽象行政行为是指动物卫生行政主体进行动物卫生行政管理时，以不特定的或一般的事项为对象的行为。例如，制定动物卫生法律规范的立法行为和其他规范性文件的行为，以及依法发布命令、决定等行为。这类行为在功能上是从日常纷繁多样的具体行政管理活动现象中"抽象"出来，在行政活动领域中人们应当普遍遵守的具有高度概括性的行为规范，这些行为规范对不特定的人有普遍的约束力，因而称为抽象行政行为。

2. 具体行政行为　　具体行政行为是指动物卫生行政主体以特定的或个别的事项为对象，予以具体的处置，并只对特定的对象发生法律效力的动物卫生行政行为。例如，动物卫生行政主体对违反动物卫生法律、法规、规章和其他规范性文件规定的行政相对人，依法进行的动物卫生行政处理、处罚的行为；授予相对人某种权益（颁发"动物防疫条件合格证""动物诊疗许可证"）或剥夺其某种权益（吊销"动物防疫条件合格证""动物诊疗许可证"）的行为。其在功能上是适用法律规范而不是设定具有普遍意义的规范，而且它针对的是特定的对象并只对特定的对象具有约束力,因而称为具体行政行为。

另外,动物卫生行政行为以其适用与效力作用对象的范围可分为内部行政行为与外部行政行为;以受法律规范拘束的程度可分为羁束行政行为与自由裁量行政行为;以行政机关是否可以主动作出行政行为可分为依职权的行政行为和依申请的行政行为;等等。

第四节　动物卫生行政法律关系

一、动物卫生行政法律关系的概念

动物卫生行政主体在行使行政职能的过程中,必然要对内对外发生各种关系,这些关系范围广泛、内容复杂,通称为动物卫生行政关系。动物卫生行政关系经动物卫生行政法律规范调整,具有动物卫生行政法律上的权利、义务内容的,就是动物卫生行政法律关系。这种法律关系既可能表现为行政主体与行政相对人之间的权利关系,即支配或服从关系,也可能表现为非权利关系,如服务关系、指导关系、合同关系。动物卫生行政法律关系是动物卫生行政法律规范的体现,由国家强制力保障。违反或破坏这种法律关系,就要受法律的追究,承担行政法律责任。

二、动物卫生行政法律关系的特征

(一)主体一方的恒定性

动物卫生行政法律关系一方当事人必须是动物卫生行政主体。没有动物卫生行政主体,则不构成动物卫生行政法律关系。换言之,动物卫生行政法律规范对动物卫生行政主体行政职权的确认,是动物卫生行政法律关系存在的前提,没有动物卫生行政职权的存在及其行使,也就没有动物卫生行政法律关系。

(二)法律关系主体互有权利和义务但具有不对等性

动物卫生行政法律关系主体的不对等性,主要表现在两个方面:一是动物卫生行政法律关系的发生只需要动物卫生行政主体单方面的意思表示即可,不需要征得相对一方的同意,如动物卫生行政主体颁布的各种命令、公告,以及采取的其他行政措施,都体现了这一特点。二是双方当事人所处地位不平等。动物卫生行政执法主体是以国家的名义依法实施管理,其行政行为得到国家强制力的保障,即使执法机关的行政行为不当或违法,相对一方也不能因此否认其效力而拒不执行,只能在事后通过行政复议或者提起行政诉讼获得补救。这一特征明显区别于民事法律关系形成的要求。

(三)单方面意志性

在动物卫生行政法律关系中,动物卫生行政主体可以以单方面的意思表示而设立某项法律关系,不需要征得行政相对人的同意。这与民事法律关系的平等性、有偿性和双方意思表示一致性显然不同。动物卫生行政主体以单方面意思表示设立的动物卫生行政法律关系是以国家强制力作保障的,具有强制性,行政相对人必须接受和服从。这种行政法律关系一旦产生,行政相对人就必须履行作为和不作为的义务[1]。

（四）法律先定性

动物卫生行政法律关系的内容具有法律先定性,即动物卫生行政法律关系的当事人的权利和义务都是由动物卫生法律规范预先规定的。如果没有预先规定，就不能发生行政法律关系。例如,经营者依法经营取得动物检疫证明的动物、动物产品,就是一种动物卫生行政法律关系,经营者和动物卫生行政主体之间的权利和义务,是由国家的动物卫生行政法及有关规定预先规定的,经营者和动物卫生行政主体双方都不能自由选择。

三、动物卫生行政法律关系的构成

动物卫生行政法律关系由主体、客体和内容构成。

（一）动物卫生行政法律关系的主体

动物卫生行政法律关系的主体，又称动物卫生行政法律关系当事人，是指动物卫生行政法律关系中权利、义务的承担者，即动物卫生行政机关、行政相对人、行政第三人。动物卫生行政法律关系存在于两个以上的主体之间，没有主体，权利、义务就没有承担者，法律关系便不存在。只有一个主体，而没有相对的一方，权利、义务关系也不能构成。动物卫生行政法律关系的主体有动物卫生行政主体（即各级农业农村主管部门）、动物卫生监督机构和行政相对人，以及有利害关系的行政第三人。动物卫生行政法律关系中的行政相对人是指动物卫生行政主体在行使行政职权或履行行政职责作出行政行为时所直接针对的公民、法人或其他组织。行政第三人是指与行政主体针对行政相对人作出的行政行为有利害关系的其他公民、法人或组织。

（二）动物卫生行政法律关系的客体

动物卫生行政法律关系的客体是指主体双方的权利和义务所共同指向的对象或标的。其包括物和行为。

1. 物　　物是现实存在的、能够为人们控制和支配的物质财富。其包括实物和货币。它可以是固定财产，也可以是流动财产。例如，动物卫生行政法律关系的客体是动物、动物产品，动物防疫有关证、章、标志，以及货币、有价证券和环境、场所，等等。

2. 行为　　动物卫生行政法律关系最主要的客体是行为。其包括两种：一种是动物卫生行政主体行使职务的行为，即行使行政管理权的行为，如采取动物卫生行政措施、行政处罚行为；另一种是行政相对人的行为，如动物饲养场申请领取"动物防疫条件合格证"的行为，以及违反动物卫生行政法律规范的行为。

有些动物卫生行政法律关系的客体同时包括物与行为，称为综合客体。例如，动物卫生行政主体发现行政相对人出售染疫的动物产品时，除没收违法所得和罚款外，还要没收

---

[1] 随着经济社会、政府服务和民主政治的发展变化，行政法上的单方面意志性正在发生变化，向着更多听取和采纳相对方的意思，在行政执法中更重视教育、引导、指导和提供服务等方向转变，《行政处罚法》第六条规定："实施行政处罚，纠正违法行为，应当坚持处罚与教育相结合，教育公民、法人或者其他组织自觉守法。"甚至以双方意思表示一致为达到行政目的的手段，如行政合同、政府购买服务等这类以服务性、合意性、指导性为特点的行政行为，正在成为我国当前行政执法的鲜明特色。

染疫的动物产品。这就同时出现两个客体：一是出售染疫动物产品的行为；二是出售的染疫动物产品。

（三）动物卫生行政法律关系的内容

动物卫生行政法律关系的内容是指动物卫生行政法律关系主体之间的权利和义务。一般来讲，在动物卫生行政法律关系中，没有只享有权利而不承担义务的情况，也没有只承担义务而不享有权利的情况。同时，权利和义务是对应的，一方的权利对于另一方就是义务，一方的义务对于另一方就是权利。

1. 动物卫生行政主体的主要权力和义务

1）**动物卫生行政主体的主要权力**　　法律上称为职权，是法律赋予的为实现国家管理、使全社会服从国家意志的强制力量，也叫国家意志力。我国动物卫生行政主体拥有的权力较为广泛，大致有以下几种类型。

（1）制定行政规范权：包括行政立法权与制定其他行政规范权。根据宪法、法律和行政法规的规定，农业农村部享有制定规章的权力。地方各级农业农村主管部门有依法制定有关动物卫生的其他行政规范性文件的权力。

（2）行政许可权：是指动物卫生行政主体根据行政相对人的申请，作出决定允许行政相对人行使某种特权、获得某种资格和行为的具体行政行为。

（3）行政命令权：是指动物卫生行政主体在执行国家行政管理活动中，动物卫生行政主体有权通过书面或口头的行政决定，依法要求特定的人或不特定的人作出一定行为和不作出一定行为，而相对人必须服从的权力。行政命令权包括行政禁止权，即指行政主体通过发布行政命令禁止（制止）行政相对人某种行为的发生。

（4）行政处罚权：是动物卫生行政主体的一项重要职权，是保证实现行政管理职能的制裁性权力。行政处罚包括申诫罚、财产罚、资格罚、行为罚和人身罚，但在动物卫生行政处罚中不包括人身罚，目前享有限制人身自由处罚权的机关只有公安机关，其他行政机关不享有该项权力。

（5）行政强制执行权：是指公民、法人或其他组织拒不履行行政法定义务，动物卫生行政主体依法采取必要的强制措施，迫使公民、法人或其他组织履行义务的行政执行行为。动物卫生行政执行以义务人不履行行政法定义务为前提。

（6）准行政司法权：是指动物卫生行政主体裁决行政争议并作出决定的权力。

2）**动物卫生行政主体的主要义务**

（1）廉政、勤政，努力为人民服务。这是由我国社会主义制度的性质决定的，是动物卫生行政机关实施国家行政管理的根本宗旨。动物卫生行政机关应当忠实地遵守宪法关于"必须依靠人民的支持，经常保持同人民的密切联系，倾听人民的意见和建议，接受人民的监督，努力为人民服务"的规定。

（2）维护宪法尊严，忠实执行法律、法规和规章。要求动物卫生行政机关坚持依法行政、从严治政，严格地在法定权限内行使行政职权，依法进行行政复议和积极参与行政诉讼，履行诉讼义务。

（3）自觉接受国家权力机关、监察机关、审判机关、检察机关、上级机关和社会组织及群众的监督。

（4）依法承担相应的行政法律责任。动物卫生行政机关在行政管理活动中发生违法或不当的行政行为，侵犯行政相对人的合法权益时，应当依法承担法律责任，履行行政赔偿义务；由于合法的行政行为，行政相对人遭受经济损失的，也应依法予以补偿。

2. 动物卫生行政法律关系中行政相对人的权利和义务

1）动物卫生行政相对人的权利

（1）申请实现或者保护自身合法权益的权利。依照法律的规定，行政相对人有权向动物卫生行政主体申请实现或者保护自身的合法权益。动物卫生行政主体应当按照法律规定履行职责，对行政相对人的申请及时作出处理。

（2）批评、建议权。行政相对人有权对动物卫生行政主体及其工作人员存在的不足之处提出批评或者建议，以帮助动物卫生行政主体改进工作。批评与建议的对象既可是动物卫生行政主体的具体行政行为，也可以是动物卫生行政主体的抽象行政行为，还可以是动物卫生行政主体的工作人员。

（3）检举、控告权。行政相对人对动物卫生行政机关及其工作人员的违法行为有权向有关国家机关检举或控告，以维护社会的公共利益和自身的合法权益，保障动物卫生行政机关依法行政和自身廉政。

（4）申诉和申请复议权。行政相对人不服动物卫生行政机关作出的裁决或处理决定时，有权向有关国家机关提出申诉或者申请行政复议，以保障自身合法权益不受侵犯。

（5）提起行政诉讼的权利。行政相对人认为动物卫生行政机关的具体行政行为侵犯自身合法权益时，有权依据《行政诉讼法》的规定向人民法院提起诉讼，请求人民法院予以撤销或变更，以维护自身的合法权益。

（6）请求行政赔偿权。行政相对人的合法权益受到动物卫生行政机关违法或不适当的具体行政行为侵犯而造成损害时，有权依照《中华人民共和国国家赔偿法》（以下简称"《国家赔偿法》"）的规定请求行政赔偿。

2）动物卫生行政相对人的义务

（1）遵守和执行动物卫生法律规范，维护社会公共利益，支持和协助动物卫生行政机关实施合法、有效的管理。

（2）自觉执行行政命令和决定，保证国家行政管理有序进行；与动物卫生行政机关发生争议时，应当通过法定途径解决。

（3）自觉接受动物卫生行政机关的管理和监督，维护动物卫生行政机关在国家行政管理中的权威，支持动物卫生行政主体依法行政。

四、动物卫生行政法律关系的产生、变更和消灭

动物卫生行政法律关系是不断产生、变化和发展的。在动物卫生行政管理活动中经常会产生新的行政法律关系，同时旧的法律关系又不断地变更或废止。动物卫生行政法律关系这种不断产生、变更、终止的过程，反映了国家行政管理活动的客观需要。

（一）法律事实

法律事实是指在动物卫生行政法律关系主体之间引起行政法律关系产生、变更和消灭的客

观现象。仅有动物卫生行政法律规范并不能在动物卫生行政法律关系主体之间引起动物卫生行政法上的权利和义务关系。动物卫生行政法中所规定的权利和义务关系,只表现出动物卫生行政法律关系主体享有权利和承担义务的可能性。只有当动物卫生行政法律规范中所规定的法律事实即客观现象出现时,才会引起动物卫生行政法律关系变化的后果。

1. 法律事件　　法律事件是指不以人的意志为转移的客观现象。例如,经营动物产品的公民死亡,生产经营动物产品的企业倒闭或破产,自然事件,时间因素,等等。这些事件的发生,就会引起动物卫生行政法律关系的产生、变更和消灭。比如,当发生了动物卫生行政法律规范规定的一类动物传染病时,当地人民政府依法对该地区实行封锁并由动物卫生行政主体进行处理,这就引起了动物卫生行政法律关系的产生。

2. 法律行为　　法律行为是指人的一种有意识的活动,是行政法律规范规定的按照人的意愿而作出的引起行政法律关系产生、变更和消灭的行为。它是一种以人的意志为转移的法律事实。法律行为按其性质可分为合法行为和违法行为。合法行为就是符合动物卫生行政法律规范规定的行为,也就是动物卫生行政法律规范所允许的行为。违法行为是违反动物卫生行政法律规范规定的行为,既包括作出了法律所禁止的行为(即作为违法),也包括不作法律所要求的行为(即不作为违法)。法律行为不论是合法的行为,还是违法的行为,均能在动物卫生行政法上导致一定的权利、义务关系的产生、变更和消灭。例如,动物卫生行政主体依法颁发"动物诊疗许可证",就引起了动物卫生行政主体和行政相对人之间动物卫生行政法律关系的产生。行政相对人的行为也能引起行政法律关系的产生,如经营单位违反《动物防疫法》的规定。

(二)动物卫生行政法律关系的产生、变更和消灭的条件

1. 动物卫生行政法律关系的产生　　一般是由动物卫生行政主体单方面采取行政行为而形成的。例如,根据《动物防疫法》责令行政相对人按照法律的规定对运输动物的车辆进行清洗消毒等。所以,动物卫生行政行为是动物卫生行政法律关系产生的主要原因。

2. 动物卫生行政法律关系的变更　　有两种情况:①动物卫生行政法律关系权利和义务的变更,如动物卫生行政主体职能的增减等;②动物卫生行政法律关系主体的变更,如动物卫生行政主体的合并、分立、撤销。

3. 动物卫生行政法律关系的消灭　　是指动物卫生行政法律关系主体间权利和义务的完全消灭,包括动物卫生行政法律关系主体的消灭和法律关系内容的消灭两种,如行政相对人死亡、经营动物产品的企业被撤销等。

第五节　动物卫生行政法律责任和法律制裁

一、动物卫生行政法律责任

(一)动物卫生行政法律责任的概念

动物卫生行政法律责任是指动物卫生行政法律关系的主体由于违反动物卫生法律规范的规定而应承担的法律后果。按照责任主体的不同主要可以分为以下三种。

1. 动物卫生行政主体的法律责任　　是指动物卫生行政主体违反动物卫生行政法律规范而应承担的法律责任,有的要向国家承担,有的要向行政相对人承担。当行政主体作出的

违法行政行为不涉及行政相对人，但损害了国家、社会公共利益时，要向国家承担法律责任；当行政主体作出的违法行政行为侵害了行政相对人的合法权益时，则要向行政相对人承担法律责任。

2. 动物卫生行政机关工作人员的法律责任 是指行政管理、行政执法人员等违反动物卫生行政法律规范的行政行为而应当承担的法律责任。动物卫生行政机关工作人员的责任是一种个人责任。这种个人责任主要是针对国家（由动物卫生行政主体代表）承担的。这种个人责任主要源于工作人员的两种违法情况：一是在动物卫生行政主体内部管理中，工作人员违反内部管理制度，破坏了动物卫生行政主体的内部秩序，因而要对国家承担法律责任；二是工作人员在代表动物卫生行政主体行使管理职权时，由于个人故意违法或有重大过失，动物卫生行政主体对行政相对人作出了违法的行政行为并造成了对方合法权益的损害，因此动物卫生行政主体就其违法行为向行政相对人承担法律责任。

3. 行政相对人的法律责任 是指行政相对人违反动物卫生行政法律规范而应承担的法律责任。行政相对人的法律责任也是一种个人责任，这种责任主要向国家承担，因为其违法行为主要是侵害了国家和社会的公共利益、破坏了国家的行政管理秩序。当然，行政相对人的违法行为在破坏国家行政管理秩序的同时，又侵害了他人的利益，动物卫生行政主体可能要强制决定行政相对人对他人承担一定的法律责任，但这种法律责任属于民事责任的性质。

（二）动物卫生行政法律责任的构成

动物卫生行政法律责任的构成是指形成动物卫生行政法律责任必须具备的各种条件，包括以下几项。

1. 行为人有违反动物卫生行政法律规范的行为 动物卫生行政法律责任是违反动物卫生行政法律规范行为所应承担的后果。为此，有违反动物卫生行政法律规范的行为存在是构成动物卫生行政法律责任的必备前提条件。

2. 行为人具有法定责任能力 行为人具有法定责任能力是构成动物卫生行政法律责任的又一个重要条件。在认定行为人是否具有法定责任能力时，对不同对象有着不同的要求。一般而言，对于动物卫生行政主体来讲，其必须符合组织要件和法律要件；对于行政相对人为法人和其他组织的来讲，没有特殊的要求，只要其依法成立即可；而对于行政相对人中的公民来讲，必须要求其达到法定的责任年龄、有正常的智力甚至生理状态，否则即使其有违反动物卫生行政法律规范的行为，也不得追究其动物卫生行政法律责任。根据我国《行政处罚法》规定，已满 18 周岁的成年人和间歇性精神病人在精神正常时有违反动物卫生行政法律规范行为的，应当负完全行政责任，是完全行政责任能力人；已满 14 周岁不满 18 周岁的未成年人和尚未完全丧失辨认或者控制自己行为能力的精神病人、智力残疾人有违反动物卫生行政法律规范行为的，应当从轻或减轻行政处罚，是相对从轻或减轻行政责任能力人；不满 14 周岁的人和精神病人、智力残疾人在不能辨认或者不能控制自己行为时有违反动物卫生行政法律规范行为的，不予行政处罚，是无行政责任能力人，不负行政责任，但应当责令其监护人严加看管和治疗。

3. 行为人违反动物卫生行政法律规范的行为，必须在情节、后果上达到一定的程度 有些情节十分轻微，没有造成危害后果的违反动物卫生行政法律规范的行为，也不构成动物卫生行政法律责任。例如，根据《行政处罚法》的规定，违法行为轻微并及时改正，没有造成危害后果的，不予行政处罚。

二、动物卫生行政法律制裁

（一）动物卫生行政法律制裁的概念

动物卫生行政法律制裁是指由国家有关机关对违反动物卫生行政法律规范的行为人依其法律责任而实施的强制性惩罚措施。法律制裁是承担法律责任的重要方式，法律责任是前提，法律制裁是结果或体现。

（二）动物卫生行政法律制裁的方式

1. 追究动物卫生行政主体法律责任的方式

（1）责令作出检查、通报批评。这是一种惩戒性的行政法律责任，可以对作出违法或不当行政行为的动物卫生行政主体起到一定的警戒作用。责令作出检查通常由动物卫生行政主体从属的人民政府、上级机关或主管机关决定；通报批评一般由权力机关、主管机关或监察部门等有权机关以书面形式作出，通过报刊、文件等予以公布。

（2）赔礼道歉、承认错误。动物卫生行政主体作出违法或不当行政行为，损害行政相对人的合法权益时，必须向对方赔礼道歉，承认错误。承担这种责任一般由动物卫生行政主体的主要领导和直接责任人员面向行政相对人作出，可以采取口头形式，也可以采取书面形式。这是动物卫生行政主体所承担的一种较轻微的补救性行政责任。

（3）恢复名誉、消除影响。动物卫生行政主体的违法或不当行政行为造成行政相对人名誉上的损害时，应恢复行政相对人名誉，并消除影响。该责任的履行通常以能弥补行政相对人名誉受损害的程度和影响范围为限。

（4）返还权益。动物卫生行政主体违法剥夺行政相对人的权益时，承担返还该权益的法律责任。

（5）恢复原状。动物卫生行政主体的违法或不当行政行为给对方的财产带来改变其原有状态的损害时，行政主体要承担恢复原状的补救性法律责任。

（6）停止违法行为。这是行为上的惩戒性法律责任。如果违法行政行为在持续状态中，法律责任的追究机关有权责令动物卫生行政主体停止该违法行为。

（7）责令履行职责。这是动物卫生行政主体不履行或迟延履行职务而须承担的一种法律责任。

（8）撤销违法的行政行为。动物卫生行政主体的违法行为，行政主体自己有权或由有权机关予以撤销，行政主体要承担违法行为被撤销的法律后果。撤销违法行政行为包括撤销已完成和正在进行的行政行为。

（9）纠正不当的行政行为。这是对动物卫生行政主体裁量权进行控制的法律责任方式。动物卫生行政主体要对滥用裁量权的不当行政行为负法律责任，纠正不当的行政行为通常由行政主体自己改变，或由复议机关及司法机关予以变更。

（10）赔偿损失。这是一种补救性的行政责任方式。动物卫生行政主体的违法行为造成相对方人身损害的，应依法赔偿损失；造成财产损害的，如果不能返还财产和恢复原状，也应依法赔偿损失。

2. 追究动物卫生行政执法人员法律责任的方式

行政执法人员法律责任的追究，主要由对其有法定人事任免、奖惩权力的国家机关进行。方式主要有以下几种。

（1）行政处分。这是对行政执法人员职务身份的制裁，是一种内部行为和责任方式。具体种类有警告、记过、记大过、降级、撤职、开除。

（2）对违法所得的没收、追缴或者责令退赔。行政执法人员违反行政法律法规义务所取得的财产属于非法所得，监察机关及其他有权机关依法对非法所得实行没收、追缴或者责令退赔。

（3）赔偿损失。这是指行政执法人员代表动物卫生行政主体行使职权时侵害了相对人的合法权益并造成损害的，动物卫生行政主体在对行政相对人赔偿损失后，依法责令有故意或重大过失的行政执法人员负担部分或全部赔偿费用。这种赔偿损失责任是行政执法人员向国家承担的，既有财产内容，又有制裁因素，属于一种内部行政法律责任。

（4）其他责任形式。如被责令检讨、予以通报批评、当面向受害人作出赔礼道歉等。

3. 追究行政相对人法律责任的方式

动物卫生行政主体实施对行政相对人行政法律责任的追究，取决于职能事项范围和法定的权限方式。一般来讲，动物卫生行政主体通常以行使行政处罚权、行政强制权和行政裁决权对行政相对人的法律责任予以追究。行政相对人承担法律责任的方式主要有以下两种。

（1）履行法定义务。行政相对人因怠于履行法定义务而构成行政违法行为时，动物卫生行政主体可以责令其依法履行该项义务。

（2）接受行政处罚。行政处罚是一种惩戒性的行政法律责任，包括申诫罚、财产罚、资格罚、行为罚和人身罚5种。但在动物卫生行政法律关系中，动物卫生行政主体无权对行政相对人适用人身罚。

复习思考题

1. 简述动物卫生行政的概念和特征。
2. 什么是官方兽医？
3. 简述动物卫生行政行为的概念和特征。
4. 简述动物卫生行政法律责任的构成。

第三章 动物卫生行政法和行政程序法

本章内容提要 本章包括行政法的基本知识、行政程序的基本制度、动物卫生行政法概述和动物卫生行政程序法概述 4 部分内容。行政法的基本知识包括行政法的概念和特点、行政法调整的对象。行政程序的基本制度主要介绍 6 项基本程序制度。动物卫生行政法概述包括动物卫生行政法的概念、立法宗旨、渊源、调整的对象及效力。动物卫生行政程序法概述包括动物卫生行政程序法的概念、地位及作用、基本原则、分类。

第一节 行政法的基本知识

一、行政法的概念和特点

(一)行政法的概念

动物卫生行政法是我国行政法的重要组成部分,与公安、卫生、市场监督、生态环境保护等行政法之间存在着密切联系,并共同构成我国行政部门法。因此,在论述动物卫生行政法之前,应首先了解行政法的概念、特点、结构及调整对象。

行政法是国家的重要部门法之一,是调整国家行政机关在行使其职权过程中发生的各种社会关系,配置并控制行政权,确认和保障公民(泛指行政相对人)合法权益的各种行政法律规范的总称。之所以说行政法是有关行政法律规范的总称,是因为在现实生活中没有一部包罗万象的行政法典,行政法由分散于宪法、法律、法规和规章等的众多行政法律规范组成。行政法包括行政组织规范、行政行为规范和行政监督规范。

(二)行政法的特点

1. 内容广泛、数量繁多 由于国家行政管理的范围非常广泛,包括国防、外事、公安、民政、司法、教育、科技、文化、经济、卫生、体育等各个方面,这就决定了行政法调整的对象极为复杂。行政法的数量和内容远远超过了其他法律,这与我国多层次的行政立法体制密切相关。行政法中实体规范与程序规范没有严格的界线区分。这一特点表现在两个方面:第一,从整体上说,行政法既包含实体规范,又包含程序规范。例如,《行政诉讼法》是行政法的组成部分之一,行政法与《行政诉讼法》的关系是整体与部分的关系,而不是实体与程序的关系。第二,从具体法律规范来看,行政法常融合实体规范和程序规范于一体。例如,《行政处罚法》既规定了行政处罚权的设定、行政处罚的适用原则和条件,又规定了行政处罚的程序等内容。行政法的这一特点是由公共行政的国家意志及强制性等特征所决定的。行政权具有支配他人的力量,不同于个人权利,因此,在设定行政权的同时,有必要规定行使行政权的程序,也有必要规定相应的监督和救济程序。

2. 表现形式多样化，没有统一的行政法典　　行政法和其他部门法不同，表现形式多种多样，由分散于宪法、法律、法规和规章等的众多行政法律规范组成，缺乏一部综合性的实体法典。

3. 富于变动性　　行政法同党和国家制定的各项政策相比，显然是稳定的。但与宪法及民法、刑法相比，就显得波动性大一些。随着国家政治经济的发展，国家行政管理经常处于变化和变更之中，特别是在改革开放的形势下，这种变化更为频繁。这就在客观上要求行政法与行政管理的变动性相适应，及时运用法律手段来调整国家行政管理。因此，行政法总是不断地经历着立、改、废、再立的过程。当然，这种变动不等于朝令夕改，也不与法的相对稳定性相矛盾，它仅仅是与宪法、民法、刑法相比之下才显示此特点。

二、行政法调整的对象

行政法是调整行政关系的法律规范的总称，其调整对象是行政关系。所谓行政关系，是指国家行政机关在行使其职权的过程中发生的各种社会关系。作为行政职能承担者的行政机关，在其行使职权的过程中，一定会与其相对的一方发生各式各样的关系，把这些复杂的、不确定的、不规范的关系用法律加以确定，并予以规范化，是行政法的一项基本任务。

（一）行政关系的类型

1. 组织关系　　组织关系包括行政机关相互之间的关系及行政机关与公务员的关系。这种行政关系的特点是主体间受层级节制。在上下级关系中，命令与服从是其关系的主要形式；在同级关系中，其共同上级的协调往往必不可少。

2. 行为关系　　行为关系是指行政行为引起的行政主体与行政相对人之间的关系。在这种行政主体与行政相对人即公民、法人或其他组织之间的关系中，行政主体处于主导地位，行政相对人处于被管理的地位，但不存在层级节制。

3. 行政救济或监督关系　　行政救济或监督关系是指行政机关与其他国家机关之间的关系，这类关系在一定范围内是监督和被监督的关系，行政主体处于被监督的地位。

上述三种行政关系都应有法律规范加以调整，而一经法律规定，这种关系就转变为行政法律关系。

（二）行政关系的特征

1. 特殊的社会关系　　行政关系是一种社会关系，是行政主体在行政管理中与行政相对人发生的一种特殊的社会关系。

2. 管理主体特定　　行政关系的主体一方必须是国家机关或法律法规授权的组织，特定的行政关系的管理主体资格，只能赋予特定的行政主体，这种主体资格不得选择。

3. 单方意思表示　　行政关系的发生必须有行政主体的意思表示方能成立。在多数情况下，行政关系的成立往往出于行政主体的单方意思表示。

4. 在行政关系中双方所处的地位不对等　　行政主体为了使行政相对人的活动服从和接受它所代表的国家意志，就要用强制的或其他的手段作用于行政相对人。因此，在行政法律关系中，行政主体和行政相对人之间的法律地位具有明显的不对等性。

第二节　行政程序的基本制度

行政程序的基本制度是指在行政程序的各个阶段中具有相对独立价值并对整个行政程序产生重大影响的规则，具有规范性和可操作性的特点。行政程序的基本制度是行政程序法的基石，下面介绍几个常见的基本制度。

一、回避制度

行政程序上的回避制度主要是指公务回避制度，即行政主体在行使职权过程中，行政人员不得参与与自身有关的案件或者事项的处理。当遇到这种情形时，行政人员应当请求回避，行政相对人也可以申请其回避，行政主体应当根据请求或申请对相关人员进行替换。例如，《行政处罚法》第四十三条规定："执法人员与案件有直接利害关系或者有其他关系可能影响公正执法的，应当回避。当事人认为执法人员与案件有直接利害关系或者有其他关系可能影响公正执法的，有权申请回避。当事人提出回避申请的，行政机关应当依法审查，由行政机关负责人决定。决定作出之前，不停止调查。"

二、听证制度

听证制度是指行政主体在制定行政规范和作出行政处理过程中，与行政相对人及其他参与人就拟制行政规范的内容、制定依据等或者拟定行政决定的内容、事实证据、法律依据等进行说明、申辩意见、辩论、聆听等活动的制度。听证程序不是所有行政行为的必经程序，具有重要影响的行政行为才适用行政听证程序。例如，《行政处罚法》第六十三条第一款规定："行政机关拟作出下列行政处罚决定，应当告知当事人有要求听证的权利，当事人要求听证的，行政机关应当组织听证：（一）较大数额罚款；（二）没收较大数额违法所得、没收较大价值非法财物；（三）降低资质等级、吊销许可证件；（四）责令停产停业、责令关闭、限制从业；（五）其他较重的行政处罚；（六）法律、法规、规章规定的其他情形。"

三、禁止单方接触制度

行政主体在行政行为过程中不得违反程序规定私下接触行政相对人、利害关系人和其他行政程序参加人，听取单方面的陈述、接受证据，其中包括禁止行政听证主持人与行政调查人员、行政复议人员与被复议主体相关人员的私下接触、交换意见等。

四、公开制度

行政主体根据职权或者应行政相对人的请求，向行政相对人或者社会公众公开行政过程和政府信息，以确保他们的知情权、对行政过程的参与和对行政权的监督。其既包括行政处罚、许可、强制等行政执法行为过程的公开，也包括行政法规、行政规章和其他规范性文件及重大行政决策等行政立法和决策过程的公开，还包括行政裁决、仲裁、调解及行政复议等行政司法过程的公开。例如，《中华人民共和国政府信息公开条例》第五条规定："行政机关公开政府信息，应当坚持以公开为常态、不公开为例外，遵循公正、公平、合法、便民的原则。"《行政处罚法》第四十八条第一款规定："具有一定社会影响的行政处罚决定应当依法公开。"

五、时效制度

时效制度是指行政行为及其各个环节、步骤等施加期间限制并规定违反期间限制的法律后果的制度。行政程序的时限必须得到严格的遵守，但在例外情况下可以变动，主要是以期限延长为主。例如，《中华人民共和国行政强制法》（以下简称"《行政强制法》"）第二十五条第一款规定："查封、扣押的期限不得超过三十日；情况复杂的，经行政机关负责人批准，可以延长，但是延长期限不得超过三十日。法律、行政法规另有规定的除外。"

六、说明理由制度

行政主体作出涉及行政相对人权益的行政行为时必须说明事实根据、法律依据及行政机关裁量的理由等。行政主体作出行政决定，应当说明理由；行政主体作出对行政相对人权益产生不利影响的行政行为，必须说明理由。例如，《行政强制法》第二十五条第二款规定："延长查封、扣押的决定应当及时书面告知当事人，并说明理由。"

第三节　动物卫生行政法概述

一、动物卫生行政法的概念

动物卫生行政法是指调整动物卫生行政主体在履行其职能过程中发生的各种社会关系的法律规范的总称。动物卫生行政法是我国行政法的重要组成部分，它独立调整动物卫生行政的各种社会关系，与公安行政、卫生行政、生态环境保护行政、市场监督行政等诸多行政法律规范之间存在着密切的联系，共同构成我国的行政部门法。

二、动物卫生行政法的立法宗旨

动物卫生行政法包括《动物防疫法》《进出境动植物检疫法》《重大动物疫情应急条例》《病原微生物实验室生物安全管理条例》《兽药管理条例》《执业兽医和乡村兽医管理办法》《动物诊疗机构管理办法》等及其相关的配套法律规范。这里以《动物防疫法》为主论述其立法宗旨。

（一）将动物防疫工作纳入法治轨道，依法加强对动物防疫活动的管理

动物防疫工作涉及社会生产、生活的许多方面，加强动物防疫工作，可以采用行政办法和经济措施，还可以采用各种科学技术手段。但是最具有权威、最能有效而又普遍适用的则是法律手段。首先，随着社会主义市场经济的不断健全完善，养殖业在发展过程中也出现了一些新情况和新问题，其中一个突出的问题是生产经营主体多元化，个别养殖者为了追求一时的经济利益，忽视动物防疫工作，重大动物疫病风险防范意识淡薄，再加上动物防疫管理工作本身也存在一些薄弱环节，加大了动物防疫工作的难度，致使动物疫病时有发生，影响了养殖业持续健康发展，因此需要动物饲养、经营、运输、屠宰及动物产品生产、加工、经营、运输、贮藏等有关单位和人员积极参与，各负其责。其次，动物防疫工作涉及很多部门，除农业农村部门

外，还涉及商务、卫生健康、野生动物保护、公安、市场监管等多个政府部门，特别需要加强各有关部门的协作和配合。将动物防疫工作纳入法治化管理轨道，以国家强制力为保障，可以有力地推进动物防疫科学技术手段的运用，保证动物疫病预防、控制、净化、消灭等动物卫生措施的顺利实施，使正当、有效的行政手段和措施有法可依；还可以使各有关部门依法履行各自的职责，互相密切配合，有利于形成合力，共同做好动物防疫工作。因此，只有把动物防疫活动纳入法治管理轨道，才能真正做到加强动物防疫活动的管理。

（二）预防、控制、净化、消灭动物疫病

动物疫病是影响养殖业发展、危及人体健康和社会公共卫生安全的主要因素之一。某些动物疫病的暴发不仅会对养殖业造成毁灭性打击，对人类生命安全造成危害，同时也影响社会稳定。从动物疫病流行规律看，单纯预防难以有效遏制病原体变异及侵害，有计划地净化、消灭对畜牧业和公共卫生安全危害大的重点病种，推进重点病种从免疫临床发病向免疫临床无病例过渡，逐步清除动物机体和环境中存在的病原，降低疫病流行率，缩小病原污染面，是消灭重点动物疫病的科学路径，也是国际上的通行做法。因此，运用法律手段加强动物防疫活动的管理，其首要目的就是要为预防、控制、净化、消灭动物疫病提供法律保障，达到促进养殖业持续健康发展、切实保护人体健康、维护社会公共卫生安全的目的。

（三）促进养殖业发展

自改革开放以来，人民生活水平不断提高，衣、食结构发生了巨大变化，皮、毛、裘、革、肉、禽、蛋、乳的需求量日益增加。同时随着社会发展进步，动物的用途逐步多样化，除主要供食用外，还用于宠用、观赏、守卫、演艺等各个方面，涉及生产、生活、科研、国防等各个领域。动物与人类的关系日益密切，已成为人类生活和社会发展不可或缺的重要方面。与此相适应，作为国民经济重要组成部分的养殖业得到了迅猛发展，已成为我国农业农村经济发展、增加农民收入的重要支柱产业。但随着养殖业的快速发展和动物产品流通贸易的增加，动物疫病发生和传播的风险随之增大，加之我国养殖方式总体落后，且国际疫情形势严峻，防控难度不断加大，直接威胁到我国养殖业的生存与发展。因此，运用法律手段，规范动物防疫活动，依法预防、控制、净化、消灭动物疫病，对促进养殖业发展具有十分重要的意义。

（四）防控人畜共患传染病

世界卫生组织（WHO）资料显示，75%的动物疫病可以传染给人，70%的人的疫病至少可以传染给一种动物。人畜共患传染病包括细菌病、病毒病、寄生虫病等，世界上已知的多达几百种，其中如布鲁氏菌病、狂犬病、牛结核病、炭疽、日本血吸虫病，都曾给人类带来灾难性的危害。2022年6月，农业农村部以第571号公告发布了《人畜共患传染病名录》，共列举了24种人畜共患传染病。做好动物防疫工作不仅仅是保护动物健康，促进养殖业发展，更重要的是保护人体健康。因此，需要有关部门建立人畜共患传染病联防联控机制，加强人畜共患传染病监测，互相通报疫情，及时公布疫情，并采取相应的预防、控制措施等，从而实现防控人畜共患传染病的目的。

（五）保障公共卫生安全和人体健康

动物防疫工作是公共卫生安全的第一道防线，是公共卫生的重要组成部分，是保持社会经济全面、协调、可持续发展的一项基础性工作。从国际情况看，动物疫病不仅会影响人体健康、造成重大经济损失，也会产生强烈的政治影响，甚至影响社会稳定，如英国发生的口蹄疫、疯牛病，我国台湾发生的口蹄疫，以及多个国家和地区发生的高致病性禽流感等。从我国来看，随着社会、经济的发展和对外开放进程的加快，特别是我国在世界动物卫生组织的合法权利恢复后，动物防疫工作的社会公共卫生属性更加显著。动物防疫的职能更多地体现在公共卫生方面，如动物防疫的全过程管理，动物疫病的防控，人畜共患传染病的控制，动物源性食品安全，以及动物福利、动物源性污染的环境保护等。因此，加强对动物防疫活动的管理，预防、控制、净化、消灭动物疫病，不仅可以促进养殖业健康持续地发展，更重要的是为了保障消费者食品安全，保护人体健康，保障社会公共卫生安全。

三、动物卫生行政法的渊源

动物卫生行政法的渊源是指动物卫生行政法的表现形式。其分为基本渊源和特别渊源。

（一）动物卫生行政法的基本渊源

我国动物卫生行政法的基本渊源，是指有关国家机关制定的法律规范，根据制定主体、效力层次及制定程序的差异可分为以下几种形式。

1. 宪法　　宪法作为一个法的部门，是规定我国社会制度、国家制度、公民权利和义务，以及国家机关的组织与活动的基本原则等法律规范的总称。宪法是中国特色社会主义法律体系的核心，是我国的根本大法，是国家的总章程，具有最高的法律效力。宪法是制定其他法律、法规的立法基础和依据。任何与宪法相抵触的法律、法规都是无效的。因此，宪法是制定动物卫生行政法规的基本依据，也是动物卫生行政的根本法律依据。

2. 法律　　我国宪法规定，全国人民代表大会有权制定和修改刑事、民事、国家机构和其他基本法律，如《刑法》；全国人民代表大会常务委员会有权制定和修改应当由全国人民代表大会制定的基本法律以外的其他法律，如《动物防疫法》。《动物防疫法》是动物卫生行政的直接依据。应当指出，作为动物卫生行政法渊源的某一项法律，可能仅仅包括某一方面的动物卫生行政法律规范，如《进出境动植物检疫法》。作为其他部门法渊源的某一项法律，也可能包含有动物卫生法律规范，如《中华人民共和国传染病防治法》（以下简称"《传染病防治法》"）、《中华人民共和国食品安全法》（以下简称"《食品安全法》"）等法律中有关动物卫生行政的规定。

3. 行政法规　　我国宪法规定，国务院有权根据宪法和法律，制定行政措施和行政法规，发布决定和命令。行政法规就是国务院为贯彻执行宪法和法律而制定、通过或批准颁布的行政行为的规范。有关动物卫生的行政法规也是动物卫生行政的重要依据，如国务院颁发的《重大动物疫情应急条例》《病原微生物实验室生物安全管理条例》等。

4. 地方性法规　　地方性法规是指由有关地方权力机关根据法律规定制定的，只适用于制定机关行政区域内与动物卫生行政管理有关的规范性法律文件的总称，如《北京市动物防疫条例》。

5. 规章　　规章分为部委规章和政府规章，是指分别由国务院各部委和有关人民政府根据法律规定制定的与动物卫生行政管理有关的规范性法律文件的总称，如农业农村部制定颁发的《动物诊疗机构管理办法》《执业兽医和乡村兽医管理办法》。

6. 自治条例和单行条例　　自治条例和单行条例中关于动物卫生行政管理方面的规定也是动物卫生行政的依据。

（二）动物卫生行政法的特别渊源

1. 有关法律规范的解释　　根据《全国人民代表大会常务委员会关于加强解释法律工作的决议》的规定，有如下几种与动物卫生行政法有关的法律解释。

（1）立法解释。凡法律条文本身需要进一步明确界限或补充说明的，由全国人民代表大会常务委员会进行解释或用法令加以规定。

（2）司法解释。全国人民代表大会授权最高人民法院和最高人民检察院就审判和检察工作中如何具体运用法律问题的解释。

（3）行政解释。不属于审判和检察工作中的其他法律、法令，在实际工作中如何具体运用的问题，由国务院及有关主管部门进行解释。

（4）地方性解释。凡属地方性法规条文本身需要进一步明确界限或做补充规定的，由制定法规的省、自治区、直辖市人民代表大会常务委员会进行解释或补充规定。凡属于地方性法规如何具体应用的问题，由省、自治区、直辖市人民政府主管部门进行解释。

凡符合上述规定所做的立法、司法、行政与地方性解释，涉及动物卫生方面的，也是动物卫生行政法的渊源。因此，这些解释也是动物卫生行政的法律依据。

2. 国际条约　　世界贸易组织（WTO）的农业协定、《SPS协定》、《世界贸易组织技术性贸易壁垒协定》（《WTO/TBT协定》）及世界动物卫生组织（WOAH）、联合国粮食及农业组织（FAO）、国际食品法典委员会（CAC）等国际组织的法典中涉及动物卫生方面的法律、法规、标准，我国动物卫生行政应当遵照执行。此外，经我国批准的国际条约中有关动物卫生方面的规范，除我国声明保留条款外，也是动物卫生行政的法律依据。

四、动物卫生行政法调整的对象及效力

（一）动物卫生行政法调整的对象和范围

1. 调整对象　　动物卫生行政法调整的对象是从事动物饲养、屠宰、经营、隔离、运输，以及动物产品生产、经营、加工、贮藏、运输，或者其他与动物卫生相关的活动中与动物卫生行政主体所发生的各类社会关系。在管理与被管理的动物卫生行政法关系中，行政主体与行政相对人均是法律关系主体，均依法享有一定的权利和承担一定的义务，并承担由此而产生的法律后果。

2. 调整范围　　动物卫生行政法的调整范围是指动物卫生行政法所适用的范围。从《动物防疫法》的内容看，凡在中华人民共和国领域内从事动物饲养、屠宰、经营、隔离、运输，以及动物产品生产、经营、加工、贮藏、运输等与动物防疫相关活动的公民、法人或其他组织都必须遵守动物卫生行政法律规范的规定。

（二）动物卫生行政法的效力

1. 时间效力　　动物卫生行政法发布后，何时开始生效，一般在法律规范中都作出了明确规定。大致有两种情况：一是自法律公布之日起生效，二是公布后经过一定时间后才开始生效。

例如,2021 年修订的《动物防疫法》于 2021 年 1 月 22 日通过并公布,于 2021 年 5 月 1 日生效。

2. 空间效力　　全国人民代表大会及其常务委员会制定的动物卫生行政法律,国务院及其各部委制定的动物卫生行政法规和规章,在全国范围内有效。地方性法规和地方政府规章,在其地域范围内有效。

3. 对人的效力　　动物卫生行政法律规范对人的效力,取决于制定该法规机关的管辖权限。一般来讲,动物卫生行政法律规范对我国的公民、法人或其他组织具有约束力,对在我国境内的外国公民、法人、无国籍人,除法律特别规定者外,都有同等的约束力。

第四节　动物卫生行政程序法概述

一、动物卫生行政程序法的概念

动物卫生行政程序法是关于动物卫生行政行为的方式、步骤、期限和顺序及其所形成过程的法律规范的总称。这一定义可以从以下几方面理解。

(一)动物卫生行政程序法是有关行政程序的法

1. 动物卫生行政程序的概念　　程序是从行为起始到终结的全过程,构成这一过程的是行为的方式和行为的步骤,以及行为期限和顺序。因此,可以把程序定义为由一定的行为方式、步骤、期限和顺序所构成的行为过程。动物卫生行政程序是指由动物卫生行政行为的方式、步骤、期限和顺序构成的动物卫生行政行为的全过程。它与动物卫生行政行为的实体内容相对应。

2. 动物卫生行政程序的特点　　首先,动物卫生行政程序是对动物卫生行政主体而言的。只有动物卫生行政主体在实施行政行为时,即在动物卫生行政执法行为中,才存在着动物卫生行政程序。其次,动物卫生行政程序由动物卫生行政行为方式、步骤、期限和顺序构成。方式和步骤是行为过程的空间表现形式。比如,要作出一个行政处罚决定,就需要进行调查、取证、听取当事人陈述申辩,审查分析证据材料,作出处理决定,把决定送达当事人,等等。期限和顺序则是行为过程中的时间表现形式。各种方式之间的先后顺序,以及每种方式的时间限制,把动物卫生行政行为的各个方式按照一定的步骤串联起来,即形成了动物卫生行政行为的全过程,也就构成了动物卫生行政程序。

(二)动物卫生行政程序法调整的对象是动物卫生行政行为

动物卫生行政程序法的调整对象是动物卫生行政行为。动物卫生行政行为主要是指动物卫生行政主体一方的行为,虽然动物卫生行政程序法也常涉及行政相对人的行为,但是由于行政相对人的活动方式不影响动物卫生行政行为的合法性,也不会导致动物卫生行政行为无效,因此行政相对人的行为不在动物卫生行政程序法调整之列。

(三)动物卫生行政程序法是规范动物卫生行政程序的法

我国目前还没有一部完整的行政程序法,许多行政程序分散在其他行政法律规范中。在动物卫生行政中,动物卫生行政行为应当按照行为的不同性质而遵循不同的行政程序法律规范,从而行使行政权力。例如,颁发"动物诊疗许可证"等实施行政许可的,应当遵循《中华人民共和国行政许可法》（以下简称"《行政许可法》"）；对违反《动物防疫法》的违法行为实施行政处罚的，应当遵循《行政处罚法》。

（四）动物卫生行政程序的法律化和科学化

动物卫生行政程序应客观、科学、合理。实施动物卫生行政行为的方式和步骤不符合要求时，就会出现动物卫生行政行为上的重复、遗漏、混乱、片面、低效、不当、侵权，甚至完全错误等不良现象。但是，动物卫生行政程序又具有主观性，执法人员总是要按照主观设置的或习惯形成的程序进行活动。这就应将符合要求的动物卫生行政程序规范化，用法的形式使之固定下来，达到科学合理、主客观相统一，使动物卫生行政行为取得最好的效果。

二、动物卫生行政程序法的地位及作用

（一）动物卫生行政程序法在程序法中的地位

程序是实体法能否正确、顺利实施的基本保障。动物卫生行政法主要是通过动物卫生行政主体的行政行为得到贯彻和落实，因而必须有与之相适应的动物卫生行政程序法。《行政诉讼法》是行政行为的终结，法院通过行政相对人的起诉，对行政行为是否合法进行监督和审查时运用的程序法，属于行政行为的事后补救程序。动物卫生行政程序法贯穿于动物卫生行政行为全过程，不仅是动物卫生行政行为的事后补救程序，也是事先、事中所依据的程序。任何动物卫生行政行为都是实体性和程序性的统一。正因如此，动物卫生行政程序的公正、合理与否，直接影响行政实体内容能否正确、顺利地实施。动物卫生行政程序的这种重要性，必然使其制度化、法律化。

（二）动物卫生行政程序法与实体法的关系

动物卫生行政法是行政实体法与行政程序法的有机统一。动物卫生行政实体法只对动物卫生行政关系进行实际调整，即对动物卫生行政法律关系当事人的权利、义务产生影响。由于动物卫生行政关系的特点是行政主体有权单方作出意思表示，直接影响行政相对人的权利和义务。因此，动物卫生行政实体法主要是在某种条件下，使行政相对人获得某种权利或承担某种义务的行政法律规范。动物卫生行政程序法是对动物卫生行政法律关系当事人行使或履行实体权利、义务时的方式、步骤、期限和顺序等作出规定的法律规范。动物卫生行政程序法不改变当事人的实体权利和义务，只规定行政主体如何行使职权。动物卫生行政行为的实体性和程序性在理论与立法上是可以分离的，但在实践中却是统一的。

在动物卫生行政法律关系中，不仅有实体法上的权利、义务关系，而且有程序法上的权利、义务关系，行政主体若不正确行使程序法上的权利或不履行程序法上的义务，行政相对人同样可以申请复议或提起诉讼，行政主体要承担相应的法律责任。

（三）动物卫生行政程序法的作用

1. 提高行政效率　　动物卫生行政实体法须通过一定程序，才能被实施。动物卫生行政程序法的作用就在于将合理的、简明的程序法律化、制度化，去除不必要的程序或简化烦琐的程序，从而使行政效率得以提高。

2. 约束作用　　动物卫生行政程序法能够在程序上直接对动物卫生行政主体起约束作

用，这种约束作用主要表现在以下两个方面：第一，动物卫生行政程序法使动物卫生行政程序成为动物卫生行政行为产生法律效力的必要条件；第二，健全和完善动物卫生行政程序法，将从法律制度上制止违法现象的产生，保证行政清廉。

3. 保障行政相对人的合法权益　　行政相对人的合法权益，不仅要在实体法中予以规定，还要靠程序法予以保障。如在动物卫生行政处罚中，设置立案、调查、听取行政相对人陈述申辩、听证、决定、送达等顺序性程序，就是要避免或减少滥用职权。

三、动物卫生行政程序的基本原则

1. 公正、公平原则　　公正、公平原则是指动物卫生行政主体在实施动物卫生行政行为时要在程序上平等对待各方当事人。公正、公平原则是现代行政程序的基本原则，是行政民主化的必然要求。要求行政主体应当公正、公平地行使行政权，尤其是行使自由裁量权。在动物卫生行政处罚中，行政主体在行使行政处罚权时，通过立案、回避、调查、审查、听证、合议等程序体现了公正、公平原则。

2. 公开原则　　公开原则是指与行政相对人权利和义务直接相关的动物卫生行政行为，除涉及国家秘密、商业秘密和个人隐私外，应当向行政相对人和社会公开。这些动物卫生行政行为主要是指制定动物卫生行政规范，作出动物卫生行政许可、处罚和处理决定，实施强制措施及其他动物卫生行政的行为。公开原则是行政主体行政活动公开化在行政程序上的具体体现，主要包括行政依据公开、行政决定公开。公开原则的意义在于增加行政主体行政执法的透明度，提高公民对行政主体的信任度，使广大人民群众能够监督行政主体及其工作人员是否依法行政。

3. 参与原则　　参与原则是指在动物卫生行政程序上保障行政相对人对动物卫生行政行为发表意见，保护行政相对人的合法权益，包括行使听证权、陈述申辩权及复议申请权。听证权是公民参与政治活动的基本权利之一。所以，听证程序实际是现代行政程序的核心程序制度。广义上，公开原则也是行使听证权的一个部分，但二者有明显区别。公开原则是指公民或行政相对人对动物卫生行政行为"知"的权利；而听证权是指"为"的权利。在听证程序中，主要是当事人提出某种观点及其理由对抗行政行为，如行政许可、行政处罚等动物卫生行政行为中的听证。当然，听证是有限制的，不是任何行政行为都可以申请听证。在动物卫生行政管理中，陈述申辩权是指行政相对人有权陈述自己的观点和主张，有权进行解释说明。在动物卫生行政许可的申请过程中，申请人有权说明取得许可的理由、依据和事实，与申请的行政许可有利害关系的第三人有权说明不应当批准申请人的许可申请的理由、依据和事实。在动物卫生行政处罚过程中，当事人对动物卫生行政机关给予行政处罚所认定的事实及适用法律是否准确、适当，陈述或申辩自己的看法、意见，也可以提出自己的主张、要求。复议申请权是指行政相对人对动物卫生行政主体作出的行政行为不服，向上一级动物卫生行政主体或本级人民政府进行复议，要求对行政行为进行复查的活动。行政相对人通过行使听证权、陈述申辩权及复议申请权，参与到动物卫生行政程序中，以期动物卫生行政主体合法行使行政权，从而保护其合法权益不受侵犯。

4. 顺序原则　　顺序原则是指动物卫生行政程序的各项制度表现为一定的顺序性。例如，立案程序应在调查程序之前，但并不否认立案之前调查的合法性；审理程序应在辩论程序之前；合议程序应在告知结论之前；送达应在执行之前；等等。顺序原则是动物卫生行政程序时间的表现和要求之一。其实质在于保证动物卫生行政程序的合理运行，防止由于时间上的差异，行政程序有其名而无其实。

5. 效率原则　　效率原则是动物卫生行政程序时间性的又一表现形式，是指为了保证动物卫生行政活动的高效率，动物卫生行政程序的各个步骤应有时间上的限制，如超过规定时限就构成违法。

四、动物卫生行政程序的分类

根据不同的标准，可以对动物卫生行政程序作如下分类。

（一）内部程序和外部程序

以动物卫生行政行为是否影响行政相对人权利、义务为依据划分，可将动物卫生行政程序划分为内部程序和外部程序。

1. 内部程序　　内部程序是动物卫生行政主体内部的工作程序，其中有些也用法律规范加以规定，具有法律效力，动物卫生行政主体必须严格遵守。例如，官方兽医的确认和任命程序就是内部程序。

2. 外部程序　　外部程序是指影响行政相对人权利、义务的动物卫生行政行为的程序，如《农业行政处罚程序规定》中关于行政处罚程序的规定。

（二）抽象行为程序和具体行为程序

以动物卫生行政行为的分类作为划分依据，可以将动物卫生行政程序划分为抽象行为程序和具体行为程序。

1. 抽象动物卫生行政行为程序　　是指动物卫生行政主体制定规范性文件时应遵循的程序，其行为特点具有普遍性和后及性。普遍性是指制定规范性文件不针对某一具体的行政相对人，而是针对从事规范所指活动的所有公民、法人或其他组织。后及性是指动物卫生行政法律规范只对其生效以后发生的法律事实产生法律效力。

2. 具体动物卫生行政行为程序　　是指动物卫生行政主体作出行政决定等行为应遵循的程序，其行为特点具有具体性和前溯性。具体性是指它必须指向具体的行政相对人，前溯性是指对已发生的情况生效。

此外，还可以将动物卫生行政程序分为主要程序和次要程序、强制性程序和任意性程序、普通程序和简易程序等。

复习思考题

1. 什么是行政法？
2. 什么是动物卫生行政法？
3. 简述动物卫生行政法的基本渊源。
4. 什么是动物卫生行政程序法？
5. 简述动物卫生行政程序的基本原则。

第四章　动物卫生行政立法

本章内容提要　为了更好地理解我国动物卫生法律法规，了解相关动物卫生法律法规的行政立法知识具有重要的意义。本章主要介绍了动物卫生行政立法的概念、特征和立法体系，动物卫生行政立法的原则和程序，以及动物卫生行政立法技术和动物卫生行政法的整理。

第一节　动物卫生行政立法概述

一、行政立法概述

（一）立法

立法（legislation）是指特定的国家机关依据法定的职权和程序，制定、修改、补充、废止法律、法规，或对法律、法规进行解释的活动。立法活动还包括最高立法机关授权其他国家机关制定法规，或上级立法机关对下级立法机关制定法律、法规予以监督的行为。

我国目前立法活动的特征是：①立法必须由特定的国家机关主持；②立法必须反映人民的意志；③立法必须按照法定程序进行；④立法必须是针对普遍性的社会行为制定具有普遍约束力的规范。

2000 年 3 月 15 日第九届全国人民代表大会第三次会议审议并通过了《立法法》，2015 年 3 月 15 日第十二届全国人民代表大会第三次会议对其进行了第一次修正，2023 年 3 月 13 日第十四届全国人民代表大会第一次会议对其进行了第二次修正。《立法法》为规范立法活动、解决立法过程中的问题提供了法律依据，我国各项法律、法规必须依据该法进行制定。

（二）行政立法

1. 行政立法的概念　行政立法（administrative legislation）是指立法机关通过法定形式将某些立法权授予行政机关，有权行政机关依据法律（含宪法）授权和法定程序创制行政法规和规章的行为，也称"准立法"。行政立法不是一个特定的法律概念，而是一个学理概念，是对一类现实行政行为的概括，同时又是国家立法的一个类型。行政立法在我国立法体制中具有重要地位，《立法法》对行政立法的制定依据、权限和程序作了具体的规定。

行政立法的主体是宪法和法律规定建立的国家行政机关。由于国家对经济和社会生活的干预增多和行政权力的相对扩大，单靠立法机关立法已无法适应社会发展的需要。立法机关以委托立法方式，赋予行政机关以立法权；同时，行政机关制定的各种规范性文件也是一种行政立法活动。

2. 行政立法的内容　行政立法的内容包括：行政机关和公务人员的法律规范；行政机关管理国家事务的法律规范；对行政机关的活动进行监督的法律规范。不同等级的国家行政机关的行政立法的效力等级不同。

3. 行政立法的性质　行政立法具有行政性质和立法性质。行政立法的行政性质是指立法主体是国家行政机关；调整的对象主要是行政管理事务及与行政管理密切相关的事务；其根本目的是实施和执行权力机关制定的法律，实现行政管理职能。行政立法的立法性质是指行政立法是有权行政机关代表国家以国家名义制定行政法律规范的活动；行政立法所制定的行为规则属于法的范畴，具有普遍性、规范性和强制性等法的基本特征；行政立法必须遵循相应的立法程序。

行政立法行为和具体行政行为的不同主要表现在：①主体不同。行政立法行为的主体是法定的，较为严格；具体行政行为的主体较为广泛。②对象不同。行政立法行为的对象是普遍的、非特定的；具体行政行为的对象是特定的，具体的。③时间效力不同。行政立法行为的持续时效较长，可反复适用；具体行政行为的持续时效较短，只适用于特定的事务。④程序不同。行政立法行为的程序较为正式、严格；具体行政行为的程序较为简单、灵活。

4. 行政立法的程序　　行政立法的程序依立法机关的性质而有所不同。我国行政立法主要是国务院制定行政法规，国务院各部委、省、自治区、直辖市和设区的市、自治州的人民政府制定规章。全国性行政法律草案多数都由国务院提出，经国务院全体会议或全国人民代表大会常务委员会讨论通过，由总理签署国务院令公布；地方性行政法规草案多由同级人民政府提出，经该级政府常务会议或者全体会议讨论通过，由相应的地方人民政府第一领导人签署发布。国务院部门规章和政府规章一般由国务院各部委和地方人民政府业务部门起草，经部务会议（委员会会议）或地方人民政府常务会议（全体会议）讨论通过，由部门首长或地方人民政府首长签署命令予以发布。如行政立法涉及几个部门，则需共同协商起草，并经有关法制机构或地方司法行政主管部门审查批准。部门规章在通过和签署后报国务院备案，地方政府规章应当同时报本级人民代表大会常务委员会备案；设区的市、自治州的人民政府制定的规章应当同时报省、自治区的人民代表大会常务委员会和人民政府备案。

5. 行政立法生效的必要条件

（1）必须是国家行政机关在其职权范围内或经授权制定的法律规范。

（2）行政立法的内容不得与宪法、法律及行政法规相抵触，政府规章不得与地方性法规相抵触，且必须符合法定程序。

（3）行政立法的内容须采用书面形式表示，注明制定、批准机关的名称，以及行政首长签署和发布时间等。

二、动物卫生行政立法的概念及特征

（一）动物卫生行政立法的概念

动物卫生行政立法是指由宪法和全国人民代表大会授权国务院或国务院直属动物卫生行政管理机构（农业农村部等），或者地方行政机关依据授权法（含宪法）和法定程序制定动物卫生行政法规和规章的行为。动物卫生行政立法可以理解为中央机关（农业农村部等）和地方行政主体基于调整动物卫生相关的普遍问题而制定和发布的法规活动，是依据法定权限和法定程序所行使的行政行为；行政立法不同于一般的行政行为，是制定和发布行政法规与行政规章的活动。

动物卫生行政立法与权力机关立法的区别主要表现为以下几方面。

（1）立法主体不同。动物卫生行政立法主体是国家动物卫生行政管理部门和地方政府；权力机关立法主体是全国人民代表大会及其常务委员会。

（2）立法权的来源不同。动物卫生行政立法的权力来源于宪法、权力机关和上级行政机关的授权；权力机关的立法权力直接来源于宪法。

（3）立法内容不同。动物卫生行政立法调整的内容只能涉及本部门或地区所管辖的内容；权力机关立法依据法律保留原则，涉及国家基本政治、经济、文化制度等。

（4）立法形式不同。动物卫生行政立法是以办法、条例、规定、行政命令等形式颁布；权力机关则是以"法"或"法典"的形式颁布。

（二）动物卫生行政立法的特征

1. 动物卫生行政立法的立法特征

（1）立法主体特定。动物卫生行政立法是行政机关在授权的前提下，代表国家制定法律规范的活动。

（2）所制定的法律具有法的一般特征。动物卫生行政立法所制定的规范属于法的范畴，是以国家强制力作为保证的调整人们与动物卫生相关的活动。

（3）动物卫生行政立法是符合立法程序的正当行为。动物卫生行政立法必须遵循一定的程序，保证所制定的法律所调整的内容的有效价值。

2. 动物卫生行政立法的行政特征

（1）立法主体是国家行政机关和省级地方行政机关。

（2）立法所调整的对象主要是动物卫生相关的行政管理事务及与动物卫生行政管理密切相关的事务。

（3）立法的根本目的是实施和执行权力机关制定的法律，实现行政管理职能。

三、动物卫生行政立法的意义和作用

动物卫生问题是涉及政治、经济、贸易、环境和人类健康的全球性问题，不是一个国家、政府或组织能够解决的，需要全社会的关注和投入。从 WTO、WHO、WOAH 等国际组织到各个国家和地区，都制定了一系列调整动物生产、加工、经营等活动或行为的法律法规，并配套制定了大量的规章、行政命令、标准等具有法律效力的法规和文件。这些行政立法对于保障动物卫生安全具有重要作用。

动物卫生行政立法的目的是保护动物和人类健康，保障动物源性食品安全，维护人类和动物赖以生存的环境健康，调整人们在动物生产、加工、经营等活动中的行为。制定的法律必须有执法和守法作保障才能保证法律的作用。我国法治建设强调要强化立法、执法、司法、守法工作，切实做到"有法可依、有法必依、执法必严、违法必究"。动物卫生行政法律法规直接规范了人们的相关行为，并对不正当行为或违法行为予以处罚，在保护动物和人类健康、保障动物源性食品安全和维护环境健康等方面具有重要意义。

（一）保护调整对象的合法权益

动物卫生行政法调整的对象主要是指动物饲养、加工和经营等行为及其行为主体（人）之间的法律关系。保护调整对象的合法权益一方面表现为保护调整对象的动物饲养、加工、经营等合法权益并予以许可，调整对象可依法要求动物卫生行政部门做好动物的检疫、防疫监督等工作；另一方面通过对违法生产、加工和经营等行为及其责任人进行处罚，充分保护合法对象的权益。

（二）保障动物源性食品安全

通过实施动物卫生法律法规，规范动物源性食品生产、加工和流通的行为、秩序，最大限度地降低动物源性食品生产、加工和流通等环节中存在的危害及其造成的风险，保障消费者能够获得安全、卫生、优质的动物源性食品，维护人民的身体健康。

（三）保护动物的健康

动物的健康直接关系到畜禽养殖业的持续健康发展，关系到动物源性食品的安全生产，关系到生产经营者的切身利益，关系到广大人民群众的身心健康，也是动物福利的最基本要求。通过实施动物卫生法律法规，使得动物能够在身体和精神健康的状态下最大限度地发挥生产性能，为人民提供安全、优质的动物源性食品，有效保障生产经营者的经济效益，维护行业的持续发展。而且，越来越多的伴侣动物成为人类家庭的重要成员，保障伴侣动物的健康和福利也将给人类的精神健康提供重要的保障。

（四）保护环境

在同一个健康（one health）的现代化理念下，动物和人类共同拥有一个生存环境，环境的健康是人类健康和动物健康的根本保证。实施动物卫生法律法规，也有助于降低环境危害、控制人和动物疫病的发生或流行，保障动物健康养殖和人类健康生活。

（五）保证动物防疫管理和动物卫生行政执法的贯彻落实

动物防疫工作依据相关法律法规科学实施，动物检疫监督执法工作依据相关法律法规严格执行，是维护动物及动物产品合法生产经营，以及纠正、制止和处理不正确、不合理乃至违法行为的重要举措。通过贯彻落实动物防疫管理和动物卫生行政执法工作，有助于预防、控制、净化及根除动物疫情，促进养殖业健康持续发展，维护公共卫生安全，保障人类健康。

（六）提高公民守法自觉性

动物卫生行政法律法规一方面规范了调整对象的行为，另一方面也对调整对象的违法行为予以惩戒。动物卫生行政机关及其执法人员执行和宣传动物卫生法律法规，提高了社会的遵法守纪和社会公益意识。

四、动物卫生行政立法体制

我国的立法机关狭义上是指全国人民大表大会及其常务委员会，广义上还包括省级人民代表大会及其常务委员会，设区的市的人民代表大会及其常务委员会，省、自治区、直辖市和设区的市、自治州的人民政府，国务院及各部委、各直属机构等。

我国立法体制具有 4 个特点：①立法机构在党的领导下进行工作；②国家最高权力机关与其常设机构分享立法权，既能保证人民代表大会代表人民行使国家权力，又能保证经常性的立法活动顺利进行；③全国人民代表大会常务委员会行使法律的解释权和执行法律的监督权，使法律的解释和适用与立法的本意保持一致；④国家立法、行政立法、地方立法、民族自治立法和特别行政区自主立法有机结合，构成了完备的立法体系。

依据不同的标准，可以对行政立法作不同的分类：①依据立法权的来源不同，行政立法可分为职权立法与授权立法；②依据行使立法权的主体不同，行政立法可分为中央行政立法与地方行政立法；③依据立法内容、目的和功能的不同，行政立法可分为执行性立法与创制性立法。

按照立法机构及其立法权限，我国动物卫生行政立法体制可划分为纵向立法体制和横向立法体制。

（一）纵向立法体制

纵向立法体制是指中央立法和地方立法。中央立法是指全国人民代表大会及其常务委员会、国务院及国务院各部委立法；地方立法是指省、自治区、直辖市乃至设区的市的人民代表大会及其常务委员会、人民政府等的立法。

纵向立法体制的各立法层次、立法机关及其制定的立法形式见表4-1。

表4-1 我国纵向立法体制表

层次		立法机关	立法形式
中央立法	1	全国人民代表大会	基本法律
	2	全国人民代表大会常务委员会	基本法律以外的其他法律
	3	国务院	行政法规
	4	国务院各部委	部门规章
地方立法	1	省、自治区、直辖市人民代表大会及其常务委员会	地方性法规[1]
		自治区人民代表大会	自治条例和单行条例[2]
	2	省、自治区、直辖市人民政府	地方政府规章
	3	设区的市的人民代表大会及其常务委员会	地方性法规[3]
		自治州人民代表大会及其常务委员会	自治条例和单行条例[3]
	4	设区的市、自治州的人民政府	地方政府规章
	5	自治县人民代表大会	自治条例和单行条例[4]

注：[1]报全国人民代表大会常务委员会备案；[2]报全国人民代表大会常务委员会批准后生效；[3]报省、自治区人民代表大会常务委员会批准后生效；[4]报省级人民代表大会常务委员会批准后生效。

（二）横向立法体制

横向立法体制是指权力机关立法和行政机关立法。权力机关立法是指全国人民代表大会立法（基本法律）和全国人民代表大会常务委员会立法（基本法律以外的其他法律），省、自治区、直辖市人民代表大会及其常务委员会立法（地方性法规），自治区人民代表大会立法（自治条例和单行条例），设区的市的人民代表大会及其常务委员会立法（地方性法规），自治州人民代表大会及其常务委员会立法（自治条例和单行条例），自治县人民代表大会立法（自治条例和单行条例）等5个层次的立法体系。行政机关立法是指国务院立法（行政法规），国务院各部委立法（部门规章），省、自治区、直辖市人民政府立法（地方政府规章），设区的市、自治州的人民政府立法（地方政府规章）等4个层次的立法体系。

横向立法体制的各立法层次、立法机关及其制定的立法形式和要求见表4-2。

表 4-2 我国横向立法体制表

层次		立法机关	立法形式
权力机关立法	1	全国人民代表大会	基本法律，如《刑法》
	2	全国人民代表大会常务委员会	基本法律以外的其他法律
	3	省、自治区、直辖市人民代表大会及其常务委员会	地方性法规[1]
		自治区人民代表大会	自治条例和单行条例[2]
	4	设区的市的人民代表大会及其常务委员会	地方性法规[3]
		自治州人民代表大会及其常务委员会	自治条例和单行条例[3]
	5	自治县人民代表大会	自治条例和单行条例[4]
行政机关立法	1	国务院	行政法规
	2	国务院各部委	部门规章
	3	省、自治区、直辖市人民政府	地方政府规章
	4	设区的市、自治州的人民政府	地方政府规章

注：[1]报全国人民代表大会常务委员会备案；[2]报全国人民代表大会常务委员会批准后生效；[3]报省级人民代表大会常务委员会批准后生效；[4]报省级人民代表大会常务委员会批准后生效。

第二节 动物卫生行政立法的原则和程序

一、动物卫生行政立法的原则

行政立法的基本原则，是国家机关进行行政立法活动总的指导思想，是处理和解决行政立法问题的总的依据和行为准则，是对各种行政立法行为进行指导和约束的基本原则。动物卫生行政立法遵循依法立法和民主立法的原则。

（一）依法立法原则

1. 法律优先原则 行政立法应该受到法律约束，不能与现行的法律相抵触。动物卫生行政立法不能与任何现行法律相抵触，除宪法外，在动物卫生行政管理方面，其效力高于其他任何法律法规。但在动物行政事务上，行政行为只要不与法律相抵触即可，不一定需要法律授权。

2. 法律保留原则 行政机关在法律授权下才能实施相应的行为，在动物卫生行政立法上表现为立法必须有依据，不论是在法律规定的框架内或者法律特别授权的情况下均可进行动物卫生行政立法活动。

（二）民主立法原则

1. 立足于保护和促进公民合法权益 动物卫生行政立法代表着大多数人的权利，旨在保护最广大人民的根本利益。

2. 吸收更多相关公民参与 动物卫生立法过程中允许广泛的动物卫生利益者参与并表达意见，在立法程序上才能是民主的。

坚持法律优先原则就是坚持了党的领导；以宪法为依据才能坚持正确的政治方向；与其他法律法规不抵触才能维护社会主义法制的统一和尊严；严格按照法定程序和权限立法才能保证

立法的正当性和法律的有效性；坚持民主集中制、立法从实际出发才能体现人民的意志，维护人的利益。

二、动物卫生行政立法的程序

动物卫生行政立法程序是指国家行政机关依法制定、修改、废止行政法律规范的秩序和步骤。其不像权力机关立法程序那么复杂，比较简便、灵活。

（一）国务院制定动物卫生行政法规的程序

根据《立法法》和《行政法规制定程序条例》的规定，国务院制定动物卫生行政法规应当遵循行政立法程序有序进行。

1. 立项 国务院于每年年初编制本年度的立法工作计划。国务院有关部门认为需要制定行政法规的，应当于每年年初编制国务院年度立法工作计划前，向国务院报请立项。国务院有关部门报送的行政法规立项申请，应当说明立法项目所要解决的主要问题、依据的方针政策和拟确立的主要制度。国务院法制机构应当根据国家总体工作部署对部门报送的行政法规立项申请汇总研究，突出重点，统筹兼顾，拟定国务院年度立法工作计划，报国务院审批。国务院立法计划中的法律项目应当与全国人民代表大会常务委员会的立法规划和年度立法计划相衔接。国务院法制机构（通常指司法部）应当及时跟踪了解国务院各部门落实立法计划的情况，加强组织协调和督促指导。

2. 起草 行政法规由国务院有关部门或者国务院法制机构具体负责起草，重要行政管理的法律、行政法规草案由国务院法制机构组织起草。行政法规在起草过程中，应当深入调查研究，总结实践经验，广泛听取有关机关、组织、人民代表大会代表和社会公众的意见。听取意见可以采取座谈会、论证会、听证会等多种形式。行政法规草案应当向社会公布，征求意见，但是经国务院决定不公布的除外。

3. 审查 行政法规起草工作完成后，起草单位应当将草案及其说明，以及各方面对草案主要问题的不同意见和其他有关资料送国务院法制机构进行审查。国务院法制机构应当向国务院提出审查报告和草案修改稿，审查报告应当对草案主要问题作出说明。

4. 决定 行政法规草案由国务院常务会议审议决定，或者由国务院审批。

5. 公布 行政法规审议通过后国务院法制机构应当根据审议意见，对行政法规草案进行修改，形成草案修改稿，报请国务院总理签署国务院令公布施行，并应及时在国务院公报和中国政府法制信息网及在全国范围内发行的报纸上刊载。

6. 备案 行政法规在公布后的30日内由国务院办公厅报全国人民代表大会常务委员会备案。

（二）农业农村部制定动物卫生行政部门规章的程序

在宪法和国务院的授权下，农业农村部承担动物卫生行政部门规章的制定工作。农业农村部制定动物卫生行政部门规章应遵循《立法法》《行政法规制定程序条例》《规章制定程序条例》《农业部立法工作规定》等确立的立法原则，符合宪法、法律、行政法规的规定。

1. 立法计划

（1）农业农村部畜牧兽医局根据工作需要，提出主管范围内下一年度规章制定的立项申请，并于每年 10 月 31 日报送法规司。立项申请应当对立法的必要性、立法依据、所要解决的主要问题、拟确立的主要制度、进展情况和进度安排等作出说明。

（2）农业农村部法规司根据立项申请和实际工作需要，经综合平衡后，拟订农业农村部年度规章制定工作计划，报部常务会议审议通过后执行。年度规章制定工作计划应当明确立法项目名称、主要内容、起草单位等内容。

（3）规章制定工作应当依照年度规章制定工作计划进行。年度规章制定工作计划在执行中确需调整的，经法规司提出，报部领导同意。

（4）农业农村部根据需要，编制指导性农业立法五年规划。农业农村部根据全国人民代表大会有关部门和国务院的要求，提出法律的立法建议和行政法规的立项申请。

2. 法律的起草

（1）动物卫生法律、行政法规和规章的起草，由农业农村部畜牧兽医局负责。重要动物卫生法律、行政法规和综合性规章的起草工作，由法规司负责或者组织有关司局共同办理。起草法律、行政法规，应当成立起草小组；起草规章，必要时也应当成立起草小组。

（2）起草法律、行政法规和规章，一般应当对立法目的、依据、适用（调整）范围、主管机关、主要内容、法律责任或处罚办法、名词界定（定义）、施行日期等作出规定。

起草法律、行政法规和规章，应当考虑原有相关法律、行政法规和规章的规定。需要废止相关法律、行政法规和规章或其部分条款的，应当在草案中予以明确。

（3）起草法律、行政法规和规章，应当深入调查，总结实践经验，并根据具体情况，采取书面征求意见、座谈会、论证会、听证会和向社会公布等形式广泛听取有关机关、组织和公民的意见。

（4）动物卫生法律、行政法规和规章草案经畜牧兽医局负责人签字后，报送法规司审查。涉及其他司局业务的，应当组织有关司局会签。起草司局报送法律、行政法规和规章草案时，应当同时报送立法说明和其他有关材料。

3. 审查　　法规司对畜牧兽医局报送的动物卫生法律、行政法规和规章草案，应当从以下方面进行审查：①是否符合宪法、法律、行政法规的规定和国家的方针政策；②是否与有关法律、行政法规和规章协调、衔接；③是否正确处理有关机关、组织和公民对法律、行政法规和规章草案主要问题的意见；④是否符合立法技术要求；⑤需要审查的其他内容。

根据审查结果，法规司同起草部门对草案进行修改并提出修改意见，对存在不能修改的问题的草案提出缓办或退办理由。对立法中的不同意见经协调不能达成一致的，报请部领导决定。拟报部常务会议审议的法律、行政法规和规章草案，由法规司提出提请部常务会议审议的建议。起草部门应当根据部长办公室的要求，提交相应份数的法律、行政法规和规章草案及其说明文本。

4. 决定和公布　　农业农村部常务会议审议法律、行政法规和规章草案时，起草小组或起草部门应当就该草案作说明，法规司应当就审查情况等作说明。

起草小组或起草部门应当根据部常务会议审议意见，对法律、行政法规和规章草案进行修改，经法规司审核、农业农村部办公厅核稿登记后，送部长或主管副部长签发。

报国务院的法律、行政法规草案，经部常务会议审议通过后，由部长或主管副部长签发。

农业农村部规章经部常务会议审议通过后，由部长签署农业农村部令公布。

5. 备案和解释　　农业农村部制定的规章，由起草司局在规章公布之日起 15 日内将规章正式文本和起草说明报送法规司，由法规司按照《法规规章备案条例》的规定统一向国务院备案。

　　动物卫生法律、行政法规和规章依照规定，需要由农业农村部进行解释的，应当由省级农业农村厅向农业农村部提出申请；部内司局认为需要解释的，应当向法规司提出。

　　需进一步明确调整界限和需要补充内容的动物卫生法律、行政法规的解释，由农业农村部法规司会同有关司局提出意见，报部领导签发后，依照有关规定送请制定机关作出解释。

　　对属于行政工作中具体应用农业农村部规章问题的询问，由法规司会同有关司局研究，以办公厅文件的形式答复。涉及重大问题的，应当报部领导签发后，以农业农村部文件的形式答复。

　　地方农业农村部门就农业农村部规章的具体应用问题向农业农村部申请答复的，应当由省级农业农村厅提出。

　　6. 立法协调　　由农业农村部与其他部门联合发布、以非农业农村部为主起草的规章草案，其协调工作由参加起草的司局负责办理；以农业农村部为主起草的规章，其协调工作由起草司局办理。以部名义行文的，由办文司局负责人签字，与法规司会签后，报主管副部长签发。

　　有关部门送农业农村部征求意见的法律、行政法规和规章草案，由法规司组织有关司局提出意见，并以农业农村部文件或办公厅文件的形式答复有关部门。

　　动物卫生规章起草过程中需要协调的，其协调工作由参加起草的部门负责办理；需要以上级名义行文的，应报主管（副省部长级以上）签发。

　　有关部门送农业农村部征求意见的法律、行政法规和规章草案，办公厅应当及时转送法规司；法规司应当及时征求有关部门意见，做好组织和综合工作；有关司局应当及时研究办理，提出书面意见并加盖本司局印章后，送法规司。超过规定时限未答复的，或者未加盖本司局印章的，视为无意见。

　　7. 清理、修改和废止　　动物卫生法律、行政法规和规章的清理工作由农业农村部法规司根据需要或有关机关的要求，组织各相关部门实施。

　　经清理需要修改的动物卫生相关的法律、行政法规，由法规司会同有关部门提出意见，报部领导同意后，向制定机关提出修改建议。需要由农业农村部修改的，按照规定程序办理。

　　经清理需要修改的规章，由法规司会同有关部门提出建议，报部领导同意后，按照规定程序进行修改。

　　经清理需要废止的法律、行政法规，由法规司会同有关部门提出意见，报部领导同意后，向制定机关提出废止建议。经清理应当废止的规章，由法规司会同有关部门提出建议，报部常务会议审议通过后，由部长签署农业农村部令予以废止。

第三节　动物卫生行政立法技术和动物卫生行政法的整理

一、动物卫生行政立法技术

　　动物卫生行政立法技术是指动物卫生行政立法活动中有关立法的方法和技巧。动物卫生行政立法主体运用立法技术制定或调整动物生产、加工和经营等过程中与动物卫生相关的动物卫生行政法。此处的"制定"包含着制定、修改、补充、废止、解释等立法活动。立法过程中要保证动物卫生行政立法的内容不得与宪法、法律及上级行政机关制定的行政法规相抵触，必须符合法定程序，其结构完整、格式规范、条理清晰、内容精准、文字精练。

动物卫生行政立法法规的格式和内容，根据组合排列和表现形式分为外部结构和内部结构。

（一）外部结构

外部结构是指外部形态或外在的表现形式，是法律的框架结构，包括法的名称、制定机关名称和正文。

1. 法的名称

法的名称是指制定的法律法规名称，根据层次分为法律、行政法规和规章。

（1）法律名称。法律是由全国人民代表大会常务委员会制定的有关动物卫生工作的最高行为准则，冠名"法"或"法典"，如《动物防疫法》《进出境动植物检疫法》等。

（2）行政法规名称。《行政法规制定程序条例》第5条规定，行政法规的名称一般称"条例"，也可以称"规定""办法"等。国务院根据全国人民代表大会及其常务委员会的授权决定制定的行政法规，称"暂行条例"或者"暂行规定"。

条例是对某一领域的行政工作作较全面的规定，如《兽药管理条例》《重大动物疫情应急条例》等。"规定"是对某一领域行政工作的某一部分内容所作的规定，如《国务院关于加强食品等产品安全监督管理的特别规定》等。"办法"是对某项行政工作所作的较为具体的规定，如《无证无照经营查处办法》等。

（3）规章名称。根据《行政法规制定程序条例》第5条和《规章制定程序条例》第7条，"规章"的名称一般称"规定""办法"，不得称"条例"，如《农业行政处罚程序规定》《动物诊疗机构管理办法》《执业兽医和乡村兽医管理办法》。

2. 制定机关名称

立法过程中制定机关名称表明了动物卫生行政立法的合法性、法律效力及调整对象。全国人民代表大会常务委员会通过的动物卫生行政法律应在法律名称题头下注明该法律通过的时间和该次会议的届次（××××年××月××日第××届全国人民代表大会常务委员会第××次会议通过）。国务院发布的行政法规在行政法规名称题头下注明该条例发布及实施日期（××××年××月××日国务院令第××号公布，自××××年××月××日起实施）。部门规章也要在规章题头下注明制定机关名称、发布日期（××××年××月××日发布）并在后面注明生效日期。

3. 正文

动物卫生行政法律和其他法律一样，根据内容需要可分为章、节、条、款、项、目几个梯级。其中，章、节、条的序号以中文数字依次排列（第××章、第××节、第××条），款不需要编写序号；项的序号用中文数字加小括号依次表述，如（一）（二）（三）；目的序号用阿拉伯数字依次表述，如1、2、3。

按正常的结构，一部法律法规或规章多不分章节。如有必要分章节，则不少于两章，每章中不得少于两节，每节中不少于两条。"条"是法规的基本单元，以一事一例按顺序通篇排列。"条"下如有更多内容可同层次排列"款"，"款"下如有更多内容则同层次排列"项"，"项"下如有更多内容则同层次排列"目"。

法规中的每一条款用语要准确、简洁、具体，具有可操作性，整个法规中的所有内容原则上不做重复规定。

（二）内部结构

法规的内部结构实际上就是各条款的排列组合，由法定事实（假定、前提条件）、行为模式（处理）、法律后果（制裁）三部分组成。在动物卫生行政立法过程中，首先要明确动物卫生相关的法律事实，以确保法律事实的适用性；根据法定事实及其需要调整的目标，制定动物卫生行政行为模式，并具体规定各行为主体之间的责任和义务；对于执行或者违反行为模式的行为及其主体，应该明确且恰如其分地给予奖励和制裁，且奖惩手段和目的一致。

二、动物卫生行政法的整理

动物卫生行政法的整理同样属于立法范畴，是动物卫生行政立法的一项重要内容。法律制定和发布后，需要及时修改，对不适用的法规要及时废止并适时制定新的法规。法律的整理主要包括法规汇编、法规配套和法典编撰。

（一）法规汇编

立法主体，如农业农村部将已经发布和实施的动物卫生行政法律、法规、规章、规定等，按照类别或者发布时间汇编成册，便于查找、应用和执行，对动物卫生行政立法系统化具有重要意义。

（二）法规配套

法规配套是指动物卫生行政主体根据已有的法规，在法规整理的基础上补充制定相关的新的法规，使得法规系统化配套，为现行法规的实施提供实体根据、程序规则或执行细则，消除对应法规实施过程中的障碍，保证法规得以顺利、正确地实施。

（三）法典编撰

法典编撰同样是动物卫生行政立法的内容和形式。国家权力机关对已经发布和实施的各类法律加以整理、修订，按照一定的体系编撰成相应的内部统一的法典。编撰不是简单的汇编，它是将法规分步分解，再按照一个新的系统或框架重新构建法律体系，因而是一种重要的立法形式。随着我国动物卫生行政法规的不断配套和完善，适当的时候可以开展动物卫生行政法规的法典编撰工作。

复习思考题

1. 何谓动物卫生行政立法？动物卫生行政立法具备哪些特征？
2. 动物卫生行政立法具有哪些作用？
3. 简述我国动物卫生行政立法体系。
4. 简述动物卫生行政立法的原则。
5. 简述我国动物卫生行政立法的程序。
6. 简述动物卫生行政立法的技术。

第二篇　国内外主要动物卫生法律制度

第五章　国际动物卫生法律制度简介

本章内容提要　本章介绍了世界动物卫生组织等动物卫生国际组织,并简单介绍了其颁布的国际动物卫生法典等国际法律制度,为我国制定相关法律法规和促进我国动物及动物产品的国际贸易提供参考依据。

第一节　动物卫生国际组织简介

一、世界动物卫生组织

世界动物卫生组织（World Organisation for Animal Health，WOAH），是最主要的动物卫生国际组织，其制定的动物及动物产品卫生国际规则、标准和建议得到世界贸易组织（World Trade Organization，WTO）《SPS 协定》的认可，在动物及其产品国际贸易和处理动物卫生协作事务中具有举足轻重的地位，为保障人类和动物健康发挥着重要作用。

（一）世界动物卫生组织的创建

动物疾病的流行不仅使畜牧业发展蒙受直接和间接损失，而且常常给人类健康造成严重危害。为了更好地加强动物疾病防控，特别是针对国际传播性疾病，各国兽医管理部门必须了解全球动物疫情流行动态，加强国际合作和交流，提升疾病防控技术和能力。1872 年，欧洲大面积暴发牛瘟，奥地利召集比利时、法国等国家在维也纳召开国际会议，协商各国应采取统一行动来控制牛瘟。1920 年，印度运往巴西的瘤牛途经比利时安特卫普港时，引起比利时再次暴发牛瘟，该事件引起欧洲各国极大的关注。1924 年 1 月 25 日，阿根廷、比利时、巴西等 28 个国家的代表会聚在巴黎，一致同意创建国际动物流行病机构（Office International des Epizooties，OIE）；2003 年该组织改名为"World Organisation for Animal Health"（世界动物卫生组织），但仍保留 OIE 的缩写；2022 年 5 月 31 日，世界动物卫生组织宣布其名称缩写与英文全称保持一致，由 OIE 更新为 WOAH（法语和西班牙语缩写为 OMSA）。

该组织自成立以来，得到众多动物卫生相关国际和区域性组织的认可，成员数量不断增加，目前已达 183 个，成为影响力最大的国际动物卫生组织。作为一个政府间国际组织，WOAH 聚焦动物疾病信息的透明发布、提高全球动物健康，以建立一个更加安全、健康和可持续发展的世界。

（二）世界动物卫生组织的主要目标

1. 透明性目标：实现全球动物疫情的透明化　成员领域内出现自然发生和人为造成的动物疾病时，必须向 WOAH 进行通报。WOAH 根据疾病危害程度紧急或者定期通过 E-mail、《疾病信息》（Disease Information）期刊和世界动物卫生信息系统界面（WAHIS）等方式向其他成员发布疾病相关信息，以及疾病对人的可传染性和病原的国际导入可能性，以便采取必要的预防措施。

2. 科技信息目标：收集、分析和发布兽医科技信息　WOAH 收集和分析动物疾病控制的最新科技信息，并将有用信息发布给各成员，以帮助他们提高控制和根除疾病的能力。疾病控制指导方针由全世界 392 个 WOAH 协作中心和参考实验室的网络所制定。科技信息也通过WOAH 出版的各种著作和期刊［主要是每年三期的《科技评论》（Scientific and Technical Review）］进行发布。

3. 国际等同性目标：鼓励动物疾病控制方面的国际等同性　WOAH 向在控制和根除动物疾病（包括人兽共患病）方面需要帮助的成员提供技术支持，特别是贫穷国家，以帮助他们控制可造成畜禽损失、具有公共卫生风险和威胁其他成员的动物疾病。WOAH 与国际地区和国家的金融组织建立了永久性联系，以确保他们能够更多、更好地为控制动物疾病和人兽共患病提供资金支持。

4. 卫生安全目标：通过制定动物和动物产品国际卫生标准以保障国际贸易　WOAH 制定国际规范化卫生准则，以用来保护成员自身免受外来疾病和病原的侵入，又不需要设置不公正的卫生壁垒。WOAH 制定的主要规范性著作包括《陆生动物卫生法典》《陆生动物诊断试验和疫苗手册》《水生动物卫生法典》《水生动物诊断试验手册》。WOAH 标准被 WTO 作为参考的国际卫生准则，由专业委员会和工作组所制定。

5. 提升兽医机构目标：改善各国兽医机构的法律框架和资源　发展中和转型中国家的兽医机构与实验室迫切需要获得必要的基础设施、资源和能力的支持，以使他们国家能够更加充分地从《SPS 协定》中获益，也为动物健康和人类健康提供更大的保护，减少对其他无疾病国家的威胁。WOAH 把兽医机构作为一个全球性公共机构，把结构、组织、资源、能力及辅助专业人员作用等方面的国际标准化作为一项首要的公共性投资项目。

6. 食品安全和动物福利目标：通过科学方法提供更好的动物源性食品安全保障和提升动物福利　WOAH 通过与国际食品法典委员会（CAC）之间加强制定标准活动的深度协作，以提供更好的动物源性食品安全保障。WOAH 制定标准的重点是消除动物屠宰或者肉、奶、蛋等动物产品初加工之前存在的可能作为消费者风险源的潜在危害。作为动物健康和动物福利之间密切关系的标志，应其成员的要求，WOAH 也已成为动物福利的主导国际组织。

（三）世界动物卫生组织的组织机构

1. 世界代表大会　世界代表大会（World Assembly of Delegates）是 WOAH 最高权力机构，由所有成员的代表组成，每年至少召开一次会议。全体大会每年 5 月在巴黎召开。代表投票遵循"一国一票"的民主原则。其主要职责如下。

（1）审议通过动物卫生领域尤其是国际贸易中采用的国际标准。

（2）审议通过重要动物疾病控制的决议。

（3）选举 WOAH 管理机构成员，包括大会主席和副主席，以及理事会、地区委员会和专业委员会成员。

（4）任命 WOAH 总干事。

（5）审查和批准总干事年度工作报告和财政报告，以及组织年度预算。

大会期间，因专业能力而当选的发言者负责处理两个普遍关注的技术主题，根据每个成员提供的信息以摘要形式介绍世界动物卫生状况。世界代表大会的工作由理事会进行准备，理事会每年至少 2 月和 5 月在大会主席主持下举行会议。在全体大会期间，代表有机会会晤相关地区委员会，讨论共同关注的问题。

2. 理事会　　理事会（council）是 WOAH 重要的管理机构，由世界代表大会主席、副主席、前任主席和不同地区的 6 名代表所组成，除前任主席外均由选举产生，任期三年，在年会间隔期间代表世界代表大会行使权力。每年至少在巴黎会晤两次，主要职责是审查 WOAH 技术和管理事务，特别是拟提交给世界代表大会的工作计划和预算草案。

3. 专业委员会　　专业委员会（specialist commission）是在 WOAH 国际标准的制定和修订中发挥关键作用，并与其全球科学网络进行协作，负责动物卫生状态的官方识别，提供动物疾病流行病学及防控建议，处理相关的科学技术问题。每个委员会的成员每年会晤两次，讨论工作计划，会晤报告在 WOAH 网站公布，包括与工作组和专门工作组的相关报告之间的联系。

（1）陆生动物卫生标准委员会（Terrestrial Animal Health Standards Commission）：简称法典委员会。成员 6 人，任期三年。负责审查制定《陆生动物卫生法典》，确保反映最新科学信息。

（2）动物疾病科学委员会（Scientific Commission for Animal Diseases）：简称科学委员会。成员 6 人，任期三年。负责帮助鉴定预防和控制动物疾病的最佳策略和措施，并对期望成为 WOAH 无特定疾病国家的动物卫生状况进行审查。

（3）生物标准委员会（Biological Standards Commission）：简称实验室委员会。成员 6 人，任期三年。负责建立或者通过哺乳动物、禽和蜜蜂疾病诊断方法和用于控制疾病的生物制品如疫苗的试验方法，监督《陆生动物诊断试验和疫苗手册》的颁布，评定陆生动物疾病参考实验室，促进诊断标准试剂的制备和销售。

（4）水生动物卫生标准委员会（Aquatic Animal Health Standards Commission）：简称水生动物委员会。成员 6 人，任期三年。负责审查《水生动物卫生法典》和《水生动物诊断试验手册》，确保反映最新科学信息。

4. 地区委员会　　为了应对世界不同地区成员面临的特殊问题，WOAH 先后设立了亚洲、远东和大洋洲（1952 年），欧洲（1961 年），美洲（1962 年），非洲（1964 年），中东（1989 年）5 个地区委员会（regional commission）。每个地区委员会设置办事处，其由 1 名主任、2 名副主任和 1 名秘书长组成，任期三年。一般每两年召开一次会议，致力于动物疾病控制的技术议题和地区合作事宜。在相关地区，特别是 WOAH 设立地区或次地区代办处的地区，应协商制定重大动物疫病监测和控制的区域计划。地区委员会要向世界代表大会报告其活动情况，并提出建议。我国动物卫生与流行病学中心的黄保续研究员现任亚洲、远东和大洋洲地区委员会主任。

5. 总部　　总部（headquarter）位于巴黎普罗尼大街 12 号，由世界代表大会任命的 WOAH 总干事（director general）所领导，现任总干事为法国的 Monique Eloit 博士。总部负责实施和协调疾病信息、技术合作和科学活动等世界代表大会决定的活动。总部还承担世界代表大会年会、理事会和委员会会议及 WOAH 组织的技术性会议的秘书处工作；并协助地区性和专业性会议秘书处的工作。

6. 工作组　工作组（working group）主要负责对本领域发展动态进行持续评估，以保证 WOAH 成员能够了解最新动态。

（1）抗微生物药物耐药性工作组（Working Group on Antimicrobial Resistance）：2019 年根据 WOAH 世界代表大会的 14 号决议"WOAH 参与同一个健康全球努力以控制抗微生物药物耐药性"（WOAH's engagement in the One Health Global Effort to Control Antimicrobial Resistance）而设立，旨在支持实施 WOAH 全球抗微生物药物耐药性和合理使用策略，以及支持 WOAH 应对全球耐药性挑战。

（2）野生动物工作组（Working Group on Wildlife）：1994 年设立，主要负责向 WOAH 通报和建议野生动物（无论是野生还是圈养状态）有关的所有健康问题，推荐和审查最重要的野生动物特定疾病的监测和控制的科学出版物。

（3）动物福利工作组（Working Group on Animal Welfare）：2002 年设立，负责协调和管理动物福利活动。2017 年这些活动被整合到 WOAH 采纳的全球动物福利策略的工作中。

（4）食品安全工作组（Working Group on Food Safety）：2002 年设立，负责协调和管理动物源性食品安全活动。2017 年起这些活动被整合到 WOAH 的相关领域。

7. 专门工作组　专门工作组（ad hoc group）是在总干事倡议下召集组建的，对授权范围内的主题提供专家建议。专门工作组报告被相关专业委员会或总干事所考虑。专门工作组一般包括 6 名国际公认专家，考虑地区代表性和性别平衡。专门工作组涉及的主题包括陆生动物主题［非洲猪瘟、禽流感、牛海绵状脑病、结核病、猪瘟、口蹄疫、小反刍兽疫、狂犬病、牛瘟、中东呼吸综合征（MERS）、严重急性呼吸综合征（SARS）等特定疾病，高通量测序-生物信息学和计算基因组学（HTS-BCG）、监视、兽医突发事件、兽医立法、兽医机构、动物精液、免疫接种等相关主题］、水生动物主题（甲壳类、鱼类、软体动物品种指定疾病的易感性，罗非鱼湖病毒病等特定疾病，名录疾病的安全商品评估等其他主题）、动物福利、抗微生物药物耐药性、官方状态等。

8. 协作中心和参考实验室　协作中心（collaborating center）、参考实验室（reference laboratory）和专业委员会，以及工作组、专门工作组均为 WOAH 技术核心的重要组成部分，共同构成了 WOAH 科技资源的可靠和系统保障。

协作中心为与管理动物卫生事件一般问题相关的焦点领域内的专业技术中心,在指定领域内提供国际专家意见。目前 WOAH 共有 65 个协作中心,分布在 31 个国家,活动范围涉及动物卫生管理（动物疾病监视、风险分析和流行病学及其建模,减少生物性威胁,新发动物病原的检测和鉴别及建立诊断工具,兽医公共卫生,人兽共患病等）、动物生产（动物饲料安全和分析,动物源性食品安全,动物福利等）、实验室专业知识（动物疾病诊断和控制,实验室生物风险管理,病原基因组和生物信息学等）、兽医产品（兽用药物、疫苗等）、野生动物健康和生物多样性、培训和教育等诸多方面。协作中心网络为 WOAH 及其成员提供科学专家意见和技术支持,促进动物健康和动物福利的国际协作。

参考实验室致力于某种疾病相关的所有科学和技术问题。就该病而言,专家应对 WOAH 及其成员负责,应该是主导性、积极的研究者,为参考实验室提供科技帮助,提供参考实验室所负责疾病诊断和控制相关主题的专家建议。也应为成员人员提供科技培训，与其他实验室或组织协作以协调科技研究，包括通过实验室结对计划。目前 WOAH 参考实验室共有 294 个，分布在 37 个国家，针对 109 种疾病/主题。

9. 地区代办处　　WOAH 在非洲、美洲、亚洲和大西洋地区、欧洲、中东设立 5 个地区代办处（regional representation），旨在为成员提供地区相应的服务，以便加强相关地区动物疫病的监测和控制能力。

我国现有的 WOAH 协作中心和参考实验室

1. WOAH 协作中心（3 个）

亚太地区食源性寄生虫协作中心（吉林大学）

兽医流行病学和公共卫生协作中心（中国动物卫生与流行病学中心）

亚太地区人兽共患病协作中心（中国农业科学院哈尔滨兽医研究所）

2. WOAH 参考实验室（24 个）

（1）大陆（20 个）：

非洲猪瘟参考实验室、新城疫参考实验室、小反刍兽疫参考实验室（中国动物卫生与流行病学中心）

流产布鲁氏菌病参考实验室、马耳他布鲁氏菌病参考实验室、猪布鲁氏菌病参考实验室、猪瘟参考实验室（中国兽医药品监察所）

猪繁殖与呼吸综合征参考实验室（中国动物疫病预防控制中心）

禽流感参考实验室、传染性法氏囊病（甘保罗病）参考实验室、马传染性贫血参考实验室（中国农业科学院哈尔滨兽医研究所）

口蹄疫参考实验室、囊尾蚴病参考实验室、羊泰勒虫病参考实验室（中国农业科学院兰州兽医研究所）

狂犬病参考实验室（中国农业科学院长春兽医研究所）

猪链球菌病参考实验室（南京农业大学）

白斑综合征病毒感染参考实验室、传染性皮下和造血器官坏死病毒感染参考实验室（中国水产科学研究院黄海水产研究所）

鲤春病毒血症参考实验室、传染性造血坏死病毒感染参考实验室（深圳海关）

（2）台湾（4 个）：

猪瘟参考实验室、十足动物虹彩病毒 1 型参考实验室（台湾兽医研究所）

白斑综合征病毒感染参考实验室、急性肝胰腺坏死症参考实验室（台湾成功大学）

二、联合国粮食及农业组织

（一）FAO 的建立及主要目标

联合国粮食及农业组织（Food and Agriculture Organization，FAO）是联合国专门机构之一，为各成员间讨论粮食和农业问题的国际组织。1943 年 5 月，根据美国总统罗斯福的倡议，在美国弗吉尼亚州温泉城举行会议，44 个国家决定成立有关粮食和农业的常设组织。1945 年 10 月 16 日，FAO 第一届会议在加拿大魁北克召开，1946 年 12 月 14 日 FAO 成为联合国专门机构。1951 年，FAO 总部从美国华盛顿迁到意大利罗马。目前，FAO 共有 194 个成员国、1 个成员组织（欧盟）和 2 个准成员（法罗群岛和托克劳群岛）。

FAO 的工作核心是实现所有人粮食安全，确保人们定期获得充足的优质食物，以便积极健康生活。主要目标为：消除饥饿、粮食不安全和营养不良；消除贫困，推动经济和社会进步；为了当代和后代的福祉，可持续性管理和利用自然资源，包括土壤、水、空气、气候和遗传资源等。

（二）FAO 的组织结构

1. FAO 大会　　FAO 大会是该组织最高权力机构，由每个成员各 1 名代表组成，每两年举行一次会议，负责审议全球治理政策问题和国际框架，对开展的工作进行评估，并批准下一个两年度预算。

2. 理事会　　理事会是 FAO 大会的执行机构，由大会选出的 49 个理事国各派 1 名代表组成，任期 3 年，在大会休会期间执行大会所赋予的权力，负责对计划和预算活动进行监督。理事会下辖计划委员会、财政委员会和章程及法律事务委员会。

3. 技术委员会　　FAO 有农业、林业、渔业、商品问题 4 个技术委员会。

4. 地区委员会　　FAO 有非洲、亚太、欧洲、拉丁美洲及加勒比、近东及北非 5 个地区委员会。

5. 秘书处　　负责执行 FAO 计划，由 FAO 大会选举的总干事负责，任期 4 年，现任总干事为我国原农业部副部长屈冬玉。

FAO 下设动物生产及卫生司，主要愿景是让畜牧业为人类福祉和自然资源保护做出可持续贡献。主要职能包括：支持各国发展可持续性畜牧业；保证安全优质动物产品供应；促进发展包容、高效的畜禽市场；提高小农户恢复能力，以及政府对由疾病或自然灾害导致畜牧业紧急事件的预防和应对能力；推广维持动物卫生、福利及畜牧业生产力的最佳措施。

6. 办事处和联络处　　FAO 设有 5 个区域办事处（非洲、亚太、欧洲及中亚、拉丁美洲及加勒比、近东及北非）、11 个分区域办事处、134 个驻国家办事处、14 个多重委任代表处、3 个配备技术官员的办事处、6 个联络处及 7 个伙伴关系和联络处。

三、国际食品法典委员会

国际食品法典委员会（Codex Alimentarius Commission，CAC）是由 FAO 和 WHO 共同建立的一个政府间组织，目的在于制定国际食品标准、指导原则和相关文件，促进国际政府组织和非政府组织制定的所有食品标准之间的协调，保障消费者健康和食品公平贸易。主要职能为：①保护消费者健康和确保公平的食品贸易；②促进国际政府和非政府组织所承担的所有食品标准工作的协调一致；③通过或借助于适当的组织确定优先重点，以及开始或指导草案标准的制定工作；④批准制定的标准，并与其他机构批准的国际标准一起，由成员政府接受后，作为世界或区域标准予以发布；⑤根据制定情况，在适当审查后修订已发布的标准。CAC 作为《SPS 协定》中指定的 SPS 领域的协调组织之一，为成员和国际机构提供了一个交流食品安全和贸易问题信息的论坛，通过制定具有科学基础的食品标准、准则、操作规范和其他相关建议以促进消费者保护和食品贸易。CAC 在食品质量和安全方面的工作已得到世界的重视，《食品法典》也成为唯一的、最重要的国际食品安全参考标准。

1961 年第 11 届 FAO 大会和 1963 年第 16 届 WHO 大会分别通过创建 CAC 的决议，CAC

于 1963 年 10 月在罗马召开第一届会议，30 个国家和 16 个国际组织的约 120 名代表参加了会议。目前 CAC 有 188 个成员和 1 个成员组织（欧盟），240 个观察员（60 个国际政府间组织、164 个非政府组织、16 个联合国机构）。CAC 每年在 FAO 总部罗马和 WHO 总部日内瓦之间交替召开一次大会，审议并批准国际食品法典标准和其他相关事项。秘书处设在罗马 FAO 食品政策与营养部食品质量标准处，WHO 联络点设在日内瓦 WHO 健康促进部食品安全处。CAC 执行委员会（Executive Committee）由 CAC 主席、3 名副主席、6 名区域协调员和 7 名选自不同地理区域的委员组成，作为 CAC 的执行机构，可就 CAC 的总体方向、战略规划和工作计划提出建议，并通过"严格审查"工作建议和监督标准制定进展来协助管理 CAC 的标准制定计划。CAC 设立 6 个区域协调委员会（非洲、亚洲、欧洲、拉丁美洲及加勒比海、近东、北美洲及西南太平洋），协调具体地区或国家的工作。

CAC 设有 14 个专业委员会，包括 10 个综合主题委员会和 4 个商品委员会。综合主题委员会，又称为横向委员会，由美国、加拿大、澳大利亚、法国、荷兰等发达国家主持，并与科研机构紧密配合，讨论制定各类食品通用标准和推荐值，涉及主题包括通用准则、食品污染物、食品添加剂、食品卫生、食品进出口检验和出证体系、食品标签、营养与特殊膳食用食品、农药残留、食品中兽药残留，以及分析和采样方法；商品委员会，又称为垂直委员会，按食品及食物类别进行设立，其工作是垂直制定各种商品标准，涉及油脂、鱼及鱼制品、新鲜水果与蔬菜、香料及厨用香草 4 类商品。综合主题委员会在其职权范围内制定的一般规定以参照的方式纳入商品标准。CAC 还包括一个抗菌药耐药性政府间特别工作组。专业委员会和政府间特别工作组共同制定各种标准。

CAC 制定标准时，首先根据战略规划过程作出决定，在标准制定方面实施统一的方法。战略规划为期 6 年，每两年滚动更新一次。执行委员会根据"确定工作重点的标准"等原则对新工作建议和标准草案进行严格审查。然后 CAC 根据执行委员会的审查结果，决定应制定哪个标准，以及由哪一个附属机构或其他机构承担这项工作。大会附属机构也可以作出制定标准的决定，随后需得到大会的批准。由秘书处安排起草"拟议标准草案"，送交各国政府征求意见，有关附属机构根据建议对其进行审议，再将文本作为"标准草案"提交大会。如果大会通过，则再送交各国政府进一步征求意见，根据这些意见，再经有关附属机构复审之后，大会对该草案再次进行审议，并将其作为一项"CAC 标准"通过。该过程通常需经过 8 个步骤，即经委员会审核两次，各国政府及相关机构审核两次方可采纳。若某项法典标准的制定具有急迫性，可经大会或任一附属机构经大会确认后采用 5 步加速制定程序。最后，将法典标准予以公布，并请各国政府按照各自既定的法律程序和行政程序通知秘书处 CAC 标准的地位或使用情况。这些标准的制定均基于可靠的科学分析和证据这一原则，并结合危险性分析和食品生产过程的质量安全控制，以便能确保所供应的食品的质量和安全。

1984 年，我国正式加入 CAC，并由农业部和卫生部联合成立中国食品法典协调小组，秘书处设在卫生部，负责我国与 CAC 的协调工作；联络点设在农业部，负责与 CAC 相关的联络工作。2004 年，"CAC 国内协调小组"改名为"中国食品法典委员会"。目前，委员会成员单位有国家卫生健康委员会、农业农村部、海关总署、国家市场监督管理总局、国家粮食和物资储备局、中华全国供销合作总社及中国商业联合会、中国轻工业联合会等。国家卫生健康委员会为主任单位，负责国内参加国家食品法典工作的组织协调；农业农村部为副主任单位，负责对外组织联络。秘书处挂靠在国家食品安全风险评估中心，负责委员会日常事务，组织协调参与 CAC 工作。经过 30 多年的工作实践，我国已全面参与国际法典工作的相关事务，在多项标准的制修订工作中凸显了我国的作用，得到国际社会的认可。2006 年，我国成为国际食品添加剂法典委员会（CCFA）和国际食品法典农药残留委员会（CCPR）的主席国，2011 年成为代表亚洲区域的执委会委员。

四、SPS 委员会

SPS 委员会是根据《SPS 协定》而设立的负责协调管理《SPS 协定》实施工作的机构。该委员会为各成员提供经常性磋商的场所，并履行《SPS 协定》第 12 条所赋予的职权，特别是协调和监督实施 CAC、WOAH 制定的有关国际标准、指南和建议及《国际植物保护公约》（IPPC）的情况。该委员会的日常工作由 WTO 总部农业与商品处的 5 位专职人员负责。

SPS 委员会每年在 WTO 日内瓦总部举行 3 次会议，由各成员常驻日内瓦使团派员或从首都派员参加，相关国际组织及正在申请加入 WTO 的国家也作为观察员参会。每次会议主要是讨论《SPS 协定》理解、实施中存在的问题，各成员就各自采取的 SPS 措施交流信息，就彼此之间贸易纠纷进行磋商，相关国际组织也会向大会汇报近期工作的进展，在会上还会讨论透明度、等效性、采纳国际标准、为发展中国家提供技术援助等问题。在每次会前还都要召开非正式的专题研讨会，供各成员在透明度、等效性等方面交流执行《SPS 协定》的经验。

第二节　国际动物卫生法简述

一、国际动物卫生法典

WOAH 制定的国际动物卫生法典包括《陆生动物卫生法典》（Terrestrial Animal Health Code，以下简称"《陆生法典》"）和《水生动物卫生法典》（Aquatic Animal Health Code，以下简称"《水生法典》"），分别是由陆生动物卫生标准委员会和水生动物卫生标准委员会具体负责制定的，其制定和修改过程中，征求了动物疫病国际知名专家和所有成员兽医机构的意见及建议。目的在于通过详细规定输出国和输入国兽医机构在制定安全进口动物及其产品的卫生规则时应该采用的卫生措施，避免人类和动物病原的传播，保证陆生动物（哺乳动物、鸟类和蜜蜂）和水生动物（两栖类、鱼类、甲壳类和软体动物）及其产品国际贸易中的卫生安全，同时避免不公正的卫生壁垒。《SPS 协定》中规定："关于动物卫生和人兽共患病，只由 WOAH 主持制定相关标准、准则和建议"，因此，WTO 成员提供进口卫生措施的科学依据最好是 WOAH 的建议。当没有 WOAH 建议或者政府采用比 WOAH 建议限制性更强的措施时，进口国必须进行进口风险分析。因而，国际动物卫生法典是 WTO 国际贸易法律框架的重要组成部分，也是兽医官方机构、进出口机构、流行病学家及进出口贸易部门的重要参考资料。法典全文可以在 WOAH 网站阅读或下载。

《陆生法典》于 1968 年首次出版，2023 年为第 31 版。《陆生法典》（2023 版）分为上下两卷。上卷为总则，介绍可应用于不同物种、生产区域和（或）疾病的建议（水平标准），包括动物疾病诊断、监测和通报，风险分析，兽医机构质量，疾病预防控制，贸易措施、进出口程序和兽医出证，兽医公共卫生、动物福利等内容；下卷为分论，介绍 WOAH 名录疾病及其他国际贸易中重要疾病可应用的建议（垂直标准），包括多种动物共患病、猪病、禽病、牛病、羊病、马病、兔病、蜜蜂病、骆驼病等内容。《陆生法典》每年以英文、法文和西班牙文三种语言出版。

《水生法典》于1995年首次出版，2023版为第25版。《水生法典》（2023版）共包括11部分，第1～7部分为总则部分，介绍可应用于不同物种、生产区域和（或）疾病的建议（水平标准），包括水生动物的疾病通报、WOAH名录疾病和监视，风险分析，水生动物卫生机构质量，疾病预防控制，贸易措施、进出口程序和卫生出证，水生动物中抗微生物药物的使用，养殖鱼类福利等内容；第8～11部分为分论部分，为WOAH所列疾病及其他国际贸易中重要疾病应用的建议（垂直标准），包括两栖类、甲壳类、鱼类和软体类动物疾病的相关内容。《水生法典》每年以英文、法文和西班牙文三种语言出版。

（一）《陆生法典》和《水生法典》的水平标准

1. 有关的术语定义　　术语表（glossary）中列出了每个法典中常用术语的定义，如动物卫生管理（animal health management）、动物卫生状态（animal health status）、生物安全（biosecurity）、区划（zone）、生物安全隔离区（compartment）、新发疫病（emerging disease）、流行病学单元（epidemiological unit）、潜伏期（incubation period）、官方兽医（official veterinarian）、卫生措施（sanitary measure）、根除（eradication）、扑灭政策（stamping-out policy）等。

2. 动物疾病的诊断、监视和通报

1）动物疾病通报和流行病学信息提供（notification of diseases and provision of epidemiological information）　　各成员有义务将动物疾病及其病原的信息通过WOAH通报给其他成员，以尽可能减少动物疾病及其病原的传播，有助于在世界范围内更好地控制这些疾病。为此，各成员应遵守法典规定的通报要求。

（1）日报。发生下列情况时，成员的兽医主管部门应在24小时内通过世界动物卫生信息系统（WAHIS）或传真、电子邮件向WOAH通报：①国家、地区或生物安全隔离区内首次发生WOAH名录疾病；②国家、地区或生物安全隔离区宣布疫情结束后，再次发生WOAH名录疾病；③国家、地区或生物安全隔离区内首次发现WOAH名录疾病的新病原株；④国家、地区或生物安全隔离区宣布疫情结束后，再次发现已消灭名录疾病的病原株；⑤国家、地区或生物安全隔离区内流行的WOAH名录疾病的分布范围突然发生改变，新发率或毒力、患病率或病死率增加；⑥WOAH名录疾病在新的或非常见的宿主种类中发生。

（2）周报。按照上款通报后，成员应每周向WOAH提供事件的进展信息，直至疾病被根除或状况完全稳定，以便成员根据义务进行后续半年报。对于每起通报事件，均应报送最终报告。

（3）半年报。成员应每半年向WOAH报告名录疾病存在与否及其进展情况，以及对其他成员有流行病学意义的信息。

（4）年报。成员应每年向WOAH报告对其他成员有意义的任何其他信息。

除根据要求通报疾病新情况外，成员还应提供防止疫病传播所采取的措施，包括生物安全和卫生措施，动物、动物产品、生物制品及其他各种本质上可传播疾病的物品的移动限制措施。针对媒介传播疫病，还须说明采取的媒介控制措施。

2）动物卫生监视（animal health surveillance）　　动物卫生监视是指系统而持续地收集、整理和分析动物卫生相关信息，并及时传播信息，以便采取行动措施。《陆生法典》和《水生法典》第1.4章介绍了动物卫生监视的基本要求。总体而言，动物卫生监视旨在证明无疫或无感染状态，确定疾病的存在与分布，尽早发现外来疾病或新发疾病。动物卫生监视可用来监测疾病的发展趋势，便于疾病或感染的控制，为动物或公共卫生风险分析提供可用的数据，为制定动物卫生措施提供理论依据，对于动物及其产品国际贸易也至关重要。监视类型取决于监测目标、可用数据来源和决策所需依据，法典中介绍了不同情形下监视的程序和要求，以及诊断方法、数据收集和管理等对监视实施的影响，详细分析了监视系统设计时应考虑的因素，如群体、病例定义、流行病学单元、聚类、诊断方法、分析方法等。

法典的一般性建议适用于所有感染及所有易感物种，并可根据国家或地区环境进行适当调整。野生动物常可作为陆生动物感染或侵袭的储存宿主及人和家养动物风险的指示器，因此陆生动物卫生监视系统可包括对野生动物的监测。不过，野生动物存在感染或侵袭并不意味着这些疾病一定出现在同一国家或地区的家养动物中，反之亦然。

《陆生法典》和《水生法典》还介绍了WOAH所列陆生和水生动物疾病的标准和名录，2023版中列出陆生动物疾病91种、水生动物疾病31种。陆生法典中还列出了动物疾病节肢动物传播媒介的监视，动物健康状态的官方识别程序，以及非洲马瘟、牛海绵状脑病、猪瘟、口蹄疫、牛传染性胸膜肺炎、小反刍兽疫等特定疾病无疫状态的WOAH官方认可的申请程序。

WOAH陆生动物疫病名录 [《陆生动物卫生法典》（2023版）]

多种动物共患病（26种）：炭疽、布鲁菌感染、结核分枝杆菌复合体感染、口蹄疫病毒感染、狂犬病病毒感染、伪狂犬病病毒感染、蓝舌病毒感染、牛瘟病毒感染、日本脑炎、裂谷热病毒感染、副结核病、旋毛虫感染、细粒棘球蚴感染、多房棘球蚴感染、锥虫感染、苏拉（伊氏锥虫病）、利什曼原虫感染、克里米亚-刚果出血热、东方马脑脊髓炎、心水病、流行性出血病病毒感染、西尼罗河热、新大陆螺旋蝇蛆病（螺旋锥蝇）、旧大陆螺旋蝇蛆病（蛆症金蝇）、Q热、土拉菌病（野兔热）。

猪病（6种）：非洲猪瘟病毒感染、猪瘟病毒感染、猪繁殖与呼吸综合征病毒感染、尼帕病毒性脑炎、传染性胃肠炎、猪带绦虫感染（猪囊尾蚴病）。

禽病（14种）：高致病性禽流感病毒感染、非禽鸟类（包括野鸟）A型高致病性流感病毒感染、家养和捕获的野鸟感染已经证明可传播到人并造成严重后果的低致病性禽流感病毒感染、新城疫病毒感染、传染性法氏囊病（甘保罗病）、禽传染性支气管炎、禽传染性喉气管炎、败血支原体感染、滑液支原体感染、禽衣原体病、鸡白痢、鸡伤寒、鸭传染性肝炎、火鸡鼻气管炎。

牛病（12种）：牛海绵状脑病、丝状支原体丝状亚种SC感染（牛传染性胸膜肺炎）、结节性皮肤病病毒感染、传染性牛鼻气管炎/传染性脓疱阴道炎、牛病毒性腹泻、牛巴贝斯虫病、牛无浆体病、地方性牛白血病、出血性败血症、牛生殖器官弯曲菌病、牛泰勒虫感染、毛滴虫病。

羊病（12种）：小反刍兽疫病毒感染、痒病、绵羊痘和山羊痘、梅迪-维斯那、山羊关节炎-脑炎、山羊传染性胸膜肺炎、流产衣原体感染（母羊地方性流产）、接触传染性无乳症、羊附睾炎（羊布鲁氏菌病）、羊流产沙门菌病、内罗毕绵羊病、羊泰勒虫感染。

马病（11种）：非洲马瘟病毒感染、马传染性贫血、马鼻疽（鼻疽博克霍尔德氏菌感染）、西方马脑脊髓炎、委内瑞拉马脑脊髓炎、马疱疹病毒-1型感染（马鼻肺炎）、马动脉炎病毒感染、马流感病毒感染、马梨形虫病、马传染性子宫炎、马媾疫。

兔病（2种）：兔出血病、黏液瘤病。

蜜蜂病（6种）：蜜蜂的蜂房蜂球菌感染（欧洲幼虫腐臭病）、蜜蜂的幼虫芽孢杆菌感染（美洲幼虫腐臭病）、蜜蜂的武氏蜂盾螨侵袭、蜜蜂的热厉螨侵袭、蜜蜂的瓦螨侵袭、小蜂房甲虫侵袭。

　　骆驼疾病和感染（2种）：骆驼痘、MERS冠状病毒感染。

WOAH水生动物疫病名录 [《水生动物卫生法典》（2023版）]

　　鱼类病（11种）：鲤春病毒血症病毒感染、病毒性出血性败血症病毒感染、侵入性丝囊霉菌感染（流行性溃疡综合征）、传染性造血器官坏死病毒感染、流行性造血器官坏死病毒感染、鲑鱼三代虫感染、HPR缺失或HPR0传染性鲑鱼贫血病毒感染、锦鲤疱疹病毒感染、真鲷虹彩病毒感染、鲑鱼甲病毒感染、罗非鱼湖病毒感染。

　　软体动物病（7种）：鲍疱疹病毒感染、牡蛎包拉米虫感染、杀蛎包拉米虫感染、折光马尔太虫感染、海水派琴虫感染、奥尔森派琴虫感染、加州立克次体感染。

　　甲壳类病（10种）：白斑综合征病毒感染、急性肝胰腺坏死病、变形丝囊霉菌感染（鳌虾瘟）、十足目虹彩病毒1感染、对虾肝炎杆菌感染（坏死性肝胰腺炎）、传染性皮下和造血坏死病毒感染、传染性肌坏死病毒感染、罗氏沼虾诺达病毒感染（白尾病）、桃拉综合征病毒感染、黄头病毒基因1型感染。

　　两栖类病（3种）：蛙壶菌感染、蝾螈壶菌感染、蛙病毒感染。

　　3. 进口风险分析　　进口动物及动物产品必然会给进口国带来疫病风险，为了更好地开展风险分析，科学防范进口风险，《陆生法典》和《水生法典》第二部分详细介绍了进口风险分析（import risk analysis）的建议和原则。风险分析（risk analysis）包括危害识别、风险评估、风险管理和风险交流（图5-1）。

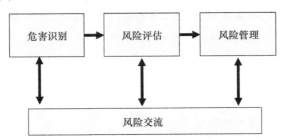

图 5-1　风险分析的4个部分

　　1）危害识别　　危害识别（hazard identification）是指对商品进口可能产生不良后果的致病因子进行确认的过程。所确认的危害应与进口动物或动物产品有关且可能存在于出口国，因此必须确认每种危害是否存在于进口国，是否为进口国法定通报的或拟控制或根除的动物疫病，并确保贸易进口措施没有比本国贸易措施更严格。如果危害识别没有确认相关进口具有危害，则风险评估即行终止。

　　兽医机构、疫病监视与控制计划、地区划分和生物安全隔离区划分体系的评价对于评估出口国动物种群中存在危害的可能性是关键的信息。进口国可决定采用法典推荐的适宜卫生标准进行进口，此时不需要进行风险评估。

　　2）风险评估

　　（1）风险评估（risk assessment）的概念：风险评估是指对危害入侵、定植和传播的可能性及其生物性和经济后果进行的评价。风险评估可以定性，也可以定量。

　　（2）风险评估的原则。

　　A. 风险评估应能够灵活处理实际情形中的各种复杂情况。没有任何单一方法能够适用于所有情况，风险评估应能适应动物产品的多样性、一项进口可能确认的多种危害、每种疾病的特异性、疾病检测和监视体系、暴露情况、数据与信息的类型和数量等。

B. 定性和定量的风险评估方法均有效。定量风险评估可以对特定问题有更深的了解，但对于很多疾病，特别是法典所列的已有很多国际标准的疾病，可能的风险已得到广泛认可，只需定性评估即可。当数据有限时，定性风险评估可能更适合，常规决策常使用这种方式。

C. 风险评估应以目前的科学思维获得的最佳适用信息为基础。应保证证据充分，并附有引用的科技文献和其他资料，包括专家意见。

D. 应鼓励风险评估方法的一致性，透明对于确保决策的公平、合理、一致性及便于所有利益相关方的理解至关重要。

E. 风险评估应阐明不确定性、假设及其对最后结果的影响。

F. 风险随进口商品数量的增加而加大。

G. 风险评估应在获得新信息时进行更新。

（3）风险评估的步骤。

A. 入侵评估（entry assessment）。包括描述进口业务将病原体导入某一特定环境的生物学途径，定性（用文字表示）或定量（用数值表示）估算整个过程发生的概率。入侵评估描述在数量、时间等特定条件下每种危害（病原体）"入侵"的概率，以及不同活动、事件或措施等可能如何引起变化。入侵评估所需的信息包括生物学因素（动物种类、年龄和品种，病原株及其嗜好器官组织，免疫、检测、治疗和检疫）、国家因素（发病率或流行率，出口国兽医机构、疫病监视和控制计划、地区划分和生物安全隔离区划分体系的评价）和商品因素（进口商品性质和数量，易污染程度，加工、贮存和运输的影响）。如果入侵评估表明没有显著风险，风险评估即可终止。

B. 暴露评估（exposure assessment）。包括描述进口国的动物和人群暴露于假定风险源的危害（此处指病原体）的生物学途径，定性（用文字表示）或定量（用数值表示）估算暴露发生的概率。暴露于确认危害的概率需结合特定暴露条件如数量、时间、频率、暴露持续时间和暴露途径（如食入、吸入或虫咬），以及暴露动物和人群的数量、种类及其他相关特征等进行估算。暴露评估所需的信息包括生物学因素（病原特性）、国家因素（存在的潜在媒介、人群和动物的统计学资料、风俗和文化习俗、地理和环境特征等）和商品因素（进口商品性质和数量、进口动物或动物产品的预期用途、处置措施等）等。如果暴露评估表明没有显著风险，可作出风险评估结论。

C. 后果评估（consequence assessment）。包括描述特异性暴露于某一生物因子与暴露后果之间的关系。两者之间应存在因果关系，暴露导致不良卫生或环境后果，进而引起社会经济后果。后果评估定性（用文字表示）或定量（用数值表示）描述特定暴露的潜在后果及其发生概率。后果种类包括直接后果（动物感染、发病、生产损失，公共卫生后果）和间接后果（监控成本、补偿成本、潜在贸易损失、对环境的不良后果）。

D. 风险估算（risk estimation）。综合入侵评估、暴露评估和后果评估的结果，以便制定针对识别危害相关的风险的总体管理措施。因此，风险估算需考虑从危害识别到产生不良后果的完整风险路径。

3）风险管理

（1）风险管理（risk management）的概念：风险管理是指对可应用于降低风险水平的措

施的鉴定、选择和实施的过程。风险管理是针对风险评估中确定的风险而作出决定并实施措施的过程，同时应确保将对贸易的负面影响降至最低。目的在于合理管理风险，确保在国家希望尽量减少疾病入侵及造成不良后果的可能性和频率与期望进口商品及履行国际贸易协定义务之间取得一种平衡。应把 WOAH 国际标准作为风险管理卫生措施的首选。实行这些卫生措施应与相应标准的目标保持一致。

（2）风险管理的组成。

A. 风险评价（risk evaluation）：是指将风险评估中估算的风险与建议的风险管理措施预期对风险的降低相比较的过程。

B. 方案评价（optional evaluation）：是指为减少进口风险而对措施进行鉴别、评估有效性和可行性及选择的过程。

C. 实施（implementation）：是指作出风险管理决策后，确保风险管理措施落实到位的过程。

D. 监控及评审（monitoring and review）：是指不断审核风险管理措施以确保取得预期效果的过程。

4）风险交流

（1）风险交流（risk communication）的概念：风险交流是指风险分析全过程中，风险评估者、风险管理者、风险沟通者、一般公众和其他利益方之间就风险、风险相关因素和风险认知等方面进行信息和观点的互动传递与交流。

（2）风险交流的原则。

A. 风险交流是在风险分析期间从潜在受影响方和利益相关方收集危害与风险相关信息及意见，并向进出口国决策者和利益相关方通报风险评估结果和建议的风险管理措施的过程。理论上风险交流应贯穿风险分析全过程。

B. 风险交流策略应在每次开始风险分析时落实到位。

C. 风险交流应保证信息交换公开、互动、反复和透明，可在决定进口之后持续进行。

D. 风险交流的主要参与方包括出口国主管部门及其他利益相关者，如国内外企业、家养动物生产者和消费者等。

E. 交流内容应包括风险评估中的模型假设及不确定性、模型输入值和风险估算。

F. 同行评议是风险交流的组成部分，旨在得到科学的评判，确保获得最可靠的资料、信息、方法和假设。

另外，《陆生法典》和《水生法典》还介绍了以下几个方面的内容。

4. 兽医机构的质量　　《陆生法典》和《水生法典》第三部分介绍了兽医机构质量及其评价的相关内容。兽医机构质量的评价主要是判定兽医机构是否有能力有效认识和控制动物及其产品的卫生状况，帮助国家部门决定其自身兽医机构资源和优先性，或者作为进口动物卫生措施风险分析的一部分。兽医机构质量体系的基本原则包括专业判断力、独立性、客观性、公正性、廉政性、透明性、科学基础、部门间协作等。

兽医机构的评价推荐采用《OIE 兽医机构运作效能评价工具（PVS 工具）》（目前为 2019 年第七版）进行实施，PVS 工具被认为是评价兽医机构运作质量的国际标准。兽医机构评价的项目主要包括：①人力、物力和财力资源，包括人力资源（兽医和兽医辅助专业人员的配备、能力和教育等），体制与机制（技术独立性、组织结构稳定性和政策连续性、兽医机构协调能力和管理体制），物力资源和资本投入，财力资源（运行经费、应急经费）；②技术权威性及能力，包括实验室能力、风险监测预警防范能力、应急反应和疾病防控能力、兽医公共卫生与兽药管理能力；③利益相关方互动关系；④国际市场进入能力，包括兽医立法、国际协调、国际出证、透明度、区域化、生物安全区划等。

5. 疾病预防和控制　　《陆生法典》和《水生法典》第四部分介绍了疾病预防和控制的一般建议，并且对地区划分（zoning）和生物安全隔离区划分（compartmentalization）进行了详细介绍。所有 WOAH 成员希望在其境内所有地区建立和保持某种动物疾病的无疫状态，但这种目标往往难以实现，可行的方式是在其境内建立并维持具有特定卫生状态的动物亚群，凭借天然或人工地理屏障对这些动物亚群加以隔离，或者采用适当的生物安全管理措施进行隔离。地区划分主要以动物亚群地理分布为基础，而生物安全隔离区划分则适用于由相关生物安全管理和养殖措施确定的动物亚群，通常划分为非免疫无疫区、监测区、免疫无疫区、缓冲区和感染区（疫区）。地区划分可促进国内某些地区更有效地利用资源。生物安全隔离区是在无法做到地区划分时，通过生物安全措施将一动物亚群与其他家养或野生动物有效分开。一种动物疫病在某国呈地方性流行时，建立无疫区有助于逐渐控制和消灭动物疫病。在无疫国或无疫区暴发疫情后，为了促进疫情控制和继续开展贸易，地区划分可允许成员将疫病的扩散限制在规定的地区内，同时保留领土内其他地区的无疫状态。

《陆生法典》还介绍了动物标识溯源的总体原则及实施要求，精液和胚胎收集加工的卫生要求，体细胞核移植的要求，死亡动物的处理，消毒和灭虫的通用建议，名录和新发疾病的官方控制程序，蜂病官方卫生控制，卫生预防、鉴定、采血和免疫接种等。《水生法典》还介绍了水生动物设施设备的生物安全和消毒，鲑鱼卵表面消毒通用建议，应急计划，水产养殖休耕，水生动物饲料的病原控制等。

6. 贸易措施、进出口程序和卫生出证　　《陆生法典》和《水生法典》第五部分介绍了进出口国在出证方面的责任，出证的程序，与《SPS 协定》相关的 WOAH 程序，离境前和离境时、过境转运期间、到达时的动物卫生措施，动物病原的国际转运和实验室保藏，非人灵长类的检疫措施等，并提供了不同类型动物和动物产品卫生出证的样本。这些章节中列出的一般问题需要与疾病特定章节详细阐述的卫生措施共同执行。

7. 兽医公共卫生　　兽医公共卫生是介于医学和兽医之间的一个重要交叉领域，日益受到国际社会的高度重视。《陆生法典》第六部分围绕人兽共患病、食品安全和抗微生物药物耐药性等兽医公共卫生核心领域内容进行介绍，涉及兽医机构在食品安全系统中的作用、从动物饲料和屠宰检验环节控制对动物和人类健康重要的危害、禽类生产中的生物安全程序、不同畜禽养殖体系中沙门菌的防控、非人灵长类传播的人兽共患病等主题，并对兽医领域中抗微生物药物的合理使用、耐药性监测控制及风险分析进行了详细阐述。而在《水生法典》第六部分中，主要围绕水生动物中的抗微生物药物使用、耐药性监测控制及风险分析进行阐述。

8. 动物福利　　动物福利常常成为制约进出口动物和动物产品贸易的核心问题，为此《陆生法典》和《水生法典》第七部分中均介绍了动物福利的相关内容，主要涉及围绕养殖、运输及因消费或疫情控制而扑杀动物相关的动物福利要求，《陆生法典》中还规定了犬群管理、教育科研中动物使用等涉及的动物福利原则。

（二）《陆生法典》和《水生法典》的垂直标准

1. 《陆生法典》的垂直标准　　《陆生法典》第 2 卷（第 8～15 部分）中介绍了 WOAH 名录疾病及其他国际贸易重要的疾病可应用的建议，分别针对多种动物共患病（21 种）、蜜蜂病（6 种）、禽病（9 种）、牛病（11 种）、马病（11 种）、兔病（2 种）、羊病（10 种）、猪病（5 种）和骆驼病（1 种）进行详细介绍，每章介绍一种疾病，内容主要包括特定动物疫病状态（无疫国、无疫区和生物安全隔离区等）的建立要求和程序，不同动物疫病状态下各种动物和动物产品进口的建议要求，不同动物产品中病原灭活的程序，疾病监视的原则、方法和实施要求等，进口的产品可能涉及活动物、精子/胚胎/种蛋、鲜肉和肉产品、奶和奶产品、皮革/毛皮/毛发及药用或工业用产品等，不同疾病章节包含的信息不尽相同。如果法典中有特殊产品的卫生管理要求，进口贸易时应该予以遵守；当法典中没有提到特殊的产品时，意味着 WOAH 还没有建立相关的卫生措施，国家应该根据科学的风险评估制定产品的进口准则。

2. 《水生法典》的垂直标准　　《水生法典》第 8～11 部分分别针对两栖类病（3 种）、甲壳类病（10 种）、鱼类病（11 种）和软体动物病（7 种）进行了详细介绍，每章介绍一种疾病，内容结构与《陆生法典》相似，主要包括特定动物疫病状态（无疫国、无疫区和生物安全隔离区等）的建立要求和程序，不同动物疫病状态下水生动物和动物产品进口的要求，进口或运输时的卫生管理措施等。

二、国际动物诊断试验与疫苗手册

WOAH 制定了《陆生动物诊断试验和疫苗手册》（Manual of Diagnostic Tests and Vaccines for Terrestrial Animals，以下简称"《陆生手册》"）和《水生动物诊断试验手册》（Manual of Diagnostic Tests for Aquatic Animals，以下简称"《水生手册》"），介绍动物疾病国际标准实验室诊断技术，保证疾病诊断的统一性，并提供采样方法、良好实验室规范的一般信息。《陆生手册》也包括兽用生物制品（主要是疫苗，也包括诊断制剂）生产和控制的要求。

（一）《陆生手册》

《陆生手册》第一版出版于 1989 年，以后每 4 年进行一次版本更新，目前为第 12 版，但生物标准委员会每年都会对手册的信息进行扩展和更新，并经世界代表大会审议通过后以英语和西班牙语两种语言发布。《陆生手册》覆盖了哺乳动物、鸟类和蜜蜂的重要疾病，提供国际认可的实验室诊断方法，以及疫苗和其他生物制品的生产控制要求，旨在防控动物疾病和人兽共患病，从而提升全世界动物卫生服务，便于动物及其产品的安全国际贸易。主要针对读者是各成员承担兽医诊断试验和监视的实验室，以及疫苗生产者、用户和监管部门。作为《陆生法典》的配套资料，《陆生手册》制定了所有 WOAH 所列疾病及其他几种全球重要疾病的实验室标准，介绍了适用的诊断试验，包括适用于移动前确证个体动物的实验。《陆生手册》已被全世界兽医实验室广泛采用作为重要的参考书。

《陆生手册》正文前包括前言、导论、缩略语、术语表，正文内容分为以下三部分。

1. 第一部分通用标准　　该部分介绍了兽医诊断实验室和疫苗生产设备的管理要求，包括兽医诊断实验室的管理，兽医检测实验室的质量管理，兽医实验室和动物设施的生物安全管理，诊断样本的收集、运输和保存，生物材料的运输，兽用生物材料无菌和无污染的检测，传染病诊断试验验证的原则和方法，兽医疫苗生产的原则，疫苗库等。

2. 第二部分特定规范　　该部分分为 3 个章节：①实验室诊断章节，介绍细菌抗微生物药物敏感性测试的实验室方法、传染病的生物技术诊断、生物风险管理；②诊断试验验证章节，介绍抗体检测方法、抗原检测方法及核酸检测方法的建立和优化要求，如何进行不确定性管理，验证的统计方法，参考样品和控制板的选择与使用，野生动物传染病诊断试验的验证原则和方法，已经验证的检测方法进行改变后的对比实验；③兽医疫苗章节，介绍兽医疫苗研发、生产、质量控制、企业管理等的要求。

3. 第三部分 WOAH 所列疾病及其他重要疾病　　该部分共 10 个章节，介绍了 91 种WOAH 所列疾病及 20 种其他重要疾病，包括多种动物共患病（25 种）、蜂病（7 种）、禽病（15 种）、牛病（16 种）、骆驼病（2 种）、马病（11 种）、兔病（2 种）、羊病（13 种）、猪病（10 种）和其他疾病（10 种）。

针对每种疾病，基本框架包括 4 部分：①摘要部分，简单介绍疾病的基本知识，包括疾病概述、病原检测方法、血清学和细胞免疫检测方法、疫苗和诊断制剂的要求；②A 部分，详细介绍病原体、疾病特征及其生物安全要求，有的还需要介绍其人兽共患风险；③B 部分，详细介绍每种疾病的国际标准实验室诊断技术和程序，包括病原学检测（含鉴定分型和核酸识别技术）、血清学检测和细胞免疫检测；④C 部分，详细介绍了国际公认的不同疫苗和诊断制剂的要求，含种子毒（菌）株的管理及疫苗和诊断制剂生产、质量控制、注册审批等具体规范。

（二）《水生手册》

《水生手册》第一版出版于 1995 年，以后每 4 年进行一次版本更新，目前为第 10 版，但水生动物卫生标准委员会每年也会对手册的信息进行扩展和更新，经 WOAH 世界代表大会审议通过后以英语和西班牙语两种官方语言发布。有效的实验室诊断对于水生动物卫生机构执行诊断程序是至关重要的，而《水生手册》可提供《水生法典》所列疾病及其他贸易重要疾病的规范诊断方法，以便能够满足水生动物和水生动物产品贸易中相关卫生证书的要求。《水生手册》是一本可供全世界水生动物卫生实验室使用的重要文件。

《水生手册》正文前包括前言、导论、缩略语，正文内容分为以下两部分。

1. 第一部分通用标准　　该部分旨在为支持有效的实验室检测能力提供所需建议，分为以下两个章节。

（1）兽医检测实验室的质量管理：概述了实验室在设计和维护其质量管理体系时应解决的主要问题和考虑事项，涵盖了检测的技术、管理和操作要素，以及对检测结果的解释。

（2）传染病诊断试验验证的原则和方法：验证对于确保检测符合预期目标至关重要，如证明无疾病或对临床病例进行确诊或估计群体的感染模式，本章节中介绍了试验验证的不同阶段的方法，包括对分析性能、诊断性能、可重复性、试验部署和持续监测的指导。

2. 第二部分特定疾病适用的建议　　该部分分为 4 个章节，包括两栖类病（3 种）、甲壳类病（9 种）、鱼类病（10 种）和软体动物类病（7 种）。针对每种疾病，基本框架包括 4 部分：①范围；②疾病信息，包括病原因素、宿主因素、疾病表现、生物安全和疾病防控策略；③采样，包括标本选择，样品采集、运输和处理；④诊断方法，包括临床症状、大体病理、组织病理和细胞病理、免疫组织化学方法、病原分离鉴定、血清学方法（检测抗原或抗体）、分子方法等，并明确了检测方法的建议分级、宣布无疫建议的监测方法、疑似病例和确诊病例的标准等。《水生手册》中描述了所有疾病的核酸检测方法，它们是重要的监测和诊断工具，与许多传统方法相比更加快速、敏感，成本效益高，而且可能不依赖于具有疾病专门知识的人员。特别是在一些传统方法无效的情况下，分子方法显得尤为重要。例如，由于缺乏合适的细胞系，软体动物和甲壳类动物无法在细胞培养中分离病毒。

三、食品法典

《食品法典》（Codex Alimentarius）是由 CAC 制定的一套食品安全和质量的国际标准、食品加工规范和准则，旨在保护消费者健康、消除国际贸易壁垒、确保食品贸易公平。《食品法典》包括所有面向消费者的加工、半加工或未加工的食品，也可能包括供进一步加工成食品的原料，还包括食品加工卫生规范和其他推荐性措施等指导性条款。

《食品法典》的主要内容包括：法典标准的一般要求，法典指导原则，国际推荐操作规程，食品中农药和兽药残留的最大限量值，化学品、重金属和放射性物质等食品及饲料中污染物的限量，食品添加剂的使用原则及最大限量，推荐的采样及分析方法，食品加工卫生规范，食品标签及其说明，进出口检验和认证方面的规定。食品的种类包括特殊膳食食品（包括婴幼儿食品）、新鲜水果、蔬菜和植物蛋白的衍生品，加工和速冻水果、蔬菜，果汁及相关产品，谷物、豆类及其制品和植物蛋白，油脂及相关制品，鱼和鱼制品，肉和肉制品，乳及乳制品等。

《食品法典（2017 年）》共包括 299 个通用标准和食品品种标准，53 种食品加工卫生规范。国际食品法典委员会还评价了 4236 种食品添加剂和污染物的安全性，并制定了 5231 项农药残留和 623 项兽药残留的最大限量标准。

《食品法典》对保护消费者健康的重要作用已在 1985 年联合国第 39/248 号决议中得到强调。各国政府应充分考虑所有消费者对食品安全的需要，并尽可能地支持和采纳《食品法典》的标准。针对业已增长的全球食品贸易市场，特别是作为保护消费者而普遍采用的统一食品标准，《食品法典》具有明显的优势。因此，WTO 明确了《食品法典》标准的准绳作用，将 CAC 法典标准作为解决国际贸易争端、协调各国食品卫生标准的依据。《食品法典》已成为法律框架的重要组成部分，也是全球消费者、食品生产和加工者、各国食品管理机构和国际食品贸易重要的基本参照标准，对食品生产加工者及消费者的观念意识产生了巨大影响，并对保护公众健康和维护食品贸易公平做出了不可估量的贡献。

四、SPS 协定

各国在管理农产品国际贸易时，除了采用关税、配额、出口补贴和国内支持等传统的贸易壁垒措施外，往往还采用动植物卫生措施。随着国际贸易的快速发展和贸易自由化程度的提高，各国实行的动植物卫生措施对贸易的不利影响已越来越大，特别是某些畜牧业发达国家为了阻止国外农畜产品进入本国市场，保持本国畜牧业的持续、稳定发展，以及维持其在国际贸易中的竞争力，常常采用动植物卫生措施来设置技术性贸易壁垒。贸易便利化与动植物卫生措施所引起的贸易阻碍矛盾日益突出，成为一个亟待解决的重要国际议题。

《实施卫生与植物卫生措施协定》（Agreement of Sanitary and Phytosanitary Measures，以下简称"《SPS 协定》"）是规范国际贸易中 WTO 成员卫生与植物卫生措施的一项重要多边协议，直接产生于乌拉圭回合多边贸易谈判，并伴随着 1995 年 1 月 1 日 WTO 的成立而生效实施。《SPS 协定》规定了 WTO 成员在制定和实施 SPS 措施时必须遵循的规则，发展中国家所享有的特殊和差别待遇，SPS 委员会的职能和成员之间争端的解决等内容，包括 14 条及 3 个附件。这 14 条包括总则、基本权利与义务、协调性、等效性、风险评估及适当的卫生或植物卫生保护水平的确定、病虫害无疫区或低流行区、透明度、控制和检验及批准程序、特殊和差别待遇、磋商与争端解决、技术援助、管理、执行、最终条款；3 个附件分别是定义、透明度条例的颁布、控制和检验及认可程序。

（一）基本权利与义务

《SPS 协定》提出，为保护人类、动物或植物的生命或健康，各成员有权利采取必要的卫生和植物检疫措施，但这些措施不能背离《SPS 协定》的要求；各成员应确保任何卫生或植物检疫措施仅在保护人类、动物或植物的生命或健康所必需的范围内，以科学原理为依据，并在科学依据不充分的情况下不予以维持。各成员应确保其检疫措施不会在情形相同或相似的成员之间，包括在成员境内和其他成员领土之间构成任意或不合理的歧视，不应对国际贸易构成变相的限制。

（二）协调性（harmonization）

各成员应以现有的国际标准、指南或建议制定卫生或植物卫生措施，但本协定另有规定的情况除外。在有科学依据的情况下，各成员可采取或维持国际标准、准则或建议所提供的保护水平更高的卫生或植物卫生措施。各成员应尽可能充分参与有关国际组织及其附属机构，特别是在 CAC、WOAH 及在《国际植物保护公约》框架内运作的国际和区域组织，以在这些组织内促进制定和定期审查有关卫生与植物卫生措施的标准、指南和建议。SPS 委员会应制定程序，监测国际协调进程，并在这方面与有关国际组织协调努力。

（三）等效性（equivalence）

如果出口成员向进口成员客观证实其采用的措施达到了进口成员适当的保护水平，即使这些措施不同于进口成员的措施，或不同于从事同一产品贸易的其他成员所采取的措施，各成员应等同接受其他成员的卫生或植物检疫措施。为达到此目的，出口成员应根据请求向进口成员提供合理途径进行检验、测试和其他有关程序。成员应根据请求进行磋商，以达成关于承认特定卫生或植物卫生措施等效的双边和多边协定。

（四）风险评估及适当的卫生或植物卫生保护水平的确定

成员应确保其卫生或植物卫生措施是基于适应情形的对人类、动物或植物的生命或健康风险的评估结果，并考虑相关国际组织制定的风险评估技术。进行风险评估时，各成员应考虑多种因素：现有的科学依据，相关工艺和生产方法，有关检验、抽样和测试方法，特定病虫害的流行，病虫害非疫区的存在，相关生态和环境条件，以及检疫或其他处理方法等。

在评估对动物或植物的生命或健康构成的风险，并决定为达到该风险的适当卫生或植物卫生保护水平而采取的措施时，各成员应考虑下列相关的经济因素：病虫害的传入、定居或传播对生产或销售造成的潜在损害；在进口成员境内控制或根除病虫害的成本；其他方法限制风险的相对成本-效果。各成员在决定适当的卫生或植物卫生保护水平时，应考虑将对贸易的不利影响最小化。

每个成员应避免在不同情况下任意或不合理地差异化实施适当保护水平,以避免这种差异在国际贸易中造成歧视或变相限制。各成员应根据本协定有关规定在委员会中相互合作来制定准则,以推动本规定的贯彻实施。制定准则时应考虑所有相关因素,包括人们自愿暴露的人身健康风险的例外情况。

在制定或维持卫生或植物卫生措施以达到适当的保护水平时,各成员应在考虑技术和经济可行性的情况下,确保这类措施不比达到适当的卫生或植物卫生保护水平所要求的更具贸易限制性。

在相关科学证据不足的情况下,成员可根据现有的相关信息,包括有关国际组织的信息及其他成员采取的卫生或植物卫生措施,临时采取卫生或植物卫生措施。在这种情况下,各成员应设法获得更客观的风险评估所需的额外信息,并在合理时间内相应地审查卫生或植物卫生措施。

当成员有理由认为另一成员引入或维持的特定卫生或植物卫生措施在限制或潜在限制其产品出口时,而这种措施不是基于有关国际标准、准则或建议,或者这类标准、准则或建议并不存在,则可要求其解释采用这种措施的理由。

（五）病虫害无疫区和低度流行区的条件

各成员应确保其卫生或植物卫生措施适应产品原产地及目的地的卫生特点,不论是国家整体或其地区,或几个国家或地区。在评估一个地区的卫生特点时,各成员应特别考虑特定病虫害的流行程度、现有的根除或控制方案,以及有关国际组织制定的适宜标准或准则。

各成员应特别意识到病虫害无疫区或低流行区的概念,此类区域的确定应基于地理、生态系统、流行病学监测及卫生或植物卫生控制的有效性等因素。如果出口成员声明其境内某些地区是病虫害非疫区和低流行区时,应提供必要的证据,并根据要求允许进口成员进行检验、测试和其他相关程序。

（六）透明度（transparency）

各成员应告知其对卫生或植物卫生措施的改变,并根据规定提供相关信息。

（七）控制、检验和批准程序

各成员在实施控制、检验和批准程序,包括批准在食品、饮料或饲料中使用添加剂,或确定污染物允许量的国家体系时,应遵守有关规定,并确保其程序不与本协定规定相抵触。

（八）特殊和差别待遇

各成员准备和实施卫生或植物卫生措施时,应考虑发展中国家特别是最不发达国家的特殊需要。在适当的卫生或植物卫生保护水平允许有分阶段采用新的卫生措施的余地时,应给予发展中国家有利害关系的产品较长的适应期,以维持其出口机会。为确保发展中国家能够遵守本协定的规定,委员会在考虑到其财政、贸易和发展需要的情况下,根据这些国家的要求给予他们本协定义务的全部或部分具体的、有时限的例外。应鼓励和促进发展中国家积极参与有关国际组织。

五、RCEP 协定

（一）《RCEP 协定》的签署和生效

《区域全面经济伙伴关系协定》（Regional Comprehensive Economic Partnership，以下简称"《RCEP 协定》"）是 2012 年由东盟发起，2020 年 11 月 15 日第四次区域全面经济伙伴关系协定领导人会议后由东盟 10 国和中国、日本、韩国、澳大利亚、新西兰共 15 个亚太国家正式签署制定的。《RCEP 协定》的签署，是地区国家以实际行动维护多边贸易体制、建设开放型世界经济的重要一步，对深化区域经济一体化、稳定全球经济具有标志性意义。

2021 年 4 月 15 日，中国向东盟秘书长正式交存区域全面经济伙伴关系核准书，完成区域全面经济伙伴关系核准程序。2022 年 1 月 1 日，《RCEP 协定》正式生效，首批生效的国家包括文莱、柬埔寨、老挝、新加坡、泰国、越南等东盟 6 国和中国、日本、新西兰、澳大利亚等 4 国。2 月 1 日起对韩国生效，3 月 18 日起对马来西亚生效。《RCEP 协定》的生效实施，标志着全球人口最多、经贸规模最大、最具发展潜力的自由贸易区正式落地，充分体现了各方共同维护多边主义和自由贸易、促进区域经济一体化的信心和决心，将为区域乃至全球贸易投资增长、经济复苏和繁荣发展做出重要贡献。

（二）《RCEP 协定》的内容

《RCEP 协定》共包括 20 章。

1. 初始条款和一般定义　　主要阐明区域全面经济伙伴关系缔约方的目标，即共同建立一个现代、全面、高质量及互惠共赢的经济伙伴关系合作框架，以促进区域贸易和投资增长，并为全球经济发展做出贡献。该章节还定义了该协定中的通用术语。

2. 货物贸易　　为推动实现区域内高水平的贸易自由化，对货物贸易相关的承诺作出规定：承诺根据《关税及贸易总协定》（General Agreement on Tariffs and Trade，GATT）给予其他缔约方的货物国民待遇；通过逐步实施关税自由化给予优惠的市场准入；特定货物的临时免税入境；取消农业出口补贴；全面取消数量限制、进口许可程序管理，以及与进出口相关的费用和手续等非关税措施方面的约束。

3. 原产地规则　　确定了《RCEP 协定》项下有资格享受优惠关税待遇的原产货物的认定规则。在确保适用实质性改变原则的同时，突出技术可行性、贸易便利性和商业友好性，以使企业尤其是中小企业易于理解和使用。

4. 海关程序与贸易便利化　　制定确保海关法律和法规具有可预测性、一致性和透明性的条款，以及促进海关程序的有效管理和货物快速通关的条款，创造促进区域供应链的环境。本章节包含高于 WTO《贸易便利化协定》水平的增强条款：对税则归类、原产地及海关估价的预裁定；为符合特定条件的经营者提供与进出口、过境手续和程序有关的便利措施；用于海关监管和通关后审核的风险管理方法等。

5. 卫生与植物卫生措施　　为保护人类、动物或植物的生命或健康而制定、采取和实施卫生与植物卫生措施的基本框架，确保上述措施尽可能不对贸易造成限制，以及在相似条件下缔约方实施的卫生与植物卫生措施不存在不合理的歧视。虽然缔约方在《SPS 协定》中声明了其权利和义务，但是《RCEP 协定》加强了在病虫害非疫区和低度流行区进行风险分析、审核、认证、进口检查及紧急措施等执行的条款。

6. 标准、技术法规和合格评定程序　　加强了缔约方对《世界贸易组织技术性贸易壁垒协定》（Agreement on Technical Barriers to Trade of The World Trade Organization，《WTO/TBT 协定》）的履行，并认可缔约方就标准、技术法规和合格评定程序达成的谅解。推动缔约方在承认标准、技术法规和合格评定程序中减少不必要的技术性贸易壁垒，确保其符合 WTO/TBT 协定等方面规定的信息交流与合作。

7. 贸易救济　　包括"保障措施"和"反倾销和反补贴税"。关于保障措施，重申了缔约方在 WTO《保障措施协定》下的权利和义务，并设立过渡性保障措施制度，对各方因履行协议降税而遭受损害的情况提供救济。关于反倾销和反补贴税，重申了缔约方在 WTO 相关协定中的权利和义务，并制订了"与反倾销和反补贴调查相关的做法"附件，规范了书面信息、磋商机会、裁定公告和说明等实践做法，促进提升贸易救济调查的透明度和正当程序。

8. 服务贸易　　消减了各成员影响跨境服务贸易的限制性、歧视性措施，为缔约方间进一步扩大服务贸易创造了条件。包括市场准入承诺表、国民待遇、最惠国待遇、当地存在、国内法规等规则。部分缔约方采用负面清单方式进行市场准入承诺，要求采用正面清单的缔约方在协定生效后 6 年内转化为负面清单模式对其服务承诺作出安排。

9. 自然人移动　　列明了缔约方为促进从事货物贸易、提供服务或进行投资的自然人临时入境和临时停留所做的承诺，制定了缔约方批准此类临时入境和临时停留许可的规则，提高人员流动政策的透明度。

10. 投资　　涵盖投资保护、自由化、促进和便利化 4 个方面，包括承诺最惠国待遇、禁止业绩要求、采用负面清单模式做出非服务业领域市场准入承诺并适用棘轮机制（即未来自由化水平不可倒退）。投资便利化部分还包括争端预防和外商投诉的协调解决。

11. 知识产权　　为本区域知识产权的保护和促进提供了平衡、包容的方案。内容涵盖著作权、商标、地理标志、专利、外观设计、遗传资源、传统知识和民间文艺、反不正当竞争、知识产权执法、合作、透明度、技术援助等领域。

12. 电子商务　　为促进缔约方之间电子商务的使用与合作，列出了鼓励缔约方通过电子方式改善贸易管理与程序的条款；要求缔约方为电子商务创造有利环境，保护电子商务用户的个人信息，为在线消费者提供保护，并针对非应邀商业电子信息加强监管和合作；对计算机设施位置、通过电子方式跨境传输信息提出相关措施方向，并设立了监管政策空间。

13. 竞争　　为缔约方制定了在竞争政策和法律方面进行合作的框架，以提高经济效率、增进消费者福利。规定缔约方有义务建立或维持法律或机构，以禁止限制竞争的活动，承认缔约方拥有制定和执行本国竞争法的主权权利，并允许基于公共政策或公共利益的排除或豁免。涉及消费者权益保护，缔约方有义务采取或维持国内法律和法规，以制止误导行为，或者在贸易中作虚假或误导性描述；促进对消费者救济机制的理解和使用；就有关保障消费者的共同利益进行合作。

14. 中小企业　　缔约方同意在协定上提供中小企业会谈平台，以开展旨在提高中小企业利用协定并在该协定所创造的机会中受益的经济合作项目和活动，将中小企业纳入区域供应链的主流之中。强调充分共享《RCEP 协定》中涉及中小企业的信息，包括协定内容、与中小企业相关的贸易和投资领域的法律法规，以及其他与中小企业参与协定并从中受益的其他商务相关信息。

15. 经济与技术合作　　为实现各国的共同发展提供了框架，为各方从协定的实施和利用中充分受益、缩小缔约方发展差距方面做出贡献。缔约方将实施技术援助和能力建设项目，促进包容、有效与高效地实施和利用协定所有领域，包括货物贸易、服务贸易、投资、知识产权、竞争、中小企业和电子商务等。同时优先考虑最不发达国家的需求。

16. 政府采购　　着力提高法律、法规和程序的透明度，促进缔约方在政府采购方面的合作。

17. 一般条款与例外　　规定了适用于整个《RCEP 协定》的总则，包括缔约方法律、法规、程序和普遍适用的行政裁定的透明度、就每一缔约方行政程序建立适当的审查与上诉机制、保护保密信息、协定的地理适用范围等。将《关税及贸易总协定》（General Agreement on Tariffs and Trade，GATT）第二十条和《服务贸易总协定》（General Agreement on Trade in Services，GATS）第十四条所列一般例外作必要修改后纳入本协定，缔约方可以采取其认为保护其基本安全利益所必需的行动或措施，还允许缔约方在面临严重的收支平衡失衡，外部财政困难或受到威胁的情况下采取某些措施。

18. 机构条款　　规定了区域全面经济伙伴关系的机构安排，以及部长会议、联合委员会和其他委员会或分委员会的结构。

19. 争端解决　　为解决协定项下产生的争端提供有效、高效和透明的程序。在争端解决有关场所的选择、争端双方的磋商、斡旋、调解或调停、设立专家组、第三方权利等方面作了明确规定。详细规定了专家组职能、程序、最终报告的执行、执行审查程序、赔偿及中止减让或其他义务等。

20. 最终条款　　主要包括关于附件、附录和脚注的处理；协定与其他国际协定之间的关系；一般性审查机制；协定的生效、保管、修订、加入及退出条款等。指定东盟秘书长作为协定的保管方，负责向所有缔约方接收和分发文件，包括所有通知、加入请求、批准书、接受书或核准书。条约的生效条款规定，协定至少需要 6 个东盟成员国和 3 个东盟自由贸易协定伙伴交存批准书、接受书或核准书后正式生效。

复习思考题

1. 简述世界动物卫生组织的主要目标和组织机构。
2. 简述国际动物卫生法典的主要内容。
3. 简述国际动物诊断试验与疫苗手册的主要内容。
4. 简述《SPS 协定》的主要内容。
5. 简述《RCEP 协定》的主要内容。

第六章　动物防疫法律制度

本章内容提要　动物防疫工作需要多个部门协作和配合，需要法律予以保障。近年来，《动物防疫法》等有关法律法规的颁布或修订提供了这种保障，使我国逐步形成了与国际接轨的动物防疫法律体系。本章主要介绍了动物疫病的预防，动物疫情的报告和控制，动物和动物产品的检疫，病死动物和病害动物产品的无害化处理，动物诊疗，动物防疫监督管理和保障等方面的法律制度，并就其中的一些术语、制度施行的必要性，以及在具体实施过程中需要注意的细节问题等展开了较为详尽的阐述，以更好地保证动物防疫法律法规的贯彻实施。

第一节　动物防疫法律制度概述

一、动物防疫的概念

《动物防疫法》规定，动物防疫是指动物疫病的预防、控制、诊疗、净化、消灭和动物、动物产品的检疫，以及病死动物、病害动物产品的无害化处理。

由此可以看出，动物防疫包括 6 个方面的内容。

（1）在未发生动物疫病的情况下，应该采取免疫接种、驱虫、药浴、消毒和饲养场所的生物安全控制，以及实施动物疫病的区域化管理等一系列综合性预防措施，防止疫病的发生。同时，加强动物防疫管理和监督也是预防动物疫病的重要措施。

（2）在发生动物疫病的情况下，应该尽快采取针对性措施控制疫情，防止疫病扩散和蔓延，尽可能地减少动物疫病造成的损失。

（3）对动物疫病进行有效的诊断和治疗，以便于及时发现、控制动物疫病。

（4）通过各种有效的手段，在特定的区域或场所，对特定的动物疫病实施有计划的净化和消灭措施，达到并维持该范围内个体不发病和无感染状态。

（5）为防止动物和动物产品在流通前或流通过程中传播疫病，对其进行相关检疫活动。

（6）按照有关规定，采用物理、化学等方法对病死动物及病害动物产品进行无害化处理，消除传染源并消灭其所带的病原体，防止疫病的发生和蔓延。

《动物防疫法》所称动物，是指家畜家禽和人工饲养、捕获的其他动物；所称动物产品，是指动物的肉、生皮、原毛、绒、脏器、脂、血液、精液、卵、胚胎、骨、蹄、头、角、筋以及可能传播动物疫病的奶、蛋等。

二、依法防治动物疫病的必要性

《动物防疫法》所称动物疫病，是指动物传染病，包括寄生虫病。但通常所说的动物传染病是指由细菌、病毒、支原体、衣原体等病原微生物所引起的动物疫病，而动物寄生虫病是指由内寄生虫和外寄生虫所引起的动物疫病。动物疫病对养殖业的危害非常严重，不仅可造成大批动物发病、死亡、生产性能降低和动物产品的损失，影响养殖业发展、人民生活和国内外贸易,某些人兽共患病还可给人类健康和社会稳定带来严重威胁。尤其是在现代化养殖业中,动物饲养密度高,调运交易频繁,疫病风险日益增加。加强动物疫病的防控,历来受到世界各国的重视。

动物疫病对社会的方方面面都会产生重要的影响,因此,动物防疫工作不仅仅是畜牧兽医部门的职责,还需要政府各部门和社会各阶层的紧密配合与积极参与。动物防疫是国家行为,必须依法开展动物防疫工作,保证动物防疫的有效性和权威性。

三、我国动物防疫的法治化建设

动物防疫法律规范是做好动物疫病防控工作的法律依据,发达国家高度重视相关法律法规的制定和实施。随着我国社会主义法治化进程的不断深入,各级人民政府部门也高度重视动物防疫法律制度的建设,动物防疫工作逐步进入了法治化轨道。1985 年,国务院颁布了《家畜家禽防疫条例》,标志着我国依法防控动物疫病的开始。1991 年 10 月 30 日第七届全国人民代表大会常务委员会第二十二次会议通过了《进出境动植物检疫法》,使我国动物疫病防控工作迈入了国际化进程。1997 年 7 月 3 日第八届全国人民代表大会常务委员会第二十六次会议通过了《动物防疫法》,全面推动我国动物防疫工作进入法治化时代。加入 WTO 以来,我国先后经历了 2003 年的“非典”(严重急性呼吸综合征)和 2004 年的高致病性禽流感疫情,国家及时颁布了多部与动物疫病防治相关的法律法规,包括 2004 年 8 月 28 日第十届全国人民代表大会常务委员会第十一次会议修订的《中华人民共和国传染病防治法》(2013 年 6 月 29 日第十二届全国人民代表大会常务委员会第三次会议进行了修正),2004 年 4 月 9 日国务院令第 404 号公布的《兽药管理条例》(2014 年 7 月 29 日、2016 年 2 月 6 日、2020 年 3 月 27 日进行了三次修订),2005 年 11 月 18 日国务院令第 450 号发布了《重大动物疫情应急条例》(2017 年 10 月 7 日进行了修订),以及 2005 年 12 月 29 日第十届全国人民代表大会常务委员会第十九次会议通过的《中华人民共和国畜牧法》(2015 年 4 月 24 日第十二届全国人民代表大会常务委员会第十四次会议进行了修正,2022 年 10 月 30 日第十三届全国人民代表大会常务委员会第三十七次会议进行了修订,以下简称“《畜牧法》”)。为了更好地做好动物防疫工作,2007 年 8 月 30 日第十届全国人民代表大会常务委员会第二十九次会议对《动物防疫法》进行了修订(2013 年 6 月 29 日第十二届全国人民代表大会常务委员会第三次会议、2015 年 4 月 24 日第十二届全国人民代表大会常务委员会第十四次会议进行了修正)。2018 年非洲猪瘟发生后,2021 年 1 月 22 日第十三届全国人民代表大会常务委员会第二十五次会议对《动物防疫法》再次进行修订,并于 2021 年 5 月 1 日开始施行。

为保障《动物防疫法》的实施,农业农村部出台了《病死畜禽和病害畜禽产品无害化处理管理办法》《动物检疫管理办法》《动物防疫条件审查办法》《畜禽标识和养殖档案管理办法》《动物诊疗机构管理办法》《执业兽医和乡村兽医管理办法》等配套规章。全国 31 个省(自治区、直辖市)制定了动物防疫条例或实施办法,有的地方还制定了无规定动物疫病区管理办法、血吸虫病防治条例、宠物饲养管理条例等地方性法规或政府规章。这些法律法规对于加强我国动物防疫活动的管理,预防、控制、净化、消灭动物疫病,促进养殖业发展,防控人兽共患病,保障公共卫生安全和人体健康发挥了重要的作用。

第二节　动物疫病的预防法律制度

一、动物疫病的分类管理

根据动物疫病对养殖业生产和人体健康的危害程度，《动物防疫法》将动物疫病分为三类：①一类疫病，是指口蹄疫、非洲猪瘟、高致病性禽流感等对人、动物构成特别严重危害，可能造成重大经济损失和社会影响，需要采取紧急、严厉的强制预防、控制等措施的动物疫病；②二类疫病，是指狂犬病、布鲁氏菌病、草鱼出血病等对人、动物构成严重危害，可能造成较大经济损失和社会影响，需要采取严格预防、控制等措施的动物疫病；③三类疫病，是指大肠杆菌病、禽结核病、鳖腮腺炎病等常见多发，对人、动物构成危害，可能造成一定程度的经济损失和社会影响，需要及时预防、控制的动物疫病。

对动物疫病实行分类管理，既有利于采取不同的措施，预防、控制、净化和消灭危害程度不同的动物疫病，也便于群策群力，集中目标，统一行动，抓住重点，兼顾一般，按计划有步骤地开展动物防疫工作。为了贯彻执行《动物防疫法》，农业部于 1999 年 2 月 12 日发布了《一、二、三类动物疫病病种名录》（农业部令 1999 年第 96 号），并于 2008 年进行了第一次修订发布（农业部公告第 1125 号），2022 年 6 月 29 日农业农村部进行了第二次修订发布（农业农村部公告第 573 号）。同时，根据《动物防疫法》的规定，农业农村部应当根据动物疫病发生、流行情况和危害程度，及时增加、减少或者调整一、二、三类动物疫病具体病种并予以公布。

根据 2022 年农业农村部公布的动物疫病病种名录，我国对动物疫病分类如下。

1. 一类动物疫病（11 种）　　口蹄疫、猪水疱病、非洲猪瘟、尼帕病毒性脑炎、非洲马瘟、牛海绵状脑病、牛瘟、牛传染性胸膜肺炎、痒病、小反刍兽疫、高致病性禽流感。

2. 二类动物疫病（37 种）

多种动物共患病（7 种）：狂犬病、布鲁氏菌病、炭疽、蓝舌病、日本脑炎、棘球蚴病、日本血吸虫病。

牛病（3 种）：牛结节性皮肤病、牛传染性鼻气管炎（传染性脓疱外阴阴道炎）、牛结核病。

绵羊和山羊病（2 种）：绵羊痘和山羊痘、山羊传染性胸膜肺炎。

猪病（3 种）：猪瘟、猪繁殖与呼吸综合征、猪流行性腹泻。

马病（2 种）：马传染性贫血、马鼻疽。

禽病（3 种）：新城疫、鸭瘟、小鹅瘟。

兔病（1 种）：兔出血症。

蜜蜂病（2 种）：美洲蜜蜂幼虫腐臭病、欧洲蜜蜂幼虫腐臭病。

鱼类病（11 种）：鲤春病毒血症、草鱼出血病、传染性脾肾坏死病、锦鲤疱疹病毒病、刺激隐核虫病、淡水鱼细菌性败血症、病毒性神经坏死病、传染性造血器官坏死病、流行性溃疡综合征、鲫造血器官坏死病、鲤浮肿病。

甲壳类病（3 种）：白斑综合征、十足目虹彩病毒病、虾肝肠胞虫病。

3. 三类动物疫病（126 种）

多种动物共患病（25 种）：伪狂犬病、轮状病毒感染、产气荚膜梭菌病、大肠杆菌病、巴氏杆菌病、沙门氏菌病、李氏杆菌病、链球菌病、溶血性曼氏杆菌病、副结核病、类鼻疽、支原体病、衣原体病、附红细胞体病、Q 热、钩端螺旋体病、东毕吸虫病、华支睾吸虫病、囊尾蚴病、片形吸虫病、旋毛虫病、血矛线虫病、弓形虫病、伊氏锥虫病、隐孢子虫病。

牛病（10 种）：牛病毒性腹泻、牛恶性卡他热、地方流行性牛白血病、牛流行热、牛冠状病毒感染、牛赤羽病、牛生殖道弯曲杆菌病、毛滴虫病、牛梨形虫病、牛无浆体病。

绵羊和山羊病（7 种）：山羊关节炎/脑炎、梅迪-维斯纳病、绵羊肺腺瘤病、羊传染性脓疱皮炎、干酪性淋巴结炎、羊梨形虫病、羊无浆体病。

马病（8 种）：马流行性淋巴管炎、马流感、马腺疫、马鼻肺炎、马病毒性动脉炎、马传染性子宫炎、马媾疫、马梨形虫病。

猪病（13 种）：猪细小病毒感染、猪丹毒、猪传染性胸膜肺炎、猪波氏菌病、猪圆环病毒病、格拉瑟病、猪传染性胃肠炎、猪流感、猪丁型冠状病毒感染、猪塞内卡病毒感染、仔猪红痢、猪痢疾、猪增生性肠病。

禽病（21 种）：禽传染性喉气管炎、禽传染性支气管炎、禽白血病、传染性法氏囊病、马立克病、禽痘、鸭病毒性肝炎、鸭浆膜炎、鸡球虫病、低致病性禽流感、禽网状内皮组织增殖病、鸡病毒性关节炎、禽传染性脑脊髓炎、鸡传染性鼻炎、禽坦布苏病毒感染、禽腺病毒感染、鸡传染性贫血、禽偏肺病毒感染、鸡红螨病、鸡坏死性肠炎、鸭呼肠孤病毒感染。

兔病（2 种）：兔波氏菌病、兔球虫病。

蚕、蜂病（8 种）：蚕多角体病、蚕白僵病、蚕微粒子病、蜂螨病、瓦螨病、亮热厉螨病、蜜蜂孢子虫病、白垩病。

犬猫等动物病（10 种）：水貂阿留申病、水貂病毒性肠炎、犬瘟热、犬细小病毒病、犬传染性肝炎、猫泛白细胞减少症、猫嵌杯病毒感染、猫传染性腹膜炎、犬巴贝斯虫病、利什曼原虫病。

鱼类病（11 种）：真鲷虹彩病毒病、传染性胰脏坏死病、牙鲆弹状病毒病、鱼爱德华氏菌病、链球菌病、细菌性肾病、杀鲑气单胞菌病、小瓜虫病、粘孢子虫病、三代虫病、指环虫病。

甲壳类病（5 种）：黄头病、桃拉综合征、传染性皮下和造血组织坏死病、急性肝胰腺坏死病、河蟹螺原体病。

贝类病（3 种）：鲍疱疹病毒病、奥尔森派琴虫病、牡蛎疱疹病毒病。

两栖与爬行类病（3 种）：两栖类蛙虹彩病毒病、鳖腮腺炎病、蛙脑膜炎败血症。

二、动物防疫的管理

（一）动物防疫的方针

我国动物防疫实行预防为主，预防与控制、净化、消灭相结合的方针。预防为主，对于动物疫病管理具有特殊的意义。首先，动物疫病具有传染扩散的特性，一旦蔓延很难扑灭，有的会给人类健康及经济发展带来灾难性后果，需要耗费大量的时间和人力、物力、财力；其次，动物疫病防控需要从控制传染源、切断传播途径和保护易感动物三个方面进行综合预防；最后，我国动物养殖水平参差不齐，疫病防控基础薄弱，疫病种类多，蔓延范围广，严重影响养殖业发展和威胁人民身体健康，制约我国动物产品国际贸易。只有各级人民政府及有关部门按照法律法规，大力加强动物疫病的预防工作，提高广大养殖者的防疫意识，严格落实综合预防措施，才能保证动物疫病得到有效预防和控制，保障养殖业健康发展和公共卫生安全。

我国已经有效控制了高致病性禽流感、口蹄疫、非洲猪瘟等重大动物疫病，但从动物疫病流行规律看，单纯预防难以有效遏制病原体变异及侵害。有计划地控制、净化、消灭对养殖业和公共卫生安全危害大的重点病种，推进重点病种从免疫无病向非免疫无病过渡，逐步清除动物机体和环境中存在的病原，降低疫病流行率，是消灭重点病种的科学路径，也是国际上的通行做法。因此，为了推动我国养殖业转型升级，全面提高动物卫生水平并助力公共卫生安全，《动物防疫法》确立了以预防为主，预防与控制、净化、消灭相结合的动物防疫方针。

（二）动物防疫工作的组织领导

1. 县级以上人民政府的职责

（1）加强对动物防疫工作的统一领导，充分发挥政府在统筹资源调动方面的优势，调集各方面的力量、人员和物资，保障动物防疫工作的有效开展。

（2）采取有效措施稳定基层机构队伍，依托现有机构编制资源，建立健全动物卫生监督机构和动物疫病预防控制机构，保障动物防疫工作的有效实施。

（3）依照法律法规和国家有关规定，结合本地实际，推进基层动物防疫机构建设，强化基层动物防疫队伍：进一步强化基层动物防疫队伍的专业化建设，提高专业知识水平和应对能力；不断完善基层动物防疫机构的硬件设施，提高动物防疫工作的科技水平；充分保障基层动物防疫所需经费，提高动物防疫财政经费使用效益。

（4）建立健全动物防疫体系。2020 年印发的《国务院办公厅关于促进畜牧业高质量发展的意见》，对建立健全动物防疫体系作出部署：一要落实动物防疫主体责任，二要提升动物疫病防控能力，三要建立健全分区防控制度，四要提高动物防疫监管服务能力。

（5）制定并组织实施动物疫病防治规划。动物疫病防治规划是指在一定的时间内对动物防疫提出的总体目标及相关措施。2012 年国务院办公厅印发了《国家中长期动物疫病防治规划（2012—2020 年）》，要求地方各级人民政府根据当地实际情况，制定本行政区域的动物疫病防治规划，并组织实施确保规划得到有效落实。2022 年 9 月 14 日，农业农村部制定并印发了《全国畜间人兽共患病防治规划（2022—2030 年）》，着力推进畜间人畜共患病防治工作，保障畜牧业生产安全、公共卫生安全和国家生物安全。

2. 乡级人民政府、城市街道办事处的职责　　组织群众做好本管辖区域内的动物疫病预防与控制工作。

（1）组织本辖区内饲养动物的单位和个人做好强制免疫，协助县级以上人民政府农业农村主管部门做好监督检查工作。

（2）组织协调居民委员会、村民委员会做好本辖区内流浪犬、猫的控制和处置，防止疫病传播。

（3）发生三类动物疫病时，按照农业农村部 2022 年 6 月 23 日第 573 号公告发布的《三类动物疫病防治规范》组织防治。

（4）对在城市公共场所和乡村发现的死亡畜禽，负责组织收集、处理并溯源。

3. 村民委员会、居民委员会的职责　　协助乡级人民政府、街道办事处组织群众做好本辖区内的动物疫病预防与控制工作。

（三）动物防疫工作的管理机构

（1）农业农村部主管全国的动物防疫工作。

（2）县级以上地方人民政府农业农村主管部门主管本行政区域内的动物防疫工作。其中动物卫生监督机构负责动物、动物产品的检疫工作，动物疫病预防控制机构承担动物疫病的监测、检测诊断、流行病学调查、疫情报告，以及其他预防、控制等技术工作，并且承担动物疫病净化、消灭的技术工作。根据 2018 年中共中央印发的《深化党和国家机构改革方案》和国务院印发的《关于深化农业综合行政执法改革的指导意见》，各地整合组建农业综合执法机构和队伍，以农业农村主管部门的名义承担原先动物卫生监督机构承担的动物防疫执法（含兽药、屠宰等执法）职能。

（3）军队动物卫生监督职能部门负责军队现役动物和饲养自用动物的防疫工作。

（4）县级以上人民政府卫生健康部门和本级人民政府农业农村、野生动物保护等主管部门应当建立人畜共患病防治的协作机制。

（5）农业农村部和海关总署等部门应当建立防止境外动物疫病输入的协作及机制。

（四）动物防疫工作的科学研究与国际合作

1. 国家鼓励和支持开展动物疫病的科学研究　　为保障人民群众生命健康安全和畜牧业持续健康发展，国家鼓励和支持有条件的单位和个人加强动物疫病的科学研究，尤其是基础性、前沿性的科学研究，不断创造出一批标志性、引领性的重大科研成果，牢牢把握动物防疫事业发展的主动权，支撑和引领畜牧兽医乃至整个农业的现代化发展。

2. 加强动物防疫领域的国际合作与交流　　加强动物防疫领域的国际合作与交流是我国农业对外合作的重要组成部分，是统筹利用国际国内两个市场、两种资源、两类规则的必然要求，是提升我国农业国际竞争力的重要途径。一方面，动物疫病不分国界，必须加强同其他国家在动物防疫领域的合作与交流，提前做好预防和准备工作。另一方面，每个国家在科研领域都有自己的专长，加强与国外科研机构、国际组织等的合作与交流，加快在动物疫病科研领域与国际接轨，引进国外先进的科学研究成果和高端人才，取他国之长，补我国之短，可以节约大量的时间、资金，实现弯道超车、跨越式发展，尽快提升我国动物疫病科学研究的整体水平。

3. 国家鼓励和支持推广先进适用的科学研究成果　　国家鼓励和支持政府及农业农村主管部门、有关企事业单位，通过试验、示范、培训、指导及咨询服务等多种方式，促进动物疫病先进适用的科学研究成果的转化并推广运用到动物防疫具体工作中，充分发挥其应有的作用。

4. 加强动物防疫法律法规和专业知识的宣传　　动物防疫法律法规和专业知识的宣传主体为各级人民政府和有关部门。各级人民政府及其有关部门，特别是农业农村主管部门，要进一步加强与新闻媒体的对接和联系，采取新闻发布会、专题采访、专题培训、编制释义、发放普法宣传材料、举办知识竞赛、以案说法等多种方式，加大宣传力度。形成政府部门主导、全社会广泛参与的动物防疫工作新格局，提高我国动物防疫工作的整体水平。

（五）动物防疫工作的表彰、奖励和工伤保险、补助等的管理

1. 动物防疫工作的表彰和奖励　　对在动物防疫工作、相关科学研究、动物疫情扑灭中

做出贡献的单位和个人，各级人民政府和有关部门按照国家有关规定给予表彰、奖励，主要方式包括：通报表彰、奖励，颁发奖状、奖牌、奖杯或奖章、证书等，给予荣誉称号或奖金、实物奖励，给予优惠政策等。这是对在动物防疫过程中工作努力、贡献突出、成绩显著的有关单位和个人的一种肯定，有利于引导社会各方面更加积极、主动地投入到防疫工作中去，为动物防疫事业的发展进步做出更大的贡献。

2. 动物防疫人员的工伤保险　　有关单位应当依法为动物防疫人员缴纳工伤保险费。工伤保险是为了保障劳动者因工作遭受事故伤害或者患职业病后获得医疗救治和经济补偿的社会保险制度。动物防疫人员因工作原因受到事故伤害或者患职业病，且经过工伤认定的，享受工伤保险待遇。其中，经劳动能力鉴定丧失劳动能力的，享受伤残待遇。

3. 因参与动物防疫工作致病、致残、死亡人员的补助或者抚恤　　政府及其有关部门、用人单位等应当本着人道主义的原则，对因参与动物防疫工作致病、致残、死亡的人员按照国家有关规定给予补助或者抚恤。

三、动物疫病预防法律制度

（一）动物疫病风险评估

1. 动物疫病风险评估的目的　　动物疫病风险评估是指对人们在进行动物及动物产品生产和其他相关经营活动过程中，动物或动物产品感染病原体及其扩散增加的可能性进行评价、分析、估计或界定。为与国际接轨，科学制定动物疫病防控政策，我国建立了动物疫病风险评估制度，并作为动物疫病防疫的基本制度。通过组织开展动物疫病风险评估，科学制定动物疫病预防、控制、净化和消灭的措施和技术规范，使动物防疫管理决策更具科学性、透明性和客观性，为动物防疫工作从应急管理向风险管理转变提供支撑。

2. 动物疫病风险评估的有关规定　　农业农村部根据国内外动物疫情及保护养殖业生产和人体健康的需要，及时会同国务院卫生健康等有关部门对动物疫病进行风险评估，并制定、公布动物疫病预防、控制、净化、消灭措施和技术规范，如《无规定动物疫病区评估管理办法》（2017 年 5 月 27 日农业部令 2017 年第 2 号公布）、《无规定动物疫病小区评估管理办法》（2019 年 12 月 17 日农业农村部公告第 242 号发布）。

省、自治区、直辖市人民政府农业农村主管部门会同本级人民政府卫生健康等有关部门开展本行政区域的动物疫病风险评估，并落实动物疫病预防、控制、净化、消灭措施。

（二）动物疫病强制免疫

1. 动物疫病强制免疫的规定　　国家对严重危害养殖业生产和人类健康的动物疫病实施强制免疫。农业农村部确定强制免疫的动物疫病病种和区域。比如，2022 年 1 月 4 日，农业农村部发布了《国家动物疫病强制免疫指导意见（2022—2025 年）》（农牧发〔2022〕1 号），对强制免疫病种、要求和免疫主体责任等进行了明确规定。根据该指导意见，我国对高致病性禽流感、口蹄疫、小反刍兽疫、布鲁氏菌病和包虫病（棘球蚴病）实施强制免疫，不同疫病免疫的动物种类、病原血清型因省份和地区疫情状态的不同而有所差异。为保证动物疫病强制免疫工作的顺利实施，中国动物疫病预防控制中心负责制定《国家动物疫病强制免疫技术指南》，供强制免疫责任主体参照执行。

省、自治区、直辖市人民政府农业农村主管部门制定本行政区域的强制免疫计划；根据本行政区域动物疫病流行情况增加实施强制免疫的动物疫病病种和区域，报本级人民政府批准执行，并报农业农村部备案。《国家动物疫病强制免疫指导意见（2022—2025 年）》中指出，省级农业农村部门可根据辖区内动物疫病流行情况，对猪瘟、新城疫、猪繁殖与呼吸综合征、牛结节性皮肤病、羊痘、狂犬病、炭疽等疫病实施强制免疫。

2. 动物疫病强制免疫的责任主体　　饲养动物的单位和个人是动物疫病强制免疫的责任主体，应当依法履行动物疫病强制免疫义务，按照强制免疫计划和技术规范，对动物实施免疫接种，并按照国家有关规定建立免疫档案、加施畜禽标识，保证可追溯。实施强制免疫接种的动物未达到免疫质量要求，实施补充免疫接种后仍然不符合免疫质量要求的，有关单位和个人应当按照国家有关规定处理。用于预防接种的疫苗应当符合国家质量标准。

3. 动物疫病强制免疫的实施与监督　　县级以上地方人民政府农业农村主管部门负责组织实施动物疫病强制免疫计划，并对饲养动物的单位和个人履行强制免疫义务的情况进行监督检查；定期对本行政区域的强制免疫计划实施情况和效果进行评估，并向社会公布评估结果。

乡级人民政府、街道办事处组织本辖区饲养动物的单位和个人做好强制免疫，协助做好监督、检查工作；村民委员会、居民委员会协助做好相关工作。

（三）动物疫病监测与疫情预警

1. 动物疫病监测与疫情预警制度　　《动物防疫法》将动物疫病监测和疫情预警确立为一项国家制度，即国家实行动物疫病监测和疫情预警制度。县级以上人民政府建立健全动物疫情监测网络，加强动物疫情监测。

农业农村部会同国务院有关部门制定国家动物疫病监测计划。比如，2021 年 4 月 13 日，农业农村部发布了《国家动物疫病监测与流行病学调查计划（2021—2025 年）》（农牧发〔2021〕11 号），明确了组织开展全国非洲猪瘟、口蹄疫、高致病性禽流感、布鲁氏菌病、马鼻疽和马传染性贫血等优先防治病种及非洲马瘟等重点外来动物疫病的监测和流行病学调查工作的基本原则、职责分工和组织实施计划方案。

省、自治区、直辖市人民政府农业农村主管部门根据国家动物疫病监测计划，制定本行政区域的动物疫病监测计划。

动物疫病预防控制机构按照农业农村部的规定和动物疫病监测计划，对动物疫病的发生、流行等情况进行监测；从事动物饲养、屠宰、经营、隔离、运输，以及动物产品生产、经营、加工、贮藏、无害化处理等活动的单位和个人不得拒绝或者阻碍。

农业农村部和省、自治区、直辖市人民政府农业农村主管部门应当根据对动物疫病发生、流行趋势的预测，及时发出动物疫情预警。地方各级人民政府接到动物疫情预警后，应当采取相应的预防、控制措施。

2. 边境动物疫情监测与预警　　陆路边境省、自治区人民政府根据动物疫病防控需要，合理设置动物疫病监测站点，健全监测工作机制，防范境外动物疫病传入。

科技、海关等部门按照《动物防疫法》和有关法律法规的规定做好动物疫病监测预警工作，并定期与农业农村主管部门互通情况，紧急情况及时通报。

3. 野生动物疫情监测与预警　　县级以上人民政府应当完善野生动物疫源疫病监测体系和工作机制，根据需要合理布局监测站点；野生动物保护、农业农村主管部门按照职责分工做好野生动物疫源疫病监测等工作，并定期互通情况，紧急情况及时通报。

（四）动物疫病区域化管理

1. 动物疫病区域化管理的规定　　国家支持地方建立无规定动物疫病区，鼓励动物饲养场建设无规定动物疫病生物安全隔离区。对符合农业农村部规定标准的无规定动物疫病区和无规定动物疫病生物安全隔离区，农业农村部验收合格予以公布，并对其维持情况进行监督检查。

省、自治区、直辖市人民政府制定并组织实施本行政区域的无规定动物疫病区建设方案。农业农村部指导跨省、自治区、直辖市无规定动物疫病区建设。

2. 无规定动物疫病区、生物安全隔离区的建设

1）无规定动物疫病区　　无规定动物疫病区，简称无疫区，是指具有天然屏障或者采取人工措施，在一定期限内没有发生规定的一种或者几种动物疫病，并经验收合格的区域。无疫区分为免疫无疫区和非免疫无疫区。无规定动物疫病区应当符合农业农村部规定的标准，经农业农村部验收合格后予以公布。

无疫区建设的主体是省、自治区和直辖市人民政府农业农村主管部门，包括制定无疫区建设方案，确定建设范围和建设病种，组织实施无疫区建设、管理和评估工作。对于跨省、自治区和直辖市建设的无疫区，由农业农村部进行顶层设计和指导建设。关于无疫区的建设区域，根据《无规定动物疫病区管理技术规范》（农医发〔2016〕45 号）和《无规定动物疫病区评估管理办法》（农业部令2017 年第 2 号）的规定，由所在地省级农业农村主管部门依据地理、法律或人工屏障划定区域范围和界限，并向社会公布。区域应当集中连片，具有一定的规模和范围，可以是省、自治区、直辖市的部分或全部区域，也可以是毗邻省的连片区域。

2）无规定动物疫病生物安全隔离区　　无规定动物疫病生物安全隔离区，简称生物安全隔离区或无疫小区，是指处于同一生物安全管理体系下，由在一定期限内没有发生规定的一种或几种动物疫病的若干动物饲养场及其辅助生产场所构成的，并经验收合格的特定小型区域。

无规定动物疫病生物安全隔离区的建设主体是养殖企业。养殖企业依据《无规定动物疫病小区评估管理办法》（农业农村部公告第 242 号）和《无规定动物疫病小区管理技术规范》（农办牧〔2019〕86 号）等的规定，开展生物安全隔离区建设，将动物饲养场及相关辅助生产场所纳入统一的生物安全管理体系。

3. 无规定动物疫病区、生物安全隔离区的验收工作　　开展无规定动物疫病区和生物安全隔离区建设工作，达到无疫标准的，可以申请验收。农业农村部负责无规定动物疫病区和生物安全隔离区的验收工作，制定发布《无规定动物疫病区管理技术规范》《无规定动物疫病小区管理技术规范》和无规定动物疫病区评估细则，组织实施验收工作，向社会公布验收合格的无疫区、无疫小区信息。全国动物卫生风险评估专家委员会具体承担无疫区、无疫小区验收中的技术工作。

4. 无规定动物疫病区、生物安全隔离区的监督检查　　农业农村部对无疫区和无疫小区的维持情况开展监督检查，发现问题的，通知建设主体整改，问题严重的，可以暂停或撤销资格。按照动物防疫属地管理原则，县级以上地方人民政府农业农村主管部门负责本辖区内无疫小区的日常监管。

5. 分区防控　　农业农村部根据行政区划、养殖屠宰产业布局、风险评估情况等对动物疫病实施分区防控，可以采取禁止或者限制特定动物、动物产品跨区域调运等措施。

　　分区防控是动物疫病区域化管理的重要形式,对降低疫情跨区域传播风险具有关键作用。国家通过实施分区防控,对防控非洲猪瘟等重大动物疫病积累了丰富的经验。《动物防疫法》明确了动物疫病分区防控制度,为更好地实施区域化防控动物疫情提供了法律保障。农业农村部 2021 年 4 月 16 日发布了《非洲猪瘟等重大动物疫病分区防控工作方案(试行)》,将全国分为北部(京津冀晋蒙辽吉黑)、东部(沪苏浙皖鲁豫)、中南(闽赣湘粤桂琼)、西南(鄂渝川贵云藏)、西北(陕甘青宁新)5 个大区,试行大区联防联控,结合无疫区、生物安全隔离区、动物疫病净化场建设,形成了多层次的动物疫病区域化管理新格局。

（五）动物疫病的净化与消灭

　　1. 动物疫病净化与消灭的规定　　农业农村部制定并组织实施动物疫病净化、消灭规划。

　　县级以上地方人民政府根据动物疫病净化、消灭规划,制定并组织实施本行政区域的动物疫病净化、消灭计划。

　　动物疫病预防控制机构按照动物疫病净化、消灭规划、计划,开展动物疫病净化技术指导、培训,对动物疫病净化效果进行监测、评估。

　　国家推进动物疫病净化,鼓励和支持饲养动物的单位和个人开展动物疫病净化。饲养动物的单位和个人达到农业农村部规定的净化标准的,由省级以上人民政府农业农村主管部门予以公布。

　　2. 农业农村部的相关职责　　农业农村部负责全国动物疫病净化、消灭工作,制定国家动物疫病净化、消灭规划,有计划地控制、净化、消灭严重危害畜牧业生产和人民群众健康安全的动物疫病,并根据全国畜牧业发展状况、动物疫病控制和净化情况、动物及动物产品调运监管情况等,适时制定并启动全国单病种消灭规划。2015~2017 年,农业部制定了《全国小反刍兽疫消灭计划(2016—2020 年)》《国家动物狂犬病防治计划(2017—2020 年)》《国家牛海绵状脑病风险防范指导意见》,以及国家对口蹄疫、高致病性禽流感、猪瘟、高致病性猪蓝耳病、新城疫、奶牛结核病等单项病的防治指导意见。2021 年 10 月 7 日,农业农村部发布了《农业农村部关于推进动物疫病净化工作的意见》(农牧发〔2021〕29 号),明确了我国动物疫病净化工作的指导思想、主要目标、基本原则及主要任务。

　　农业农村部统一制定动物疫病净化评估标准、评估程序,公布全国净化场(区)信息,组织国家核心育种场(站)评估,定期向社会公布动物疫病净化结果。中国动物疫病预防控制中心协助农业农村部制定国家动物疫病净化和消灭规划,以及动物疫病净化评估标准和程序,负责动物疫病净化工作技术指导,组织开展净化技术集成示范、国家核心育种场评估等工作。比如,中国动物疫病预防控制中心于 2021 年制定了《动物疫病净化场评估管理指南》《动物疫病净化场评估技术规范》,并于 2023 年进行了修订。2021 年 12 月 24 日,农业农村部农办牧〔2021〕51 号文件公布了 55 个养殖场为第一批国家级动物疫病净化场;2022 年 11 月 3 日,农业农村部农办牧〔2022〕29 号文件公布了 72 个养殖场为第二批国家级动物疫病净化场。

　　3. 县级以上地方人民政府的相关职责　　县级以上地方人民政府根据国家动物疫病净化、消灭规划,结合本地区地域特征、畜禽养殖及其管理水平、疫病发生和流行现状、畜禽流通管控措施和能力等情况,制定本行政区域的动物疫病净化计划,确定净化的病种和范围,选择切实可行的疫病净化技术和管理措施,合理制定净化路线。兼顾检疫监管、无害化处理、应急处置等综合措施,分阶段从"种、场、区"推进,实施分层、分类净化。根据动物疫病净化状况，适时制定并启动本地区单病种消灭计划。同时为疫病净化提供技术和经费等保障。

县级以上地方人民政府农业农村主管部门根据本地区动物疫病净化、消灭计划，具体负责组织实施，结合工作实际，制定实施净化工作方案和技术指导方案。并且负责组织开展本地区种畜禽场和规模化养殖场动物疫病净化评估，及时对外公布评估结果，并做好后续动态监管。

4. 动物疫病预防控制机构的相关职责　　各级动物疫病预防控制机构在动物疫病净化、消灭方面的主要工作：①协助本地区农业农村主管部门制定动物疫病净化、消灭计划，制定具体的净化、消灭路线和实施方案，并且定期对动物疫病净化效果进行监测和评估；②开展动物疫病净化技术的研究、集成和试点，研究提出净化相关技术标准和规范；③为参与净化的动物饲养场及相关机构的人员提供技术咨询、培训和服务。

5. 鼓励支持饲养动物的单位和个人开展动物疫病净化　　国家鼓励饲养动物的单位和个人开展动物疫病净化，根据动物种类、养殖模式、饲养用途和疫病状况，制定适合本饲养场的动物疫病净化方案，实行"一场一方案""一病一策略"，分病种、分阶段开展动物疫病净化工作。饲养动物的单位和个人开展净化的，可以申请动物疫病净化效果监测和评估，达到农业农村部规定标准的，由省级以上人民政府农村主管部门予以公布。

（六）动物防疫条件审查和管理

1. 动物防疫条件的有关规定

1)《动物防疫法》的有关规定　　动物饲养场和隔离场所、动物屠宰加工场所以及动物和动物产品无害化处理场所，应当符合下列动物防疫条件。

（1）场所的位置与居民生活区、生活饮用水水源地、学校、医院等公共场所的距离符合国务院农业农村主管部门的规定；

（2）生产经营区域封闭隔离，工程设计和有关流程符合动物防疫要求；

（3）有与其规模相适应的污水、污物处理设施，病死动物、病害动物产品无害化处理设施设备或者冷藏冷冻设施设备，以及清洗消毒设施设备；

（4）有与其规模相适应的执业兽医或者动物防疫技术人员；

（5）有完善的隔离消毒、购销台账、日常巡查等动物防疫制度；

（6）具备农业农村部规定的其他动物防疫条件。

动物和动物产品无害化处理场所除应当符合前款规定的条件外，还应当具有病原检测设备、检测能力和符合动物防疫要求的专用运输车辆。

经营动物、动物产品的集贸市场应当具备农业农村部规定的动物防疫条件，并接受农业农村主管部门的监督检查。县级以上地方人民政府应当根据本地情况，决定在城市特定区域禁止家畜家禽活体交易。

2)《动物防疫条件审查办法》（农业农村部令2022年第8号）的具体规定

（1）动物饲养场、动物隔离场所、动物屠宰加工场所以及动物和动物产品无害化处理场所，应当符合如下动物防疫基本规定：①各场所之间，各场所与动物诊疗场所、居民生活区、生活饮用水水源地、学校、医院等公共场所之间保持必要的距离。②场区周围建有围墙等隔离设施；场区出入口处设置运输车辆消毒通道或者消毒池，并单独设置人员消毒通道；生产经营区与生活办公区分开，并有隔离设施；生产经营区入口处设置人员更衣消毒室。③配备与其生产经营规模相适应的执业兽医或者动物防疫技术人员。④配备与其生产经营规模相适应的污水、污物处理设施，清洗消毒设施设备，以及必要的防鼠、防鸟、防虫设施设备。⑤建立隔离消毒、购销台账、日常巡查等动物防疫制度。

（2）动物饲养场应符合的除上述5条动物防疫基本规定外的其他条件：①设置配备疫苗冷藏冷冻设备、消毒和诊疗等防疫设备的兽医室。②生产区清洁道、污染道分设；具有相对独立的动物隔离舍。③配备符合国家规定的病死动物和病害动物产品无害化处理设施设备或者冷藏冷冻等暂存设施设备。④建立免疫、用药、检疫申报、疫情报告、无害化处理、畜禽标识及养殖档案管理等动物防疫制度。

禽类饲养场内的孵化间与养殖区之间应当设置隔离设施，并配备种蛋熏蒸消毒设施，孵化间的流程应当单向，不得交叉或者回流。

种畜禽场除上述规定外，还应当有国家规定的动物疫病的净化制度；有动物精液、卵、胚胎采集等生产需要的，应当设置独立的区域。

（3）动物隔离场所应符合的除上述5条动物防疫基本规定外的其他条件：①饲养区内设置配备疫苗冷藏冷冻设备、消毒和诊疗等防疫设备的兽医室。②饲养区内清洁道、污染道分设。③配备符合国家规定的病死动物和病害动物产品无害化处理设施设备或者冷藏冷冻等暂存设施设备。④建立动物进出登记、免疫、用药、疫情报告、无害化处理等动物防疫制度。

（4）动物屠宰加工场所应符合的除上述5条动物防疫基本规定外的其他条件：①入场动物卸载区域有固定的车辆消毒场地，并配备车辆清洗消毒设备。②有与其屠宰规模相适应的独立检疫室和休息室；有待宰圈、急宰间，加工原毛、生皮、绒、骨、角的，还应当设置封闭式熏蒸消毒间。③屠宰间配备检疫操作台。④有符合国家规定的病死动物和病害动物产品无害化处理设施设备或者冷藏冷冻等暂存设施设备。⑤建立动物进场查验登记、动物产品出场登记、检疫申报、疫情报告、无害化处理等动物防疫制度。

（5）动物和动物产品无害化处理场所应符合的除上述5条动物防疫基本规定外的其他条件：①无害化处理区内设置无害化处理间、冷库。②配备与其处理规模相适应的病死动物和病害动物产品的无害化处理设施设备，符合农业农村部规定条件的专用运输车辆，以及相关病原检测设备，或者委托有资质的单位开展检测。③建立病死动物和病害动物产品入场登记、无害化处理记录、病原检测、处理产物流向登记、人员防护等动物防疫制度。

（6）经营动物和动物产品的集贸市场应当符合的动物防疫条件：①场内设管理区、交易区和废弃物处理区，且各区相对独立。②动物交易区与动物产品交易区相对隔离，动物交易区内不同种类动物交易场所相对独立。③配备与其经营规模相适应的污水、污物处理设施和清洗消毒设施设备。④建立定期休市、清洗消毒等动物防疫制度。

经营动物的集贸市场，除符合上述规定外，周围应当建有隔离设施，运输动物车辆出入口处设置消毒通道或者消毒池。

活禽交易市场，除符合上述规定外，还应当符合如下条件：①活禽销售应单独分区，有独立出入口；市场内水禽与其他家禽应相对隔离；活禽宰杀间应相对封闭，宰杀间、销售区域、消费者之间应实施物理隔离。②配备通风、无害化处理等设施设备，设置排污通道。③建立日常监测、从业人员卫生防护、突发事件应急处置等动物防疫制度。

2. 动物防疫条件审查制度　　开办动物饲养场和隔离场所、动物屠宰加工场所，以及动物和动物产品无害化处理场所，应当向县级以上地方人民政府农业农村主管部门提出申请，并附具相关材料。受理申请的农业农村主管部门应当依照《动物防疫法》和《行政许可法》的规定进行审查。经审查合格的，发给"动物防疫条件合格证"；不合格的，应当通知申请人并说明理由。

"动物防疫条件合格证"应当载明申请人的名称（姓名）、场（厂）址、动物（动物产品）种类等事项。

3. 种用、乳用动物的防疫要求和规定　　种用动物应当符合《种用动物健康标准》（农业农村部公告第 574 号），乳用动物应当符合《乳用动物健康标准》（农业部公告第 1137 号）。饲养种用、乳用动物的单位和个人，应当按照农业农村部的要求，定期开展动物疫病检测；检测不合格的，应当按照国家有关规定处理。

4. 运载工具及相关物品的动物防疫要求和规定　　动物、动物产品的运载工具、垫料、包装物、容器等应当符合农业农村部规定的动物防疫要求。染疫动物及其排泄物、染疫动物产品，运载工具中的动物排泄物，以及垫料、包装物、容器等被污染的物品，应当按照国家有关规定处理，不得随意处置。

（七）动物疫病预防过程中的禁止性规定

1. 生产、经营动物及动物产品的禁止性规定　　禁止屠宰、经营、运输下列动物和生产、经营、加工、贮藏、运输下列动物产品。

（1）封锁疫区内与所发生动物疫病有关的动物和动物产品，如患病动物的同群、同类动物，以及与患病动物能够发生相互感染的其他种类的动物和这些动物的产品等。

（2）疫区内易被所发生疫病的病原微生物感染的动物和动物产品。由于动物疫病一般存在潜伏期，这类动物、动物产品携带或可能携带病原微生物，且受检验检测手段制约，无法全面排除其传播疫病风险，如果进入流通环节极易造成疫病流行，给养殖业生产及人体健康带来危害。

（3）依法应当检疫而未经检疫或者检疫不合格的动物和动物产品。未经检疫的动物，以及头、蹄、毛、皮、肉、内脏、血液、脂等动物产品，可能传播病原，如果这些动物和动物产品进入流通环节，可能造成疫病流行并危害人体健康。检疫不合格的动物、动物产品存在较大风险，必须按照有关技术规范要求进行无害化处理，不得经营和加工利用。

（4）染疫或者疑似染疫的动物和动物产品。感染了一类、二类动物疫病病原体，以及三类动物疫病呈现临床症状时的动物及动物产品，是造成动物疫病传播的主要载体，对需要进行扑杀销毁的染疫动物、动物产品及相关物品，应当按照《病死及病害动物无害化处理技术规范》处理，严禁用于生产经营。

（5）病死或者死因不明的动物。染疫死亡、因病死亡的动物，以及非正常屠宰死亡，难以确定其死亡原因的动物，需要按照《病死畜禽和病害畜禽产品无害化处理管理办法》《病死及病害动物无害化处理技术规范》处理，严禁用于生产经营。

因实施集中无害化处理需要暂存、运输等的动物和动物产品，不在上述禁止范围内。但在动物、动物产品暂存、运输过程中，必须按照国家规定采取必要的防疫措施，防止动物疫病传播、扩散。

2. 患有人畜共患传染病人员的从业限制　　人畜共患传染病种类较多，有的可以由动物传给动物和人，有的可以由人传给动物。在传播途径上，部分人畜共患传染病病原可以由患病人员传染到动物产品后进一步传播给人。患人畜共患传染病的人员如果从事相关职业，容易将疫病传染给动物、动物产品，造成人与动物交叉感染。因此，《动物防疫法》规定，患有人畜共患传染病的人员不得直接从事动物疫病监测、检测、检验检疫、诊疗以及易感染动物的饲养、屠宰、经营、隔离、运输等活动。

根据《动物防疫法》的规定，人畜共患传染病名录由国务院农业农村主管部门会同国务院卫生健康、野生动物保护等主管部门制定并公布。2022 年 6 月 23 日，农业农村部公告第 571 号发布了《人畜共患传染病名录》，列出 24 种重要的人畜共患传染病：牛海绵状脑病、高致病性禽流感、狂犬病、炭疽、布鲁氏菌病、弓形虫病、棘球蚴病、钩端螺旋体病、沙门氏菌病、牛结核病、日本血吸虫病、日本脑炎（流行性乙型脑炎）、猪链球菌Ⅱ型感染、旋毛虫病、囊尾蚴病、马鼻疽、李氏杆菌病、类鼻疽、片形吸虫病、鹦鹉热、Q 热、利什曼原虫病、尼帕病毒性脑炎、华支睾吸虫病。

（八）犬猫的防疫管理

1. 饲养单位和个人的职责　　单位和个人饲养犬只，应当按照规定定期免疫接种狂犬病疫苗，凭动物诊疗机构出具的免疫证明向所在地养犬登记机关申请登记。携带犬只出户的，应当按照规定佩戴犬牌并采取系犬绳等措施，防止犬只伤人、疫病传播。

2. 流浪犬、猫的防控管理　　街道办事处、乡级人民政府组织协调居民委员会、村民委员会，做好本辖区流浪犬、猫的控制和处置，防止疫病传播。

3. 农村地区饲养犬只的防控管理　　县级人民政府和乡级人民政府、街道办事处应当结合本地实际，做好农村地区饲养犬只的防疫管理工作。饲养犬只防疫管理的具体办法，由省、自治区、直辖市制定。

第三节　动物疫情的报告、认定、通报和公布法律制度

动物疫情是动物疫病发生、发展或流行的情况。而重大动物疫情是指一、二、三类动物疫病突然发生、迅速传播，给养殖业生产安全造成严重威胁、危害，以及可能对公众身体健康与生命安全造成危害的情形。《动物防疫法》对动物疫情报告、认定、通报和公布等作出了明确规定。

一、动物疫情的报告

（一）动物疫情报告的义务主体

动物疫情报告的义务主体既包括饲养、屠宰、经营、隔离、运输、诊疗的社会从业者，又包括从事动物疫病监测、检测、检验检疫的动物疫病预防控制机构、动物卫生监督机构、海关、野生动物保护管理机构，还包括从事动物疫病研究的科研院校。此外，其他单位和个人发现动物疫情或者疑似染疫的，也应当及时报告。

任何单位和个人不得瞒报、谎报、迟报、漏报动物疫情，不得授意他人瞒报、谎报、迟报动物疫情，不得阻碍他人报告动物疫情。

报告动物疫情，可以采用电话、网络、现场等多种方式。

（二）动物疫情报告的接受主体

接受动物疫情报告的主体为疫病发生所在地的农业农村主管部门和动物疫病预防控制机构。

（三）动物疫情报告期间应当采取的控制措施

动物疫情具有易传播、易扩散的特点，因此动物疫情报告期间应当采取相应的控制措施。

1. 报告疫情的义务主体应当采取的措施　　报告疫情的义务主体向有关部门报告动物疫情的同时，应当迅速将染疫或者疑似染疫的动物与其他动物隔离，对有关场所和设施设备进行消毒，不得出售、转移该场所动物及动物产品。此外，应妥善保存病死动物，以便动物疫病预防控制机构进行检测诊断。

2. 接收疫情报告的主体应当采取的措施　　农业农村主管部门或者动物疫病预防控制机构在接到动物疫情报告后，应当立即组织动物防疫技术人员赶赴现场，对疫情发生发展情况进行调查和评估，迅速按有关规定采取必要的行政和技术控制处理措施，监督指导相关从业者落实染疫和疑似染疫动物隔离工作，暂停动物及动物产品移动，做好场所环境消毒，对病死动物和垫料等进行无害化处理，防止动物疫情扩散，并及时按国家规定的程序上报。如果属于疑似重大动物疫情，应当立即报请县级以上人民政府迅速采取更加严格的应急处置措施，把疫情控制在最小范围，尽可能降低疫情传播的风险。

（四）农业农村部关于动物疫情报告的有关要求

1. 职责分工　　农业农村部主管全国动物疫情报告、通报和公布工作。

县级以上地方人民政府农业农村主管部门主管本行政区域内的动物疫情报告和通报工作。

中国动物疫病预防控制中心及县级以上地方人民政府建立的动物疫病预防控制机构，承担动物疫情信息的收集、分析预警和报告工作。

中国动物卫生与流行病学中心负责收集境外动物疫情信息，开展动物疫病预警分析工作。

国家兽医参考实验室和专业实验室承担相关动物疫病的确诊、分析和报告等工作。

2. 疫情报告　　根据《农业农村部关于做好动物疫情报告等有关工作的通知》（2018年6月15日农医发〔2018〕22号），我国动物疫情报告实行快报、月报和年报三种形式。

1）快报　　有下列情形之一，应当进行快报：①发生口蹄疫、高致病性禽流感、小反刍兽疫等重大动物疫情；②发生新发动物疫病或新传入动物疫病；③无规定动物疫病区、无规定动物疫病小区发生规定动物疫病；④二、三类动物疫病呈暴发流行；⑤动物疫病的寄主范围、致病性及病原学特征等发生重大变化；⑥动物发生不明原因急性发病、大量死亡；⑦农业农村部规定需要快报的其他情形。

符合快报规定情形，县级动物疫病预防控制机构应当在2小时内将情况逐级报至省级动物疫病预防控制机构，并同时报所在地人民政府农业农村主管部门。省级动物疫病预防控制机构应当在接到报告后1小时内，报本级人民政府农业农村主管部门确认后报至中国动物疫病预防控制中心。中国动物疫病预防控制中心应当在接到报告后1小时内报至农业农村部畜牧兽医局。

快报应当包括基础信息、疫情概况、疫点情况、疫区及受威胁区情况、流行病学信息、控制措施、诊断方法及结果、疫点位置及经纬度、疫情处置进展及其他需要说明的信息等内容。

进行快报后,县级动物疫病预防控制机构应当每周进行后续报告;疫情被排除或解除封锁、撤销疫区,应当进行最终报告。后续报告和最终报告按快报程序上报。

2)月报和年报 县级以上地方动物疫病预防控制机构应当每月对本行政区域内动物疫情进行汇总,经同级人民政府农业农村主管部门审核后,在次月5日前通过动物疫情信息管理系统将上月汇总的动物疫情逐级上报至中国动物疫病预防控制中心。中国动物疫病预防控制中心应当在每月15日前将上月汇总分析结果报农业农村部畜牧兽医局。中国动物疫病预防控制中心应当于2月15日前将上年度汇总分析结果报农业农村部畜牧兽医局。

月报、年报包括动物种类、疫病名称、疫情县数、疫点数、疫区内易感动物存栏数、发病数、病死数、扑杀与无害化处理数、急宰数、紧急免疫数、治疗数等内容。

中国动物卫生与流行病学中心应当定期将境外动物疫情的汇总分析结果报农业农村部畜牧兽医局。国家兽医参考实验室和专业实验室在监测、病原研究等活动中,发现符合快报情形的,应当及时报至中国动物疫病预防控制中心,并抄送样品来源省份的省级动物疫病预防控制机构;国家兽医参考实验室、专业实验室和有关单位应当做好国内外期刊、相关数据库中有关我国动物疫情信息的收集、分析预警工作,发现符合快报情形的,应当及时报至中国动物疫病预防控制中心。中国动物疫病预防控制中心接到上述报告后,应当在1小时内报至农业农村部畜牧兽医局。

3. 疫病确诊 疑似发生口蹄疫、高致病性禽流感和小反刍兽疫等重大动物疫情的,由县级动物疫病预防控制机构负责采集或接收病料及其相关样品,并按要求将病料样品送至省级动物疫病预防控制机构。省级动物疫病预防控制机构应当按有关防治技术规范进行诊断,无法确诊的,应当将病料样品送相关国家兽医参考实验室进行确诊;能够确诊的,应当将病料样品送相关国家兽医参考实验室作进一步病原分析和研究。

疑似发生新发动物疫病或新传入动物疫病,动物发生不明原因急性发病、大量死亡,省级动物疫病预防控制机构无法确诊的,送中国动物疫病预防控制中心进行确诊,或者由中国动物疫病预防控制中心组织相关兽医实验室进行确诊。

二、动物疫情的认定

(一)动物疫情的认定主体

县级以上人民政府农业农村主管部门在进行科学诊断,并结合流行病学调查的基础上,对动物疫情进行认定;其中重大动物疫情由省级人民政府农业农村主管部门认定,必要时报农业农村部认定。目前,新发动物疫病、新传入动物疫病疫情及省级人民政府农业农村主管部门无法认定的动物疫情由农业农村部认定。

(二)动物疫情认定过程中应采取的措施

根据动物疫情认定情况,当地政府及农业农村主管部门可以采取封锁、隔离、扑杀、销毁、消毒、无害化处理、紧急免疫接种等措施。在重大动物疫情报告期间,所在地县级以上地方人民政府根据动物疫情情况,经评估认为有必要果断处置的,可以作出封锁决定,并对染疫动物及同群动物采取扑杀、销毁等措施。

三、动物疫情的通报

（一）国家实行动物疫情通报制度

建立动物疫情通报制度，有利于相关部门和相关区域政府、部门在第一时间掌握疫情信息。按照《国家突发重大动物疫情应急预案》等的规定，动物疫情发生地的县级以上地方人民政府和农业农村主管部门等，应迅速做好应急准备，及时采取防控措施，强化部门和区域间联防联控，确保重大动物疫情应急防控取得成效。

（二）农业农村部及时向有关部门通报重大动物疫情

农业农村部应当及时向国务院卫生健康等有关部门和军队有关部门通报重大动物疫情的发生和处置情况。

重大动物疫情应急处置是一项综合性的工作，需要在政府统一领导下，多个相关部门密切配合，才能力争最短时间内扑灭疫情。①相关部门包括防控人畜共患传染病的卫生健康部门，防控陆生野生动物疫病的林业和草原部门，负责进出境动物检疫的各级海关部门，处理涉外事宜的外交部门，以及饲养军犬、警犬等动物的有关部门。②多部门参与防控。例如，发展改革部门应将动物疫病防控列入有关长期规划及年度计划，财政部门应及时拨付所需资金，交通运输部门应配合农业农村部门设立消毒检查站、对活畜禽调运进行监管，公安部门负责实施疫区封锁、监督检查运输车辆、维护疫点疫区秩序，市场监管部门负责集贸市场管理。因此，国家和县级以上地方人民政府都成立了由多个部门参加的重大动物疫情防控指挥部以统一组织协调重大动物疫情防控和应急处置工作。农业农村部作为国家动物防疫工作的主管部门，应当及时向国务院有关部门、军队有关部门通报，做到信息通畅，便于各部门共同做好重大动物疫情应急处置工作。

（三）农业农村部及时向地方通报重大动物疫情

发生重大动物疫情后，农业农村部及时向各省、自治区、直辖市农业农村主管部门通报疫情，有利于统筹开展防控工作。一是疫情相关地区应配合做好疫情追踪溯源工作；二是各地可根据受威胁程度，确定是否需要采取紧急免疫等预防措施；三是各地可及时确定本行政区域防控政策；四是根据农业农村部的规定，相关省份可以对高风险区动物及动物产品调运采取管控措施。

（四）其他部门向农业农村部门通报动物疫情

海关发现进出境动物和动物产品有染疫或者疑似染疫的情况，应当及时按照规定处置，采取隔离、扑杀、无害化处理、消毒等措施，并及时向农业农村主管部门通报情况，便于农业农村主管部门及时掌握相关情况，采取有效措施，统筹做好国内动物疫病防控工作。

县级以上地方人民政府野生动物保护主管部门，发现野生动物染疫或者疑似染疫的，应当及时对死亡野生动物尸体进行无害化处理，对染疫和疑似染疫的野生动物采取隔离或设置围栏等限制移动措施，对可能被污染的场地、环境、水源等进行消毒，并及时向同级人民政府的农业农村主管部门通报相关情况，便于农业农村主管部门及时掌握相关情况，采取有效措施，做好畜禽疫病防控工作。

（五）动物疫情国际通报

动物疫病防控无国界。重大动物疫病传播快、危害大、影响面广，更需要各国通力合作、共同防控。各国动物疫情透明公开，既有利于分析动物疫病的全球流行规律，促进全球共同有效应对，也有利于有关国家及时采取禁止从相关国家进口动物及有关产品，加强入境检疫等防控措施，防止重大动物疫病跨境传播。

自 2007 年中国恢复在世界动物卫生组织合法权利以来，农业农村部作为代表中国开展动物疫情国际通报的唯一机构，始终秉持"及时、公开、透明"原则，及时发布国内动物疫情和防控工作进展，与国际社会积极分享防控经验，不断深化与有关国际组织和国家的合作交流。因此，发生重大动物疫情时，农业农村部依照我国缔结的或者参加的条约、协定的要求，履行重大动物疫情通报义务，及时向世界动物卫生组织等有关国际组织或者贸易方通报重大动物疫情的发生和处理情况。

（六）人畜共患传染病疫情通报

发生人畜共患传染病疫情时，县级以上人民政府农业农村主管部门与本级人民政府卫生健康、野生动物保护等主管部门应当及时相互通报。

发生人畜共患传染病时，卫生健康主管部门应当对疫区易感染的人群进行监测，并应当依照《传染病防治法》的规定及时公布疫情，采取相应的预防、控制措施。

狂犬病、牛结核病、布鲁氏菌病等人畜共患传染病，对人和动物均会造成较大危害，需要农业农村、卫生健康、野生动物保护等主管部门按照职责分工相互通报疫情，联防联控，密切配合，才能及时控制人畜共患传染病，保证动物和相关人员的健康安全。

四、动物疫情的公布

农业农村部负责向社会及时公布全国动物疫情，也可以根据需要授权省、自治区、直辖市人民政府农业农村主管部门公布本行政区域的动物疫情。其他任何单位和个人均不得擅自发布动物疫情，否则将承担相应的法律责任。

第四节 动物疫病的控制法律制度

《动物防疫法》对发生一类、二类、三类动物疫病，以及二类、三类动物疫情呈暴发性流行和发生重大动物疫情时应当采取的控制措施作出了明确规定。

一、发生一类动物疫病时的控制措施

（一）县级以上地方人民政府农业农村主管部门采取的措施

发生一类动物疫病时，所在地县级以上地方人民政府农业农村主管部门应当立即派人到现场，划定疫点、疫区、受威胁区，调查疫源，及时报请本级人民政府对疫区实行封锁。

1. 划定疫点、疫区和受威胁区　　划定疫点、疫区和受威胁区的范围，应当按照国务院及农业农村部印发的应急预案和实施方案，综合考虑不同动物疫病病种及其流行特点、危害程度等因素划定。

（1）疫点：疫点是指患病动物所在的地点。通常情况下，规模化养殖场以病畜禽所在的养殖场为疫点；散养场以病畜禽所在的相对独立的饲养场所或以自然村为疫点；放牧畜以病畜所在的牧场及其活动场地为疫点；在运输过程中发生疫病的，以运载病畜禽的车、船、飞机等为疫点；在市场发生疫病的，以病畜禽所在市场为疫点；在屠宰加工过程中发生疫病的，以该屠宰加工场所为疫点。

（2）疫区：疫区是指由疫点边缘向外延伸一定范围的区域。疫区划分时，应注意考虑所在地的人工屏障、天然屏障、周边养殖情况等因素。目前，高致病性禽流感和非洲猪瘟均是以疫点边缘向外延伸 3 千米的区域划为疫区。

（3）受威胁区：受威胁区是指由疫区边缘向外延伸一定范围的区域。也就是需要建立紧急免疫带或免疫屏障以防止动物疫病传播的区域。目前，高致病性禽流感受威胁区一般为从疫区边缘向外延伸 5 千米的区域；非洲猪瘟受威胁区一般为从疫区边缘向外延伸 10 千米（没有野猪活动的地区）或 50 千米（有野猪活动的地区）的区域。

2. 调查疫源　　发生一类动物疫病时，所在地县级以上地方人民政府农业农村主管部门应当立即派人到现场开展流行病学调查，调查所发生疫病的传染来源、传播方式及传播途径，为制定有效控制策略提供科学依据。

（二）县级以上地方人民政府采取的措施

发生一类动物疫病时，县级以上地方人民政府应当立即组织有关部门和单位采取封锁、隔离、扑杀、销毁、消毒、无害化处理、紧急免疫接种等强制性措施。

1. 封锁　　封锁是一种严厉的行政强制性措施，是切断传播途径的重要技术手段。

发生一类动物疫病时，由县级以上地方人民政府农业农村主管部门拟定封锁计划，并向本级人民政府提出报请，报请内容包括发生动物疫病的名称，封锁范围，封锁期间出入疫区的要求，扑杀、销毁的范围，以及封锁期间采取的其他措施及范围等。

接到封锁报请后，本级人民政府发布封锁令对疫区实行封锁；疫区范围涉及两个以上行政区域的，由有关行政区域共同的上一级人民政府对疫区实行封锁，或者由各有关行政区域的上一级人民政府共同对疫区实行封锁。必要时，上级人民政府可以责成下级人民政府对疫区实行封锁。

封锁期间，在有关场所张贴封锁令，在疫区周围设置警示标志；组织农业农村部门、公安部门、卫生健康部门及有关单位和人员实施管制；在出入疫区的所有路口设置临时检查消毒站。禁止染疫、疑似染疫和易感染的动物、动物产品流出疫区，禁止非疫区的易感染动物进入疫区，并根据需要对出入疫区的人员、运输工具及有关物品采取消毒和其他限制性措施。在必要情况下，还可采取关闭集贸市场等其他措施。

2. 隔离　　发生一类动物疫病时的隔离是指在疫区解除封锁前，禁止疫区内未被扑杀的易感染动物移动，不得与疫区外动物接触。隔离期间严禁无关人员、动物出入隔离场所，隔离场所的废弃物应当进行无害化处理，做好观察监测，加强保护措施。

3. 扑杀　　扑杀是指采取注射、窒息、电击等方法人为致死动物。扑杀的范围，依动物疫病种类的不同而异。通常情况下，对疫点内染疫动物、疑似染疫动物及易感染动物都要扑杀；对疫区内易感染动物根据风险评估和流行病学调查情况确定是否扑杀；受威胁区的易感染动物一般不扑杀，具备条件的应对所有易感染动物进行紧急强制免疫，建立完善的免疫档案，加强疫病监测和免疫效果监测。

4. 销毁　　销毁是指对染疫动物及相关的动物产品、排泄物、垫料、包装物、容器、污水等污染物品和饲料等投入品进行焚烧、深埋等措施，消灭或杀灭其中的病原体。销毁是消灭传染源、切断传播途径、防止动物疫病传播和蔓延的一项重要措施。销毁要严格按照《病死及病害动物无害化处理技术规范》进行，农业农村部门要加强对销毁实施过程的监督指导。

5. 消毒　　消毒是指用物理、化学、生物的方法杀灭或消除染疫动物及环境中的病原体。消毒是使用最广泛、最简便、最经济的控制动物疫病传播、消灭动物疫病的方法。

对疫点、疫区的消毒可分为封锁期间消毒和终末消毒。①封锁期间消毒是指发生一类动物疫病后到解除封锁期间，为了及时杀灭由传染源排出的病原体而进行的反复多次的消毒。消毒对象是所有与染疫动物、易感染动物接触过的动物圈舍、饲喂用具、场地和物品，以及动物的排泄物、分泌物、运输工具等。②终末消毒是在疫区解除封锁前对消毒对象进行的一次全面彻底的消毒。对受威胁区的消毒是预防性的，旨在杀灭可能存在的病原体。消毒中应做到消毒到位、不留死角、保证消毒次数；要注意选用有效的消毒药、适当的消毒浓度，先后使用的消毒药不能拮抗、中和，生物学消毒还要注意密封等。

6. 无害化处理　　无害化处理是指用物理、化学或生物学等方法处理染疫或疑似染疫的动物尸体、动物产品或其他物品，达到消灭传染源、阻止病原扩散的目的。目前，无害化处理主要使用焚烧、化制、高温等方法。

7. 紧急免疫接种　　紧急免疫接种是指发生动物疫病时进行的免疫接种。免疫接种的对象是疫区内未被扑杀的易感动物和受威胁区内的易感动物。其目的在于提高易感动物的免疫力，建立免疫屏障，防止动物疫病的传播和蔓延。

（三）疫点、疫区、受威胁区的撤销和疫区封锁的解除

疫点、疫区、受威胁区的划定和疫区的封锁，是控制动物疫情的关键措施，但会对养殖业生产、动物及动物产品流通贸易、经济社会稳定、人民生活等带来一定的影响。当封锁期结束或一个以上潜伏观察期结束，未再发现该动物疫病新病例时，划定疫点、疫区和受威胁区的农业农村主管部门应当按照农业农村部规定的标准和程序对动物疫情的控制情况进行评估，如果已达到农业农村部规定的控制标准，应宣布撤销疫点、疫区和受威胁区。如果疫区封锁的，同时报请本级人民政府解除疫区封锁，由发布封锁令的人民政府决定解除疫区封锁的，还应当向社会宣布。

二、发生二类动物疫病时的控制措施

（一）县级以上地方人民政府农业农村主管部门采取的措施

发生二类动物疫病时，所在地县级以上地方人民政府农业农村主管部门应当划定疫点、疫区、受威胁区，并报告给本级地方人民政府。

（二）县级以上地方人民政府采取的措施

接到报告的县级以上地方人民政府，应当根据发病和死亡情况、流行趋势、危害程度等，决定组织农业农村部门、公安部门、卫生健康部门或其他有关单位和人员，对疫点、疫区和受威胁区的染疫动物及同群动物、疑似染疫动物、易感动物采取隔离、扑杀、销毁、无害化处理、紧急免疫接种、限制易感染动物和动物产品及有关物品出入等控制措施。

对二类动物疫病，一般不采取封锁疫区措施，但二类动物疫病呈暴发流行时除外。对感染二类动物疫病的动物，一般也不采取扑杀措施，但是对农业农村部规定扑杀的除外。发生二类动物疫病时的隔离，是将未被扑杀的染疫动物、疑似染疫动物及其同群动物与其他动物分隔开，在相对独立的封闭场所进行饲养，并按照农业农村部发布的防治技术规范进行观察，必要时实施免疫接种，防止疫病扩散。

（三）二类动物疫病呈暴发性流行时，按照一类动物疫病处理

动物疫病呈暴发性流行，是指该动物疫病在较短时间内、在一定区域范围流行或者导致较多动物患病或死亡。此时如不采取严厉措施加以控制扑灭，很可能迅速扩散蔓延，对养殖业生产和人体健康造成重大损失和危害。因此，《动物防疫法》规定二类动物疫病呈暴发性流行时，按照一类动物疫病处理。

三、发生三类动物疫病时的控制措施

三类动物疫病通常仅在一定程度上造成经济损失和社会影响，所在地县级、乡级人民政府应当按照农业农村部 2022 年 6 月 23 日发布的《三类动物疫病防治规范》（农牧发〔2022〕19号）的规定，组织动物养殖场户进行防治。

（1）从事动物饲养、屠宰、经营、隔离、运输等活动的单位和个人发现动物患病或疑似患病时，应当立即向所在地农业农村主管部门或者动物疫病预防控制机构报告，并迅速采取消毒、隔离、控制移动、治疗等控制措施，防止动物疫情扩散。对于不能治疗或治疗费用较高而失去经济价值的染疫动物，可采取扑杀、销毁等措施。其他单位和个人发现动物患病或疑似患病时，应当及时报告。

（2）执业兽医、乡村兽医，以及从事动物疫病检测、检验检疫、诊疗等活动的单位和个人在开展动物疫病诊断、检测过程中发现动物患病或疑似患病时，应及时将动物疫病发生情况向所在地农业农村主管部门或者动物疫病预防控制机构报告。

（3）三类动物疫病发病率、死亡率、传播速度出现异常升高等情况，或呈暴发性流行时，按照一类动物疫病处理。

四、疫区内的动物卫生行为准则

（一）疫区内有关单位和个人应当遵守有关控制、扑灭动物疫病的规定

动物疫病一旦发生，对养殖业发展和人体健康均会造成危害，并造成重大经济损失。为确保将动物疫病迅速控制在最小范围内，严防动物疫病传播扩散，县级以上人民政府及其农业农村主管部门必须依法制定封锁、隔离、消毒、扑杀、销毁、紧急免疫等疫病控制措施，疫区内

有关单位和个人应当严格遵守。当事人如果不按相关规定认真履行义务，积极支持配合，将承担相应的法律责任。《动物防疫法》规定，不遵守县级以上地方人民政府及其农业农村主管部门依法作出的有关控制动物疫病规定的，由县级以上地方人民政府农业农村主管部门责令改正，处三千元以上三万元以下罚款。

（二）任何单位和个人不得藏匿、转移、盗掘已被依法隔离、封存、处理的动物和动物产品

藏匿是指将有关动物、动物产品在原场所隐藏起来，以逃避依法采取的处理措施；转移是指将有关动物、动物产品移至他处，以逃避依法采取的处理措施；盗掘是指将部分或全部已被扑杀、深埋的动物、动物产品挖掘盗走。在动物疫病控制过程中，一些单位和个人藏匿、转移已被依法隔离、封存的动物和动物产品，甚至盗掘已深埋的病死或扑杀的畜禽，严重影响动物疫病防控效果，甚至危害公共卫生安全的，应受到严厉的法律制裁。《动物防疫法》规定，藏匿、转移、盗掘已被依法隔离、封存、处理的动物和动物产品的，由县级以上地方人民政府农业农村主管部门责令改正，处三千元以上三万元以下罚款。

五、发生动物疫情时运输部门的职责

发生动物疫情时，航空、铁路、道路、水路等运输企业应当优先组织运送防疫人员和物资，以保证动物防疫人员和物资及时到达疫区，以便有效防控动物疫病。

第五节　动物和动物产品的检疫法律制度

动物、动物产品检疫，是指动物卫生监督机构根据行政相对人的申请，依照《动物防疫法》和农业农村部的规定，对动物的健康状况和传染病感染情况、动物产品的安全情况进行确认，并根据确认结果作出行政许可决定的行为。动物卫生监督机构对动物、动物产品依法实施检疫，是代表国家的行政行为，以国家强制力为后盾，行政相对人未经检疫许可从事相关活动将承担相应的法律责任。

《动物防疫法》对动物和动物产品检疫实施主体、检疫程序、野生动物检疫、动物和动物产品运输、指定通道运输、输入到无规定动物疫病区动物和动物产品的检疫、跨省引进乳用和种用动物的检疫隔离，以及经检疫不合格的动物、动物产品的处理等作出了明确规定。

一、动物和动物产品检疫的组织管理

（一）农业农村主管部门是国内动物、动物产品检疫的主管部门

农业农村部主管全国动物检疫工作，负责制定、调整并公布检疫规程，明确动物检疫的范围、对象和程序。比如，2022 年 9 月 7 日农业农村部令 2022 年第 7 号公布了《动物检疫管理办法》，为动物、动物产品检疫工作的实施提供指导；2023 年 4 月 1 日，农业农村部发布了修订的《生猪产地检疫规程》等 19 个检疫规程（其中产地检疫规程 14 个，屠宰检疫规程 5个）和制定的《马属动物屠宰检疫规程》《鹿屠宰检疫规程》《动物和动物产品补检规程》（农

牧发〔2023〕16 号），明确了检疫范围、对象和程序。

县级以上地方人民政府农业农村主管部门主管本行政区域内的动物检疫工作，负责动物检疫监督管理工作。可以根据动物检疫工作需要，向乡、镇或者特定区域派驻动物卫生监督机构或者官方兽医。

县级以上人民政府建立的动物疫病预防控制机构应当为动物检疫及其监督管理工作提供技术支撑。动物卫生监督机构在动物、动物产品检疫过程中常常涉及疫病诊断等技术性问题，常常需要动物疫病预防控制机构提供支撑；动物疫病预防控制机构的疫病监测数据和动态分析也将为动物卫生监督机构的检疫实施提供参考。

（二）动物卫生监督机构是国内动物、动物产品检疫的行政主体

《动物防疫法》《动物检疫管理办法》明确规定了动物卫生监督机构按照有关法律法规和检疫规程对本行政区域内动物和动物产品实施检疫的主体地位。此规定具有排他性，动物卫生监督机构是唯一的国内动物、动物产品检疫行政主体。其他任何公民、法人和组织都无权对动物和动物产品实施检疫出证。当前，我国省、市、县三级动物卫生监督机构正在逐步进行调整，各地承担动物检疫职能的机构类型和名称多样，但只要是地方机构编制部门批准设立的承担动物和动物产品检疫职能的机构，都应当属于《动物防疫法》所规定的动物卫生监督机构。

此处所述动物、动物产品检疫不包括进出境动物、动物产品检疫，进出境动物、动物产品的检疫由海关部门负责实施，适用《进出境动植物检疫法》。

（三）动物卫生监督机构的官方兽医具体实施国内动物、动物产品检疫

1. 官方兽医实施动物、动物产品检疫的法律授权　　《动物防疫法》《动物检疫管理办法》明确规定动物卫生监督机构的官方兽医具体负责实施动物、动物产品检疫及出具动物检疫证明、加施检疫标志，并对检疫结论负责。

2. 官方兽医应当符合的条件

（1）动物卫生监督机构的在编人员，或者接受动物卫生监督机构业务指导的其他机构在编人员。

（2）从事动物检疫工作。

（3）具有畜牧兽医水产初级以上职称或者相关专业大专以上学历，或者从事动物防疫等相关工作满三年以上。

（4）接受岗前培训，并经考核合格。

（5）符合农业农村部规定的其他条件。

3. 官方兽医任命程序　　国家实行官方兽医任命制度。县级以上动物卫生监督机构提出官方兽医任命建议，报同级农业农村主管部门审核。审核通过的，由省级农业农村主管部门按程序确认、统一编号，并报农业农村部备案。经省级农业农村主管部门确认的官方兽医，由其所在的农业农村主管部门任命，颁发官方兽医证，公布人员名单。官方兽医证的格式由农业农村部统一规定。官方兽医实施动物检疫工作时，应当持有官方兽医证。禁止伪造、变造、转借或者以其他方式违法使用官方兽医证。

4. 官方兽医培训　　农业农村部制定全国官方兽医培训计划。县级以上地方人民政府农业农村主管部门制定本行政区域官方兽医培训计划，提供必要的培训条件，设立考核指标，定

期对官方兽医进行培训和考核。

5. 协检人员设置 官方兽医具体实施动物、动物产品检疫，但并不等于官方兽医承担检疫的全部技术操作。动物卫生监督机构可以根据检疫工作的需要，指定协检人员协助官方兽医实施动物检疫。协检人员的条件和管理要求由省级农业农村主管部门规定。但是，对动物、动物产品进行检疫出证只能由官方兽医来进行，而不能由协检人员来进行。

二、动物和动物产品的检疫程序

（一）检疫申报

按照《行政许可法》的规定，公民、法人或者其他组织从事特定活动，依法需要取得行政许可的，应当向行政机关提出申请。出具检疫证明属于行政许可行为，根据《动物防疫法》的规定，屠宰、出售或者运输动物，以及出售或者运输动物产品前，货主应当按照农业农村部的规定向所在地动物卫生监督机构申报检疫。

《动物检疫管理办法》对不同用途动物、动物产品的检疫申报时限、申报材料和申报方式进行了明确规定。出售或者运输动物、动物产品的，货主应当提前3天向所在地动物卫生监督机构申报检疫；屠宰动物的，应当提前6小时向所在地动物卫生监督机构申报检疫；急宰动物的，可以随时申报。申报检疫时，应当提交检疫申报单及农业农村部规定的其他材料，并对申报材料的真实性负责。申报检疫可以通过在申报点填报或者通过传真、电子数据交换等方式进行。

需要说明的是，为了防止疫病传播，保证检疫质量，申报必须是"之前"，即动物在出栏或者屠宰之前、动物产品在离开产地之前等。如果未经检疫许可而进行屠宰、出售或者运输动物，以及出售或者运输动物产品的，则构成违法行为，要承担相应的法律责任。

（二）申报受理

动物卫生监督机构接到检疫申报后，应当及时对申报材料进行审查。申报材料齐全的，予以受理；有下列情形之一的，不予受理，并说明理由：

（1）申报材料不齐全，动物卫生监督机构当场或在3日内已经一次性告知申报人需要补正的内容，但申报人拒不补正的；

（2）申报的动物、动物产品不属于本行政区域的；

（3）申报的动物、动物产品不属于动物检疫范围的；

（4）农业农村部规定不应当检疫的动物、动物产品；

（5）法律法规规定的其他不予受理的情形。

（三）检疫实施和出证

动物卫生监督机构受理检疫申报后，应当指派官方兽医对动物、动物产品实施检疫，可以安排协检人员协助官方兽医到现场或指定地点核实信息，开展临床健康检查。检疫的实施参照农业农村部发布的《动物检疫管理办法》及有关动物的产地检疫规程、屠宰检疫规程来进行。

检疫合格的，出具检疫证明、加施检疫标志。实施检疫的官方兽医应当在检疫证明上签字或者盖章，并对检疫结论负责。出售或者运输的动物、动物产品取得动物检疫证明后，方可离开产地。受理申报后实施检疫，对检疫合格的动物、动物产品进行出证，属于法律赋予动物卫生监督机构和官方兽医的职责。如果受理检疫申报后出现没有及时指派官方兽医实施检疫、官方兽医没有实施检疫、对检疫不合格的动物或动物产品出具检疫证明、对检疫合格的动物或动物产品拒不出具检疫证明等情形，均属于违法行为，要承担相应的法律责任。

动物检疫证章标志包括：①动物检疫证明；②动物检疫印章、动物检疫标志；③农业农村部规定的其他动物检疫证章标志。动物检疫证章标志的内容、格式、规格、编码和制作等要求，由农业农村部统一规定。县级以上动物卫生监督机构负责本行政区域内动物检疫证章标志的管理工作，建立动物检疫证章标志管理制度，严格按照程序订购、保管、发放。任何单位和个人不得伪造、变造、转让动物检疫证章标志，不得持有或者使用伪造、变造、转让的动物检疫证章标志。

（四）检疫实施时动物饲养场、屠宰企业的执业兽医或动物防疫技术人员的义务

《动物防疫法》《动物检疫管理办法》明确规定，动物饲养场、屠宰企业的执业兽医或者动物防疫技术人员有协助官方兽医实施动物检疫的义务，充分发挥相关专业人员的作用，有助于进一步落实生产经营者在动物疫病防控中的责任。

三、屠宰、经营或者运输动物、动物产品的检疫与管理

屠宰、经营、运输的动物，以及用于科研、展示、演出和比赛等非食用性利用的动物，应当附有检疫证明；经营和运输的动物产品，应当附有检疫证明、检疫标志。

检疫证明是屠宰、经营、运输，以及用于科研、展示、演出和比赛的动物经检疫合格的唯一法律凭证，检疫证明、检疫标志是经营和运输的动物产品经检疫合格的唯一法律凭证。凡是未按规定附具检疫证明的动物，或者未按规定附具检疫证明、检疫标志的动物产品，均不得进行屠宰、经营、运输，以及用于科研、展示、演出和比赛，否则将承担相应的法律责任。

四、动物、动物产品输入到无规定动物疫病区的检疫与管理

输入到无规定动物疫病区的动物、动物产品，货主应当按照农业农村部的规定向无规定动物疫病区所在地动物卫生监督机构申报检疫，经检疫合格的，方可进入。

（一）国家对动物疫病实行区域化管理和风险管理制度

我国的无规定动物疫病区，除没有特定的动物疫病发生外，还具有以下特点：①地区界限应由有效的天然屏障或法律边界清楚划定；②区域内要具有完善的动物疫病控制体系、动物卫生监督体系、动物疫情监测报告体系、动物防疫屏障体系，以及保证这些体系正常运转的制度、技术和资金支持；③无疫病必须要有令人信服、严密有效的疫病监测证据支持，并通过农业农村部组织的评估，由农业农村部公布；④除非实施严格的检疫，无规定动物疫病区不能从非无规定动物疫病区引入动物及其产品。

（二）输入到无规定动物疫病区的动物、动物产品的检疫

无规定动物疫病区具有完善的动物防疫体系及较为健全的工作机制，实现了在一定区域内无特定动物疫病。限制易感动物和动物产品从高风险区向低风险区移动是动物防疫的

一项基本措施，为了有效维持无疫区的无疫状态，需要对调入的动物、动物产品实行更为严格的检疫措施。输入到无规定动物疫病区的相关易感动物，应向输入地隔离场所所在地动物卫生监督机构申报，并在输入地省级动物卫生监督机构指定的隔离场所进行隔离，隔离检疫期为 30 天，隔离检疫合格的，由隔离场所所在地县级动物卫生监督机构的官方兽医出具动物检疫证明。输入到无规定动物疫病区的相关易感动物产品，应当在输入地省级动物卫生监督机构指定的地点申报，按照无规定动物疫病区有关检疫要求进行检疫，检疫合格的，由当地县级动物卫生监督机构的官方兽医出具动物检疫证明。如果货主将未经输入地动物卫生监督机构检疫合格的动物和动物产品运入无规定动物疫病区，就属违法行为，要承担相应的法律责任。

五、跨省引进乳用动物、种用动物的管理

《动物防疫法》规定，跨省、自治区、直辖市引进的种用、乳用动物到达输入地后，货主应当按照农业农村部的规定对引进的种用、乳用动物进行隔离观察。

种用、乳用动物在动物疫病防控中占有重要地位。乳用动物产生的乳品将成为人类食品，乳用动物的健康直接影响人体健康。种用动物一旦患病或者保菌带毒，会成为长期的传染源，可通过精液、胚胎、种蛋垂直传播给后代，在传播疫病特别是种源性疫病方面影响很大。同时，这两类动物饲养周期长，传播疫病风险高。因此，国家对跨省、自治区、直辖市引进种用、乳用动物采取更为严格的防疫措施，避免在潜伏期内不表现临床症状的乳用、种用动物长距离传播动物疫病。《动物检疫管理办法》规定，跨省、自治区、直辖市引进的种用、乳用动物到达输入地后，应当在隔离场或饲养场内的隔离舍进行 30 天的隔离观察。经隔离观察合格的，方可混群饲养；不合格的，按照有关规定进行处理。隔离观察合格后需要运输的，货主应当申报检疫，并取得动物检疫证明。按照农业农村部的规定对引进的动物进行隔离观察，属于法定义务，具有强制性，必须严格执行，否则要承担相应的法律责任。

六、野生动物的检疫与管理

（一）野生动物的检疫要求

动物疫病可以在野生动物和家养动物之间相互传播。有的野生动物虽然不表现临床症状，但可能携带病原，成为动物疫病传播的自然疫源，一旦与家养动物接触，就可能引发动物疫病的发生和流行，甚至传染给人类。加强对野生动物的检疫管理，是阻断野生动物向家养动物和人类传播疫病的重要手段。

2020 年 2 月，第十三届全国人民代表大会常务委员会第十六次会议审议通过的《关于全面禁止非法野生动物交易、革除滥食野生动物陋习、切实保障人民群众生命健康安全的决定》中规定，全面禁止食用国家保护的有重要生态、科学、社会价值的陆生野生动物及其他陆生野生动物，包括人工繁育、人工饲养的陆生野生动物；全面禁止以食用为目的猎捕、交易、运输在野外环境自然生长繁殖的陆生野生动物；因科研、药用、展示等特殊情况，需要对野生动物进行非食用性利用的，应当按照国家有关规定实行严格审批和检疫检验。《动物防疫法》规定，因科研、药用、展示等特殊情形需要非食用性利用的野生动物，应当按照国家有关规定报动物

卫生监督机构检疫，检疫合格的方可利用，这些相关条款与上述决定相衔接。

《动物防疫法》也规定，人工捕获的野生动物，应当按照国家有关规定报捕获地动物卫生监督机构检疫，检疫合格的，方可饲养、经营和运输。需要说明的是，对野生动物实施检疫不改变保护利用制度，在实施检疫的过程中要注意与野生动物管理有关规定相衔接。

（二）野生动物检疫办法的制定

《动物防疫法》规定，国务院农业农村主管部门应会同国务院野生动物保护主管部门制定野生动物检疫的具体办法，便于两部门共同研究确定野生动物检疫范围、对象，做好日常监管与检疫的衔接。2023 年 3 月 24 日，农业农村部与国家林业和草原局联合公告第 656 号发布了《野生动物检疫办法》，并公布了《野生动物检疫规程》《野生动物重点检疫病种名录》等，规范了野生动物的检疫工作。

七、动物运输的备案管理和指定通道管理

（一）检疫证明是动物和动物产品运输的必备条件

检疫证明是动物和动物产品检疫合格的法律凭证，是托运、承运的前提。经航空、铁路、道路、水路运输动物和动物产品的，托运人必须提供检疫证明，承运人必须凭检疫证明方可承运，这些均属于强制性义务，必须无条件执行，如果不执行应承担相应的法律责任。

按照我国当前动物检疫体制，境内动物、动物产品检疫由动物卫生监督机构负责，进出境动物、动物产品检疫由海关负责。为了明确管理责任和权限，避免重复检疫加重行政相对人负担，《动物防疫法》第五十二条第二款规定，进出口动物和动物产品，承运人凭进口报关单证或者海关签发的检疫单证运递，不再需要向动物卫生监督机构申报检疫。在境内可以凭进口报关单证或者海关签发的检疫单证运输。

（二）从事动物运输的单位、个人及车辆的备案管理和信息保存

动物运输是动物疫病传播的重要途径之一，为加强对动物运输者及运输车辆的管理，落实动物经营、运输各个环节的动物防疫责任，强化疫源追溯，《动物防疫法》明确规定，对从事动物运输的单位和个人及动物运输车辆，应当向所在地县级人民政府农业农村主管部门备案。《国务院办公厅关于加强非洲猪瘟防控工作的意见》《国务院办公厅关于促进畜牧业高质量发展的意见》均要求建立健全畜禽运输监管制度，对运输车辆实施备案管理，落实清洗消毒措施。《农业农村部办公厅关于强化生猪收购贩运管理的通知》及农业农村部公告第 531 号对此作出了细化规定。

动物运输过程中相关信息在疫源追溯中具有重要作用。非洲猪瘟疫情应急防控工作中，农业农村部公告第 79 号对车辆配备定位系统、相关信息内容和保存时限等作出了具体要求。《动物防疫法》要求从事动物运输的单位、个人及车辆，应妥善保存行程路线和托运人提供的动物名称、检疫证明编号、数量等信息，督促承运人更好地履行动物防疫义务。因为运输单位和个人备案、车辆备案的要求不尽相同，运输信息保存的要求也应该有更为详细、具体的规定，农业农村部公告第 531 号对此进行了明确。

（三）运载工具在装载前和卸载后的及时清洗、消毒

运载工具存在较大的疫病传播风险，须按规定在装载前和卸载后及时清洗、消毒。属于货主自行运输的，货主为清洗消毒的义务主体；属于托运的，承运人为义务主体。如果义务主体不履行上述义务，将要承担相应的法律责任。

（四）动物运输的指定通道管理

1. 省级人民政府确定并公布动物运输指定通道 活体动物跨省调运频繁，长距离、跨区域运输存在较大的风险隐患。动物跨省份运输时必须经指定通道进行，有利于规范动物运输活动管理，降低动物疫病跨区域传播风险。《国务院办公厅关于加强非洲猪瘟防控工作的意见》《国务院办公厅关于促进畜牧业高质量发展的意见》要求建立指定通道运输制度，统一规划实施动物指定通道运输。北京、上海等 20 余个省、自治区、直辖市已在地方立法实践中有所探索。《动物防疫法》充分借鉴非洲猪瘟等重大动物疫病防控的有效做法和地方实践探索，对动物运输指定通道作出了明确规定，要求省、自治区、直辖市人民政府确定并公布道路运输的动物进入本行政区域的指定通道，设置引导标志。

2. 跨省运输动物经过指定通道的规定 《国务院关于加强和规范事中事后监管的指导意见》中要求，事中事后监管要坚持权责法定、依法行政，法定职责必须为，法无授权不可为，严格按照法律法规规定履行监管责任，规范监管行为，推进事中事后监管法治化、制度化、规范化。因此，《动物防疫法》规定，跨省、自治区、直辖市通过道路运输动物的，应当经省、自治区、直辖市人民政府设立的指定通道入省境或者过省境，也是加强和规范动物运输事中事后监管法治化、制度化、规范化的具体体现。而且，这一规定衔接产地"出口关"和落地"监管关"，有利于落实运输主体责任，推动形成涉及养殖、运输、屠宰等环节全链条的监管模式。此项规定是《动物防疫法》为运输人设定的一项强制性的法定义务，如果不执行这项法定义务，则应承担相应的法律责任。

八、检疫不合格动物、动物产品的处理

经检疫不合格的动物、动物产品，货主应当在农业农村主管部门的监督下按照国家有关规定处理，处理费用由货主承担。

经检疫不合格的动物、动物产品必须按照规定处理，消除其传播动物疫病的可能性，以达到保护养殖业发展和人体健康，维护公共卫生安全的目的。因此，《动物防疫法》对检疫不合格的动物、动物产品的处理作出规定：一是明确了对检疫不合格的动物、动物产品进行处理的实施主体为货主，为其设定了相应义务。二是明确了监督主体为农业农村主管部门，规定农业农村主管部门监督货主处理，有效防范货主因自身经济利益，不按规定处理经检疫不合格的动物、动物产品，以防止染疫或疑似染疫的动物、动物产品进入流通领域。三是明确了处理费用由货主承担。对经检疫不合格的动物、动物产品处理的费用，不属于检疫相关费用，应当由处理检疫不合格的动物、动物产品的主体予以承担，这既公平合理，也符合国际惯例。

第六节　病死动物和病害动物产品的无害化处理

病死动物、病害动物产品作为病原体的重要载体，常常造成动物疾病及人兽共患病的传播和蔓延，因此，必须加强病死动物、病害动物产品的无害化处理，以便更好地控制动物疫病，促进养殖业高质量发展，保障公共卫生安全和人类健康。《动物防疫法》第六章明确规定了病死动物、病害动物产品的无害化处理的基本要求，并对病死动物和病害动物产品进行了明确定义：病死动物是指染疫死亡、因病死亡、死因不明或者经检验检疫可能危害人体或者动物健康的死亡动物；病害动物产品是指来源于病死动物的产品，或者经检验检疫可能危害人体或者动物健康的动物产品。2017 年 7 月 3 日，农业部发布了《病死及病害动物无害化处理技术规范》（农医发〔2017〕25 号），规定了病死及病害动物和相关动物产品无害化处理的技术工艺和操作注意事项，处理过程中病死及病害动物和相关动物产品的包装、暂存、转运、人员防护和记录等要求。2022 年 5 月 11 日，农业农村部令 2022 年第 3 号公布了《病死畜禽和病害畜禽产品无害化处理管理办法》，进一步明确了病死畜禽和病害畜禽产品无害化处理的具体实施要求。

一、病死动物和病害动物产品无害化处理的组织管理

（一）需要进行无害化处理的病死动物和病害动物产品

（1）染疫或者疑似染疫死亡、因病死亡或者死因不明的动物及其产品；
（2）经检疫、检验可能危害人体或者动物健康的动物和动物产品；
（3）因自然灾害、应激反应、物理挤压等因素死亡的动物及其产品；
（4）屠宰过程中经肉品品质检验确认为不可食用的动物产品；
（5）死胎、木乃伊胎等动物产品；
（6）因动物疫病防控需要被扑杀或销毁的动物和动物产品；
（7）其他应当进行无害化处理的动物和动物产品。

（二）病死动物、病害动物无害化处理的责任主体

从事动物饲养、屠宰、经营、隔离，以及动物产品生产、经营、加工、贮藏等活动的单位和个人，应当按照我国法律法规的规定做好病死动物、病害动物产品的无害化处理，或者委托动物及其产品无害化处理场所处理。

从事动物及其产品运输的单位和个人，运输过程中发生动物或动物产品需要进行无害化处理的，承运人应当立即通知货主，应当配合做好无害化处理，不得在途中擅自弃置和处理有关动物及其产品。

任何单位和个人不得买卖、加工、随意弃置病死动物和病害动物产品。

（三）病死动物和病害动物产品无害化处理的组织管理

我国对病死动物和病害动物产品的无害化处理坚持统筹规划与属地负责相结合、政府监管与市场运作相结合、财政补助与保险联动相结合、集中处理与自行处理相结合的原则。

农业农村部主管全国病死动物和病害动物产品无害化处理工作。

县级以上地方人民政府农业农村主管部门负责本行政区域内病死动物和病害动物产品无害化处理的监督管理工作。

省级人民政府农业农村主管部门结合本行政区域畜牧业发展规划和畜禽养殖、疫病发生、畜禽死亡等情况，编制病死动物和病害动物产品集中无害化处理场所建设规划，合理布局病死动物无害化处理场，经本级人民政府批准后实施，并报农业农村部备案。鼓励跨县级以上行政区域建设病死动物无害化处理场。

县级以上人民政府财政部门会同本级人民政府农业农村、野生动物保护等有关部门制定病死动物无害化处理具体补助标准和办法。县级以上人民政府农业农村主管部门应当落实病死动物无害化处理财政补助政策，协调有关部门优先保障病死动物无害化处理场用地、落实税收优惠政策，推动建立病死动物无害化处理和保险联动机制，将病死动物无害化处理作为保险理赔的前提条件。

二、病死动物和病害动物产品的收集和运输管理

（一）病死动物和病害动物产品的收集

养殖场、养殖户、屠宰厂（场）、隔离场应当及时对病死动物和病害动物产品进行贮存和清运。

养殖场、屠宰厂（场）、隔离场委托病死动物无害化处理场处理的，应当符合以下要求：①采取必要的冷藏冷冻、清洗消毒等措施；②具有病死动物和病害动物产品输出通道；③及时通知病死动物无害化处理场进行收集，或自行送至指定地点。

病死动物和病害动物产品集中暂存点应当具备下列条件：①有独立封闭的贮存区域，并且防渗、防漏、防鼠、防盗，易于清洗消毒；②有冷藏冷冻、清洗消毒等设施设备；③设置显著的警示标识；④有符合动物防疫需要的其他设施设备。

在江河、湖泊、水库等水域发现的死亡动物，由所在地县级人民政府组织收集、处理并溯源。在城市公共场所和乡村发现的死亡动物，由所在地街道办事处、乡级人民政府组织收集、处理并溯源。在野外环境发现的死亡野生动物，由所在地野生动物保护主管部门收集、处理。

（二）病死动物和病害动物产品的运输管理

1. 运输车辆的备案要求　专业从事病死动物和病害动物产品收集的单位和个人，应当配备专用运输车辆，并向承运人所在地县级人民政府农业农村主管部门备案。备案时应当通过农业农村部指定的信息系统提交车辆所有权人的营业执照、运输车辆行驶证、运输车辆照片。县级人民政府农业农村主管部门应当核实相关材料信息，备案材料符合要求的，及时予以备案；不符合要求的，应当一次性告知备案人补充相关材料。

2. 运输车辆的相关要求　病死动物和病害动物产品专用运输车辆应当符合以下要求：①不得运输病死动物和病害动物产品以外的其他物品；②车厢密闭、防水、防渗、耐腐蚀，易于清洗和消毒；③配备能够接入国家监管监控平台的车辆定位跟踪系统、车载终端；④配备人员防护、清洗消毒等应急防疫用品；⑤有符合动物防疫需要的其他设施设备。

3. 运输病死动物和病害动物产品的单位和个人应当遵守的规定　①及时对车辆、相关工具及作业环境进行消毒；②作业过程中如发生渗漏，应当妥善处理后再继续运输；③做好人

员防护和消毒。

跨县级以上行政区域运输病死动物和病害动物产品的,相关区域县级以上地方人民政府农业农村主管部门应当加强协作配合,及时通报紧急情况,落实监管责任。

三、病死动物和病害动物产品无害化处理的实施

(一)病死动物和病害动物产品无害化处理场所的建设及要求

病死动物和病害动物产品无害化处理以集中处理为主,自行处理为补充。病死动物无害化处理场应当符合省级人民政府病死动物和病害动物产品集中无害化处理场所建设规划并依法取得"动物防疫条件合格证"。病死动物无害化处理场的设计处理能力应当高于日常病死动物和病害动物产品的处理量,专用运输车辆数量和运载能力应当与区域内畜禽养殖情况相适应。

养殖场、屠宰厂(场)、隔离场在本场(厂)内自行处理病死动物和病害动物产品的,应当符合无害化处理场所的动物防疫条件,不得处理本场(厂)外的病死动物和病害动物产品。养殖场、屠宰厂(场)、隔离场在本场(厂)外自行处理的,应当建设病死动物无害化处理场。养殖场、养殖户、屠宰厂(场)、隔离场委托病死动物无害化处理场进行无害化处理的,应当签订委托合同,明确双方的权利、义务。无害化处理费用由财政进行补助或者由委托方承担。

对于边远和交通不便的地区及养殖户自行处理零星病死动物的,省级人民政府农业农村主管部门可以结合实际情况和风险评估结果,组织制定相关技术规范。

病死动物和病害动物产品集中暂存点、病死动物无害化处理场应当配备专门人员负责管理。从事病死动物和病害动物产品无害化处理的人员,应当具备相关专业技能,掌握必要的安全防护知识。

(二)病死动物和病害动物产品无害化处理的要求

病死动物和病害动物产品无害化处理应当符合安全生产、环境保护等相关法律法规和标准规范的要求,接受有关主管部门监管。

病死动物和病害动物产品无害化处理场所销售无害化处理产物的,应当严控无害化处理产物流向,查验购买方资质并留存相关材料,签订销售合同。

鼓励在符合国家有关法律法规规定的情况下,对病死动物和病害动物产品无害化处理产物进行资源化利用。

对病死动物和病害动物产品进行无害化处理的具体实施,按照《病死及病害动物无害化处理技术规范》进行,具体无害化处理方法包括焚烧法、化制法、高温法、深埋法、硫酸分解法等。

四、病死动物和病害动物产品无害化处理的监督管理

(一)农业农村主管部门对病死动物和病害动物产品无害化处理场所的监督管理

农业农村部建立病死动物无害化处理监管监控平台,加强全程追溯管理。从事动物饲养、屠宰、经营、隔离及病死动物收集、无害化处理的单位和个人,应当按要求填报信息。县级以上地方人民政府农业农村主管部门应当做好信息审核,加强数据运用和安全管理。

　　农业农村部负责组织制订全国病死动物和病害动物产品无害化处理生物安全风险调查评估方案，对病死动物和病害动物产品收集、无害化处理生物安全风险因素进行调查评估。省级人民政府农业农村主管部门应当制订本行政区域病死动物和病害动物产品无害化处理生物安全风险调查评估方案并组织实施。根据病死畜禽无害化处理场规模、设施装备状况、管理水平等因素，推行分级管理制度。

　　县级以上地方人民政府农业农村主管部门执行监督检查任务时，从事病死动物和病害动物产品收集、无害化处理的单位和个人应当予以配合，不得拒绝或者阻碍。任何单位和个人对违反《病死畜禽和病害畜禽产品无害化处理管理办法》规定的行为，有权向县级以上地方人民政府农业农村主管部门举报。接到举报的部门应当及时调查处理。

（二）病死动物和病害动物产品无害化处理场所的相关制度

　　病死动物和病害动物产品无害化处理场所应当建立并严格执行以下制度：设施设备运行管理制度；清洗消毒制度；人员防护制度；生物安全制度；安全生产和应急处理制度。

　　从事动物饲养、屠宰、经营、隔离，以及病死动物和病害动物产品收集、无害化处理的单位和个人，应当建立台账，详细记录病死动物和病害动物产品的种类、数量（重量）、来源、运输车辆、交接人员和交接时间、处理产物销售情况等信息。病死动物和病害动物产品无害化处理场所应当安装视频监控设备，对病死动物和病害动物产品进（出）场、交接、处理和处理产物存放等进行全程监控。相关台账记录保存期不少于 2 年，相关监控影像资料保存期不少于 30 天。

　　病死动物和病害动物产品无害化处理场所应当于每年 1 月底前向所在地县级人民政府农业农村主管部门报告上一年度病死动物和病害动物产品无害化处理、运输车辆和环境清洗消毒等情况。

第七节　动物诊疗法律制度

一、我国动物诊疗法律制度的演进

　　我国动物诊疗管理是一个漫长的过程。新中国成立初期，接受过专业教育的兽医人员很少，大量的民间兽医从事畜禽疫病防治工作。1956 年 1 月 5 日，国务院发布了《关于加强民间兽医工作的指示》，这是第一次针对兽医发布的文件，要求各级人民委员会和有关部门，必须坚决执行团结、使用、教育和提高民间兽医人员的政策，进一步加强对民间兽医工作的领导。在畜牧业发展中发挥民间兽医的力量，建立和健全兽医组织，以县为单位，在牲畜集中又有专业兽医的城镇，可以根据需要和自愿原则，组织联合诊疗所。在计划经济时代，畜牧养殖是国有或者集体经济生产单元，兽医作为个体，是畜牧生产单元的组成部分，是内部分工的结果，兽医的行为和责任是集体的，也就是生产单元这个集体的。

　　改革开放后，随着社会经济的发展，民营经济在畜牧业中壮大和宠物饲养增多，动物诊疗行业得到快速发展，兽医从业人员增加，诊疗行为急需规范化管理。部分省份制定了关于动物诊疗机构或者兽医管理的地方性法规。例如，1997～2002 年，辽宁、河北、广西、天津等 8 个省、自治区和直辖市颁布了地方性动物诊疗管理办法，辽宁、内蒙古和天津发布了兽医管理办法。2001 年，我国加入 WTO，对外开放进程明显加速，经济社会发展速度显著提升，兽医管理体制已远远不能适应新形势、新任务的要求，尤其是机构不健全、职责不清晰、法律不完善、队伍不稳定等问题，严重影响了动物疫病防治能力和动物产品质量安全水平的提高。2005年印发的《国务院关于推进兽医管理体制改革的若干意见》（国发〔2005〕15 号）中将兽医工作体系分为兽医管理机构、兽医行政执法机构、兽医技术支持体系和基层兽医防疫体系 4部分，强调要加强兽医的职业化管理进程。

2007 年修订的《动物防疫法》第六章动物诊疗部分，明确了动物诊疗机构、执业兽医和乡村兽医应该遵守的法律规范，2008 年农业部发布了《动物诊疗机构管理办法》《执业兽医管理办法》《乡村兽医管理办法》三个配套行政法规。2021 年修订的《动物防疫法》第七章和第八章分别对动物诊疗机构和执业兽医、乡村兽医的管理提出了法律规范要求。2022 年 9 月 7 日，农业农村部公布了修订后的《动物诊疗机构管理办法》和整合后的《执业兽医和乡村兽医管理办法》。这些法律法规确立了我国经营性动物诊疗活动管理和执业兽医、乡村兽医制度，明确了只有经备案的执业兽医、乡村兽医方可从事动物诊疗和动物保健等经营活动，有助于规范动物诊疗行为，保障公共卫生安全，是我国兽医领域法治化管理的重要举措。

二、动物诊疗机构管理制度

根据《动物诊疗机构管理办法》，动物诊疗是指动物疾病的预防、诊断、治疗和动物绝育手术等经营性活动，包括动物的健康检查、采样、剖检、配药、给药、针灸、手术、填写诊断书和出具动物诊疗有关证明文件等。动物诊疗机构包括动物医院、动物诊所及其他提供动物诊疗服务的机构。动物诊疗机构管理是指县级以上地方人民政府农业农村主管部门对动物诊疗机构实施规范、有效监督的行政管理行为。

随着我国社会主义市场经济的发展和人民生活水平的提高，畜禽和水产养殖业得到快速发展，家庭宠物饲养急剧增多，各类动物诊疗机构如雨后春笋般涌现，发展为一个新兴行业，对动物诊疗机构实施行政管理，规范动物诊疗行为，对保障公共卫生安全具有重要意义。

（一）动物诊疗机构的行政管理主体

农业农村部负责全国动物诊疗机构的监督管理，并加强信息化管理，建立健全动物诊疗机构信息管理系统。

县级以上地方人民政府农业农村主管部门负责本行政区域内动物诊疗机构的监督管理，并应当优化许可办证流程，推行网上办理等便捷方式，加强动物诊疗机构信息管理工作。

（二）动物诊疗许可制度

国家实行动物诊疗许可制度。为了加强对动物诊疗活动的规范化管理，凡从事动物诊疗活动的机构，应当取得"动物诊疗许可证"，并在规定的诊疗活动范围内开展动物诊疗活动。

1. 动物诊疗机构的基本条件　　从事动物诊疗活动的机构，应当具备下列条件：

（1）有固定的动物诊疗场所，且动物诊疗场所使用面积符合省、自治区、直辖市人民政府农业农村主管部门的规定。

（2）动物诊疗场所选址距离动物饲养场、动物屠宰加工场所、经营动物的集贸市场不少于 200 米。

（3）动物诊疗场所设有独立的出入口，出入口不得设在居民住宅楼内或者院内，不得与同一建筑物的其他用户共用通道。

（4）具有布局合理的诊疗室、隔离室、药房等功能区。

（5）具有诊断、消毒、冷藏、常规化验、污水处理等器械设备；另外，动物诊所和动物医院均应具有布局合理的手术室和手术设备，动物医院还应具有 X 光机或者 B 超等器械设备。

（6）具有诊疗废弃物暂存处理设施，并委托专业处理机构处理。

（7）具有染疫或者疑似染疫动物的隔离控制措施及设施设备。

（8）具有与动物诊疗活动相适应的执业兽医；其中动物诊所应具有一名以上的执业兽医师，动物医院应具有三名以上的执业兽医师。

（9）具有完善的诊疗服务、疫情报告、卫生安全防护、消毒、隔离、诊疗废弃物暂存、兽医器械、兽医处方、药物和无害化处理等管理制度。

2. 动物诊疗许可的申请　　从事动物诊疗活动的机构，应当向动物诊疗场所所在地的发证机关提出动物诊疗许可申请。发证机关是指县（市辖区）级人民政府农业农村主管部门，市辖区未设立农业农村主管部门的，发证机关为上一级农业农村主管部门。申请时需提交下列材料：动物诊疗许可证申请表；动物诊疗场所地理方位图、室内平面图和各功能区布局图；动物诊疗场所使用权证明；法定代表人（负责人）身份证明；执业兽医资格证书；设施设备清单；管理制度文本。申请材料不齐全或者不符合规定条件的，发证机关应当自收到材料之日起 5 个工作日内一次性告知申请人需补正的内容。

受理申请的发证机关应当根据《动物防疫法》《行政许可法》和《动物诊疗机构管理办法》的规定，在 15 个工作日内完成对申请材料的审核和对动物诊疗场所的实地考察。符合规定条件的，向申请人颁发"动物诊疗许可证"；不符合条件的，应当书面通知申请人，并说明理由。

专门从事水生动物诊疗的，发证机关在核发"动物诊疗许可证"时，应当征求同级渔业主管部门的意见。

"动物诊疗许可证"应当载明诊疗机构名称、诊疗活动范围、从业地点和法定代表人（负责人）等事项，即规定了该许可证在规定的地点、时间、法人和机构名称、活动范围内有效。当"动物诊疗许可证"所载明的事项变更时，应当申请变更或换发"动物诊疗许可证"。变更名称或者法定代表人（负责人）的，应当在办理主体变更登记手续后 15 个工作日内，向原发证机关申请办理变更手续；变更从业地点、诊疗活动范围的，应当按照规定重新办理动物诊疗许可手续，申请换发"动物诊疗许可证"。设立分支机构的，应当按照规定另行办理"动物诊疗许可证"。

"动物诊疗许可证"不得伪造、变造、转让、出租、出借。"动物诊疗许可证"遗失的，应当及时向原发证机关申请补发。

3. 动物诊疗机构名称和诊疗活动范围的管理

（1）诊疗机构名称规范：动物诊疗机构应当使用规范的名称。未取得相应许可的，不得使用"动物诊所"或者"动物医院"的名称；不具备从事动物颅腔、胸腔和腹腔手术能力的，不得使用"动物医院"的名称。其他提供诊疗服务的机构是指非动物诊所和医院类，通过相关认证，能够提供某种疫病的实验室诊断和检测等服务的机构，如×××技术公司等。动物诊疗机构名称应当经工商行政管理机关预先核准。

（2）诊疗活动范围：诊疗活动的对象包括畜禽、宠物、饲养野生动物和水生动物；诊疗活动的项目包括动物疾病的预防、诊断、治疗和动物绝育手术，动物美容、保健等。动物诊疗机构在申请设立的同时，应申报欲从事的活动范围，发证机关经审核后在发放的"动物诊疗许可证"上应载明诊疗活动范围，诊疗机构活动范围不得超出"动物诊疗许可证"核定的诊疗活动范围。只有具备动物诊疗许可的动物医院才可以从事动物颅腔、胸腔和腹腔手术，而其他动物诊疗机构不得从事动物颅腔、胸腔和腹腔手术。

（三）动物诊疗机构的诊疗活动管理

1. 公示制度　　动物诊疗机构应当依法从事动物诊疗活动，建立健全内部管理制度，在诊疗场所的显著位置悬挂"动物诊疗许可证"，并公示诊疗活动从业人员基本情况；按透明收费、公平合理的原则，公示收费项目及标准。

2. 兼营分区制度　　动物诊疗机构兼营动物用品、动物饲料、动物美容、动物寄养等项目的，兼营区域与动物诊疗区域应当分别独立设置。

3. 特种设备管理　　安装、使用具有放射性的诊疗设备的，应当依法经生态环境主管部门批准，并安排专人负责管理使用。

4. 兽医器械药品管理制度　　动物诊疗机构应当按照国家有关规定使用兽医器械和兽药，不得使用不符合规定的兽医器械、假劣兽药和农业农村部规定禁止使用的药品及其他化合物。处方用药必须由执业兽医师开具处方后，方可使用。

5. 病历、处方笺管理制度　　动物诊疗机构应当使用载明机构名称的规范病历，包括门（急）诊病历和住院病历。病历可以是纸质病历或电子病历，二者具有同等效力，应包括诊疗活动中形成的文字、符号、图表、影像、切片等内容或者资料，病历档案保存期限不得少于三年。动物诊疗机构应当为执业兽医提供兽医处方笺，处方笺的格式和保存等应当符合《兽医处方格式及应用规范》（农业部公告第 2450 号，2016 年 10 月 8 日）。

6. 网络诊疗和学生指导制度　　在诊疗机构备案执业的执业兽医师，利用互联网等信息技术开展动物诊疗活动，活动范围不得超出"动物诊疗许可证"核定的诊疗活动范围。动物诊疗机构应当对兽医相关专业学生、毕业生参与动物诊疗活动加强监督指导。

7. 动物疫病报告及处置制度　　动物诊疗机构发现动物染疫或者疑似染疫的，应当按照国家规定立即向所在地农业农村主管部门或者动物疫病预防控制机构报告，并迅速采取隔离、消毒等控制措施，防止动物疫情扩散。发现动物患有或者疑似患有国家规定应当扑杀的疫病时，不得擅自进行治疗。

8. 无害化处理制度　　动物诊疗机构应当按照国家规定处理染疫动物及其排泄物、污染物和动物病理组织等。应当参照《医疗废物管理条例》的有关规定处理诊疗废弃物，不得随意丢弃诊疗废弃物，以及排放未经无害化处理的诊疗废水。

9. 动物防疫义务　　动物诊疗机构应当支持执业兽医按照当地人民政府或者农业农村主管部门的要求，参加动物疫病预防、控制和动物疫情扑灭活动，可以通过承接政府购买服务的方式开展动物防疫和疫病诊疗活动。应当配合农业农村主管部门、动物卫生监督机构、动物疫病预防控制机构进行有关法律法规宣传、流行病学调查和监测工作。

10. 业务培训和业务报告制度　　动物诊疗机构应当定期对本单位工作人员进行专业知识、生物安全和相关政策法规的培训。应当在每年 3 月底前将上年度动物诊疗活动情况向县级以上人民政府农业农村主管部门报告。

三、执业兽医和乡村兽医管理制度

执业兽医是指通过执业兽医资格考试，获取执业兽医资格证，经备案后，在我国境内从事动物诊疗和动物保健活动的兽医人员，包括执业兽医师和执业助理兽医师；而乡村兽医是指尚未取得执业兽医资格，经备案在乡村从事动物诊疗活动的人员。《动物防疫法》第八章兽医管理中对执业兽医的资格考试、备案，以及执业兽医和乡村兽医的管理进行了原则性规定。《执业兽医和乡村兽医管理办法》明确了相关内容的详细要求，旨在维护执业兽医和乡村兽医的合法权益，规范动物诊疗活动，加强执业兽医和乡村兽医队伍建设，保护动物健康和公共卫生安全。

（一）执业兽医和乡村兽医的行政管理主体

农业农村部主管全国执业兽医和乡村兽医管理工作，加强信息化建设，建立并完善执业兽医信息管理系统。

农业农村部和省级人民政府农业农村主管部门制定并实施执业兽医和乡村兽医的继续教育计划，提升执业兽医和乡村兽医的素质和执业水平。

县级以上地方人民政府农业农村主管部门主管本行政区域内的执业兽医和乡村兽医管理工作，加强执业兽医和乡村兽医备案、执业活动、继续教育等的监督管理。

（二）执业兽医资格考试管理

国家实行执业兽医资格考试制度。执业兽医资格考试办法由农业农村部与人力资源和社会保障部协商制定。执业兽医资格考试由农业农村部组织，全国统一大纲、统一命题、统一考试、统一评卷。农业农村部设立的全国执业兽医资格考试委员会负责审定考试科目、考试大纲，发布考试公告、确定考试试卷，对考试工作进行监督、指导和确定合格标准。执业兽医资格考试类别分为兽医全科类和水生动物类，包含基础、预防、临床和综合应用4门科目。

具备下列条件之一者，可以报名参加全国执业兽医资格考试：

（1）具有大学专科以上学历的人员或全日制高校在校生，专业符合全国执业兽医资格考试委员会公布的报考专业目录；

（2）2009年1月1日前已取得兽医师以上专业技术职称；

（3）依法备案或登记，且从事动物诊疗服务10年以上的乡村兽医。

通过执业兽医资格考试的人员，由省、自治区、直辖市人民政府农业农村主管部门根据考试合格标准颁发执业兽医师或者执业助理兽医师资格证书。

（三）执业备案

1. 执业兽医和乡村兽医的备案资格

（1）执业兽医的备案资格：取得执业兽医资格证书并在动物诊疗机构从事动物诊疗活动的，应当向动物诊疗机构所在地备案机关备案。备案机关是指县（市辖区）级人民政府农业农村主管部门；市辖区未设立农业农村主管部门的，备案机关为上一级农业农村主管部门。

（2）乡村兽医的备案资格：具备下列条件之一的，可以备案为乡村兽医：①取得中等以上兽医、畜牧（畜牧兽医）、中兽医（民族兽医）、水产养殖等相关专业学历；②取得中级以上动物疫病防治员、水生动物病害防治员职业技能鉴定证书或职业技能等级证书；③从事村级动物防疫员工作满5年。

2. 执业兽医和乡村兽医备案应提交的材料　　执业兽医和乡村兽医备案的，应当向备案机关提交下列材料：①备案信息表；②身份证明。执业兽医备案还应当提交动物诊疗机构聘用证明，乡村兽医备案还应当提交学历证明、职业技能鉴定证书或职业技能等级证书等材料。

3. 执业兽医和乡村兽医的备案确认　　备案材料符合要求的，备案机关应当及时予以备案；不符合要求的，备案机关应当一次性告知备案人补正相关材料。

备案机关应当优化备案办理流程，逐步实现网上统一办理，提高备案效率。

执业兽医可以在同一县域内备案多家执业的动物诊疗机构；在不同县域从事动物诊疗活动的，应当分别向动物诊疗机构所在地备案机关备案。执业的动物诊疗机构发生变化的，执业兽医应当按规定及时更新备案信息。动物饲养场、实验动物饲育单位、兽药生产企业、动物园等单位聘用的取得执业兽医资格证书的人员，可以凭聘用合同办理执业兽医备案，但不得对外开展动物诊疗活动。

（四）执业活动管理

1. 执业兽医和乡村兽医应遵循的执业活动规范

（1）执业兽医应当在备案的动物诊疗机构执业，但动物诊疗机构间的会诊、支援、应邀出诊、急救等除外。经备案专门从事水生动物疫病诊疗的执业兽医，不得从事其他动物疫病和诊疗。乡村兽医应当在备案机关所在县城的乡村从事动物诊疗活动，不得在城区从业。

（2）执业兽医师可以从事动物疾病的预防、诊断、治疗和开具处方、填写诊断书、出具动物诊疗有关证明文件等活动。执业助理兽医师可以从事动物健康检查、采样、配药、给药、针灸等活动，在执业兽医师指导下辅助开展手术、剖检活动，但不得开具处方、填写诊断书、出具动物诊疗有关证明文件。

（3）执业兽医师应当填写处方笺、病历。未经亲自诊断、治疗，不得开具处方、填写诊断书、出具动物诊疗有关证明文件；不得伪造诊断结果，不得出具虚假动物诊疗证明文件。

（4）执业兽医师监督、指导参加动物诊疗教学实践的兽医相关专业学生和尚未取得执业兽医资格证书、在动物诊疗机构中参加工作实践的兽医相关专业毕业生参与动物诊疗活动。

（5）执业兽医和乡村兽医应当按照国家有关规定使用兽药和兽医器械，不得使用假劣兽药、农业农村部规定禁止使用的药品及其他化合物和不符合规定的兽医器械。执业兽医和乡村兽医发现可能与兽药和兽医器械使用有关的严重不良反应时，应当立即向所在地人民政府农业农村主管部门报告。执业兽医和乡村兽医在动物诊疗活动中，应当按照规定处理使用过的兽医器械和诊疗废弃物。

（6）执业兽医应当于每年3月底前，按照县级人民政府农业农村主管部门的要求如实报告上年度兽医执业活动情况。执业兽医和乡村兽医应当接受县级以上地方人民政府农业农村主管部门的监督检查。

（7）患有人畜共患传染病的执业兽医不得直接从事动物诊疗活动。

2. 执业兽医和乡村兽医应当履行的义务

（1）遵守法律、法规、规章和有关管理规定。

（2）按照技术操作规范从事动物诊疗活动。

（3）遵守职业道德，履行兽医职责。

（4）爱护动物，宣传动物保健知识和动物福利。

（5）执业兽医和乡村兽医在动物诊疗活动中发现动物染疫或者疑似染疫的，应当按照国家规定立即向当地农业农村主管部门或者动物疫病预防控制机构报告，并采取隔离、消毒等控制措施，以防止动物疫情扩散。执业兽医和乡村兽医在动物诊疗活动中发现动物患有或者疑似患有国家规定应当扑杀的疫病时，不得擅自进行治疗。

（6）执业兽医和乡村兽医应当按照当地人民政府或者农业农村主管部门的要求，参加动物疫病预防、控制和动物疫情扑灭活动，其所在单位不得阻碍、拒绝。执业兽医和乡村兽医可以通过承接政府购买服务的方式开展动物防疫和疫病诊疗活动。

3. 执业兽医和乡村兽医应当享有的权利

（1）执业兽医、乡村兽医依法执业，其权益受法律保护。

（2）执业兽医所在机构应当支持执业兽医参加继续教育。

（3）对在动物防疫工作中做出突出贡献的执业兽医和乡村兽医，按照国家有关规定给予表彰和奖励。

（4）对因参与动物防疫工作致病、致残、死亡的执业兽医和乡村兽医，按照国家有关规定给予补助或者抚恤。

（5）县级人民政府农业农村主管部门和乡（镇）人民政府应当优先确定乡村兽医为村级动物防疫员。

（6）省、自治区、直辖市人民政府农业农村主管部门根据本地区实际，可以决定执业助理兽医师在乡村独立从事动物诊疗活动，并按执业兽医师进行执业活动管理。

（7）执业兽医和乡村兽医享有兽医行业协会提供的信息咨询、宣传培训、权益保护、纠纷处理等方面的服务。

四、兽医医疗事故及其处置方式

（一）兽医医疗事故

兽医医疗事故是指动物诊疗机构及其兽医从业人员在医疗活动中，因出现违反有关操作规程和技术规范等过失行为，造成动物出现死亡或损害的事故。因不可预料和无法防范的因素，以及由不可抗力造成的不良后果，不能视为兽医医疗事故。

（二）兽医医疗事故的处置方式

当兽医从业人员在动物诊疗活动中发生或疑似发生兽医医疗事故时，病历、处方等相关资料，诊疗机构应当保留完好，动物主人有权复印保存有关资料。疑似输液、注射、药物等引起的不良后果的，医患双方应当对现场实物进行保留、封存，接受检验机构的检验。患病动物发生死亡，当事双方对死因有异议的，可以在动物死亡后的48小时内共同委托检验机构进行尸检；无法进行尸检的，双方可以协商处理，协商不成时，可以通过诉讼途径解决。

第八节　动物防疫监督管理的法律制度

一、动物防疫监督管理的概念和目的

（一）动物防疫监督管理的概念

动物防疫监督管理是指县级以上地方人民政府农业农村主管部门，依照《动物防疫法》等法律法规的规定，对动物饲养、屠宰、经营、隔离、运输及动物产品生产、经营、加工、贮藏、运输等活动中的动物防疫实施监督管理。动物防疫监督管理的行政主体是县级以上地方人民政府农业农村主管部门，动物防疫监督管理的对象包括从事动物饲养、屠宰、经营、隔离、运输及动物产品生产、经营、加工、贮藏、运输等活动的单位和个人。

（二）动物防疫监督管理的目的

动物防疫监督管理是一种政府管理的行政行为，是保障国家动物防疫法律法规顺利实施的重要手段。其主要目的在于：

（1）通过依法监督管理，助力动物疫病的预防、控制、净化、消灭，促进养殖业健康发展，防控人畜共患传染病，保障公共卫生安全和人类健康；

（2）通过依法监督管理，促使管理对象依法履行动物防疫义务，及时发现、制止、纠正、处理管理对象动物防疫相关的违法行为，对违法行为予以必要的行政处罚，依法追究违法者的法律责任；

（3）通过依法监督管理，保护守法者的合法权益，维护动物防疫秩序和经济秩序。

二、动物防疫监督管理的内容

动物防疫监督管理的内容是动物及其产品的生产经营主体在生产经营各个环节履行动物防疫责任的情况，具体环节包括动物饲养、屠宰、经营、隔离、运输，以及动物产品生产、经营、加工、贮藏、运输等，涉及免疫、消毒、检测、检疫、隔离、净化、消灭、无害化处理等动物防疫工作。

根据《动物防疫法》和有关法律法规的规定，县级以上人民政府农业农村主管部门及其执法人员可以执行下列监督检查任务：①对动物及其产品经营单位进行监督检查；②对动物饲养和流通环节进行监督检查；③对动物产品的生产、流通环节进行监督检查；④对动物屠宰环节实施检疫、监督；⑤对动物饲养场和隔离场所、动物屠宰加工场所，以及动物及其产品无害化处理场所的动物防疫条件进行监督检查；⑥对动物诊疗单位的诊疗条件，以及卫生安全防护、消毒、隔离和诊疗免疫的落实情况进行监督检查；⑦对有关单位和个人执行国家动物病种的强制免疫的落实情况进行监督检查。

县级以上地方人民政府农业农村主管部门执行监督检查任务，可以采取下列措施，有关单位和个人不得拒绝或者阻碍：①对动物、动物产品按照规定采样、留验、抽检；②对染疫或者疑似染疫的动物、动物产品及相关物品进行隔离、查封、扣押和处理；③对依法应当检疫而未经检疫的动物和动物产品，具备补检条件的实施补检，不具备补检条件的予以收缴销毁；④查验检疫证明、检疫标志和畜禽标识；⑤进入有关场所调查取证，查阅、复制与动物防疫有关的资料。执法人员执行动物防疫监督检查任务，应当出示行政执法证件，佩戴统一标志。

为控制动物疫病，县级人民政府农业农村主管部门应当派人在所在地依法设立的现有检查站执行监督检查任务；必要时，经省、自治区、直辖市人民政府批准，可以设立临时性的动物防疫检查站，执行监督检查任务。

三、动物防疫监督管理的方式、方法和措施

（一）动物防疫监督管理的方式

1. 索证验证　　索证验证是指动物防疫监督管理主体依法检查行政相对人是否持有规定的动物防疫证、章、标志，以及所持证、章、标志是否合法的行政活动。动物防疫监督管理绝大部分属于要式行政行为。也就是说，这种行为的结果必须以法定形式来表达。如检疫合格后，出具检疫证明，加盖验讫印章。此外，诸如核发"动物诊疗许可证""动物防疫条件合格证"等，均属要式行政行为。持有上述证件，表明持有人已依法履行了义务，可享有相应的权利。证照是体现行政相对人行为是否合法、动物及其产品以及有关场所或行为是否合乎法定标准及条件要求的重要标志。

索证验证是动物防疫监督管理中的重要方式之一。其作用包括：①保障动物防疫证照管理秩序，使动物防疫证照在设置、格式、制作、领发等各方面均纳入统一管理的范畴；②维护行政相对人的合法权利，促使其履行义务，保障管理秩序的正常运转；③动物防疫证照是动物防疫监督对象的行为和质量符合动物卫生行政法规定的标准和要求的标志。动物防疫监督主体在监督过程中发现行政相对人如无证或所持证件不符合规定时，可以依法进行处理。

2. 技术监督　　技术监督主要是动物防疫监督管理主体检查行政相对人生产、经营的产品是否合乎动物防疫标准，有关场所设施等是否符合动物防疫条件的要求。单纯索证验证往往不能对动物或动物产品进行全面、深入的了解，因为目前符合标准要求的动物和动物产品，由于主观或客观因素的影响，一段时间后可能不符合标准要求，如将不合格的动物产品掺入检验合格的动物产品中混合出售，或者经检疫合格的动物在运输途中感染发病。因此，动物防疫监督管理主体不仅要通过索证验证检查行政相对人的行为是否合法，还要对物品、环境等方面是否符合动物防疫标准要求进行必要的技术检验、监测。

其主要内容包括：①动物、动物产品及其包装、运载工具等是否符合动物防疫要求；②工程建设、布局是否符合动物防疫要求；③仪器、设备是否达到规定的数量、型号、指标等；④人员素质是否达到规定的要求；⑤生产、经营、检验操作是否符合规范要求和程序；⑥与动物防疫相关的其他方面是否符合动物防疫要求。

3. 常规监督管理　　常规监督管理是指动物防疫监督主体对各有关环节的单位和个人执行动物防疫的情况依法进行监督检查和行政管理的活动。对厂（场、所）的监督管理对象的重点是生产、加工、经营动物及其产品的卫生质量和影响卫生质量的环境场所。

其主要内容包括：①动物饲养场和隔离场所、动物屠宰加工场所，以及动物及其产品无害化处理场所的规划布局和建筑设施是否符合动物防疫要求；②生产现场布局设施是否符合动物防疫要求；③屠宰加工过程是否符合动物防疫要求。

4. 运输监督管理　　对动物及其产品实行运输监督管理，是防止动物疫病远距离传播，

促进产地检疫正常进行的行政措施。运输监督管理是动物卫生行政管理的重要内容之一，动物防疫监督主体依照《动物防疫法》的规定，可在车站、港口、机场、道路检查站派驻机构和人员，执行监督管理任务。具体要求包括：①查验检疫证明、检疫标志、畜禽标识。②验物，即动物及其产品与检疫证明是否一致；对运输的动物及其产品进行监督性抽查。③处理，发现动物染疫时，按有关规定报告并采取相应处理措施；依法处罚违法行为人，依法处理有关动物及其产品；对动物及其产品的运载工具实施消毒；对动物防疫监督检查有关情况进行登记。

（二）动物防疫监督管理的常用方法

1. 查验　　动物防疫监督管理主体通过对行政相对人的文字材料、报告、证件等进行查验，判定这些材料的真伪，了解行政相对人的情况，对行政相对人实施监督。

2. 检查　　包括综合、专题、抽样、定期、临时、现场和全面检查等多种形式。

3. 调查　　动物防疫监督管理主体了解行政相对人的情况，可以采取相应的措施。

4. 派驻　　农业农村主管部门除了派人在所在地依法设立的现有检查站、临时性动物防疫检查站执行监督检查任务，还可以根据动物疫病预防、控制的需要，经所在地县级以上地方人民政府批准，在车站、港口、机场等相关场所派驻官方兽医或者工作人员执行检疫或者监督检查任务。有关单位应积极配合支持，不得拒绝、阻挠。

（三）常用的监督检查措施

1. 采样　　县级以上地方人民政府农业农村主管部门依据规定的范围、条件、程序、数量、比例等对动物与动物产品采集样品。应注意以下事项：①采集样品与否应当依据相关规定和执行监督检查任务的具体情况确定；②采集样品必须遵守操作规范，必须依照规定的范围、条件、程序、数量、比例等进行；③采集对象必须是《动物防疫法》及其配套法规规定的动物及其产品，如果超出规定的范围，被采集的单位和个人可以拒绝；④采集样品是无偿采集。

2. 留验　　县级以上地方人民政府农业农村主管部门在监督检查动物及其产品的过程中，责令行政相对人在得出检查结论之前，不得移动被监督检查的动物及其产品。可以是对采集的样品留存检验，也可以对疑似染疫的动物及其产品整批全部留存、观察和检验。

3. 抽检　　县级以上地方人民政府农业农村主管部门根据需要按规定对动物及其产品进行抽查和检验。多用于饲养场、屠宰场、冷藏场所的动物及其产品的检验、监测与监督。

4. 隔离　　县级以上地方人民政府农业农村主管部门将染疫或者疑似染疫的动物与健康的动物分离开，使其不能相互接触，是防止疫病扩散的一种强制措施。隔离的对象主要是染疫或者疑似染疫的动物。分为两种情况：一是临时性隔离，适用于急性传染病患病动物或尚未确诊的患病动物及其同群动物；二是长期隔离，适用于慢性传染病患病动物。

5. 查封　　查封是指农业农村主管部门以张贴封条或者其他必要措施，将相关物品现场封存的强制措施，未经查封部门许可，任何单位和个人不得启封、动用。查封的对象主要是染疫或者疑似染疫的动物及相关物品。

6. 扣押　　扣押是指农业农村主管部门将染疫或者疑似染疫的动物、动物产品及其相关物品运到另外场所予以扣留的一种强制措施。

7. 处理　　处理是指农业农村主管部门对染疫或疑似染疫的动物、动物产品及其相关物品采取消毒、无害化处理或者予以销毁等的强制措施。

8. 补检 补检是指动物卫生监督机构对于依法应当检疫而未经检疫进入流通领域的动物、动物产品进行的检疫。

9. 其他处理措施

（1）责令限期改正。县级以上地方人民政府农业农村主管部门在执行监督检查时，如发现违规处理染疫动物及其产品，或污染的有关物品时，应当以行政命令的方式要求违法行为人在规定的时限内按照规定改正违法行为。

（2）代履行，即代作处理或代为执行，是指义务人不履行时，该义务由他人代为义务人履行，并向义务人征收必要的执行费用的强制执行方式。有下列行为之一的，经农业农村主管部门警告拒不改正的，农业农村主管部门可依法委托动物诊疗机构、无害化处理场所等代为处理，处理费用由违法行为人承担：一是对饲养、经营的动物不按照动物疫病的强制免疫计划和国家有关规定免疫接种和消毒的；二是对动物及其产品的运载工具、垫料、包装物不按照国家有关规定清洗消毒的；三是对饲养的种用、乳用动物未按照农业农村主管部门的要求定期开展疫病检测，或者经检测不合格而未按照规定处理的；四是对饲养的犬只未按照规定定期进行狂犬病免疫接种的；五是不按国家有关规定处置染疫动物及其排泄物、染疫动物产品、病死或者死因不明动物尸体的。

四、动物防疫监督管理的要求

动物防疫监督管理是保障动物防疫法律法规顺利实施的重要手段，是国家与政府对动物防疫工作进行监督的具体行政行为，必须规范执法和科学执法。在实施动物防疫监督管理过程中要求正确处理好以下几个方面。

1. 依法监督管理 动物防疫监督管理是《动物防疫法》赋予的一项行政行为，必须依法实行监督和管理。其行为和技术标准均应符合法律、法规和相关规章，一切按照法定的标准和方法、法定的处理方式进行。

2. 有序监督管理 动物防疫监督管理是保证各项动物防疫工作落到实处的关键措施。各级动物防疫监督管理主体要有计划、有重点、有目标地开展工作，使监督检查经常性地进行。同时要定期地组织大规模的监督检查活动。除监督检查相对人外，同时还要对本系统工作情况进行检查，做到内外并重。检查中发现违法行为，要依法严肃处理处罚，切实保障各项动物防疫工作的落实，维护国家法律尊严。

3. 加强宣传，建立考核机制 要对行政相对人进行《动物防疫法》及其相关法律法规的宣传和教育，使动物防疫工作成为饲养、屠宰、经营、运输动物及生产、经营、加工、贮藏、运输动物产品活动的必要环节。在此基础上通过组织联查、建立和规范考核机制，对模范场（厂）实行有效激励机制，对动物防疫工作不到位，甚至存在违法行为的场（厂）实施严厉处罚，切实达到扶正祛邪的目的。

4. 坚持检疫与监督管理并重 运输、市场等流通领域的监督管理工作，对于促进产地检疫，防止动物疫病的远距离传播，具有极其重要的作用，相对而言，比较容易执行；而动物饲养场、屠宰厂（场）等生产加工环节，除了必要的监督管理，更主要的是检疫工作，业务量大，技术要求高，在具体实施过程中常显力度不足；有重监督轻检疫的现象。因此，要全方位搞好动物防疫监督工作，必须双管齐下，把生产、加工环节的检疫监督工作全面扎实地开展起来。

5. 坚持突击性监督检查与经常性监督检查并重　　有组织地全面开展突击性监督检查，可在短时间内集中发现和处理各种违法行为，声势大，宣传效果好。但这种监督检查必须与经常性监督检查相结合，经常性的监督检查可随时发现和处理各种违法行为，特别是可以比较全面、系统地了解和掌握违法违章行为的规律及一些深层次的问题，为系统地制订和完善监督管理措施提供依据。

6. 坚持监督与管理并重　　管理与监督既有区别，又有联系。管理的目的在于建立有效的工作秩序，如动物防疫合格证的审核与发放，而监督则是为了维护这种秩序。二者之间，管理是基础，监督是保障。因此，动物防疫工作的切实有效，首先要建立管理手段，要在饲养生产、屠宰、加工、贮藏、运输、购销等各个环节全面、配套地建立各项管理制度，以便为监督检查提供依据，切实建立动物防疫工作新秩序。

7. 坚持监督管理工作的内外并重　　对有关单位和个人实施监督和检查，处理各种违法行为，是国家赋予的权力和职责。为了做好这项工作，务必注意在面向社会执法的同时，也要加强对动物防疫监督执法队伍的监督和管理。监督管理应不分内外，一视同仁，保证动物防疫行政执法工作的公正性和公开性。

8. 坚持行为监督和技术监督并重　　行为监督主要是监督行政相对人的行为是否合法，而技术监督主要是监督有关单位和个人在人员素质、仪器设备、产品质量等方面是否符合国家规定的动物防疫技术标准和要求。由于动物防疫工作具有较强的科学性和技术性，很多行为监督要依靠技术监督才能实现，技术监督对于了解动物疫病动态、及时预防和控制动物疫病，以及逐步净化和消灭某些动物疫病尤为重要。

五、动物防疫监督管理的禁止性行为规定

（一）动物防疫监督管理主体的禁止性行为规定

县级以上人民政府农业农村主管部门及其工作人员不得从事与动物防疫有关的经营性活动，进行监督检查不得收取任何费用。

（二）动物防疫监督对象的禁止性行为规定

（1）禁止转让、伪造或者变造检疫证明、检疫标志或者畜禽标识。禁止持有、使用伪造或者变造的检疫证明、检疫标志或者畜禽标识。

（2）禁止屠宰、经营、运输封锁疫区内与所发生动物疫病有关的动物。禁止生产、经营、加工、贮藏、运输封锁疫区内与所发生动物疫病有关的动物产品。

（3）禁止屠宰、经营、运输疫区内易感染的动物。禁止生产、经营、加工、贮藏、运输疫区内易感染的动物产品。

（4）禁止屠宰、经营、运输染疫或者疑似染疫的动物。禁止生产、经营、加工、贮藏、运输染疫或者疑似染疫的动物产品。

（5）禁止屠宰、经营、运输病死或者死因不明的动物。禁止生产、经营、加工、贮藏、运输病死或者死因不明的动物产品。

（6）禁止屠宰、经营、运输其他不符合农业农村部有关动物防疫规定的动物。禁止生产、经营、加工、贮藏、运输其他不符合农业农村部有关动物防疫规定的动物产品。

（7）禁止屠宰、经营、运输依法应当检疫而未经检疫或者检疫不合格的动物。禁止生产、经营、加工、贮藏、运输依法应当检疫而未经检疫或者检疫不合格的动物产品。

六、动物检疫证明的撤销

动物检疫证明一经出具，即具有法律效力，但有下列情形之一的，出具动物检疫证明的动物卫生监督机构或者其上级动物卫生监督机构，根据利害关系人的请求或者依据职权，撤销动物检疫证明，并及时通告有关单位和个人：①官方兽医滥用职权、玩忽职守出具动物检疫证明的；②以欺骗、贿赂等不正当手段取得动物检疫证明的；③超出动物检疫范围实施检疫，出具动物检疫证明的；④对不符合检疫申报条件或者不符合检疫合格标准的动物、动物产品，出具动物检疫证明的；⑤其他未按照《动物防疫法》《动物检疫管理办法》和检疫规程的规定实施检疫，出具动物检疫证明的。

第九节　动物防疫保障制度

为保证动物防疫工作的有序进行和贯彻落实到位，《动物防疫法》第十章确立了动物防疫工作的保障制度。

一、纳入国民经济和社会发展规划

县级以上人民政府应当把动物防疫纳入国民经济和社会发展规划及年度计划，具体如下。

1. 财政投入保障　针对近年来动物疫情形势变化，各级财政应采取切实措施支持动物防疫工作，加大对动物防疫工作的财政投入，将所需工作经费纳入财政预算。主要措施包括：将动物疫病的监测、预防、控制、净化、消灭，动物、动物产品的检疫和病死动物的无害化处理，以及监督管理所需经费纳入县级人民政府预算。

2. 防疫物资储备保障　实施重大动物疫情应急物资储备的保障制度，是为了预防、控制和扑灭重大动物疫情所需物资储备的有效保障供给。县级以上人民政府应当储备动物疫情应急处置所需的防疫物资，包括消毒药品、消毒设备、防护用品、密闭用具等。

3. 财政补偿经费保障　动物防疫工作中强制扑杀的动物、销毁的动物产品和相关物品，县级以上人民政府要给予补偿，并列入年度预算。

二、加强基层动物防疫队伍建设

动物防疫的重点和难点在基层，尤其在广大乡镇和农村地区。重大动物疫病防控的实践证明，要有效预防和控制重大动物疫情的发生和流行，必须进一步推进兽医管理体制改革，加强动物防疫体系建设，健全兽医工作队伍。基层动物防疫队伍，特别是村级动物防疫员队伍是动物疫病防控体系的基础，是动物强制免疫、畜禽标识加挂、免疫档案建立和动物疫情报告等重要防疫措施实施的主体力量。加强基层动物防疫队伍建设，可以把动物防疫的网络延伸到基层，把动物防疫的意识强化到基层,把动物防疫的技术传授到基层,有利于重大动物疫情的早发现、早反应、早处置,以及各项动物疫病防控措施的落实。

（一）积极推进基层动物防疫队伍建设,加强村级动物防疫员管理

1. 明确基层动物防疫队伍建设的原则和目标　　要按照"因地制宜、按需设置、明确责任、择优选用、注重素质、创新机制"的原则,把基层动物防疫队伍建设纳入农村实用人才队伍建设和动物防疫体系建设整体规划,结合推进兽医管理体制改革和基层动物防疫体系建设,采取切实有效的措施,努力建立起适应重大动物疫病防控工作需要的基层动物防疫队伍。

2. 科学配置村级动物防疫员　　村级动物防疫员的配置,要与基层动物防疫工作实际相适应,要确保重大疫病防控措施在基层能够得到有效落实。各地要根据本地区畜禽饲养量、养殖方式、地理环境、交通状况和免疫程序等因素综合测算,科学合理配置村级动物防疫员。

3. 落实村级动物防疫员责任　　要建立村级动物防疫员工作责任制。村级动物防疫员主要承担动物防疫法律法规宣传、动物强制免疫注射、畜禽标识加挂、散养户动物免疫档案建立、动物疫情报告等公益性任务。各地要进一步量化村级动物防疫员的工作任务,细化质量标准,明确考核指标,保证各项工作任务明确、进度具体、要求严格。

4. 做好村级动物防疫员选用　　建立和完善村级动物防疫员选用制度。村级动物防疫员要优先从现有乡村兽医中选用。按照"公开、平等、竞争、择优"的原则,严格掌握选用条件和选用程序,严把进人关。要与村级动物防疫员签订基层动物防疫工作责任书,明确其权利和义务。

5. 加强村级动物防疫员培训　　各地要加强村级动物防疫员培训,综合运用教育培训和实践锻炼等方式,着力培养一支适应重大动物疫病防控工作需要的基层动物防疫队伍。要建立健全村级动物防疫员岗前培训和在岗培训制度,把村级动物防疫员培训纳入动物防疫队伍整体培训计划,制定系统、完善的培训方案。要增强培训的针对性和实用性,切实提高村级动物防疫员的业务素质和工作能力。

6. 完善村级动物防疫员工作考核机制和动态管理机制　　各地要把动物强制免疫、畜禽标识加挂、免疫档案建立和动物疫情报告等情况作为考核的主要内容,定期对村级动物防疫员的工作情况进行检查考核,对村级动物防疫的工作开展综合评价,并将评价结果与报酬补贴挂钩。要坚持人员的动态管理,对综合考评不合格的,要及时调整出村级动物防疫员队伍。要建立健全村级动物防疫员监督管理办法,严肃村级动物防疫员工作纪律,规范村级动物防疫员行为。

（二）切实加强组织领导,把基层动物防疫队伍建设各项工作落到实处

1. 加强对基层动物防疫队伍建设的组织领导　　各地要把基层动物防疫队伍建设作为当前农业农村工作和基层动物防疫体系建设的一项紧迫任务,摆到突出位置,列入重要议事日程,切实加强领导。要制订本地区动物防疫队伍建设实施方案,有计划、有步骤地加以推进。要把基层动物防疫队伍建设作为考核重大动物疫病防控措施落实和兽医管理体制改革工作的一项指标,逐级进行考核。

2. 建立基层动物防疫工作经费保障机制　　基层动物防疫工作经费以地方财政投入为主,中央财政给予适当补助。各地要在中央出台基层动物防疫工作经费补助政策的基础上,积

极协调财政等有关部门，建立完善基层动物防疫工作特别是村级动物防疫工作经费补助制度。要认真测算基层动物防疫工作的任务量和工作强度，把基层动物防疫工作所需的各项经费纳入财政预算，切实提高基层动物防疫工作的经费保障水平。要为基层动物防疫工作配备必要的疫苗冷藏设备和防疫器械，切实提高基层动物防疫工作的装备水平。要加大基层动物防疫员队伍培训经费投入力度，切实提高基层动物防疫队伍技术水平。

3. 因地制宜地探索加强基层动物防疫队伍建设的方式方法　　各地要注意发挥先进典型的示范和引导作用，通过现场会、经验交流会等形式，推广各地在推进基层动物防疫队伍建设工作中的好经验、好做法。要加强调查研究，找出适合本地区的健全防疫网络、提高人员素质、完善运行机制的好办法。要加强基层动物防疫队伍建设的督查和指导，不断研究解决工作中出现的新情况、新问题，不断完善相关措施。

（三）向乡、镇或者特定区域派驻兽医机构

在加强基层防疫队伍建设的同时，为了进一步充实乡村动物防疫工作的力量和满足实际工作需要，县级以上人民政府按照本级政府职责，将动物疫病的监测、预防、控制、净化、消灭，动物及其产品的检疫和病死动物的无害化处理，以及监督管理所需经费纳入本级预算；县级以上人民政府应当储备动物疫情应急处置所需的防疫物资；县级人民政府应当为动物卫生监督机构配备与动物及其产品检疫工作相适应的官方兽医，保障检疫工作条件；县级人民政府农业农村主管部门可以向乡、镇或者特定区域派驻兽医机构。

三、建立动物防疫补偿制度

《动物防疫法》对动物防疫补偿的规定包括：①对在动物疫病预防和控制、扑灭过程中强制扑杀的动物、销毁的动物产品和相关物品，县级以上人民政府应当给予补偿；有关补偿办法将由国务院财政部门会同有关部门制定，并加以规范。②国家鼓励和支持执业兽医、乡村兽医和动物诊疗机构开展动物防疫和疫病诊疗活动；鼓励养殖企业、兽药及饲料生产企业组建动物防疫服务团队，提供防疫服务。地方人民政府组织村级防疫员参加动物疫病防治工作的，应当保障村级防疫员合理的劳务报酬。

四、建立健全卫生防护措施和医疗保健措施

对从事动物疫病预防、检疫、监督检查、现场处理疫情，以及在工作中接触动物疫病病原体的人员，有关单位须按照国家规定采取有效的卫生防护措施和医疗保健措施，给予畜牧兽医医疗卫生津贴等相关待遇。

复习思考题

1. 动物疫病病种名录中一类动物疫病有哪些？
2. 发生一类动物疫病时相关部门应如何处理？
3. 法定的常见人畜共患传染病有哪些？
4. 什么是动物和动物产品的检疫？

5. 什么是官方兽医?

6. 病死动物和病害动物产品的收集、运输和处理原则有哪些?

7. 申请设立动物诊疗机构,应具备哪些条件?

8. 如何进行执业兽医和乡村兽医的从业管理?

9. 什么是动物防疫监督? 动物防疫监督的方式有哪些?

10. 我国现行动物防疫工作的保障措施有哪些?

第七章　进出境动物检疫法律制度

本章内容提要　本章主要介绍我国进出境动物检疫相关法律制度，包括进境检疫制度、出境检疫制度、过境检疫制度、携带和寄递物检疫制度、运输工具检疫制度等。

第一节　进出境动物检疫法律制度概述

一、进出境动物检疫的法制演进

（一）国外进出境动物检疫的法制演进

进出境动物检疫法令最早见于英国。1866年，英国政府下令批准紧急扑杀因引种传入牛瘟的全部病牛，并制定《动物传染病法》。1879年，意大利发现美国肉类带有旋毛虫，率先下令禁止进口美国肉类；1881年，德国、法国等国家相继宣布类似进口禁令。1882年，美国发生牛传染性胸膜肺炎，英国下令禁止进口美国牛。随后，各国政府为保护本国农牧业生产不受外来疫病侵害，运用法律手段发布禁令和法规，已为世界普遍接受。日本于1886年颁布《兽医传染病预防规则》，1896年制定《兽医预防法》，1914年后制定《家畜传染病预防法》《狂犬病预防法》等。澳大利亚于1908年公布《澳大利亚检疫法》，1975年颁布《动物法》。新西兰于1960年颁布《动物保护法》，1967～1969年相继颁发《动物法》《家禽法》《动物医药法》。

（二）国内进出境动物检疫的法制演进

1. 出境动物检疫的法制演进　1923年7月，北洋政府内务部公布《出口肉类检验条例》。1927年10月，北京市政府农工部公布《农工部毛革肉类出口检查所章程》，决定在通商口岸建立毛革肉类出口检查所；1927年11月，该部公布《毛革肉类出口检查条例》，并在12月19日公布了该条例的施行细则。1928年12月，国民政府工商部公布《商品出口检验暂行规则》，1929年6月公布《商品出口检验局暂行章程》，1930年4月公布《商品检验暂行条例》，将进出口农畜产品列为应检疫的有害危险商品。1931年4月，国民政府实业部公布《商品检验局牲畜产品检验规程》，这是中国首份动物检疫技术规范文件。1932年12月，实业部在《商品检验暂行条例》的基础上拟订《商品检验法》，经国民政府批准公布执行。1934年10月～1935年10月，该部相继以部令公布蜜蜂、蚕种、畜牧、肉类、肠衣和鬃毛绒羽类等检验施行细则。

2. 进境动物检疫的法制演进　1929年，上海发现进口日本蜂群有蜜蜂幼虫腐臭病，为防止该病传入国内，国民政府农矿部商请财政部通令全国海关禁止进口蜂群，若引进蜂王须有原产国无病保证单，经检查无误后始能进口。这是中国最早进境动物检疫禁令。

1950年3月，中央贸易部制定了《商品检验暂行条例》和《商品检验暂行细则》，统一了全国进出口商品检验（含动物检疫）规章制度。1951年11月，中央人民政府政务院批准，由政务院财政经济委员会公布修订的《商品检验暂行条例》。1954年1月，政务院公布了《输出输入商品检验暂行条例》，首次以国家法规形式将进出口商品（含动物检疫）纳入管理轨道。1956 年 3 月，对外贸易部制定并颁发了《出口肉类检验工作监督与检查办法》。1965 年 2 月，国务院批准农业部在经常有进出口动植物检疫任务的国境口岸设立动植物检疫所，农业部正式接管全国进出口动物检疫工作。1979 年 4 月，国家水产总局和农业部联合印发了《中华人民共和国口岸淡水鱼检疫暂行规定》。1981 年 9 月，在农业部设立国家动植物检疫总所（后改成国家动植物检疫局）。1982 年 6 月，国务院发布《中华人民共和国进出口动植物检疫条例》，成为我国动物检疫史上首部比较完善的行政法规；1983 年 10 月，农牧渔业部颁发该条例的实施细则，使动物检疫法制化建设又迈上新台阶。1991 年 10 月，全国人民代表大会常务委员会颁布《进出境动植物检疫法》，对进出境动物及其产品和其他检疫物，以及相关的装载容器、包装物和运输工具实施检疫进行了明确规定；1996 年 12 月，国务院颁布《中华人民共和国进出境动植物检疫法实施条例》（以下简称"《进出境动植物检疫法实施条例》"）。《进出境动植物检疫法》及其实施条例的出台是我国进出境动物检疫事业发展进程中又一里程碑，标志着进出境动物检疫法律体系朝着法治化、规范化方面迈出了更坚实的步伐。1998 年 3 月，国家动植物检疫局与国家进出口商品检验局、国家卫生检疫局合并成立国家出入境检验检疫局，隶属于海关总署管理。2001 年 4 月，国家出入境检验检疫局脱离海关总署，与国家质量技术监督局合并成立国家质量监督检验检疫总局。2018 年 4 月，全国出入境检验检疫管理职责和队伍划入海关，由海关总署负责我国进出境动物检疫工作。

二、进出境动物检疫的法制体系

目前，我国进出境动物检疫法律制度体系主要由国家相关法律、法规、规章、规范性文件组成。其中，《进出境动植物检疫法》是我国进出境动物检疫的根本依据，与其配套的行政法规《进出境动植物检疫法实施条例》对进出境动物检疫作出了比较全面、细致的规定，涵盖进出境动物及其产品检疫的内容。

（一）进出境动物检疫相关法律

《进出境动植物检疫法》是我国进出境动物检疫的基本法，规定了进出境动物及其动物产品检疫的目的、范围、执行机构和法律责任等。其他相关的法律有《中华人民共和国生物安全法》（以下简称"《生物安全法》"）、《中华人民共和国海关法》、《中华人民共和国进出口商品检验法》、《中华人民共和国动物防疫法》、《中华人民共和国野生动物保护法》、《中华人民共和国突发事件应对法》、《食品安全法》等。

（二）进出境动物检疫相关法规

进出境动物检疫相关法规有《进出境动植物检疫法实施条例》《中华人民共和国进出口商品检验法实施条例》《中华人民共和国食品安全法实施条例》《中华人民共和国濒危野生动植物进出口管理条例》《重大动物疫情应急条例》等。

（三）进出境动物检疫相关规章

相关规章对进出境动物检疫领域某一项行政工作作出具体的规定。例如，《进境动物和动物产品风险分析管理规定》《进境动植物检疫审批管理办法》《进境动物隔离检疫场使用监管管理办法》《进境动物遗传物质检疫管理办法》《进境水生动物检验检疫监督管理办法》《出境水生动物检验检疫监督管理办法》《供港澳活猪检验检疫管理办法》《供港澳活牛检验检疫管理办法》《供港澳活羊检验检疫管理办法》《供港澳活禽检验检疫管理办法》《进出境非食用动物产品检验检疫监督管理办法》《进出口饲料和饲料添加剂检验检疫监督管理办法》《进出境重大动物疫情应急处置预案》等。

（四）进出境动物检疫相关规范性文件

进出境动物检疫主管部门发布的公告、决定等作为法制体系中的配套规范性文件。例如，《中华人民共和国禁止携带、寄递进境的动植物及其产品和其他检疫物名录》（2021年10月20日，农业农村部、海关总署公告第470号）、《关于防止南非口蹄疫传入我国的公告》（2022年4月1日，海关总署、农业农村部公告第30号）、《关于取消博茨瓦纳部分地区口蹄疫非免疫无疫区地位的公告》（2022年9月21日，海关总署、农业农村部公告第90号）。

（五）其他进出境动物检疫相关文件

有关双边官方签订的检疫协定（含检疫议定书、备忘录、对条款解释的函件等）；世界动物卫生组织（WOAH）发布的《陆生动物卫生法典》《水生动物卫生法典》；经我国批准的国际条约中涉及动物卫生方面的规范（我国声明保留条款除外），如《SPS协定》等。

三、我国进出境动物检疫的范围和对象

（一）进出境动物检疫的范围

《进出境动植物检疫法》及其实施条例明确规定了进出境动物检疫的范围，包括：进境、出境、过境的动物、动物产品和其他检疫物；装载动物、动物产品和其他检疫物的装载容器、包装物、铺垫材料；来自动物疫区的运输工具；进境拆解的废旧船舶；有关法律、行政法规、国际条约规定或贸易合同约定应当实施进出境动物检疫的其他货物、物品。动物是指饲养、野生的活动物，如畜、禽、鱼、虾、蚕、蜂等；动物产品是指来源于动物未经加工或者虽经加工但仍有可能传播疾病的产品，如皮张、毛类、肉类、脏器、油脂、动物水产品、奶制品、蛋类、精液、胚胎等；其他检疫物是指动物疫苗、血清、诊断液、动物性废弃物等。

（二）进境动物检疫的对象

我国进境动物检疫疫病名录的6次变迁如下。

1979年3月13日，农林部在《关于从国外进口畜禽及其产品有关检疫事项的通知》中首次规定中国进口动物检疫对象名单。

1982年6月30日，农牧渔业部修订并公布了《中华人民共和国进口动物检疫对象名单》；1986年7月7日，农牧渔业部重新修订并公布了该名单；1992年6月8日，农业部发布《中华人民共和国进境动物一、二类传染病、寄生虫病名录》。这3次均以部门文件的形式公布。

2013年11月28日，农业部和国家质量监督检验总局以第2013号公告联合发布《中华人民共和国进境动物检疫疫病名录》，首次以部门公告的形式公布，属于部门规章立法范畴，其

权威性和强制力得到进一步保障。

2020 年 1 月 15 日，农业农村部会同海关总署以第 256 号令公告联合发布修订完善的《中华人民共和国进境动物检疫疫病名录》，并提出今后将在风险评估基础上对名录联合实施动态调整。2022 年 1 月 30 日，农业农村部和海关总署在风险评估的基础上，将牛结节性皮肤病由一类动物传染病调整为二类动物传染病。目前有效的《中华人民共和国进境动物检疫疫病名录》共有 211 种疫病，分为以下三大类。

1. 一类传染病、寄生虫病（15 种）　　口蹄疫、猪水疱病、猪瘟、非洲猪瘟、尼帕病、非洲马瘟、牛传染性胸膜肺炎、牛海绵状脑病、痒病、蓝舌病、小反刍兽疫、绵羊痘和山羊痘、高致病性禽流感、新城疫、埃博拉出血热。

2. 二类传染病、寄生虫病（155 种）

共患病（29 种）：狂犬病、布鲁氏菌病、炭疽、伪狂犬病、魏氏梭菌感染、副结核病、弓形虫病、棘球蚴病、钩端螺旋体病、施马伦贝格病、梨形虫病、日本脑炎、旋毛虫病、土拉杆菌病、水疱性口炎、西尼罗热、裂谷热、结核病、新大陆螺旋蝇蛆病（嗜人锥蝇）、旧大陆螺旋蝇蛆病（倍赞氏金蝇）、Q 热、克里米亚刚果出血热、伊氏锥虫感染（包括苏拉病）、利什曼原虫病、巴氏杆菌病、心水病、类鼻疽、流行性出血病感染、小肠结肠炎耶尔森菌病。

牛病（12 种）：牛传染性鼻气管炎/传染性脓疱性阴户阴道炎、牛恶性卡他热、牛白血病、牛无浆体病、牛生殖道弯曲杆菌病、牛病毒性腹泻/黏膜病、赤羽病、牛皮蝇蛆病、牛巴贝斯虫病、出血性败血症、泰勒虫病、牛结节性皮肤病。

马病（11 种）：马传染性贫血、马流行性淋巴管炎、马鼻疽、马病毒性动脉炎、委内瑞拉马脑脊髓炎、马脑脊髓炎（东部和西部）、马传染性子宫炎、亨德拉病、马腺疫、溃疡性淋巴管炎、马疱疹病毒-1 型感染。

猪病（16 种）：猪繁殖与呼吸道综合征、猪细小病毒感染、猪丹毒、猪链球菌病、猪萎缩性鼻炎、猪支原体肺炎、猪圆环病毒感染、革拉泽氏病（副猪嗜血杆菌）、猪流行性感冒、猪传染性胃肠炎、猪铁士古病毒性脑脊髓炎、猪密螺旋体痢疾、猪传染性胸膜肺炎、猪带绦虫感染/猪囊虫病、塞内卡病毒病、猪 δ 冠状病毒病。

禽病（21 种）：鸭病毒性肠炎（鸭瘟）、鸡传染性喉气管炎、鸡传染性支气管炎、传染性法氏囊病、马立克氏病、鸡产蛋下降综合征、禽白血病、禽痘、鸭病毒性肝炎、鹅细小病毒感染（小鹅瘟）、鸡白痢、禽伤寒、禽支原体病（鸡败血支原体、滑液囊支原体）、低致病性禽流感、禽网状内皮组织增殖症、禽衣原体病（鹦鹉热）、鸡病毒性关节炎、禽螺旋体病、住白细胞原虫病（急性白冠病）、禽副伤寒、火鸡鼻气管炎（禽偏肺病毒感染）。

羊病（4 种）：山羊关节炎/脑炎、梅迪-维斯纳病、边界病、羊传染性脓疱皮炎。

蜂病（6 种）：蜜蜂盾螨病、美洲蜂幼虫腐臭病、欧洲蜂幼虫腐臭病、蜜蜂瓦螨病、蜂房小甲虫病、蜜蜂亮热厉螨病。

其他动物病（13 种）：鹿慢性消耗性疾病、兔黏液瘤病、兔出血症、猴痘、猴疱疹病毒Ⅰ型、猴病毒性免疫缺陷综合征、马尔堡出血热、犬瘟热、犬传染性肝炎、犬细小病毒感染、水貂阿留申病、水貂病毒性肠炎、猫泛白细胞减少症。

水生动物病（43 种）：鲤春病毒血症、白斑综合征、十足目虹彩病毒 1 感染等。

3. 其他传染病、寄生虫病（41 种）　　共患病 9 种、牛病 5 种、马病 3 种、猪病 2 种、禽病 5 种、绵羊和山羊病 7 种、蜂病 2 种、其他动物病 8 种。

第二节　进境检疫制度

一、风险管理制度

国家对进境动物及其产品实施风险管理，在风险分析的基础上，实施产品风险分级、检疫准入、风险警示及其他风险管理措施。根据进境动物及其产品动物卫生和公共卫生风险，确定产品风险级别。动物产品的风险级别及检疫监督模式在海关总署官方网站公布。

海关总署根据进境动物及其产品质量安全形势、检验检疫中发现的问题、国内外相关组织机构的通报，以及国内外发生的动物卫生和公共卫生问题，在风险分析的基础上发布风险警示信息并决定采取启动应急处置预案、限制进境和暂停进境等风险管理措施。

二、检疫准入制度

海关总署对进境动物及其产品实施检疫准入制度，包括产品风险分析、监管体系评估与审查、确定检验检疫要求、境外生产企业注册登记等。

（一）国家准入制度

《生物安全法》第二十三条规定："国家建立首次进境或者暂停后恢复进境的动植物、动植物产品、高风险生物因子国家准入制度。"

首次向中国境内输出相关动植物、动植物产品和其他检疫物前，输出国家或者地区主管部门应当向海关总署提出书面申请，并根据海关总署发出的问卷提交相关技术资料，主要包括：动物检疫相关法律法规；动物检疫监督管理组织机构；动物疫情流行情况和防控措施；动物检疫技术支撑能力；出口动物检疫监管及签证管理；动物疫情监测、溯源、预警和应急机制及召回机制；动物养殖管理、动物产品加工流程等。海关总署组织专家根据申请材料，按照风险分析管理有关规定对相关动物、动物产品和其他检疫物的疫情风险进行书面评估。必要时，可以开展实地评估。在风险评估的基础上，经双边技术磋商，共同确定并签署动植物、动植物产品和其他检疫物进入中国境内前的检疫要求双边议定书或备忘录。海关总署根据双边议定书或备忘录发布该国家或者地区相关动物、动物产品或其他检疫物的进境检疫要求的公告。企业根据公告的要求开展相关进口贸易。

因突发动物疫情或被中国海关检出不合格而被暂停准入的，如申请恢复向中国境内输出动植物、动植物产品和其他检疫物，相关国家或者地区主管部门应向海关总署提出书面申请，并提供针对暂停原因的相关技术资料或调查整改报告。

（二）注册登记制度

海关总署对进境动物及其产品的养殖及生产、加工、存放单位（以下简称境外生产加工企业）实施注册登记，对境外生产加工企业的资质、安全卫生防疫条件和质量管理体系进行考核确认，并实施监督管理。需要实施境外生产加工企业注册登记的动物及其产品名录由海关总署制定、调整并公布。

　　向中国输出动物及其产品的境外生产加工企业应当符合输出国家或者地区法律法规和标准的相关要求，并达到中国有关法律法规和强制性标准的要求。实施注册登记管理的动物及其产品境外生产企业，经输出国家或者地区主管部门审查合格后向海关总署推荐。海关总署收到推荐材料并经书面审查合格后，必要时经与输出国家或者地区主管部门协商，派出专家到输出国家或者地区对其监管体系进行评估或者回顾性审查，对申请注册登记的境外生产企业进行检查。符合要求的国家或者地区的境外生产企业，经检查合格的予以注册登记。注册登记的境外生产加工企业向中国输出的动物及其产品经检验检疫不合格，情节严重的，海关总署可以撤销其注册登记。

三、检疫审批制度

　　根据产品风险分析结果，海关总署依据《进境动植物检疫审批管理办法》，对风险较高的进境动物及其产品实施检疫审批制度。检疫审批的范围包括《进出境动植物检疫法》及其实施条例及国家有关规定需要审批的进境动物（含过境动物）、动物产品和需要特许审批的禁止进境物。海关总署根据法律法规的有关规定及国务院有关部门发布的禁止进境物名录，制定、调整并发布需要检疫审批的动植物及其产品名录。

　　申请办理检疫审批手续的单位应当是具有独立法人资格并直接对外签订贸易合同或者协议的单位。申请单位应当在签订贸易合同或者协议前，向海关提出申请并取得"进境动植物检疫许可证"。海关审核的内容包括：申请单位提交的材料是否齐全；输出和途经国家或者地区有无相关的动物疫情；是否符合中国有关检疫法律法规和部门规章的规定；是否符合中国与输出国家或者地区签订的双边检疫协定（包括检疫协议、议定书、备忘录等）；进境后需要对生产、加工过程实施检疫监督的动植物及其产品，审查其运输、生产、加工、存放及处理等环节是否符合检疫防疫及监管条件，根据生产、加工企业的加工能力核定其进境数量。海关根据审核情况，在规定的时限内签发"进境动植物检疫许可证"或者"检疫许可证申请未获批准通知单"。

　　办理进境检疫审批手续后，有下列情况之一的，货主、物主或者其代理人应当重新申请办理检疫审批手续：变更进境物的品种或者数量的；变更输出国家或者地区的；变更进境口岸的；超过检疫审批有效期的。

四、境外预检制度

　　海关总署根据检疫需要，并经动物及动物产品输出国家或者地区政府有关机关同意，可以派检疫人员进行预检、监装或者产地疫情调查。

　　境外预检是进境动物检疫工作中一项非常重要的措施和手段，对防止动物疫病等有害生物传入，保护我国畜牧业、渔业生产安全和生物安全起到了非常积极、有效的作用。国家派出官方动物检疫人员，配合派往国家或地区政府动物检疫机关执行双边协议；落实议定书中每一项规定，确保向中国输出的动物或繁殖材料符合双边协议的规定。动物检疫人员到达后，首先与输出国家或地区官方主管部门联系，按照双边协议的内容商定检疫计划；了解或查阅输出国家或地区的动物疫情，确认符合双边协议规定；了解和查阅输出动物、动物遗传物质所在地区和养殖场的动物疫情，确认符合双边协议对养殖场动物疫情的规定；参与养殖场检疫，确认养殖场免疫和检疫项目、方法、标准、检疫结果符合双边协议要求，只有经检疫合格的动物方允许进入动物隔离场；确认动物隔离场条件符合动物隔离检疫要求，使用前经过严格消毒处理；落实动物隔离检疫期间的检疫项目，了解实验室检测情况，进行动物寄生虫的驱除处理；做好动物装运前的临床检查；落实动物的运输路线、运输要求（包括从隔离场至离境口岸的运输过程），以及应由输出国或者地区提供的检疫试剂准备情况；确认输出国或者地区动物卫生证书内容是否反映了双边协议规定的要求，可根据情况对输出动物实施监装。

五、进境申报制度

输入动物、动物产品和其他检疫物的，货主或者其代理人应当按要求在进境前或者进境时向海关申报。输入种畜禽及其精液、胚胎的，应在进境前30日申报；输入其他动物的，应当在进境前15日申报；直接用作包装物、铺垫材料的动物产品进境时，货主或者其代理人应当及时向口岸海关申报。申报时应当按要求填写货物信息，并提交输出国家或者地区官方出具的检疫证书、产地证书和贸易合同、信用证、发票等单证。依法应当办理检疫审批手续的，还应当提交"进境动物检疫许可证"。

六、指定监管场地制度和口岸查验制度

（一）指定监管场地制度

指定监管场地是指符合海关监管作业场所（场地）的设置规范，满足动植物疫病疫情防控需要，对特定进境高风险动植物及其产品实施查验、检验、检疫的监管作业场地。食用水生动物、肉类、冰鲜水产品应从具备相应指定监管场地的口岸进境。

（二）口岸查验制度

输入的动物、动物产品和其他检疫物运达口岸时，检疫人员可以到运输工具上和货物现场实施检疫，核对货、证是否相符，并按照规定采集样品。承运人、货主或者其代理人应当提供装载清单和有关资料。检疫人员应当按照下列规定实施现场检疫。

1. 动物　检查动物有无疫病的临床症状。发现疑似感染传染病或者已死亡的动物时，在货主或者押运人的配合下查明情况，立即处理。动物的铺垫材料、剩余饲料和排泄物等，由货主或者其代理人在检疫人员的监督下，作除害处理。

2. 动物产品　检查动物产品有无腐败变质现象，容器、包装是否完好。符合要求的，允许卸离运输工具；发现散包、容器破裂的，由货主或者其代理人负责整理完好，方可卸离运输工具。根据情况对运输工具的有关部位及装载动物产品的容器、外表包装、铺垫材料、被污染场地等进行消毒处理。需要实施实验室检疫的，按照规定采集样品。对易滋生植物害虫或者混藏杂草种子的动物产品，同时实施植物检疫。

3. 动植物性包装物、铺垫材料　检查动植物性包装物、铺垫材料是否携带病虫害、混藏杂草种子、粘带土壤，并按照规定采集样品。

4. 其他检疫物　检查其他检疫物的包装是否完好及是否被病虫害污染。发现破损或者被病虫害污染时，作除害处理。

现场查验结束，应将按规程抽取的有代表性的样品送实验室检测动物疫病或安全风险物质。需要隔离检疫的动物，抽样在隔离检疫场进行。实验室检测结果是查验结果评判及采取后续监管措施的科学依据。

七、隔离检疫制度

输入种用大中家畜的，应当在海关总署设立的动物隔离检疫场所隔离检疫 45 天；输入其他动物的，应当隔离检疫 30 天。

动物隔离检疫场所（简称"隔离场"）是指专用于进境动物隔离检疫的场所。根据《进境动物隔离检疫场使用监督管理办法》，隔离场包括两类：一类是海关总署设立的动物隔离检疫场所（简称"国家隔离场"），另一类是由各直属海关指定的动物隔离场所（简称"指定隔离场"）。隔离场的选址、布局和建设，应当符合国家相关标准和要求。

进境种用大中动物应当在国家隔离场隔离检疫，当国家隔离场不能满足需求，需要在指定隔离场隔离检疫时，应当报经海关总署批准。进境种用大中动物之外的其他动物应当在国家隔离场或者指定隔离场隔离检疫。

动物进入隔离场前 10 天，隔离场所有场地、设施、工具必须保持清洁，并采用海关认可的有效方法进行不少于 3 次的消毒处理，每次消毒之间应当间隔 3 天。经入境口岸海关现场检疫合格的进境动物方可运往隔离场进行隔离检疫。海关对隔离场实行监督管理，监督和检查隔离场动物饲养、防疫等措施的落实情况。对进境种用大中动物，隔离检疫期间实行 24 小时海关工作人员驻场监管。海关负责隔离检疫期间样品的采集、送检和保存工作。隔离动物样品采集工作应当在动物进入隔离场后 7 天内完成。海关按照有关规定，对动物进行临床观察和实验室项目的检测。海关按照相关的规定对进口动物进行必要的免疫和预防性治疗。隔离场使用人在征得海关同意后可以对患病动物进行治疗。

八、检疫监督制度

海关对进出境动物、动物产品的生产、加工、存放过程实行检疫监督制度。

对一些可以利用生产加工工艺消除疫情疫病风险的农产品，指定加工生产单位，一方面可以有效消除现有检疫处理技术无法消除疫情疫病的风险，另一方面可以有效降低贸易成本。需要定点加工的产品清单由海关总署根据风险分析结果制定并公布。

根据《进出境非食用动物产品检验检疫监督管理办法》第三十三条规定：拟从事产品风险级别较高的进境非食用动物产品存放、加工业务的企业可以向所在地直属海关提出指定申请。海关根据有关要求，对申请企业的申请材料、工艺流程、兽医卫生防疫制度等进行检查评审，核定存放、加工非食用动物产品种类、能力，并对指定企业实施日常监督管理。

九、检疫出证制度

输入动物、动物产品和其他检疫物，经检疫合格的，准予进口。海关依企业申请，签发"入境货物检验检疫证明"。

输入动植物、动植物产品和其他检废物，经检疫不合格的，海关签发"检疫处理通知单"，通知货主或者其代理人在海关的监督和技术指导下，作退回、销毁或除害处理；需要对外索赔的，由海关出具检疫证书。检疫证书是指动植物检疫机关出具的关于动植物、动植物产品和其他检疫物健康或者卫生状况的具有法律效力的文件，如"动物检疫证书""动物健康证书""兽医卫生证书"等。

十、检疫处理制度

检疫处理是指利用生物、物理、化学的方法，对出入境货物、交通工具、集装箱及其他检疫对象采取的消除疫情疫病风险或者潜在危害，防止动物病虫害传入传出的一项强制性措施，最终目的是保护农业生产安全和生态安全。

输入动物，经检疫不合格的，海关签发"检疫处理通知单"，通知货主或者其代理人作如下处理：检出一类传染病、寄生虫病的动物，连同其同群动物全群退回或者全群扑杀并销毁尸体；检出二类传染病、寄生虫病的动物，退回或者扑杀，同群其他动物在隔离场或者其他指定地点隔离观察。

输入动物产品和其他检疫物经检疫不合格的，海关签发"检疫处理通知单"，通知货主或者其代理人作除害、退回或者销毁处理。经除害处理合格的，准予进境。

销毁处理的方式一般是焚烧、化制、深埋等。除害处理的方式一般是熏蒸、消毒、热处理、辐照处理等。

第三节　出境检疫制度

一、生产企业注册登记制度

对输入国要求中国对向其输出的动物、动物产品和其他检疫物的生产、加工、存放单位注册登记的，海关实行注册登记。注册登记是行政许可事项，办理流程和时限遵照《行政许可法》规定。动物养殖企业或动物产品和其他检疫物的生产、加工、存放单位向海关提出注册登记申请，提交申请表、平面图等资料，海关审核申请资料，并组织评审组根据相关管理办法、标准的规定，对申请单位的管理制度、生产条件及动物卫生防疫体系进行现场评审，合格的，予以注册。

二、监督管理制度

海关对出境动物、动物产品和其他检疫物的生产、加工、存放单位实行监督管理制度，定期或不定期检查企业的生产管理及动物卫生防疫制度的落实情况。对出境动物养殖场开展动物传染病的监测，对出境食用动物和动物产品开展禁用药物、兽药残留、有毒有害物质等项目的安全风险监控。

三、出境前申报制度

货主或者其代理人在动物、动物产品和其他检疫物出境前，向属地海关申报检验检疫。经检疫合格的动物、动物产品和其他检疫物，有下列情形之一的，货主或者其代理人应当重新申报检疫：更改输入国家或者地区，更改后的输入国家或者地区又有不同检疫要求的；改换包装或者原未拼装后来拼装的；超过检疫规定有效期限的。

四、属地查验制度

出境前需经隔离检疫的活动物，在海关指定的隔离场所检疫。动物产品和其他检疫物，在仓库或者货场实施检疫，根据需要，也可以在生产、加工过程中实施检疫。海关依照输入国家或者地区和中国有关动物检疫规定、双边检疫协定及贸易合同中标明的检疫要求，对申报出境的动物、动物产品和其他检疫物实施检疫。活动物应当健康状况良好，无传染病和寄生虫病症状，其装载车辆和笼具应干净安全，经过彻底消毒；动物产品和其他检疫物，应当数量齐全、包装完好、堆放整齐、唛头标记明显。

五、检疫出证制度

对申报出境的动物、动物产品和其他检疫物实施检疫，经检疫合格或者经除害处理合格的，准予放行，进口国家或者地区要求出具"动物卫生证书"或"兽医（卫生）证书"的，按规定出具证书。检疫不合格又无有效方法作除害处理的，出具"出境货物不合格通知单"，不予放行。

六、口岸查验制度

经属地海关检疫合格的动物、动物产品和其他检疫物，运达出境口岸时，按照下列规定办理：动物应当经出境口岸海关临床检疫或者复检；动物产品和其他检疫物从启运地随原运输工具出境的由出境口岸海关验证放行，改换运输工具出境的换证放行；动物产品和其他检疫物到达出境口岸后拼装的，因变更输入国家或者地区而有不同检疫要求的，或者超过规定的检疫有效期的，应当重新申报检疫。

第四节　过境检疫制度

我国要求运输动物过境的，必须事先征得海关总署同意，并按照指定的口岸和路线过境。装载过境动物的运输工具、装载容器、饲料和铺垫材料，必须符合我国动植物检疫的规定。

过境动物在过境前，货主或其代理人应当向海关总署申请并取得"检疫许可证"。申请许可证时，应当说明过境路线，并提供输出国家或者地区官方检疫部门出具的动物卫生证书复印件和输入国家或者地区官方检疫部门出具的准许动物进境的证明文件。

过境动物运达进境口岸时，由承运人或者押运人持货运单和输出国家或者地区政府动植物检疫机关出具的检疫证书，在进境时向口岸海关申报。海关监督对运输工具、容器的外表进行消毒并对动物进行临床检疫，经检疫合格的，准予过境。进境口岸海关可以派检疫人员监运至出境口岸，出境口岸海关不再检疫。

过境的动物经检疫，发现有一类、二类动物传染病、寄生虫病的，全群动物不准过境。过境动物的饲料受病虫害污染的，作除害、不准过境或者销毁处理。过境动物的尸体、排泄物、铺垫材料及其他废弃物，必须按照海关规定处理，不得擅自抛弃。

装载过境动物产品和其他检疫物的运输工具和包装物、装载容器必须完整。经口岸海关检查，发现运输工具或者包装物、装载容器有可能造成途中撒漏的，承运人或者押运人应当按照口岸海关的要求，采取密封措施；无法采取密封措施的，不准过境。发现有一类、二类动物传染病、寄生虫病的，作除害处理或者不准过境。

动物、动物产品和其他检疫物过境期间，未经海关批准，不得开拆包装或者卸离运输工具。

第五节　携带、寄递物检疫制度

为了防止动物传染病通过出入境人员携带或邮寄物传入传出，应对携带和邮寄物实施检疫。另外，随着快递行业发展，快件也被纳入检疫范围。因此，2021年10月20日，农业农村部门和海关总署以第470号公告联合发布了《中华人民共和国禁止携带、寄递进境的动植物及其产品和其他检疫物名录》，后期将根据风险评估对名录联合实施动态调整。该名录适用于进（过）境旅客、进境交通运输工具司乘人员、自境外进入边民互市或海关特殊监管区域内的人员、享有外交特权和豁免权的人员随身携带或分离托运，以及邮递、快件和跨境电商直购进口等寄递方式进境的动植物及其产品和其他检疫物。

中华人民共和国禁止携带、寄递进境的动植物及其产品和其他检疫物名录
农业农村部　海关总署　2021年10月20日

一、动物及动物产品类

（一）活动物（犬、猫除外）。包括所有的哺乳动物、鸟类、鱼类、甲壳类、两栖类、爬行类、昆虫类和其他无脊椎动物，动物遗传物质。

（二）（生或熟）肉类（含脏器类）及其制品。

（三）水生动物产品。干制，熟制，发酵后制成的食用酱汁类水生动物产品除外。

（四）动物源性乳及乳制品。包括生乳、巴氏杀菌乳、灭菌乳、调制乳、发酵乳，奶油、黄油、奶酪、炼乳等乳制品。

（五）蛋及其制品。包括鲜蛋、皮蛋、咸蛋、蛋液、蛋壳、蛋黄酱等蛋源产品。

（六）燕窝。经商业无菌处理的罐头装燕窝除外。

（七）油脂类，皮张，原毛类，蹄（爪）、骨、牙、角类及其制品。经加工处理且无血污、肌肉和脂肪等的蛋壳类、蹄（爪）骨角类、贝壳类、甲壳类等工艺品除外。

（八）动物源性饲料、动物源性中药材、动物源性肥料。

二、植物及植物产品类

（九）新鲜水果、蔬菜。

（十）鲜切花。

（十一）烟叶。

（十二）种子、种苗及其他具有繁殖能力的植物、植物产品及材料。

三、其他检疫物类

（十三）菌种、毒种、寄生虫等动植物病原体，害虫及其他有害生物，兽用生物制品，细胞、器官组织、血液及其制品等生物材料及其他高风险生物因子。

（十四）动物尸体、动物标本、动物源性废弃物。

（十五）土壤及有机栽培介质。

（十六）转基因生物材料。

（十七）国家禁止进境的其他动植物、动植物产品和其他检疫物。

注：1、通过携带或寄递方式进境的动植物及其产品和其他检疫物，经国家有关行政主管部门审批许可，并具有输出国家或地区官方机构出具的检疫证书，不受此名录的限制。

2、具有输出国家或地区官方机构出具的动物检疫证书和疫苗接种证书的犬、猫等宠物，每人仅限携带或分离托运一只。具体检疫要求按相关规定执行。

3、法律、行政法规、部门规章对禁止携带、寄递进境的动植物及其产品和其他检疫物另有规定的，按相关规定办理。

携带、寄递上述名录所列动物、动物产品和其他检疫物进境的，作退回或者销毁处理。携带上述名录以外的动物、动物产品和其他检疫物进境的，在进境时向海关申报并接受检疫，未经检疫的，不得携带进境。携带犬、猫进境的，必须持有输出动物的国家或者地区政府动植物检疫机关出具的检疫证书和疫苗接种证书，经检疫合格后放行。没有检疫证书、疫苗接种证书的，海关签发"检疫处理通知单"，作限期退回或者销毁处理。作限期退回处理的，携带人必须在规定的时间内持海关签发的截留凭证，领取并携带出境；逾期不领取的，作自动放弃处理。携带动物产品和其他检疫物进境，经现场检疫合格的，当场放行；需要作实验室检测的，海关签发截留凭证。截留检疫合格的，携带人持截留凭证向海关领回；逾期不领回的，作自动放弃处理。

寄递上述名录以外的动物、动物产品和其他检疫物进境的，由海关在国际邮件互换局实施检疫，必要时可以取回海关检疫；未经检疫不得运递。经检疫或者除害处理合格后放行；经检疫不合格又无有效方法作除害处理的，作退回或者销毁处理，并签发"检疫处理通知单"。

携带、寄递出境的动物、动物产品和其他检疫物，物主有检疫要求的，由海关实施检疫。

第六节　运输工具检疫制度

来自动植物疫区的船舶、飞机、火车抵达口岸时，由海关实施检疫。海关可以登船、登机、登车实施现场检疫，对可能隐藏病虫害的餐车、配餐间、厨房、储藏室、食品舱等动植物产品存放、使用场所和泔水、动植物性废弃物的存放场所，以及集装箱箱体等区域或者部位，实施检疫；必要时，作防疫消毒处理。发现有进境动物检疫疫病名录所列疾病的，必须作熏蒸、消毒或者其他除害处理；发现有禁止进境的动植物、动植物产品和其他检疫物的，必须作封存或者销毁处理，作封存处理的，在中国境内停留或者运行期间，未经海关许可，不得启封动用。对运输工具上的泔水、动植物性废弃物及其存放场所、容器，应当在海关的监督下作除害处理。

来自动植物疫区的进境车辆，在海关的监督下作防疫消毒处理。装载进境动植物、动植物产品和其他检疫物的车辆，经检疫发现病虫害的，连同货物一并作除害处理。装运供应香港、澳门地区的动物的回空车辆，实施整车防疫消毒。

进境拆解的废旧船舶，由海关实施检疫。发现病虫害的，在海关的监督下作除害处理。发现有禁止进境的动植物、动植物产品和其他检疫物的，在海关的监督下作销毁处理。

进境、过境运输工具在中国境内停留期间，交通员工和其他人员不得将所装载的动植物、动植物产品和其他检疫物带离运输工具。

装载动物出境的运输工具，装载前应当在海关的监督下进行消毒处理。装载动物产品和其他检疫物出境的运输工具，应当符合国家有关动物防疫和检疫的规定。

第七节　法律责任

一、违反《进出境动植物检疫法》的法律责任

进出境动物、动物产品和其他检疫物的单位或个人，违反《进出境动植物检疫法》，有下列行为之一的，由海关处以罚款：未报检或者未依法办理检疫审批手续的；未经海关许可擅自将进境动物、动物产品或者其他检疫物卸离运输工具或者运递的；擅自调离或者处理在海关指定的隔离场所中隔离检疫的动物的；擅自开拆过境动物、动物产品或者其他检疫物的包装的；擅自将过境动物、动物产品或者其他检疫物卸离运输工具的；擅自抛弃过境动物的尸体、排泄物、铺垫材料或者其他废弃物的；报检的动物、动物产品或者其他检疫物与实际不符的。

违反《进出境动植物检疫法》，引起重大动物疫情的，依照刑法有关规定追究刑事责任。《刑法》第三百三十七条第一款规定："违反有关动植物防疫、检疫的国家规定，引起重大动植物疫情的，或者有引起重大动植物疫情危险，情节严重的，处三年以下有期徒刑或者拘役，并处或者单处罚金。"

伪造、变造检疫单证、印章、标志、封识，依照刑法有关规定追究刑事责任。尚不构成犯罪或者犯罪情节显著轻微依法不需要判处刑罚的，由海关处以罚款。

海关检疫人员滥用职权，徇私舞弊，伪造检疫结果，或者玩忽职守，延误检疫出证，构成犯罪的，依法追究刑事责任；不构成犯罪的，给予行政处分。

二、违反《生物安全法》的法律责任

违反《生物安全法》规定，擅自引进外来物种的，由县级以上人民政府有关部门根据职责分工，没收引进的外来物种，并处五万元以上二十五万元以下的罚款。未经批准，擅自释放或者丢弃外来物种的，由县级以上人民政府有关部门根据职责分工，责令限期捕回、找回释放或者丢弃的外来物种，处一万元以上五万元以下的罚款。境外组织或者个人通过运输、邮寄、携带危险生物因子入境或者以其他方式危害我国生物安全的，依法追究法律责任，并可以采取其他必要措施。

复习思考题

1. 简述进境动物和动物产品涉及的检疫制度。
2. 简述出境动物和动物产品涉及的检疫制度。

第八章　重大动物疫情应急法律制度

本章内容提要　为了有效预防、迅速控制和扑灭重大动物疫情，保障养殖业生产安全，保护公众身体健康与生命安全，维护正常的社会秩序，我国颁布了《动物防疫法》《重大动物疫情应急条例》和《国家突发重大动物疫情应急预案》等法律法规，建立了重大动物疫情应急法律制度。本章主要介绍重大动物疫情应急准备，重大动物疫情监测、报告和公布，重大动物疫情应急处理、法律责任等法律制度，并对重大动物疫情的概念及其依法防控的意义、我国重大动物疫情防控和应急法律法规体系等进行了概述。

第一节　重大动物疫情应急法律制度概述

一、重大动物疫情的概念

根据《动物防疫法》的规定，重大动物疫情是指一、二、三类动物疫病突然发生，迅速传播，给养殖业生产安全造成严重威胁、危害，以及可能对公众身体健康与生命安全造成危害的情形。2006 年，国务院发布的《国家突发重大动物疫情应急预案》指出，重大动物疫情是指陆生、水生动物突然发生重大疫病，且迅速传播，导致动物发病率或者死亡率高，给养殖业生产安全造成严重危害，或者可能对人民身体健康与生命安全造成危害的，具有重要的经济社会影响和公共卫生意义。

从上述定义可以看出，重大动物疫情具有 4 个特征：突然发生；迅速传播；发病率或死亡率高；给养殖业生产安全造成严重威胁，或者可能对公众身体健康与生命安全造成危害。

二、我国重大动物疫情应急法律法规体系

（一）重大动物疫情防控的法律法规与技术规范发展概况

我国高度重视动物疫病防控及重大动物疫情应急的法律法规体系建设，发布了多项与重大动物疫情防控和应急有关的法律、法规、规章和技术规范，涵盖重大动物疫情预防、控制等环节，形成了较为完整的重大动物疫情应急法律法规体系。

1. 法律法规体系　1951 年，国务院发布了《关于迅速扑灭口蹄疫，保护生产的通知》；1985 年，国务院发布了《家畜家禽防疫条例》，农牧渔业部发布了《家畜家禽防疫条例实施细则》（1992 年修订）；1991 年，国家颁布了《进出境动植物检疫法》（2009 年修正）；1997年颁布了《动物防疫法》（2007 年修订，2013 年、2015 年修正，2021 年修订）；1999 年，农业部发布了《一、二、三类动物疫病病种名录》（2008 年、2022 年修订）；2004 年，国务院办公厅印发了《全国高致病性禽流感应急预案》；2005 年，农业部发布了《农业部门应对人间发生高致病性禽流感疫情应急预案》和《病死及死因不明动物处置办法（试行）》；2005年 11 月 18 日，国务院发布了《重大动物疫情应急条例》（2017 年修订）；2006 年，国务院

发布了《国家突发公共事件总体应急预案》和《国家突发重大动物疫情应急预案》。2007 年 8 月 3 日，农业部发布了《小反刍兽疫防控应急预案》。在非洲猪瘟防控监管中，农业农村部于 2021 年 4 月 16 日发布了《非洲猪瘟等重大动物疫病分区防控工作方案（试行）》（农牧发〔2021〕 12 号），2021 年 4 月 29 日发布了《非洲猪瘟疫情应急实施方案（第五版）》。此外，各省、自治区、直辖市地方人民政府按照国家法律法规的要求，制定了当地重大动物疫情应急预案，有些省还结合当地实际情况，按照不同动物疫病流行特点和危害程度，制定了应急实施办法和疫情处置技术规范等地方性法规，提高了重大动物疫情应急能力。

2. 技术规范　　为了及时、有效预防和控制高致病性禽流感、口蹄疫、小反刍兽疫、非洲猪瘟等重大动物疫情，确保畜牧业健康发展，维护社会安定，农业农村部（包括原农业部）制定了《病死及病害动物无害化处理技术规范》《高致病性禽流感疫情处置技术规范》《口蹄疫防治技术规范》《高致病性猪蓝耳病防治技术规范》《猪瘟防治技术规范》《新城疫防治技术规范》《小反刍兽疫防治技术规范》《非洲猪瘟防治技术规范（试行）》等技术规范，规定了上述重大动物疫病的诊断、疫情报告、疫情监测、预防控制、应急处置等技术要求及保障措施。

（二）重大动物疫情应急条例

2005 年 11 月 16 日，国务院第 113 次常务会议审议通过了《重大动物疫情应急条例》（以下简称"《应急条例》"）。该条例指明了重大动物疫情应急工作的指导思想和基本原则，明确了政府、社会和公民在应急处置工作中的职责，提高了各级人民政府和全社会应对及处置重大动物疫情的能力；贯彻了新的防疫指导思想，确立了重大动物疫情应急系列新制度，建立了重大动物疫情应急处置工作制度、快速反应机制、管理程序和步骤，增强了防控工作的针对性和可操作性，使重大动物疫病防控工作更加明确、具体。《应急条例》确立了重大动物疫情应急准备制度，重大动物疫情监测、报告和公布制度，重大动物疫情应急处理制度，并对违反该条例的行为规定了严格的法律责任。

《应急条例》第一章为总则，主要内容如下。

1. 立法目的　　为了迅速控制、扑灭重大动物疫情，保障养殖业生产安全，保护公众身体健康与生命安全，维护正常的社会秩序。

2. 指导方针和工作原则　　重大动物疫情应急工作应当遵循加强领导、密切配合，依靠科学、依法防治，群防群控、果断处置的 24 字方针；及时发现、快速反应、严格处理、减少损失的 16 字原则。

3. 行政管理制度　　《应急条例》明确了重大动物疫情应急是政府行为，确立了重大动物疫情应急控制的总体工作机制。

（1）应急工作管理原则：重大动物疫情应急工作按照属地管理的原则，实行政府统一领导、部门分工负责，逐级建立责任制。明确了"两个管理主体（人民政府和应急指挥部）、三个实施主体（农业农村主管部门、有关部门和动物疫病预防控制机构）、一支骨干队伍（应急预备队）"在重大动物疫情应急中的责任和义务。

（2）农业农村主管部门及其他有关部门的职责：县级以上人民政府农业农村主管部门具体负责组织重大动物疫情的监测、调查、控制、扑灭等应急工作。县级以上人民政府其他有关部门（包括野生动物保护、海关、财政、卫生健康、工商、公安等部门）在各自的职责范围内，做好重大动物疫情的应急工作。

（3）陆生野生动物疫源疫病的监测：县级以上人民政府野生动物保护主管部门、农业农村主管部门按照职责分工，加强对陆生野生动物疫源疫病的监测。

4. 信息收集与通报制度　海关应当及时收集境外重大动物疫情信息，加强进出境动物及其产品的检疫工作，防止动物疫病传入和传出。农业农村主管部门要及时向海关通报国内重大动物疫情。

5. 科学研究和国际交流的规定　国家鼓励、支持开展重大动物疫情监测、预防、应急处理等有关技术的科学研究和国际交流与合作。我国已与 WOAH、FAO、WHO 等国际组织建立了良好的合作机制，并对周边有重大动物疫情的国家进行技术和物资方面的援助，提供疫苗、检测设备、防护服及培训等帮助。

6. 表彰与奖励制度　县级以上人民政府应当对参加重大动物疫情应急处理的人员给予适当补助，对做出贡献的人员给予表彰和奖励。

7. 社会监督制度　对不履行或者不按照规定履行重大动物疫情应急处理职责的行为，任何单位和个人有权检举控告。

（三）国家突发重大动物疫情应急预案

为了及时、有效地预防、控制和扑灭突发重大动物疫情，最大限度地减轻突发重大动物疫情对畜牧业及公众健康造成的危害，保持经济持续稳定健康发展，保障人民身体健康安全，国务院于 2006 年 2 月 27 日发布了《国家突发重大动物疫情应急预案》，明确规定了突发重大动物疫情的工作原则，应急组织体系及其职责，突发重大动物疫情监测、预警和报告，突发重大动物疫情的应急响应和终止，善后处理，突发重大动物疫情应急处置的保障，各类具体工作预案的制定。《国家突发重大动物疫情应急预案》适用于突然发生，造成或者可能造成畜牧业生产严重损失和社会公众健康严重损害的重大动物疫情的应急处理工作。

1. 工作原则

（1）统一领导，分级管理：各级人民政府统一领导和指挥突发重大动物疫情应急处理工作；疫情应急处理工作实行属地管理；地方各级人民政府负责扑灭本行政区域内的突发重大动物疫情，各有关部门按照预案规定，在各自的职责范围内做好疫情应急处理的有关工作。根据突发重大动物疫情的范围、性质和危害程度，对突发重大动物疫情实行分级管理。

（2）快速反应，高效运转：各级人民政府和农业农村主管部门要依照有关法律、法规，建立和完善突发重大动物疫情应急体系、应急反应机制和应急处置制度，提高突发重大动物疫情应急处理能力；发生突发重大动物疫情时，各级人民政府要迅速作出反应，采取果断措施，及时控制和扑灭突发重大动物疫情。

（3）预防为主，群防群控：贯彻预防为主的方针，加强防疫知识的宣传，提高全社会防范突发重大动物疫情的意识；落实各项防范措施，做好人员、技术、物资和设备的应急储备工作，并根据需要定期开展技术培训和应急演练；开展疫情监测和预警预报，对各类可能引发突发重大动物疫情的情况要及时分析、预警，做到疫情早发现、快行动、严处理。突发重大动物疫情应急处理工作要依靠群众，全民防疫，动员一切资源，做到群防群控。

2. 应急组织体系及主要职责　突发重大动物疫情应急组织体系由应急指挥机构、日常管理机构、专家委员会和应急处理机构 4 部分组成。

（1）应急指挥机构：按照目前我国行政组织体系，农业农村部在国务院统一领导下，负责组织、协调全国突发重大动物疫情应急处理工作。县级以上地方人民政府农业农村主管部门在本级人民政府的统一领导下，负责组织、协调本行政区域内突发重大动物疫情应急处理工作。国务院和县级以上地方人民政府根据本级人民政府农业农村主管部门的建议和实际工作需要，决定是否成立全国和地方应急指挥部。应急指挥部分为全国突发重大动物疫情应急指挥部和省级突发重大动物疫情应急指挥部。

全国突发重大动物疫情应急指挥部：国务院主管领导担任总指挥，国务院办公厅负责同志、农业农村部部长担任副总指挥。负责对突发特别重大动物疫情应急处理的统一领导、统一指挥，作出处理突发重大动物疫情的重大决策。指挥部成员单位根据突发重大动物疫情的性质和应急处理的需要确定。指挥部下设办公室，设在农业农村部，负责按照指挥部要求，具体制定防治政策，部署扑灭重大动物疫情工作，并督促各地各有关部门按要求落实各项防治措施。

省级突发重大动物疫情应急指挥部：由省级人民政府有关部门组成，省级人民政府主管领导担任总指挥。负责对本行政区域内突发重大动物疫情应急处理的指挥，作出处理本行政区域内突发重大动物疫情的决策，决定要采取的措施。

（2）日常管理机构：农业农村部负责全国突发重大动物疫情应急处理的日常管理工作。省级人民政府农业农村主管部门负责本行政区域内突发重大动物疫情应急的协调、管理工作。市（地）级、县级人民政府农业农村主管部门负责本行政区域内突发重大动物疫情应急处置的日常管理工作。

（3）专家委员会：专家委员会由突发重大动物疫情专家委员会和突发重大动物疫情应急处理专家委员会组成。农业农村部和省级人民政府农业农村主管部门组建突发重大动物疫情专家委员会。市（地）级和县级人民政府农业农村主管部门可根据需要，组建突发重大动物疫情应急处理专家委员会。

（4）应急处理机构：主要包括农业农村主管部门和动物疫病预防控制机构及海关。

农业农村主管部门和动物疫病预防控制机构：主要负责突发重大动物疫情报告，现场流行病学调查，开展现场临床诊断和实验室检测，加强疫病监测，对封锁、隔离、紧急免疫、扑杀、无害化处理、消毒等措施的实施进行指导、落实和监督。

海关：负责加强对出入境动物及动物产品的检疫、疫情报告、消毒处理、流行病学调查和宣传教育等。

3. 突发重大动物疫情的监测、预警与报告

（1）监测：国家建立突发重大动物疫情监测、报告网络体系。农业农村部和地方各级人民政府农业农村主管部门负责监测工作的管理和监督，保证监测质量。

（2）预警：各级人民政府农业农村主管部门根据动物疫病预防控制机构提供的监测信息，按照重大动物疫情的发生、发展规律和特点，分析其危害程度、可能的发展趋势，及时作出相应级别的预警，依次用红色、橙色、黄色和蓝色表示特别严重（Ⅰ级）、严重（Ⅱ级）、较重（Ⅲ级）和一般（Ⅳ级）4个预警级别。针对不同动物疫病，疫情级别的划分标准不同。

（3）报告：任何单位和个人有权向各级人民政府及其有关部门报告突发重大动物疫情及其隐患，有权向上级政府部门举报不履行或者不按照规定履行突发重大动物疫情应急处理职责的部门、单位及个人。

4. 应急响应和终止

（1）应急响应的原则：发生突发重大动物疫情时，事发地的县级、市（地）级、省级人民政府及其有关部门按照分级响应的原则作出应急响应。同时，要遵循突发重大动物疫情发展的客观规律，结合实际情况和预防控制工作的需要，及时调整预警和响应级别。要根据不同动物疫病的性质和特点，注重分析疫情的发展趋势，对势态和影响不断扩大的疫情，应及时升级预警和响应级别；对范围局限、不会进一步扩散的疫情，应相应降低响应级别，及时撤销预警。

突发重大动物疫情应急处理要采取边调查、边处理、边核实的方式，有效控制疫情发展。

未发生突发重大动物疫情的地方，当地人民政府农业农村主管部门接到疫情通报后，要组织做好人员、物资等应急准备工作，采取必要的预防控制措施，防止突发重大动物疫情在本行政区域内发生，并服从上一级人民政府农业农村主管部门的统一指挥，支援突发重大动物疫情发生地的应急处理工作。

（2）应急响应。

突发特别重大动物疫情（Ⅰ级）的应急响应：确认突发特别重大动物疫情后，按程序启动应急预案。

突发重大动物疫情（Ⅱ级）的应急响应：确认突发重大动物疫情后，按程序启动省级疫情应急响应机制。

突发较大动物疫情（Ⅲ级）的应急响应：市（地）级人民政府根据本级人民政府农业农村主管部门的建议，启动应急预案，采取相应的综合应急措施。

突发一般动物疫情（Ⅳ级）的应急响应：县级人民政府根据本级人民政府农业农村主管部门的建议，启动应急预案，组织有关部门开展疫情应急处置工作。

（3）突发重大动物疫情应急响应的终止。

突发重大动物疫情应急响应的终止条件：疫区内所有的动物及其产品按规定处理后，经过该疫病的至少一个最长潜伏期无新的病例出现。

突发重大动物疫情应急响应的终止程序：①突发特别重大动物疫情，由农业农村部对疫情控制情况进行评估，提出终止应急措施的建议，按程序报批宣布；②突发重大动物疫情，由省级人民政府农业农村主管部门对疫情控制情况进行评估，提出终止应急措施的建议，按程序报批宣布，并向农业农村部报告；③突发较大动物疫情，由市（地）级人民政府农业农村主管部门对疫情控制情况进行评估，提出终止应急措施的建议，按程序报批宣布，并向省级人民政府农业农村主管部门报告；④突发一般动物疫情，由县级人民政府农业农村主管部门对疫情控制情况进行评估，提出终止应急措施的建议，按程序报批宣布，并向上一级和省级人民政府农业农村主管部门报告。上级人民政府农业农村主管部门及时组织专家对突发重大动物疫情应急措施终止的评估提供技术指导和支持。

非突发重大动物疫情发生地区的应急响应：应根据发生疫情地区的疫情性质、特点、发生区域和发展趋势，分析本地区受波及的可能性和程度，重点做好以下工作：密切保持与疫情发生地的联系，及时获取相关信息；组织做好本区域应急处理所需的人员与物资准备；开展对养殖、运输、屠宰和市场环节的动物疫情监测和防控工作，防止疫病的发生、传入和扩散；开展动物防疫知识宣传，提高公众防护能力和意识；按规定做好公路、铁路、航空、水运交通的检疫监督工作。

5. 善后处理　　突发重大动物疫情扑灭后，农业农村主管部门、县级以上人民政府及人民政府其他有关部门，应当按照《国家突发重大动物疫情应急预案》规定进行后期评估、奖励、责任、灾害补偿、抚恤和补助、恢复生产和社会救助等工作。

6. 突发重大动物疫情应急处置的保障　　突发重大动物疫情后，县级以上地方人民政府应积极协调有关部门，按以下规定做好突发重大动物疫情处理的应急保障工作：通信与信息保障；应急资源与装备保障（包括应急队伍保障、交通运输保障、医疗卫生保障、治安保障、物资保障、经费保障）；技术储备与保障；培训和演习；社会公众的宣传教育。

7. 各类具体工作预案的制定

（1）农业农村部应根据《国家突发重大动物疫情应急预案》，制定各种不同重大动物疫病应急预案，并根据形势发展要求，及时进行修订。

（2）国务院有关部门根据《国家突发重大动物疫情应急预案》的规定，制定本部门职责范围内的具体工作方案。

（3）县级以上地方人民政府根据有关法律法规的规定，参照《国家突发重大动物疫情应急预案》并结合本地区实际情况，组织制定本地区突发重大动物疫情应急预案。

（四）非洲猪瘟等重大动物疫病分区防控工作方案

我国地域辽阔，畜禽调运距离远，畜产品流通环节和渠道复杂等现象，具有疫病传播风险。为贯彻落实《动物防疫法》和《国务院办公厅关于促进畜牧业高质量发展的意见》（国办发〔2020〕31号）有关要求，做好非洲猪瘟等重大动物疫病防控和生猪等重要畜产品稳产保供，2021年农业农村部发布了《非洲猪瘟等重大动物疫病分区防控工作方案（试行）》（以下简称"《工作方案》"），要求自2021年5月1日起在全国范围开展非洲猪瘟等重大动物疫病分区防控工作，建立健全分区防控联席会议制度，完善分区防控政策措施，确保各项工作有序推进。

1. 总体思路和工作原则　　《工作方案》综合考虑行政区划、养殖屠宰产业布局、风险评估情况等因素，将全国分为5个大区，按照"防疫优先、分区推动，联防联控、降低风险，科学防控、保障供给"的工作原则，对非洲猪瘟等重大动物疫病实施分区防控。《工作方案》规定的分区防控总体思路，概括起来主要是两个抓手、三个统筹，即加强调运和屠宰环节监管为主要抓手，统筹做好动物疫病防控、生猪调运和产销衔接等工作。引导各地优化产业布局，推动养殖、运输和屠宰行业提档升级，促进上下游、产供销有效衔接，保障生猪等重要畜产品安全有效供给。

2. 区域划分　　《工作方案》将全国划分为5个大区开展分区防控工作，要求各大区牵头省份由大区内各省份轮流承担，轮值顺序和年限由各大区重大动物疫病分区防控联席会议（以下简称"分区防控联席会议"）研究决定，轮值年限原则上不少于1年。5个大区划分如下。

（1）北部区：包括北京、天津、河北、山西、内蒙古、辽宁、吉林、黑龙江等8省（自治区、直辖市）。

（2）东部区：包括上海、江苏、浙江、安徽、山东、河南等6省（直辖市）。

（3）中南区：包括福建、江西、湖南、广东、广西、海南等6省（自治区）。

（4）西南区：包括湖北、重庆、四川、贵州、云南、西藏等6省（自治区、直辖市）。

（5）西北区：包括陕西、甘肃、青海、宁夏、新疆等5省（自治区）和新疆生产建设兵团。

3. 工作机制　　《工作方案》要求，农业农村部设立重大动物疫病分区防控办公室（以下统称"分区办"），负责统筹协调督导各大区落实非洲猪瘟等重大动物疫病分区防控任务。分区办下设 5 个分区防控指导组，分别由全国畜牧总站、中国动物疫病预防控制中心、中国兽医药品监察所、中国动物卫生与流行病学中心等单位负责同志、业务骨干、相关专家组成，在分区办统一协调部署下，负责指导、协调、督促相关大区落实分区防控政策措施。

为做好分区防控工作，《工作方案》要求各大区建立分区防控联席会议制度，负责统筹推进大区内非洲猪瘟等重大动物疫病分区防控工作。分区防控联席会议由大区内各省级人民政府分管负责同志担任成员，牵头省份政府分管负责同志担任召集人。分区防控联席会议定期召开，遇重大问题可由召集人或成员提议随时召开。其主要职责是：贯彻落实国家关于重大动物疫病分区防控各项决策部署；推动大区内各省份落实重大动物疫病防控和保障生猪供应各项政策措施；协调大区内生猪产销对接，促进生猪产品供需基本平衡；研究建立大区非洲猪瘟等重大动物疫病防控专家库、诊断实验室网络，以及省际联合执法和应急协同处置等机制；建立大区内防控工作机制，定期组织开展技术交流、相关风险评估等工作。

4. 主要任务　　《工作方案》要求开展下述三个方面的工作。

1）**优先做好动物疫病防控**　　实施分区防控，应当优先做好动物疫病防控，《工作方案》明确提出重点强化以下工作。

（1）开展联防联控。建立大区定期会商制度，建立大区重大动物疫病防控与应急处置协同机制，探索建立疫情联合溯源追查制度，必要时进行跨省应急支援。

（2）强化技术支撑。大区内各省份要及时通报和共享动物疫病检测数据和资源信息，完善专家咨询机制，开展重大动物疫病风险分析评估。

（3）推动区域化管理。推动大区内非洲猪瘟等重大动物疫病无疫区、无疫小区和净化示范场创建，鼓励连片建设无疫区，全面提升区域动物疫病防控能力和水平。

2）**强化生猪调运监管**　　强化生猪调运监管是分区防控重大动物疫情的重要内容，是切断非洲猪瘟等重大动物疫情传播途径、降低疫情跨区域传播风险的关键措施之一。为此，《工作方案》明确提出，强化生猪调运监管，重点聚焦一个转变、三项措施。一个转变即稳步推动由"运猪"向"运肉"转变；三项措施即推进指定通道规范化创建、强化全链条信息化管理、加强大区内联合执法。具体任务如下。

（1）完善区域调运监管政策。规范生猪调运，除种猪、仔猪及非洲猪瘟等重大动物疫病无疫区、无疫小区生猪外，原则上其他生猪不向大区外调运，推进"运猪"向"运肉"转变。分步完善实施生猪跨区、跨省"点对点"调运政策，必要时可允许检疫合格的生猪在大区间"点对点"调运。

（2）推进指定通道规范化创建。协调推进大区内指定通道建设，明确工作任务和方式，开展区域动物指定通道检查站规范化创建。探索推进相邻大区、省份联合建站，资源共享。

（3）强化全链条信息化管理。推动落实大区内生猪等重要畜产品养殖、运输、屠宰和无害化处理全链条数据资源与国家平台有效对接，实现信息数据的实时共享，提高监管效能和水平。

（4）加强大区内联合执法。密切大区内省际动物卫生监督协作，加强线索通报和信息会商，探索建立联合执法工作机制，严厉打击违法违规运输动物及动物产品等行为。严格落实跨区跨省调运种猪的隔离观察制度和生猪落地报告制度。

3）**推动优化布局和产业转型升级**　　推动优化布局和产业转型升级，是提升生猪产业全链条生物安全水平，保障生猪等重要畜产品安全供给的必然要求，基于此，《工作方案》提出以下三方面的任务。

（1）优化生猪产业布局。一是科学规划生猪养殖布局，加强大区内省际生猪产销规划衔接；二是探索建立销区补偿产区的长效机制，进一步调动主产省份发展生猪生产的积极性；三是推进生猪养殖标准化示范创建，科学配备畜牧兽医人员，提高养殖场生物安全水平。探索建立养殖场分级管理标准和制度，采取差异化管理措施。

（2）加快屠宰行业转型升级。一是加强大区内屠宰产能布局优化调整，提升生猪主产区屠宰加工能力和产能利用率，促进生猪就地就近屠宰，推动养殖屠宰匹配、产销衔接；二是开展屠宰标准化创建。持续做好屠宰环节非洲猪瘟自检和驻场官方兽医两项制度的落实。

（3）加强生猪运输和冷链物流基础设施建设。一是鼓励并引导使用专业化、标准化、集装化的生猪运输工具，强化生猪运输车辆及其生物安全管理；二是逐步构建产销高效对接的冷链物流基础设施网络，加快建立冷鲜肉品流通和配送体系，为推进"运猪"向"运肉"转变提供保障。

5. 保障措施

（1）加强组织领导：各地要高度重视非洲猪瘟等重大动物疫病分区防控工作，将其作为动物防疫和生猪等重要畜产品稳产保供工作的重要组成部分，认真落实分区防控联席会议制度，充分发挥各省级重大动物疫病联防联控机制作用，统筹研究、同步推进，确保形成合力。

（2）强化支持保障：各地要加强基层动物防疫体系建设，加大对分区防控的支持力度，组织精干力量，切实保障正常履职尽责。各大区牵头省份要成立工作专班，保障分区防控工作顺利开展。

（3）抓好方案落实：各大区要加强统筹协调，尽快建立健全分区防控联席会议等各项制度，结合本地区实际抓紧制定分区防控实施细化方案，做好组织实施，确保按要求完成各项工作任务。农业农村部各分区防控指导组和相应分区防控联席会议办公室要建立健全高效顺畅的联络工作机制。

（4）做好宣传引导：各地要面向生猪等重要畜产品养殖、运输、屠宰等生产经营主体和广大消费者，加强非洲猪瘟等重大动物疫病分区防控政策解读和宣传，为推进分区防控工作营造良好的社会氛围。

三、依法防控重大动物疫情的意义

近年来，高致病性禽流感、口蹄疫、小反刍兽疫、非洲猪瘟等重大动物疫情时有发生，不仅影响养殖业的健康持续发展，有的疫情还严重威胁公众的身体健康与生命安全，影响对外贸易、经济发展和社会稳定，引起世界各国广泛关注。许多国家加快法治建设步伐，通过立法和执法进一步规范重大动物疫情防控工作，建立和完善重大动物疫情应急处理机制和应对措施。

《应急条例》是继《动物防疫法》之后我国又一部重要的动物防疫行政法规，是规范防控重大动物疫情应急工作的纲领性文件，为重大动物疫病的预防、控制和重大动物疫情的扑灭提供强有力的法律依据和行动指南，为建立重大动物疫病防控长效机制奠定了坚实的制度基础，标志着我国动物卫生法规建设和重大动物疫病防控工作进入一个新阶段，重大动物疫病防控工作全面纳入法治化轨道。《应急条例》的颁布实施，是依法防控动物疫情的重大措施，充分反映了重大动物疫情的客观要求，既是做好重大动物疫病防控工作、促进养殖业健康发展和依法履行行业管理职责的需要，也是维护公共卫生安全、提高我国动物产品质量安全和国际竞争力的迫切需要。依法防控重大动物疫情，可有效、有力、有序应对可能发生的重大动物疫情，对防止动物疫情蔓延扩散，保障养殖业生产安全和稳定健康发展，保护公众身体健康与生命安全，维护正常的社会秩序，具有十分重大的作用与意义。

农业农村部颁布的《工作方案》实施分区防控，对非洲猪瘟等重大动物疫病的有效防控和管理、提升生物安全水平、促进生猪产业高质量发展具有重要的现实意义。

第二节　重大动物疫情应急准备法律制度

做好应急准备工作是预防、控制和扑灭重大动物疫情的前提、基础和保障。县级以上地方人民政府和有关部门应当加强物资储备，完善预防监测体系，成立应急预备队。各级农业农村主管部门应当按照《应急条例》的要求，在当地政府的领导下，制定和完善重大动物疫情应急预案，并结合当地实际情况，按照不同动物疫病的流行特点和危害程度，制定应急实施方案和疫情处置技术规范，进一步健全应急机制。《应急条例》第二章规定的重大动物疫情应急准备法律制度主要包括应急预案制定制度、应急物资储备制度、监测网络与防控体系制度、应急预备队制度和宣传教育制度。

一、应急预案制定制度

应急预案是面对重大动物疫情等突发事件时的应急管理、指挥、处置等工作方案。应急预案的制定是重大动物疫情应急工作开展的前提条件和应急准备工作中最为基础的工作。通过预案的制定，可切实提高保障公共卫生安全和处置突发重大动物疫情的能力，确保一旦发生疫情可做到启动迅速、反应灵敏、运转顺畅。

（一）应急预案及实施方案制定与调整制度

《动物防疫法》《应急条例》对应急预案制定及完善均有明确规定。

1. 国家重大动物疫情应急预案及实施方案制定制度　农业农村部根据动物疫病的性质、特点和可能造成的社会危害，制定国家重大动物疫情应急预案报国务院批准，并按照不同动物疫病病种、流行特点和危害程度，分别制定实施方案。

2. 地方重大动物疫情应急预案及实施方案制定制度　县级以上地方人民政府根据上级重大动物疫情应急预案和本地区的实际情况，制定本行政区域的重大动物疫情应急预案，报上一级人民政府农业农村主管部门备案，并抄送上一级人民政府应急管理部门。县级以上地方人民政府农业农村主管部门按照不同动物疫病病种、流行特点和危害程度，分别制定实施方案。

3. 应急预案及实施方案调整制度　重大动物疫情应急预案和实施方案根据疫情状况及时调整。

（二）应急预案的内容

《应急条例》规定，重大动物疫情应急预案主要包括以下内容：

（1）应急指挥部的职责、组成及成员单位的分工；

（2）重大动物疫情的监测、信息收集、报告和通报；

（3）动物疫病的确认、重大动物疫情的分级和相应的应急处理工作方案；

（4）重大动物疫情疫源的追踪和流行病学调查分析；

（5）预防、控制和扑灭重大动物疫情所需资金的来源、物资和技术的储备与调度；

（6）重大动物疫情应急处理设施和专业队伍建设。

二、应急物资储备制度

国务院有关部门和县级以上地方人民政府及其有关部门，应当按照重大动物疫情应急预案的要求，储备疫苗、药品、设施设备和防护用品等应急处理所需物资。

三、监测网络与防控体系制度

县级以上地方人民政府应当建立和完善重大动物疫情监测网络和预防控制体系，加强动物防疫基础设施和乡镇动物防疫组织建设，并保证其正常运行，提高对重大动物疫情的应急处理能力。

四、应急预备队制度

应急预备队是控制和扑灭重大动物疫情的重要力量，《应急条例》明确规定了应急预备队的成立、任务和人员组成等。

（一）应急预备队的成立及任务

县级以上地方人民政府根据重大动物疫情应急需要，可以成立应急预备队，在重大动物疫情应急指挥部的指挥下，具体承担疫情的控制和扑灭任务。

（二）应急预备队的人员组成

应急预备队由当地兽医行政管理人员、动物防疫工作人员、有关专家、执业兽医等组成；必要时，可以组织动员社会上有一定专业知识的人员参加。公安机关、中国人民武装警察部队应当依法协助其执行任务。

（三）应急预备队的训练和演练

应急演练是检验应急管理体系适应性、有效性和完备性，提高应急预备队素质和快速反应能力的重要手段。《应急条例》规定，应急预备队应当定期进行技术培训和应急演练。

《国家突发重大动物疫情应急预案》规定，各级兽医行政管理部门要对重大动物疫情处理预备队成员进行系统培训。在没有发生突发重大动物疫情的状态下，农业农村部每年要有计划地选择部分地区举行演练，确保预备队扑灭疫情的应急能力。地方人民政府可根据资金和实际需要的情况，组织训练。

五、宣传教育制度

重大动物疫情应急、防控不能离开社会和群众的理解、支持和配合，要面向社会、依靠群众，实现群防群控。根据《应急条例》规定，县级以上人民政府及其农业农村主管部门应当加强对重大动物疫情应急知识和重大动物疫病科普知识的宣传，增强全社会的重大动物疫情防范意识和责任感。

第三节　重大动物疫情监测、报告和公布法律制度

重大动物疫情的监测、报告和公布，对于启动应急机制，迅速控制和扑灭重大动物疫情具有重要意义。建立和完善疫情监测、报告制度，是发现和迅速控制重大动物疫情的重要途径与手段；健全疫情公布制度，体现了对重大动物疫情处置的公开、透明和对公众身体健康与生命安全的高度负责。《应急条例》第三章规定了重大动物疫情监测、报告、认定、公布和通报等制度。

一、重大动物疫情监测制度

重大动物疫情监测是对某种重大动物疫病的发生、流行、分布及相关因素进行系统、长时间的观察与检测，以把握疫病的发生发展趋势。科学、准确、全面地监测疫情，是做好重大动物疫情防控工作的基础。

（一）重大动物疫情监测主体

动物疫病预防控制机构负责重大动物疫情的监测，应当加强动物疫情监测，坚持紧急监测与日常监测相结合、点上监测和面上监测相结合，认真分析、评估疫情发生风险，预测疫情流行态势，把握疫情流行状况及流行规律，及时掌握重大动物疫情。农业农村主管部门根据对动物疫病发生、流行趋势的预测，及时发布重大动物疫情预警信息。

（二）行政相对人在重大动物疫情监测中的义务

饲养、经营动物和生产、经营动物产品的单位和个人应当配合动物疫病预防控制机构的监测，不得拒绝和阻碍；对拒绝、阻碍动物疫病预防控制机构进行重大动物疫情监测的，追究法律责任。

二、重大动物疫情报告制度

动物疫情报告是按照《动物防疫法》的规定，发现动物染疫或者疑似染疫的单位和人员，立即向所在地农业农村主管部门或者动物疫病预防控制机构所作的关于疫病发生、流行情况的报告。疫情报告是快速扑灭重大动物疫情的关键，为了最大限度地保证动物疫情信息传递渠道畅通，保证重大动物疫情信息报告的及时性、准确性和严肃性，《应急条例》规定了重大动物疫情报告的义务人和报告时机、接受报告的主体，以及重大动物疫情报告的内容、程序和时限，为及时准确报告疫情，切实做到早发现、早报告，并迅速采取隔离等控制措施，防止动物疫情扩散提供了法律依据。

（一）重大动物疫情报告义务人和接受报告的主体

1. 报告义务人和报告时机　　《动物防疫法》《应急条例》明确了发现动物染疫或者疑似

染疫的公民、法人和组织负有向有关部门报告动物疫情的义务，规定从事动物疫病监测、检测、检验检疫、研究、诊疗，以及动物饲养、屠宰、经营、隔离、运输等活动的单位和个人，发现动物染疫或者疑似染疫的，应当立即报告。其他单位和个人发现动物染疫或者疑似染疫的，也应当及时报告。

2. 接受重大动物疫情报告的主体　　《动物防疫法》规定，动物疫情所在地农业农村主管部门和动物疫病预防控制机构是接受动物疫情报告的主体。

（二）重大动物疫情逐级报告和快报制度

1. 逐级报告　　《应急条例》构建了重大动物疫情报告的组织网络与职能架构，规定了重大动物疫情报告的程序、时限和逐级报告制度。

2. 快报和后续报告　　具体规定见第六章第三节。

（三）报告内容

《应急条例》规定重大动物疫情的报告内容包括：①疫情发生的时间、地点；②染疫、疑似染疫动物的种类和数量、同群动物数量、免疫情况、死亡数量、临床症状、病理变化、诊断情况；③流行病学和疫源追踪情况；④已采取的控制措施；⑤疫情报告的单位、负责人、报告人及联系方式。

《农业农村部关于做好动物疫情报告等有关工作的通知》（农医发〔2018〕22号）规定动物疫情快报的内容应当包括基础信息、疫情概况、疫点情况、疫区及受威胁区情况、流行病学信息、控制措施、诊断方法及结果、疫点位置及经纬度、疫情处置进展及其他需要说明的信息等内容。

（四）临时隔离控制措施

由于重大动物疫情具有传播迅速、病死率高等特点，为了及时采取有效应急措施，防止疫情的蔓延，根据《动物防疫法》《应急条例》的规定，在重大动物疫情报告期间，应当迅速采取隔离等控制措施。必要时，所在地县级以上地方人民政府可以作出封锁决定并采取扑杀、销毁等措施。这些法律规定，为在最短时间和最小范围内迅速扑灭重大动物疫情，最大限度地减少疫情损失提供了法律依据。

三、重大动物疫情认定制度

重大动物疫情由省、自治区、直辖市人民政府农业农村主管部门认定；必要时，由农业农村部认定。

四、重大动物疫情公布制度

重大动物疫情事关重大，甚至会影响社会的安定和团结，因此，公布要慎重，要有章可循。为了从程序上保证疫情公布的及时性和准确性，重大动物疫情由农业农村部按照国家规定的程序，及时准确公布；其他任何单位和个人不得公布重大动物疫情。

五、重大动物疫情通报制度

国家实行动物疫情通报制度。为了加强领导，密切配合，及时发现，快速反应，严格处理，减少损失，农业农村主管部门应当向有关部门及时通报疫情发生和处理情况。①农业农村部应当及时向国务院卫生健康等有关部门和军队有关部门及省、自治区、直辖市人民政府农业农村主管部门通报重大动物疫情的发生和处置情况；②发生重大动物疫情可能感染人群时，卫生健康主管部门和农业农村主管部门应当及时相互通报情况；③农业农村部应及时向海关通报国内重大动物疫情；④农业农村部应当依照我国缔结或者参加的条约、协定，及时向有关国际组织或者贸易方通报重大动物疫情的发生和处置情况。

六、重大动物疫病病原管理制度

随意采集病料和分离病原，极易造成病原逃逸和扩散，引起疫病扩大传播和流行，给公共卫生安全带来极大隐患。为此，《应急条例》规定，重大动物疫病应当由动物疫病预防控制机构采集病料。其他单位和个人采集病料的，应当具备以下条件：①重大动物疫病病料采集目的、病原微生物的用途应当符合农业农村部的规定；②具有与采集病料相适应的动物病原微生物实验室条件；③具有与采集病料所需要的生物安全防护水平相适应的设备，以及防止病原感染和扩散的有效措施。从事重大动物疫病病原分离的，应当遵守国家有关生物安全管理规定，防止病原扩散。

七、重大动物疫情感染人群时采取的措施

发生重大动物疫情可能感染人群或者发生人畜共患传染病时，卫生健康主管部门应当对疫区内易感染的人群进行监测，并应当依照《传染病防治法》的规定及时公布疫情，采取相应的预防、控制措施。同时，卫生健康主管部门和农业农村主管部门应当及时相互通报情况。

第四节　重大动物疫情应急处理法律制度

做好重大动物疫情的应急处理，是快速扑灭疫情的根本要求。为了实现控制、扑灭重大动物疫情的目标，必须依法应急处置，要求处置迅速、措施果断、规范科学。《动物防疫法》规定，发生重大动物疫情时，国务院农业农村主管部门负责划定动物疫病风险区，禁止或者限制特定动物、动物产品由高风险区向低风险区调运；发生重大动物疫情时，依照法律和国务院的规定及应急预案采取应急处置措施。《应急条例》第四章规定了应急处理法律制度，主要内容包括：应急指挥系统制度，应急系统启动制度，应急处理分级管理制度，各级人民政府及有关部门和个人的责任制度，应急处理措施，经费保障和补偿制度，应急措施执行强制力保障制度。

一、应急指挥系统制度

重大动物疫情应急工作是一项系统工程，必须在各级人民政府的统一领导、指挥下才能顺利完成。《应急条例》规定，重大动物疫情发生后，国务院和有关地方人民政府设立的重大动物疫情应急指挥部统一领导、指挥重大动物疫情应急工作。重大动物疫情应急指挥部根据应急

处理需要，有权紧急调集人员、物资、运输工具及相关设施、设备。

重大动物疫情应急处理中设置临时动物检疫消毒站，以及采取隔离、扑杀、销毁、消毒、紧急免疫接种等控制、扑灭措施的，由有关重大动物疫情应急指挥部决定，有关单位和个人必须服从；拒不服从的，由公安机关协助执行。

二、应急系统启动制度

重大动物疫情发生后，县级以上地方人民政府农业农村主管部门提出启动重大动物疫情应急指挥系统、应急预案和对疫区实施封锁的建议；由本级人民政府决定启用重大动物疫情应急指挥系统、应急预案和对疫区实施封锁。

三、应急处理分级管理制度

《应急条例》规定，国家对重大动物疫情应急处理实行分级管理，按照应急预案确定的疫情等级，由有关人民政府采取相应的应急控制措施。根据突发重大动物疫情的性质、危害程度、涉及范围，《国家突发重大动物疫情应急预案》将突发重大动物疫情划分为特别重大（Ⅰ级）、重大（Ⅱ级）、较大（Ⅲ级）和一般（Ⅳ级）4级。

四、各级人民政府及有关部门和个人的责任制度

防控重大动物疫情是人民政府及有关部门和个人的重要职责。重大动物疫情应急工作按照属地管理的原则，实行人民政府统一领导，部门分工负责，逐级建立责任制，各部门团结协作、互相配合。

（一）县级以上地方人民政府的职责

重大动物疫情发生后，县级以上地方人民政府应当根据农业农村主管部门的建议，立即决定启动重大动物疫情应急指挥系统和应急预案，统一指挥重大动物疫情的应急处置工作，并对疫区实施封锁。

重大动物疫情发生地的人民政府和毗邻地区的人民政府应当通力合作，相互配合，做好重大动物疫情的控制、扑灭工作。

（二）县级以上地方人民政府农业农村主管部门的职责

1. 重大动物疫情发生时的职责　　重大动物疫情发生后，县级以上地方人民政府农业农村主管部门应当立即派人到现场划定疫点、疫区和受威胁区，调查疫源，向本级人民政府提出启动重大动物疫情应急指挥系统、应急预案和对疫区实行封锁的建议。疫点、疫区和受威胁区的范围应当按照不同动物疫病病种及其流行特点和危害程度划定，具体划定标准由农业农村部制定。

2. 重大动物疫情应急处理中的职责　　重大动物疫情发生后，县级以上人民政府农业农村主管部门应当及时提出疫点、疫区、受威胁区的处理方案，加强疫情监测、流行病学调查、疫源追踪工作，对染疫和疑似染疫动物及其同群动物和其他易感染动物的扑杀、销毁进行技术

指导，并组织实施检验检疫、消毒、无害化处理和紧急免疫接种。

（三）其他有关部门的职责

重大动物疫情应急处理中，县级以上地方人民政府有关部门应当在各自的职责范围内，做好重大动物疫情应急所需的物资紧急调度和运输、应急经费安排、疫区群众救济、人的疫病防治、肉食品供应、动物及其产品市场监管、出入境检验检疫和社会治安维护等工作。

中国人民解放军、中国人民武装警察部队应当支持并配合驻地人民政府做好重大动物疫情的应急工作。

公安机关要协助执行应急指挥部作出的应急处理的各项决定。

（四）乡镇人民政府、村民委员会、居民委员会的职责

重大动物疫情的控制和扑灭离不开基层政府和群众性自治组织的协助和配合，需要充分发挥基层组织的力量，调动社会各方面的积极性和广大人民群众自发的社会力量，做好疫情控制与扑灭工作。《应急条例》规定，重大动物疫情应急处理中，乡镇人民政府、村民委员会、居民委员会应当组织力量，向村民、居民宣传动物疫病防治的相关知识，协助做好疫情信息的收集、报告和各项应急处理措施的落实工作。

（五）行政相对人的义务

从事动物疫病研究、诊疗和动物饲养、屠宰、经营、隔离、运输，以及动物产品生产、经营、加工、贮藏、无害化处理等活动的单位和个人，必须服从有关重大动物疫情应急指挥部作出的决定，包括重大动物疫情应急处理中设置的临时动物检疫消毒站，以及采取隔离、扑杀、销毁、消毒、紧急免疫接种等控制、扑灭措施的决定。

（六）个人防护规定

有关人民政府及其有关部门对参加重大动物疫情应急处理的人员，应当采取必要的卫生防护和技术指导等措施。

五、应急处理措施

（一）对疫点采取的措施

发生重大动物疫情，对疫点应采取下列措施：①扑杀并销毁染疫动物和易感染的动物及其产品；②对病死的动物、动物排泄物、被污染饲料、垫料、污水进行无害化处理；③对被污染的物品、用具、动物圈舍、场地进行严格消毒。

（二）对疫区采取的措施

发生重大动物疫情，对疫区应采取下列措施：①在疫区周围设置警示标志，在出入疫区的交通路口设置临时动物检疫消毒站，对出入的人员和车辆进行消毒；②扑杀并销毁染疫和疑似染疫动物及其同群动物，销毁染疫和疑似染疫的动物产品，对其他易感染的动物实行圈养或者在指定地点放养，役用动物限制在疫区内使役；③对易感染的动物进行监测，并按照国务院农业农村主管部门的规定实施紧急免疫接种，必要时对易感染的动物进行扑杀；④关闭动物及动

物产品交易市场，禁止动物进出疫区和动物产品运出疫区；⑤对动物圈舍、动物排泄物、垫料、污水和其他可能受污染的物品、场地进行消毒或者无害化处理。

（三）对受威胁区采取的措施

发生重大动物疫情，对受威胁区应采取下列措施：①对易感染的动物进行监测；②对易感染的动物根据需要实施紧急免疫接种。

（四）疫区解除封锁

自疫区内最后一头（只）发病动物及其同群动物处理完毕起，经过该疫病一个潜伏期以上的监测，未出现新的病例的，彻底消毒后，经上一级农业农村主管部门验收合格，由原发布封锁令的人民政府宣布解除封锁，撤销疫区；由原批准机关撤销在该疫区设立的临时动物检疫消毒站。

六、经费保障和补偿制度

为了保护人民群众利益，减少群众经济损失和帮助受灾群众恢复生产问题，促进重大动物疫情应急措施的落实，《应急条例》对重大动物疫情应急处置工作经费的来源和补偿进行了规定，明确了财政保障依据。

（一）经费保障制度

国家对疫区、受威胁区内易感染的动物免费实施紧急免疫接种；紧急免疫接种和补偿所需费用，由中央财政和地方财政分担。县级以上人民政府应当将重大动物疫情确认、疫区封锁、扑杀及其补偿、消毒、无害化处理、疫源追踪、疫情监测及应急物资储备等应急经费列入本级财政预算。

（二）补偿制度

国家对因采取扑杀、销毁等措施给当事人造成的已经证实的损失，给予合理补偿。在重大动物疫情应急中，相关单位和个人的物资、运输工具及相关设施、设备被征集使用的，有关人民政府应当及时归还并给予合理补偿。

七、应急措施执行强制力保障制度

《应急条例》规定，重大动物疫情应急处理中设置临时动物检疫消毒站，以及采取隔离、扑杀、销毁、消毒、紧急免疫接种等控制、扑灭措施的，由有关重大动物疫情应急指挥部决定，有关单位和个人必须服从；拒不服从的，由公安机关协助执行。并明确规定，中国人民解放军、中国人民武装警察部队应当支持并配合驻地人民政府做好重大动物疫情的应急工作。

第五节　重大动物疫情应急法律责任制度

《应急条例》第五章为法律责任，是对违反前四章规定的行为进行惩处。《应急条例》加大了对应急防控违法行为的惩处力度，特别是对农业农村主管部门及其所属的动物疫病预防控制机构、地方人民政府及有关部门的主要负责人、负有责任的主管人员和其他责任人员不履行应急处理职责的情形规定了行政处分；并明确规定构成犯罪的，依法追究刑事责任。对不履行法定义务的机关和人员处理上有法可依，可有效防止疫情的发生和蔓延。

一、管理机关违法行为的法律责任

（一）农业农村主管部门及其所属的动物疫病预防控制机构的法律责任

违反《应急条例》规定，农业农村主管部门及其所属的动物疫病预防控制机构有下列行为之一的，由本级人民政府或者上级人民政府有关部门责令立即改正、通报批评、给予警告；对主要负责人、负有责任的主管人员和其他责任人员，依法给予记大过、降级、撤职直至开除的行政处分；构成犯罪的，依法追究刑事责任：

（1）不履行疫情报告职责，瞒报、谎报、迟报或者授意他人瞒报、谎报、迟报，阻碍他人报告重大动物疫情的；

（2）在重大动物疫情报告期间，不采取临时隔离控制措施，导致动物疫情扩散的；

（3）不及时划定疫点、疫区和受威胁区，不及时向本级人民政府提出应急处理建议，或者不按照规定对疫点、疫区和受威胁区采取预防、控制、扑灭措施的；

（4）不向本级人民政府提出启动应急指挥系统、应急预案和对疫区的封锁建议的；

（5）对动物扑杀、销毁不进行技术指导或者指导不力，或者不组织实施检验检疫、消毒、无害化处理和紧急免疫接种的；

（6）其他不履行《应急条例》规定的职责，导致动物疫病传播、流行，或者对养殖业生产安全和公众身体健康与生命安全造成严重危害的。

（二）地方人民政府的法律责任

违反《应急条例》规定，地方人民政府阻碍报告重大动物疫情，不履行应急处理职责，不按照规定对疫点、疫区和受威胁区采取预防、控制、扑灭措施，或者对上级人民政府有关部门的疫情调查不予配合或者阻碍、拒绝的，由上级人民政府责令立即改正、通报批评、给予警告；对政府主要领导人依法给予记大过、降级、撤职直至开除的行政处分；构成犯罪的，依法追究刑事责任。

（三）地方人民政府所属有关部门的法律责任

违反《应急条例》规定，县级以上人民政府有关部门不履行应急处理职责，不执行对疫点、疫区和受威胁区采取的措施，或者对上级人民政府有关部门的疫情调查不予配合或者阻碍、拒绝的，由本级人民政府或者上级人民政府有关部门责令立即改正、通报批评、给予警告；对主要负责人、负有责任的主管人员和其他责任人员，依法给予记大过、降级、撤职直至开除的行政处分；构成犯罪的，依法追究刑事责任。

（四）对截留、挪用重大动物疫情应急经费或侵占、挪用应急储备物资违法行为的法律责任

地方各级人民政府及相关部门，截留、挪用重大动物疫情应急经费，或者侵占、挪用应急储备物资的，按照《财政违法行为处罚处分条例》的规定处理；构成犯罪的，依法追究刑

事责任。

二、行政相对人违法行为的法律责任

（一）拒绝、阻碍重大动物疫情监测或不报告疫情违法行为的法律责任

违反《应急条例》规定，拒绝、阻碍动物疫病预防机构进行重大动物疫情监测，或者发现动物出现群体发病或者死亡，不向当地农业农村主管部门或动物疫病预防控制机构报告的，由农业农村主管部门给予警告，并处 2000 元以上 5000 元以下的罚款；构成犯罪的，依法追究刑事责任。

（二）不按规定采集重大动物疫病病料和分离病原违法行为的法律责任

违反《应急条例》规定，不符合相应条件采集重大动物疫病病料，或者在重大动物疫病病原分离时不遵守国家有关生物安全管理规定的，由农业农村主管部门给予警告，并处 5000 元以下的罚款；构成犯罪的，依法追究刑事责任。

复习思考题

1. 简述《重大动物疫情应急条例》包括的主要法律制度。
2. 简述重大动物疫情应急工作的指导方针和工作原则。
3. 简述突发重大动物疫情的分级及相应级别的预警颜色。
4. 简述应急预案的主要内容。
5. 简述重大动物疫情的报告义务人、报告时机和接受报告的主体。
6. 简述重大动物疫情报告的程序和内容。
7. 简述发生重大动物疫情后，对疫点、疫区和受威胁区采取的措施。
8. 简述重大动物疫情监测、认定、公布的部门。
9. 简述《非洲猪瘟等重大动物疫病分区防控工作方案》的主要内容。

第九章　动物产品质量安全保障法律制度

本章内容提要　动物产品质量安全保障是一项复杂的工程，不仅涉及动物生产全过程的质量安全管理法律制度，还涉及兽药、饲料、动物防疫、出入境检验检疫、食品安全等相关的法律法规。因此，本章结合当前我国畜牧业、食品卫生安全相关的法律法规对动物产品质量安全保障的法律制度加以阐述，内容包括动物产品质量安全管理、兽药管理、饲料和饲料添加剂管理、生猪屠宰管理、乳品质量安全管理的法律制度，涵盖管理的各个环节、监督管理及法律责任。

第一节　动物产品质量安全管理法律制度

一、动物产品质量安全管理概述

（一）基本概念

1. 动物产品　根据《动物防疫法》的定义，动物产品是指动物的肉、生皮、原毛、绒、脏器、脂、血液、精液、卵、胚胎、骨、蹄、头、角、筋以及可能传播动物疫病的奶、蛋等。动物产品可分为食用动物产品（包括肉、蛋、乳等）和非食用动物产品（包括毛、绒、皮）等。

2. 动物产品质量　动物产品质量是指动物产品满足社会和人类需要所具备的特性和特征的总称。食用动物产品的特性和特征包括营养性、安全性和符合一定的规格要求。非食用动物产品的特性和特征包括安全性和符合一定的规格要求。

3. 动物产品质量安全　动物产品质量安全是指动物产品及其加工制品等整个生产过程到终端产品，经严格检验，各项技术指标与卫生指标符合国家标准或行业相关标准，符合保障人的健康、安全的要求，不会对人体造成危害。

（二）动物产品质量安全的分类

根据安全要求的不同，可将农产品（食品）分为无公害农产品、绿色食品、有机食品三类。与此对应的动物产品可分为无公害动物产品、绿色动物产品、有机动物产品。

1. 无公害动物产品　无公害农产品是指产地环境、生产过程和产品质量符合国家有关标准和规范要求，经认证合格获得认证证书并允许使用无公害农产品标识的未经加工或者初加工的食用农产品。无公害动物产品就是指有害物质残留不超过规定标准、对人体健康无损害的畜禽产品。

2. 绿色动物产品　绿色动物产品是指遵循可持续性发展原则，按特定生产方式生产，经专门机构认证，许可使用绿色食品标志的无污染的安全、优质、营养类动物产品。

3. 有机动物产品　有机食品是指在原料生产和加工过程中不使用农药、化肥、生长激素、化学添加剂、化学色素和防腐剂等化学物质，不使用基因工程技术；通过有机食品认证机构认证并使用有机食品标志的食品。有机动物产品就是指按国际有机食品协会标准执行的，通过有机食品认证机构认证并使用有机食品标志的动物产品。

（三）动物产品质量安全管理的法规

目前，我国还没有为动物产品质量安全管理制定专门的法律，但是出台了《中华人民共和国农产品质量安全法》（以下简称"《农产品质量安全法》"）《食品安全法》《生猪屠宰管理条例》《无公害农产品管理办法》等相关法律、法规和规章。一些国家标准和行业标准、检疫规程也作为动物产品质量安全管理的法律依据。

二、动物产品质量安全管理

动物产品质量安全管理是指动物和动物产品生产企业为确保动物产品的质量安全所实施的管理。国家为加强动物产品质量安全工作，实行源头治理、风险管理、全程控制，建立科学、严格的监督管理制度，构建协同、高效的社会共治体系。动物产品全程生产质量安全管理包括动物生产环境条件，动物饲养和动物产品生产、屠宰加工及销售过程的质量管理。

（一）动物产品质量安全标准

我国颁布的动物和动物产品质量安全标准主要有以下几类。

（1）畜禽饮用水水质标准。农业行业标准《无公害食品　畜禽饮用水水质》（NY 5027—2008）规定了生产无公害畜禽产品过程中畜禽饮用水水质的要求和检验方法。

（2）肉类产品的质量安全标准。肉类是畜禽的主要产品，包括猪肉、牛羊肉、禽肉等。为了保证肉类产品的质量安全，我国发布了《食品安全国家标准　鲜（冻）畜、禽产品》（GB 2707—2016）和农业行业标准《绿色食品　畜肉》（NY/T 2799—2023）、《绿色食品　禽肉》（NY/T 753—2021）等肉类质量安全标准，详细规定了鲜（冻）畜禽产品、绿色食品畜肉及禽肉的技术要求、检验规则、包装、运输和储存等内容。

（3）禽蛋产品的质量安全标准。禽蛋包括鸡、鸭、鹅、鹌鹑蛋等。禽蛋产品的质量安全标准执行《食品安全国家标准　蛋与蛋制品》（GB 2749—2015）和农业行业标准《绿色食品　蛋及蛋制品》（NY/T 754—2021），这些标准规定了蛋与蛋制品、绿色食品蛋与蛋制品的定义、技术要求、检验规则、包装、运输和储存等内容。

（4）乳类产品的质量安全标准。乳中除含有丰富的蛋白质和脂肪外，还含有幼儿生长所必需的各种营养成分，因此营养极高。因为其易腐败变质，所以质量安全管理要求也极高。《食品安全国家标准　生乳》（GB 19301—2010）规定了生乳的范围、术语和定义及技术要求。

（5）屠宰检疫规程。屠宰检疫工作的实施对于保障畜禽肉品质量安全至关重要。我国制定了《生猪屠宰检疫规程》《兔屠宰检疫规程》《家禽屠宰检疫规程》《牛屠宰检疫规程》《羊屠宰检疫规程》《马属动物屠宰检疫规程》等，规定了畜禽进入屠宰场（厂、点）监督查验、检疫申报、宰前检查、同步检疫、检疫结果处理及检疫记录等操作程序。

（6）肉品品质检验规程。2023 年 1 月 3 日，农业农村部公布了《生猪屠宰肉品品质检验规程（试行）》（农业农村部公告第 637 号），规定了生猪屠宰过程中肉品品质检验的内容、程序、方法及处理方法。

动物产品质量安全标准的制定和发布，依照法律法规的规定执行。制定时应当充分考虑动物产品质量安全风险评估结果，并听取生产经营者、消费者、有关部门、行业协会等的意见，保障动物和动物产品质量安全。

（二）动物和动物产品生产环境的管理

1. 产地监测制度　　《农产品质量安全法》规定，国家建立健全农产品产地监测制度。

县级以上地方人民政府农业农村主管部门应当会同同级生态环境、自然资源等部门制定动物及动物产品产地监测计划，加强产地安全调查、监测和评价工作；按照保障动物产品质量安全的要求，根据动物产品品种特性和产地安全调查、监测、评价结果，依照土壤污染防治等法律法规的规定提出划定特定动物及动物产品禁止生产区域的建议，报本级人民政府批准后实施。

任何单位和个人不得在特定动物及动物产品禁止生产区域养殖、捕捞、屠宰、采集特定动物及动物产品和建立特定动物及动物产品生产基地。

2. 生产基地的维护

（1）任何单位和个人不得违反有关环境保护法律法规的规定向动物及动物产品产地排放或者倾倒废水、废气、固体废物或者其他有毒有害物质。生产用水应当符合法律法规和国家有关强制性标准的要求。

（2）动物及动物产品生产者应当科学合理地使用饲料、兽药等投入品，防止对产地造成污染。

（3）县级以上人民政府应当采取措施，加强动物及动物产品基地建设，推进农业标准化示范建设，改善动物及动物产品的生产条件。

（三）生产过程的质量安全管理

1. 质量安全风险监测制度　　《农产品质量安全法》规定，国家建立农产品质量安全风险监测制度。

农业农村部应当制定国家动物产品质量安全风险监测计划，并对重点区域、重点动物和动物产品品种进行质量安全风险监测。

省、自治区、直辖市人民政府农业农村主管部门应当根据国家动物产品质量安全风险监测计划，结合本行政区域动物产品生产经营实际，制定本行政区域的动物产品质量安全风险监测实施方案，并报农业农村部备案。

县级以上地方人民政府农业农村主管部门负责组织实施本行政区域的动物产品质量安全风险监测。

县级以上人民政府市场监督管理部门和其他有关部门获知有关动物产品质量安全风险信息后，应当立即核实并向同级农业农村主管部门通报。接到通报的农业农村主管部门应当及时上报。

制定动物产品质量安全风险监测计划、实施方案的部门应当及时研究分析，必要时进行调整。

2. 质量安全风险评估制度　　《农产品质量安全法》规定，国家建立农产品质量安全风险评估制度。

农业农村部应当设立动物产品质量安全风险评估专家委员会,对可能影响动物和动物产品质量安全的潜在危害进行风险分析和评估。国务院卫生健康、市场监督管理等部门发现需要对动物和动物产品进行质量安全风险评估的,应当向农业农村部提出风险评估建议。动物产品质量安全风险评估专家委员会由农业、食品、营养、生物、环境、医学、化工等方面的专家组成。

农业农村部应当根据动物和动物产品质量安全风险监测、风险评估结果采取相应的管理措施,并将动物产品质量安全风险监测、风险评估结果及时通报国务院市场监督管理、卫生健康等部门和有关省、自治区、直辖市人民政府农业农村主管部门。

县级以上人民政府农业农村主管部门开展动物产品质量安全风险监测和风险评估工作时,可以根据需要进入产地、储存场所及批发、零售市场。采集样品应当按照市场价格支付费用。

3. 动物和动物产品的标准化生产　　《农产品质量安全法》规定,县级以上地方人民政府农业农村主管部门应当根据本地区的实际情况,制定保障农产品质量安全的生产技术要求和操作规程,并加强对农产品生产经营者的培训和指导。农产品生产企业、农民专业合作社、农业社会化服务组织应当加强农产品质量安全管理。

动物饲养和动物产品生产企业应当建立动物产品质量安全管理制度,配备相应的技术人员;不具备配备条件的,应当委托具有专业技术知识的人员进行农产品质量安全指导。

国家鼓励和支持动物饲养和动物产品生产企业、农民专业合作社、农业社会化服务组织建立和实施危害分析和关键控制点体系,实施良好农业规范,提高动物产品质量安全管理水平。

4. 生产记录制度　　动物和动物产品生产企业、农民专业合作社、农业社会化服务组织应当建立动物和动物产品生产记录,如实记载下列事项:使用投入品的名称、来源、用法、用量和使用、停用的日期;动物疫病的发生和防治情况;出栏、屠宰或者捕捞的日期。

动物和动物产品生产记录应当至少保存 2 年。禁止伪造、变造动物产品生产记录。

5. 投入品许可制度　　对可能影响动物和动物产品质量安全的农药、兽药、饲料和饲料添加剂、兽医器械,依照有关法律、行政法规的规定实行许可制度。

省级以上人民政府农业农村主管部门应当定期或者不定期组织对可能危及动物产品质量安全的农药、兽药、饲料和饲料添加剂等农业投入品进行监督抽查,并公布抽查结果。

农药、兽药经营者应当依照有关法律、行政法规的规定建立销售台账,记录购买者、销售日期和药品施用范围等内容。

动物饲养和动物产品生产经营者应当依照有关法律、行政法规和国家有关强制性标准、农业农村部的规定,科学合理地使用农药、兽药、饲料和饲料添加剂等畜牧业投入品,严格执行投入品使用安全间隔期或者休药期的规定;不得超范围、超剂量使用投入品危及动物产品质量安全。

禁止在动物饲养和动物产品生产经营过程中使用国家禁止使用的畜牧业投入品及其他有毒有害物质。

动物饲养和动物产品生产场所,以及生产活动中使用的设施、设备、消毒剂等应当符合国家有关质量安全规定,防止污染动物产品。

县级以上人民政府农业农村主管部门应当加强对畜牧业投入品使用的监督管理和指导,建立健全畜牧业投入品的安全使用制度,推广畜牧业投入品科学使用技术,普及安全、环保畜牧业投入品的使用。

（四）屠宰管理

为了保证生猪产品质量安全，保障人民身体健康，我国制定了《生猪屠宰管理条例》，对生猪定点屠宰、生猪屠宰全过程管理、屠宰过程中的动物疫病防控及法律责任作出了详尽规定，以加强生猪屠宰监督管理，规范生猪屠宰经营行为。同时一些地方政府还结合本地实际制订了适用于牛、羊、鸡、鸭、鹅等畜禽屠宰管理的法律法规，以加强畜禽屠宰管理，保证畜禽产品质量，保障人民身体健康。此外，2022 年修订的《畜牧法》设定了专门章节以规范畜禽屠宰行为，明确了畜禽屠宰企业的设立条件，并要求畜禽屠宰企业建立畜禽屠宰质量安全管理制度等。

（五）动物产品销售

1. 销售的动物产品应当符合动物产品质量安全标准　动物产品生产企业、农民专业合作社应当根据质量安全控制要求自行或者委托检测机构对动物产品质量安全进行检测；经检测不符合动物产品质量安全标准的动物产品，应当及时采取管控措施，且不得销售。

农业技术推广等机构应当为农户等动物产品生产经营者提供动物产品检测技术服务。

动物产品在包装、保鲜、储存、运输中所使用的保鲜剂、防腐剂、添加剂、包装材料等，应当符合国家有关强制性标准及其他动物产品质量安全规定。

储存、运输动物产品的容器、工具和设备应当安全、无害。禁止将动物产品与有毒有害物质一同储存、运输，防止污染动物产品。

2. 禁止销售的动物产品　有下列情形之一的动物产品，不得销售：

（1）含有国家禁止使用的农药、兽药或者其他化合物；

（2）农药、兽药等化学物质残留或者含有的重金属等有毒有害物质不符合动物产品质量安全标准；

（3）含有的致病性寄生虫、微生物或者生物毒素不符合动物产品质量安全标准；

（4）未按照国家有关强制性标准及其他动物产品质量安全规定使用保鲜剂、防腐剂、添加剂、包装材料等，或者使用的保鲜剂、防腐剂、添加剂、包装材料等不符合国家有关强制性标准及其他质量安全规定；

（5）病死、毒死或者死因不明的动物及其产品；

（6）其他不符合动物产品质量安全标准的情形。

3. 包装与标识　动物产品生产企业、农民专业合作社及从事动物产品收购的单位或者个人销售的动物产品，按照规定应当包装或者附加承诺达标合格证等标识的，须经包装或者附加标识后方可销售。包装物或者标识上应当按照规定标明产品的品名、产地、生产者、生产日期、保质期、产品质量等级等内容；使用添加剂的，还应当按照规定标明添加剂的名称。

三、动物产品质量安全的监督管理

动物产品质量安全监督是指国家有关行政管理部门对动物产品的生产经营单位和个人遵守动物产品质量安全管理法规的行为所进行的监督管理。其主要包括质量安全检测和监督两方面。

（一）动物产品批发市场、销售企业的质量安全检测

1. 质量安全检测机构 从事动物产品质量安全检测的机构，应当具备相应的检测条件和能力，由省级以上人民政府农业农村主管部门或者其授权的部门考核合格。具体办法由农业农村部制定。动物产品质量安全检测机构应当依法经资质认定。从事动物产品质量安全检测工作的人员，应当具备相应的专业知识和实际操作技能，遵纪守法，恪守职业道德。动物产品质量安全检测机构对出具的检测报告负责。检测报告应当客观公正，检测数据应当真实可靠，禁止出具虚假检测报告。

2. 批发市场、销售企业对动物产品的质量安全检测 批发市场应当按照规定设立或者委托检测机构，对进场销售的动物产品质量安全状况进行抽查检测；发现不符合动物产品质量安全标准的，应当要求销售者立即停止销售，并向所在地市场监督管理、农业农村等部门报告。

销售企业对其销售的动物产品，应当建立健全进货检查验收制度；经查验不符合动物产品质量安全标准的，不得销售。

动物产品生产经营者通过网络平台销售农产品的，应当依照本法和《中华人民共和国电子商务法》《食品安全法》等法律法规的规定，严格落实质量安全责任，保证其销售的动物产品符合质量安全标准。网络平台经营者应当依法加强对动物产品生产经营者的管理。

（二）动物产品质量安全的监督

1. 单位和个人的监督 国家鼓励消费者协会和其他单位或者个人对动物产品质量安全进行社会监督，对动物产品质量安全监督管理工作提出意见和建议。任何单位和个人有权对动物产品质量安全监督管理违法行为进行检举控告、投诉举报。县级以上人民政府农业农村主管部门应当建立动物产品质量安全投诉举报制度，收到投诉举报后，应当及时处理。

2. 农业农村主管部门的监督职责 县级以上地方人民政府农业农村主管部门应当加强对动物和动物产品生产的监督管理，开展日常检查，重点检查动物和动物产品产地环境、投入品购买和使用、生产记录等情况。开展动物产品质量安全监督检查，有权采取下列措施：进入生产经营场所进行现场检查，调查了解动物产品质量安全的有关情况；查阅、复制动物和动物产品生产记录、购销台账等与动物产品质量安全有关的资料；抽样检测生产经营的动物和动物产品与使用的投入品及其他有关产品；查封、扣押有证据证明存在动物产品质量安全隐患或者经检测不符合质量安全标准的动物产品；查封、扣押有证据证明可能危及动物产品质量安全或者经检测不符合产品质量标准的农业投入品及其他有毒有害物质；查封、扣押用于违法生产经营动物产品的设施、设备、场所及运输工具；收缴伪造的动物产品质量标志。县级以上人民政府农业农村、市场监督管理等部门发现动物产品质量安全违法行为涉嫌犯罪的，应当及时将案件移送公安机关。

第二节 兽药管理法律制度

一、兽药管理法律制度概述

兽药管理是指我国各级农业农村主管部门代表国家依法对全社会的兽药工作进行组织和

管理的活动。其目的在于保证兽药质量，有效防治动物疾病，促进养殖业健康发展，保障动物产品质量安全，维护人体健康。

（一）管理对象

根据《兽药管理条例》的定义，兽药是指用于预防、治疗、诊断动物疾病或者有目的地调节动物生理机能的物质。其主要包括：血清制品、疫苗、诊断制品、微生态制品、中药材、中成药、化学药品、抗生素、生化药品、放射性药品及外用杀虫剂、消毒剂等。

《兽药管理条例》的主要管理对象为在中华人民共和国境内从事兽药的研制、生产、经营、进出口、使用和监督管理的单位和个人。但是，兽用麻醉药品、精神药品、毒性药品和放射性药品等特殊药品，依照国家有关规定管理。

（二）管理机构

农业农村部负责全国的兽药监督管理工作；县级以上地方人民政府农业农村主管部门负责本行政区域内的兽药监督管理工作；水产养殖中的兽药使用、兽药残留和监督管理及水产养殖过程中违法用药的行政处罚，由县级以上人民政府渔业主管部门及其所属的渔政监督管理机构负责。

（三）管理法规

我国兽药管理的法律依据是《兽药管理条例》，以及国家陆续发布的配套规章和规范性文件等。1980年国务院批转了《兽药管理暂行条例》；1987年5月21日国务院颁布了《兽药管理条例》（2004年4月9日国务院令第404号进行了全面修订，2014年7月29日、2016年2月6日和2020年3月27日进行了3次修订），现行的《兽药管理条例》共包括9章75条，分别为总则、新兽药研制、兽药生产、兽药经营、兽药进出口、兽药使用、兽药监督管理、法律责任和附则。

配套规章包括：《兽药生产质量管理规范》（兽药GMP规范，2002年3月19日农业部令2002年第11号公布，2017年11月30日、2020年4月21日进行了两次修订），《兽药标签和说明书管理办法》（2002年10月31日农业部令2002年第22号公布，2004年7月1日、2007年11月8日、2017年11月30日进行了3次修订），《兽药注册办法》（2004年11月24日农业部令2004年第44号公布），《新兽药研制管理办法》（2005年8月31日农业部令2005年第55号公布，2016年5月30日、2019年4月25日进行了两次修订），《兽药进口管理办法》（2007年7月31日农业部、海关总署令第2号公布，2019年4月25日、2022年1月7日进行了两次修订），《兽药经营质量管理规范》（兽药GSP规范，2010年1月15日农业部令2010年第3号公布，2017年11月30日修订），《兽用处方药和非处方药管理办法》（2013年9月11日农业部令2013年第2号公布），《兽药产品批准文号管理办法》（2015年12月3日农业部令2015年第4号公布，2019年4月25日、2022年1月7日进行了两次修订），《兽药非临床研究质量管理规范》（兽药GLP规范，2015年12月9日农业部公告第2336号公布），《兽药临床试验质量管理规范》（兽药GCP规范，2015年12月9日农业部公告第2337号公布），《兽用生物制品经营管理办法》（2021年3月17日农业农村部令2021年第2号公布），等等。这些配套规章的颁布，使我国的兽药法治化管理更加完善和系统化。

二、新兽药管理法律制度

新兽药是指未曾在中国境内上市销售的兽用药品。新兽药的管理包括新兽药的研制、新兽药的注册、新兽药研制的保护措施和新兽药的安全监测等几个方面。

（一）新兽药的研制

国家鼓励研制新兽药，依法保护研制者的合法权益。研制新兽药，应当具有与研制相适应的场所、仪器设备、专业技术人员、安全管理规范和措施。凡有条件的科研单位、高等院校、兽药生产企业、医疗单位和个人，都可以从事新兽药研制。新兽药研制应当按照《新兽药研制管理办法》的规定进行。

新兽药研制包括临床前研究管理、临床试验审批和监督管理。具体要求如下。

1. 新兽药的临床前研究管理　新兽药临床前研究包括药学、药理学和毒理学研究，具体研究项目如下。

（1）生物制品（包括疫苗、血清制品、诊断制品、微生态制品等）：菌毒种、细胞株、生物组织等起始材料的系统鉴定、保存条件、遗传稳定性、实验室安全和效力试验及免疫学研究等。

（2）其他兽药（化学药品、抗生素、消毒剂、生化药品、放射性药品、外用杀虫剂）：生产工艺、结构确证、理化性质及纯度，剂型选择、处方筛选，检验方法、质量指标，稳定性，药理学、毒理学等。

（3）中药制剂（中药材、中成药）：除具备其他兽药的研究项目外，还应当包括原药材的来源、加工及炮制等。

研制新兽药，应当进行安全性评价。新兽药的安全性评价是指在临床前研究阶段，通过毒理学研究等对一类新化学药品和抗生素对靶动物和人的健康影响进行风险评估的过程，包括急性毒性、亚慢性毒性、致突变、生殖毒性（含致畸）、慢性毒性（含致癌）试验，以及用于食用动物时日允许摄入量（ADI）和最高残留限量（MRL）的确定。

承担新兽药安全性评价的单位应当经过农业农村部认定，符合兽药 GLP 和 GCP 规范的要求，执行兽药 GLP 和 GCP 规范，并参照农业农村部发布的有关技术指导原则进行试验。采用指导原则以外的其他方法和技术进行试验的，应当提交能证明其科学性的资料。省级以上人民政府农业农村主管部门应当对兽药安全性评价单位是否符合兽药 GLP 和 GCP 规范的要求进行监督检查，并公布监督检查结果。

研制新兽药需要使用一类病原微生物的，应当按照《病原微生物实验室生物安全管理条例》和《高致病性动物病原微生物实验室生物安全管理审批办法》等有关规定，在实验室阶段前取得实验活动批准文件，并在取得"高致病性动物病原微生物实验室资格证书"的实验室进行试验。

申请使用一类病原微生物时，除提交《高致病性动物病原微生物实验室生物安全管理审批办法》要求的申请资料外，还应当提交研制单位基本情况、研究目的和方案、生物安全防范措施等书面资料。必要时，农业农村部指定参考试验室对病原微生物菌（毒）种进行风险评估和适用性评价。

2. 新兽药的临床试验审批　研制新兽药，应当在临床试验前向临床试验场所所在地省级人民政府农业农村主管部门提出申请，提交临床试验方案等相关资料，附具实验室阶段安全性评价报告及其他临床前研究资料。研制的新兽药属于生物制品的，应当在临床试验前向农业农村部提出申请。

农业农村部或者省级人民政府农业农村主管部门收到新兽药临床试验申请后，应当对临床前研究结果的真实性和完整性，以及临床试验方案进行审查。必要时，可以派至少2人对申请人临床前研究阶段的原始记录、试验条件、生产工艺及试制情况进行现场核查，并形成书面核查报告。

农业农村部或者省级人民政府农业农村主管部门应当自受理申请之日起60个工作日内作出是否批准的决定，确定试验区域和试验期限，并书面通知申请人。省级人民政府农业农村主管部门作出批准决定后，应当及时报农业农村部备案。

3. 监督管理　　临床试验批准后应当在2年内实施完毕。逾期未完成的，可以延期1年，但应当经原批准机关批准。临床试验批准后变更申请人的，应当重新申请。

兽药临床试验应当根据批准的临床试验方案进行。如需变更批准内容的，申请人应向原批准机关报告变更后的试验方案，并说明依据和理由。

兽药临床试验应当执行兽药GCP规范，参照农业农村部发布的兽药临床试验技术指导原则进行。采用指导原则以外的其他方法和技术进行试验的，应当提交能证明其科学性的资料。

临床试验用兽药应当在取得兽药 GMP 证书的企业制备，制备过程应当执行兽药 GMP 规范。根据需要，农业农村部或者省级人民政府农业农村主管部门可以对制备现场进行考察。临床试验用兽药仅供临床试验使用，不得销售，不得在未批准区域使用，不得超过批准期限使用。

临床试验完成后，申请人应当向原批准机关提交批准的临床试验方案、试验结果及统计分析报告，并附原始记录复印件。

（二）新兽药的注册

新兽药的注册是指临床试验完成后，新兽药研制者向农业农村部提出新兽药的注册申请，农业农村部组织有关单位和人员对新兽药进行全面的技术评审，并对通过评审的发给"新兽药注册证书"的行政行为。新兽药的注册程序如下。

1. 申请　　新兽药研制者向农业农村部提出新兽药注册申请时，应当提交该新兽药的样品和下列资料：①名称、主要成分、理化性质；②研制方法、生产工艺、质量标准和检测方法；③药理和毒理试验结果、临床试验报告和稳定性试验报告；④环境影响报告和污染防治措施。研制的新兽药属于生物制品的，还应当提供菌（毒、虫）种、细胞等有关材料和资料。菌（毒、虫）种、细胞由农业农村部指定的机构保藏。研制用于食用动物的新兽药，还应当按照农业农村部的规定进行兽药残留试验并提供休药期、最高残留限量标准、残留检测方法及其制定依据等资料。

2. 受理　　农业农村部应当自收到申请之日起10个工作日内，对研制单位报送的申请进行初审，对符合要求的进行受理。

3. 评审　　农业农村部将决定受理的新兽药资料送其设立的兽药评审机构进行评审，并将新兽药样品送其指定的检验机构复核检验，自收到评审和复核检验结论之日起60个工作日内完成审查。

4. 发证　审查合格的，发给"新兽药注册证书"，并发布该兽药的质量标准；不合格的，应当书面通知申请人。

（三）新兽药研制的保护措施

为了保护科研、生产单位研制新兽药的积极性，保护研制者的合法权益，国家对依法获得注册的、含有新化合物兽药的申请人提交的其自己所取得且未披露的试验数据和其他数据实施保护。自注册之日起 6 年内，对其他申请人未经已获得注册兽药的申请人同意，使用前款规定的数据申请兽药注册的，兽药注册机关不予注册；但是，其他申请人提交其自己所取得的数据的除外。

除下列情况外，兽药注册机关不得披露前款规定的数据：①公共利益需要；②已采取措施确保该类信息不会被不正当地进行商业使用。

（四）新兽药的安全监测

由于新兽药的毒副作用可能会在使用后的较长时间才能表现出来，因此应对新兽药的使用实行安全监测制度。农业农村部根据保证动物产品质量安全和人体健康的需要，可以对新兽药设立不超过 5 年的监测期；在监测期内，不得批准其他企业生产或者进口该新兽药。生产企业应当在监测期内收集该新兽药的疗效、不良反应等资料，并及时报送农业农村部。

三、兽药生产、经营的法律制度

（一）兽药生产的法律制度

兽药生产是指将原料加工制作成供临床应用的兽药制剂的活动。根据《兽药管理条例》的规定，兽药生产企业是指专门生产兽药的企业和兼产兽药的企业，包括从事兽药分装的企业。兽药生产的管理包括兽药生产企业应当具备的条件、兽药生产企业的审批、兽药生产质量管理等。

1. 兽药生产企业应当具备的条件　《兽药管理条例》和兽药 GMP 规范对兽药生产企业应当具备的基本条件作出了明确的规定，从事兽药生产的企业，应当符合国家兽药行业发展规划和产业政策，并具备下列条件：

（1）具有与所生产的兽药相适应的兽医学、药学或者相关专业的技术人员；
（2）具备与所生产的兽药相适应的厂房、设施；
（3）具备与所生产的兽药相适应的兽药质量管理和质量检验的机构、人员、仪器设备；
（4）符合安全、卫生要求的生产环境；
（5）兽药 GMP 规范规定的其他生产条件。

2. 兽药生产企业的审批　我国对兽药生产企业的审批包括"兽药生产许可证"和兽药产品批准文号的审批。

1）"兽药生产许可证"的审批　符合兽药生产企业规定条件的，申请人可向省、自治区、直辖市人民政府农业农村主管部门提出申请，并附具符合规定条件的证明材料；省、自治区、直辖市人民政府农业农村主管部门应当自收到申请之日起 40 个工作日内完成审查。经审查合格的，发给"兽药生产许可证"；不合格的，应当书面通知申请人。

"兽药生产许可证"应当载明生产范围、生产地点、有效期和法定代表人姓名、住址等事项。"兽药生产许可证"的有效期为 5 年。有效期届满，需要继续生产兽药的，应当在许可证有效期届满前 6 个月到原发证机关申请换发"兽药生产许可证"。兽药生产企业变更生产范围、生产地点的，应当依照《兽药管理条例》的规定重新申请换发"兽药生产许可证"；变更企业名称、法定代表人的，应当在办理工商变更登记手续后 15 个工作日内，到发证机关申请换发"兽药生产许可证"。

2）兽药产品批准文号的审批　　兽药生产企业生产兽药，应当取得农业农村部核发的产品批准文号，产品批准文号的有效期为 5 年。兽药产品批准文号的核发办法由农业农村部制定。新开办的兽药生产企业必须取得兽药 GMP 证书后方可按规定程序办理兽药产品批准文号。

3. 兽药生产质量管理　　兽药生产企业应当按照农业农村部制定的兽药 GMP 规范组织生产。省级以上人民政府农业农村主管部门应当对兽药生产企业是否符合兽药 GMP 规范的要求进行监督检查，并公布检查结果。兽药生产的质量管理包括原料管理、生产工艺的管理、兽药的包装及标签管理、出厂检验及兽药监测期制度。

1）原料管理　　生产兽药所需的原料、辅料，应当符合国家标准或者所生产兽药的质量要求。直接接触兽药的包装材料和容器应当符合药用要求。

2）生产工艺的管理及生产记录制度　　应当按照兽药国家标准和农业农村部批准的生产工艺进行生产。企业改变影响兽药质量的生产工艺的，应当报原批准部门审核批准。企业应当建立生产记录，生产记录应当完整、准确。

3）兽药的包装及标签管理　　兽药包装应当按照规定印有或者贴有标签，附具说明书，并在显著位置注明"兽用"字样。兽药的标签和说明书经农业农村部批准并公布后，方可使用。兽药的标签或者说明书，应当以中文注明兽药的通用名称、成分及其含量、规格、生产企业、产品批准文号（或者进口兽药注册证号）、产品批号、生产日期、有效期、适应证或者功能主治、用法、用量、休药期、禁忌、不良反应、注意事项、运输贮存保管条件及其他应当说明的内容。有商品名称的，还应当注明商品名称。

兽用处方药的标签或者说明书还应当印有农业农村部规定的警示内容，其中兽用麻醉药品、精神药品、毒性药品和放射性药品还应当印有农业农村部规定的特殊标志；兽用非处方药的标签或者说明书还应当印有农业农村部规定的非处方药标志。

4）出厂检验　　兽药出厂前应当经过质量检验，不符合质量标准的不得出厂。兽药出厂应当附有产品质量合格证。禁止生产假、劣兽药。

5）兽用生物制品生产质量的管理　　兽药生产企业生产的每批兽用生物制品，出厂前应当由农业农村部指定的检验机构审查核对，并在必要时进行抽查检验；未经审查核对或者抽查检验不合格的，不得销售。强制免疫所需兽用生物制品，由农业农村部指定的企业生产。

（二）兽药经营的法律制度

兽药经营企业是指经营兽药的专营企业或者兼营企业。兽药质量除与生产企业密切相关外，也与经营企业密切相关。兽药经营的管理包括兽药经营企业应当具备的条件、兽药经营企业的审批、兽药经营的质量管理等。

1. 兽药经营企业应当具备的条件　　《兽药管理条例》和兽药 GSP 规范对兽药经营企业应当具备的基本条件作出了明确的规定，从事兽药生产的企业，应当具备下列条件：

（1）与所经营的兽药相适应的兽药技术人员；

（2）与所经营的兽药相适应的营业场所、设备、仓库设施；

（3）与所经营的兽药相适应的质量管理机构或者人员；

（4）兽药 GSP 规范规定的其他经营条件。

2. 兽药经营企业的审批

（1）申请：符合兽药经营企业规定条件的，申请人可向市、县人民政府农业农村主管部门提出申请，并附具符合规定条件的证明材料；经营兽用生物制品的，应当向省、自治区、直辖市人民政府农业农村主管部门提出申请，并附具符合规定条件的证明材料。

（2）审批：县级以上地方人民政府农业农村主管部门，应当自收到申请之日起 30 个工作日内完成审查。

（3）发证：审查合格的，发给"兽药经营许可证"；不合格的，应当书面通知申请人。

"兽药经营许可证"应当载明经营范围、经营地点、有效期和法定代表人姓名、住址等事项，有效期 5 年。有效期届满需要继续经营兽药的，应当在许可证有效期届满前 6 个月到发证机关申请换发"兽药经营许可证"。兽药经营企业变更经营范围、经营地点的，应当申请换发"兽药经营许可证"；变更企业名称、法定代表人的应当在办理工商变更登记手续后 15 个工作日内，到发证机关申请换发"兽药经营许可证"。

兽用生物制品经营企业的"兽药经营许可证"的经营范围还应当具体载明国家强制免疫用生物制品、非国家强制免疫用生物制品等产品类别和委托的兽用生物制品生产企业名称。经营范围发生变化的，应当办理变更手续。

3. 兽药经营企业的质量管理　　兽药经营企业应当遵守农业农村部制定的兽药 GSP 规范。兽用生物制品经营企业还须遵守农业农村部发布的《兽用生物制品经营管理办法》。

县级以上地方人民政府农业农村主管部门应当对兽药经营企业是否符合兽药 GSP 规范和《兽用生物制品经营管理办法》的要求进行监督检查，并公布检查结果。

兽药经营企业购进兽药，应当将兽药产品与产品标签或者说明书、产品质量合格证核对无误。

兽药经营者应当在经营场所显著位置悬挂或者张贴"兽用处方药必须凭兽医处方购买"的提示语；并对兽用处方药、兽用非处方药应当分区或分柜摆放；兽用处方药不得采用开架自选方式销售。

兽药经营企业应当向购买者说明兽药的功能主治、用法、用量和注意事项。销售兽用处方药的，应当遵守兽用处方药管理办法。兽药经营企业销售兽用中药材的，应当注明产地。禁止兽药经营企业经营人用药品和假、劣兽药。

兽药经营企业购销兽药，应当建立购销记录。购销记录应当载明兽药的商品名称、通用名称、剂型、规格、批号、有效期、生产厂商、购销单位、购销数量、购销日期和农业农村部规定的其他事项。

兽药经营企业应当建立兽药保管制度，采取必要的冷藏、防冻、防潮、防虫、防鼠等措施，保持所经营兽药的质量。兽药入库、出库，应当执行检查验收制度，并有准确记录。

强制免疫所需兽用生物制品的经营，应当符合农业农村部的规定。

兽药广告的内容应当与兽药说明书内容一致，在全国重点媒体发布兽药广告的，应当经农业农村部审查批准，取得兽药广告审查批准文号。在地方媒体发布兽药广告的，应当经省、自治区、直辖市人民政府农业农村主管部门审查批准，取得兽药广告审查批准文号；未经批准的，不得发布。

四、兽药进出口

《兽药进口管理办法》（2007 年 7 月 31 日农业部、海关总署令第 2 号公布；2019 年 4 月 25 日农业农村部令 2019 年第 2 号、2022 年 1 月 7 日农业农村部令 2022 年第 1 号进行了两次修订）规定，进口兽药实行目录管理。《进口兽药管理目录》由农业农村部会同海关总署制定、调整并公布。兽药应当从具备检验能力的兽药检验机构所在地口岸进口。兽药检验机构名单由农业农村部确定并公布。

（一）进口兽药的注册

首次向中国出口的兽药，由出口方驻中国境内的办事机构或者其委托的中国境内代理机构向农业农村部申请注册。

1. 提交资料和物品

（1）生产企业所在国家（地区）兽药管理部门批准生产、销售的证明文件。

（2）生产企业所在国家（地区）兽药管理部门颁发的符合兽药 GMP 规范的证明文件。

（3）兽药的制造方法、生产工艺、质量标准、检测方法、药理和毒理试验结果、临床试验报告、稳定性试验报告及其他相关资料；用于食用动物的兽药的休药期、最高残留限量标准、残留检测方法及其制定依据等资料。

（4）兽药的标签和说明书样本。

（5）兽药的样品、对照品、标准品。

（6）环境影响报告和污染防治措施。

（7）涉及兽药安全性的其他资料。

申请向中国出口兽用生物制品的，还应当提供菌（毒、虫）种、细胞等有关材料和资料。

2. 审查发证　　农业农村部应当自收到申请之日起 10 个工作日内组织初步审查。经初步审查合格的，应当将决定受理的兽药资料送其设立的兽药评审机构进行评审，将该兽药样品送其指定的检验机构复核检验，并自收到评审和复核检验结论之日起 60 个工作日内完成审查。经审查合格的，发给"进口兽药注册证书"，并发布该兽药的质量标准；不合格的，应当书面通知申请人。

在审查过程中，农业农村部可以对向中国出口兽药的企业是否符合兽药 GMP 规范的要求进行考查，并有权要求该企业在农业农村部指定的机构进行该兽药的安全性和有效性试验。

国内急需兽药、少量科研用兽药或者注册兽药的样品、对照品、标准品的进口，按照农业农村部的规定办理。

"进口兽药注册证书"的有效期为 5 年。有效期届满，需要继续向中国出口兽药的，应当在有效期届满前 6 个月到发证机关申请再注册。

（二）进口兽药通关

境外企业不得在中国直接销售兽药。境外企业在中国销售兽药，应当依法在中国境内设立销售机构或者委托符合条件的中国境内代理机构。进口在中国已取得"进口兽药注册证书"的兽药时，中国境内代理机构凭"进口兽药注册证书"到口岸所在地人民政府农业农村主管部门办理"进口兽药通关单"。海关凭"进口兽药通关单"放行。

1. 办理"进口兽药通关单"应提交的材料

（1）兽药进口申请表。

（2）代理合同（授权书）和购货合同复印件。

（3）工商营业执照复印件；兽药生产企业申请进口本企业生产所需原料药的，提交工商营业执照。

（4）产品出厂检验报告。

（5）装箱单、提运单和货运发票复印件。

（6）产品中文标签、说明书式样。

申请兽用生物制品"进口兽药通关单"的，还应当向兽药进口口岸所在地省级人民政府农业农村主管部门提交生产企业所在国家（地区）兽药管理部门出具的批签发证明。

2. 审查与备案　兽药进口口岸所在地省级人民政府农业农村主管部门应当自收到申请之日起2个工作日内完成审查。审查合格的，发给"进口兽药通关单"；不合格的，书面通知申请人，并说明理由。

"进口兽药通关单"主要载明代理商名称、有效期限、兽药进口口岸、海关商品编码、商品名称、生产企业名称、进口数量、包装规格等内容。"进口兽药通关单"实行一单一关，在30日有效期内只能一次性使用，内容不得更改，过期应当重新办理。

兽药进口口岸所在地省级人民政府农业农村主管部门应当在每月上旬将上月核发的"进口兽药通关单"报农业农村部备案。

国内急需的兽药，由农业农村部指定单位进口，并发给"进口兽药通关单"。

（三）禁止进口的兽药

（1）药效不确定、不良反应大，以及可能对养殖业、人体健康造成危害或者存在潜在风险的兽药。

（2）来自疫区可能造成疫病在中国境内传播的兽用生物制品。

（3）经考查生产条件不符合规定的兽药。

（4）农业农村部禁止生产、经营和使用的兽药。

（四）兽药出口

向中国境外出口兽药，进口方要求提供兽药出口证明文件的，农业农村部或者企业所在地的省、自治区、直辖市人民政府农业农村主管部门可以出具出口兽药证明文件。

国内防疫急需的疫苗，农业农村部可以限制或者禁止出口。

五、兽药使用法律制度

（一）兽药的选购和使用

（1）兽药必须从具有"兽药经营许可证"的兽药经营企业选购。兽药必须符合《中华人民共和国兽药典》等国家标准。

（2）兽药使用单位，应当遵守农业农村部制定的兽药安全使用规定，并建立用药记录。

（3）有休药期规定的兽药用于食用动物时，饲养者应当向购买者或者屠宰者提供准确、真实的用药记录；购买者或者屠宰者应当确保动物及其产品在用药期、休药期内不被用于食品消费。

（二）禁止使用的兽药

依据《兽药管理条例》的规定，禁止使用下列兽药或其他化合物。

（1）禁止使用假、劣兽药，以及农业农村部规定禁止使用的药品和其他化合物。禁止使用的药品和其他化合物目录由农业农村部制定公布。

有下列情形之一的，为假兽药：①以非兽药冒充兽药或者以他种兽药冒充此种兽药的；②兽药所含成分的种类、名称与兽药国家标准不符合的。

有下列情形之一的，按照假兽药处理：①农业农村部规定禁止使用的；②依照《兽药管理条例》的规定应当经审查批准而未经审查批准即生产、进口的，或者依照《兽药管理条例》的规定应当经抽查检验、审查核对而未经抽查检验、审查核对即销售、进口的；③变质的；④被污染的；⑤所标明的适应证或者功能主治超出规定范围的。

有下列情形之一的，为劣兽药：①成分含量不符合兽药国家标准或者不标明有效成分的；②不标明或者更改有效期或者超过有效期的；③不标明或者更改产品批号的；④其他不符合兽药国家标准，但不属于假兽药的。

（2）禁止在饲料和动物饮用水中添加激素类药品和农业农村部规定的其他禁用药品。禁止将原料药直接添加到饲料及动物饮用水中或者直接饲喂动物。

（3）禁止将人用药品用于动物。

（4）农业农村部实行处方药管理的兽药，未经兽医开具处方禁止使用。

六、兽药残留监控法律制度

根据 FAO/WHO 食品中兽药残留联合立法委员会的定义，兽药残留是指动物产品的任何可食部分所含兽药的母体化合物及（或）其代谢物，以及与兽药有关的杂质。兽药残留既包括原药，也包括药物在动物体内的代谢产物和兽药生产中所伴生的杂质。兽药残留与动物源性食品安全息息相关，是动物源性食品中最重要的污染源之一。其不仅会对人体健康造成直接危害，而且对畜牧业的发展和生态环境也会造成极大危害。我国依法对兽药残留实行实时监控和监测制度。

（一）兽药生产准入制度

从源头抓起，从兽药生产、经营、使用环节入手，狠抓兽药质量，建立兽药市场秩序，严格兽药使用管理，对残留超标的违法行为实施监督、处罚。《兽药管理条例》将残留指标、检测一并纳入兽药管理范畴，为实施残留监控计划奠定了法律基础。农业农村部通过兽药 GMP 制度推行工作，采取措施引导企业进行改造，制定兽药 GMP 认证工作标准和工作程序，组织兽药 GMP 认证工作，使国内从事兽药生产的企业全部取得兽药 GMP 证书，提升了行业的整体水平，提高了兽药质量。

（二）兽药残留监控体系建设

1. 国家兽药残留监控体系建设　　其既包括相关法律法规体系建设，也包括残留检测所需的硬件工程和软件工程建设。在法律法规体系建设方面，《兽药管理条例》为实施动物及动物产品兽药残留监控计划奠定了基础。1999 年 5 月，农业部首次发布了《中华人民共和国动物及动物源食品中残留物质监控计划》，迈出了残留监控工作的重要一步。为贯彻落实《生物安全法》《兽药管理条例》，切实做好畜禽（蜜蜂）及其产品兽药残留监控和动物源细菌耐药性监测工作，进一步加强畜禽养殖用药的指导和监督，有效保障养殖业生产安全和动物产品质量安全，农业农村部 2021 年开始在制定《2021 年动物及动物产品兽药残留监控计划》的同时，还制定了《2021 年动物源细菌耐药性监测计划》，拉开了动物源细菌耐药性监测的序幕。为积极应对微生物耐药带来的挑战，贯彻落实《生物安全法》，更好地保护人民健康，国家卫生健康委员会、农业农村部等 13 部门联合制定了《遏制微生物耐药国家行动计划（2022—2025 年）》。

2. 兽药残留标准体系建设　　农业农村部自 1997 年起，先后 5 次制定并发布动物性产品中兽药残留最高限量标准。现行的《食品安全国家标准 食品中兽药最大残留限量》（GB 31650—2019），适用于与最大残留限量相关的动物源性食品，规定了动物源性食品中阿苯达唑等 104 种（类）兽药的最大残留限量；规定了乙酸等 154 种允许用于食品动物，但不需要制定残留限量的兽药；规定了氯丙嗪等 9 种允许作治疗用，但不得在动物源性食品中检出的兽药。2022 年 9 月 20 日，农业农村部、国家卫生健康委员会、国家市场监督管理总局还发布了《食品安全国家标准 食品中 41 种兽药最大残留限量》（GB 31650.1—2022）及 21 项兽药残留检测方法食品安全国家标准。农业农村部还建立了国家兽药残留基准实验室（中国兽医药品监察所、中国农业大学、华南农业大学和华中农业大学）和省级兽药残留实验室；发布《兽药残留试验技术规范》《国家兽药残留基准实验室管理规定》《兽药残留实验室质量控制规范》，规范残留试验和兽药检验检测活动。

（三）健全兽药使用监管制度

强化兽药使用监管是做好动物性产品中兽药残留监控工作的关键。

1. 完善禁用兽药清单　　农业农村部及时制修订禁用兽药名录，现行有效的有《淘汰兽药品种目录》（2007 年 4 月 4 日农业部公告第 839 号）、《禁止在饲料和动物饮水中使用的物质》（2010 年 12 月 27 日农业部公告第 1519 号）、《停止在食品动物中使用洛美沙星等 4 种原料药的各种盐、脂及各种制剂的公告》（2015 年 9 月 1 日农业部公告第 2292 号）、《停止在食品动物中使用喹乙醇、氨苯胂酸、洛克沙胂等 3 种兽药》（2018 年 1 月 11 日农业部公告第 2638 号）、《食品动物中禁止使用的药品及其他化合物清单》（2019 年 12 月 27 日农业农村部公告第 250号），及时注销禁用兽药产品批准文号，严厉处罚违反规定的行为。

2. 规范药物添加剂管理　　农业部 2002 年制定并发布了饲料药物添加剂使用规定，将 57种药物添加剂划分为两类：防治动物疫病类的，实行兽医处方管理，饲料厂不得擅自将其添加到饲料产品中；促进动物生长类的，允许添加到饲料中，但必须在饲料标签上标明药物成分、含量、休药期等信息，并规定兽用原料药不得直接加入饲料中使用，必须制成预混剂后方可添加到饲料中。自 2020 年 1 月 1 日起，退出除中药外的所有促生长类药物饲料添加剂品种，兽药生产企业停止生产、进口兽药代理商停止进口相应兽药产品，同时注销相应的兽药产品批准文号和"进口兽药注册证书"。自 2020 年 7 月 1 日起，饲料生产企业停止生产含有促生长类药物饲料添加剂的商品饲料；2020 年 1 月 1 日前，要完成促生长及防治用途品种的质量标准修订工作，将促生长用途删除，仅留下防治用途；改变抗球虫和中药类药物饲料添加剂的管理方式，不再核发"兽药添字"批准文号，而是改为"兽药字"批准文号，可在商品饲料和养殖过程中使用。

3. 兽药市场专项整治　　自 2002 年起，农业农村部每年组织兽药市场专项整治，重点查处禁用药、假劣兽药，将养殖场用药列为检查重点，对其不规范行为进行指导，对非法行为依法实施处罚。

七、兽药监督管理

县级以上人民政府农业农村主管部门行使兽药监督管理权。兽药检验工作由农业农村部和省、自治区、直辖市人民政府农业农村主管部门设立的兽药检验机构承担。农业农村部可以根据需要认定其他检验机构承担兽药检验工作。当事人对兽药检验结果有异议的，可以自收到检验结果之日起 7 个工作日内向实施检验的机构或者上级农业农村主管部门设立的检验机构申请复检。

兽药应当符合兽药国家标准。中国兽药典委员会拟定的、农业农村部发布的《中华人民共和国兽药典》和其他兽药质量标准为兽药国家标准。兽药国家标准的标准品和对照品的标定工作由农业农村部设立的兽药检验机构负责。

农业农村主管部门依法进行监督检查时，对有证据证明可能是假、劣兽药的，应当采取查封、扣押的行政强制措施，并自采取行政强制措施之日起 7 个工作日内作出是否立案的决定；需要检验的，应当自检验报告书发出之日起 15 个工作日内作出是否立案的决定；不符合立案条件的，应当解除行政强制措施；需要暂停生产的，由农业农村部或者省、自治区、直辖市人民政府农业农村主管部门按照权限作出决定；需要暂停经营、使用的，由县级以上人民政府农业农村主管部门按照权限作出决定。未经行政强制措施决定机关或者其上级机关批准，不得擅自转移、使用、销毁、销售被查封或者扣押的兽药及有关材料。

禁止将兽用原料药拆零销售或者销售给兽药生产企业以外的单位和个人。禁止未经兽医开具处方销售、购买、使用农业农村部规定实行处方药管理的兽药。

国家实行兽药不良反应报告制度。兽药生产企业、经营企业、兽药使用单位和开具处方的兽医人员发现可能与兽药使用有关的严重不良反应，应当立即向所在地人民政府农业农村主管部门报告。

兽药生产企业、经营企业停止生产、经营超过 6 个月或者关闭的，由发证机关责令其交回"兽药生产许可证""兽药经营许可证"。禁止买卖、出租、出借"兽药生产许可证""兽药经营许可证"和兽药批准证明文件。

各级农业农村主管部门、兽药检验机构及其工作人员不得参与兽药生产、经营活动，不得以其名义推荐或者监制、监销兽药。

八、法律责任

（一）农业农村主管部门及其工作人员的法律责任

农业农村主管部门及其工作人员利用职务上的便利收取他人财物或者谋取其他利益,对不符合法定条件的单位和个人核发许可证、签署审查同意意见,不履行监督职责,或者发现违法行为不予查处,造成严重后果,构成犯罪的,依法追究刑事责任;尚不构成犯罪的,依法给予行政处分。

（二）兽药生产、经营单位的法律责任

（1）无"兽药生产许可证""兽药经营许可证"生产、经营兽药的,或者虽有"兽药生产许可证""兽药经营许可证",生产、经营假、劣兽药的,或者兽药经营企业经营人用药品的,责令其停止生产、经营,没收用于违法生产的原料、辅料、包装材料及生产、经营的兽药和违法所得,并处违法生产、经营的兽药(包括已出售的和未出售的兽药,下同)货值金额2倍以上5倍以下罚款,货值金额无法查证核实的,处10万元以上20万元以下罚款;无"兽药生产许可证"生产兽药,情节严重的,没收其生产设备;生产、经营假、劣兽药,情节严重的,吊销"兽药生产许可证""兽药经营许可证";构成犯罪的,依法追究刑事责任;给他人造成损失的,依法承担赔偿责任。生产、经营企业的主要负责人和直接负责的主管人员终身不得从事兽药的生产、经营活动。擅自生产强制免疫所需兽用生物制品的,按照无"兽药生产许可证"生产兽药处罚。

（2）提供虚假的资料、样品或者采取其他欺骗手段取得"兽药生产许可证""兽药经营许可证"或者兽药批准证明文件的,吊销"兽药生产许可证""兽药经营许可证"或者撤销兽药批准证明文件,并处5万元以上10万元以下罚款;给他人造成损失的,依法承担赔偿责任。其主要负责人和直接负责的主管人员终身不得从事兽药的生产、经营和进出口活动。

（3）买卖、出租、出借"兽药生产许可证""兽药经营许可证"和兽药批准证明文件的,没收违法所得,并处1万元以上10万元以下罚款;情节严重的,吊销"兽药生产许可证""兽药经营许可证"或者撤销兽药批准证明文件;构成犯罪的,依法追究刑事责任;给他人造成损失的,依法承担赔偿责任。

（4）兽药安全性评价单位、临床试验单位、生产和经营企业未按照规定实施兽药研究试验、生产、经营质量管理规范的,给予警告,责令其限期改正;逾期不改正的,责令停止兽药研究试验、生产、经营活动,并处5万元以下罚款;情节严重的,吊销"兽药生产许可证""兽药经营许可证";给他人造成损失的,依法承担赔偿责任。

（5）兽药的标签和说明书未经批准的,责令其限期改正;逾期不改正的,按照生产、经营假兽药处罚;有兽药产品批准文号的,撤销兽药产品批准文号;给他人造成损失的,依法承担赔偿责任。

兽药包装上未附有标签和说明书,或者标签和说明书与批准的内容不一致的,责令其限期改正;情节严重的,依照前款规定处罚。

（6）境外企业在中国直接销售兽药的,责令其限期改正,没收直接销售的兽药和违法所得,并处5万元以上10万元以下罚款;情节严重的,吊销"进口兽药注册证书";给他人造成

损失的，依法承担赔偿责任。

（7）兽药生产、经营企业把原料药销售给兽药生产企业以外的单位和个人的，或者兽药经营企业拆零销售原料药的，责令其立即改正，给予警告，没收违法所得，并处 2 万元以上 5 万元以下罚款；情节严重的，吊销"兽药生产许可证""兽药经营许可证"；给他人造成损失的，依法承担赔偿责任。

（8）撤销产品批准文号的情形。有下列情形之一的，撤销兽药的产品批准文号或者吊销"进口兽药注册证书"：①抽查检验连续 2 次不合格的；②药效不确定、不良反应大，以及可能对养殖业、人体健康造成危害或者存在潜在风险的；③农业农村部禁止生产、经营和使用的兽药。

被撤销产品批准文号或者被吊销"进口兽药注册证书"的兽药，不得继续生产、进口、经营和使用。已经生产、进口的，由所在地农业农村主管部门监督销毁，所需费用由违法行为人承担；给他人造成损失的，依法承担赔偿责任。

（三）兽药使用单位的法律责任

（1）未按照国家有关兽药安全使用规定使用兽药的、未建立用药记录或者记录不完整、不真实的，或者使用禁止使用的药品和其他化合物的，或者将人用药品用于动物的，责令其立即改正，并对饲喂了违禁药物及其他化合物的动物及其产品进行无害化处理；对违法单位处 1 万元以上 5 万元以下罚款；给他人造成损失的，依法承担赔偿责任。

（2）违反处方药、原料药管理规定的法律责任：

A. 兽药生产企业、经营企业、兽药使用单位和开具处方的兽医人员发现可能与兽药使用有关的严重不良反应，不向所在地人民政府农业农村主管部门报告的，给予警告，并处 5000 元以上 1 万元以下罚款。

B. 未经兽医开具处方销售、购买、使用兽用处方药的，责令其限期改正，没收违法所得，并处 5 万元以下罚款；给他人造成损失的，依法承担赔偿责任。

C. 在饲料和动物饮用水中添加激素类药品和农业农村部规定的其他禁用药品，依照《饲料和饲料添加剂管理条例》的有关规定处罚；直接将原料药添加到饲料及动物饮用水中，或者饲喂动物的，责令其立即改正，并处 1 万元以上 3 万元以下罚款；给他人造成损失的，依法承担赔偿责任。

（四）兽药残留的法律责任

（1）销售尚在用药期、休药期内的动物及其产品用于食品消费的，或者销售含有违禁药物和兽药残留超标的动物产品用于食品消费的,责令其对含有违禁药物和兽药残留超标的动物产品进行无害化处理，没收违法所得，并处 3 万元以上 10 万元以下罚款；构成犯罪的，依法追究刑事责任；给他人造成损失的，依法承担赔偿责任。

（2）擅自转移、使用、销毁、销售被查封或者扣押的兽药及有关材料的，责令其停止违法行为，给予警告，并处 5 万元以上 10 万元以下罚款。

（五）新兽药研制的法律责任

（1）研制新兽药时不具备规定的条件擅自使用一类病原微生物或者在实验室阶段前未经

批准的，责令其停止实验，并处 5 万元以上 10 万元以下罚款；构成犯罪的，依法追究刑事责任；给他人造成损失的，依法承担赔偿责任。

开展新兽药临床试验应当备案而未备案的，责令其立即改正，给予警告，并处 5 万元以上 10 万元以下罚款；给他人造成损失的，依法承担赔偿责任。

（2）生产企业在新兽药监测期内不收集或者不及时报送该新兽药的疗效、不良反应等资料的，责令其限期改正，并处 1 万元以上 5 万元以下罚款；情节严重的，撤销该新兽药的产品批准文号。

第三节 饲料和饲料添加剂管理法律制度

一、概述

饲料和饲料添加剂管理是指我国各级饲料行政管理部门代表国家依法对全社会工业化生产饲料和饲料添加剂的工作进行组织和管理的活动。

（一）管理对象

根据《饲料和饲料添加剂管理条例》第二条的规定，饲料是指经工业化加工、制作的供动物食用的产品，包括单一饲料、添加剂预混合饲料、浓缩饲料、配合饲料和精料补充料；饲料添加剂是指在饲料加工、制作、使用过程中添加的少量或者微量物质，包括营养性饲料添加剂和一般饲料添加剂。《饲料原料目录》和《饲料添加剂目录》由农业农村部制定并公布。只要是工业化生产的饲料和饲料添加剂，包括与之相关的单位、产品都必须遵守饲料和饲料添加剂管理法规，必须接受饲料行政管理部门的管理，共同维护饲料和饲料添加剂相关工作的秩序。

（二）管理目的

加强饲料和饲料添加剂的法治化管理，是为了确保和提高工业化生产的饲料和饲料添加剂的质量，促进饲料工业和养殖业持续、快速、健康发展，保障动物产品质量安全，维护人民身体健康。

（三）管理体制

（1）农业农村部负责全国饲料、饲料添加剂的监督管理工作。

全国饲料工作办公室是农业农村部直属机构，主要任务是研究拟定饲料的行业发展战略及政策；起草行业法律法规，经批准后组织实施；承担饲料资源的保护及合理开发利用工作；负责饲料、饲料添加剂产品登记及进出口审批；组织拟定饲料的标准和技术规范；负责饲料产品标准的审批和质量监督；审核发放"饲料生产许可证"等工作。

农业农村部设立全国饲料评审委员会、国家饲料质量检测中心和全国饲料工业标准化技术委员会。全国饲料评审委员会由养殖、饲料加工、动物营养、毒理、药理、代谢、卫生、化工合成、生物技术、质量标准和环境保护等方面的专家组成，负责饲料和饲料添加剂的评审工作；国家饲料质量检测中心从事饲料和饲料添加剂的质量检验；全国饲料工业标准化技术委员会在主管部门领导下，负责编写饲料和饲料添加剂的标准和技术规范。

（2）县级以上地方人民政府统一领导本行政区域内饲料、饲料添加剂的监督管理工作，建立健全监督管理机制，保障监督管理工作的开展。县级以上地方人民政府负责饲料、饲料添加剂管理的部门（以下简称饲料管理部门），负责本行政区域内饲料、饲料添加剂的监督管理工作。

（3）饲料、饲料添加剂生产企业、经营者应当建立健全质量安全制度，对其生产、经营的饲料、饲料添加剂的质量安全负责。

（4）任何组织或者个人有权举报在饲料、饲料添加剂生产、经营、使用过程中违反《饲料和饲料添加剂管理条例》的行为，有权对饲料、饲料添加剂监督管理工作提出意见和建议。

（四）管理法规

现行《饲料和饲料添加剂管理条例》（1999 年 5 月 29 日国务院令第 266 号发布，2001 年 11 月 29 日进行了第一次修订，2011 年 10 月 26 日国务院第 177 次常务会议修订通过，之后分别于 2013 年 12 月 7 日、2016 年 2 月 6 日、2017 年 3 月 1 日进行了三次修订）包括总则，审定和登记，生产、经营和使用，法律责任，附则共 5 章 51 条。

配套规章包括《饲料和饲料添加剂生产许可管理办法》《饲料添加剂产品批准文号管理办法》《新饲料和新饲料添加剂管理办法》《进口饲料和饲料添加剂登记管理办法》等。

二、新饲料和新饲料添加剂管理的法律制度

新饲料是指我国境内新研制开发的尚未批准使用的单一饲料。新饲料添加剂是指我国境内新研制开发的尚未批准使用的饲料添加剂。国家鼓励研制新饲料、新饲料添加剂，但应当遵循科学、安全、有效、环保的原则，保证新饲料、新饲料添加剂的质量安全。

（一）新饲料和新饲料添加剂审定程序

《新饲料和新饲料添加剂管理办法》（2012 年 5 月 2 日农业部令 2012 年第 4 号公布，2016 年 5 月 30 日农业部令 2016 年第 3 号、2022 年 1 月 7 日农业农村部令 2022 年第 1 号进行了两次修订），对新饲料和新饲料添加剂制订了详细的审定程序。农业农村部负责新饲料、新饲料添加剂审定。全国饲料评审委员会（以下简称"评审委"）组织对新饲料、新饲料添加剂的安全性、有效性及其对环境的影响进行评审。

1. 新饲料和新饲料添加剂审定申请　　研制的新饲料、新饲料添加剂投入生产前，研制者或者生产企业应当向农业农村部提出审定申请，并提交新饲料、新饲料添加剂的申请资料和样品。

（1）申请资料包括：①新饲料、新饲料添加剂审定申请表。②产品名称及命名依据、产品研制目的。③有效组分、理化性质及有效组分化学结构的鉴定报告，或者动物、植物、微生物的分类（菌种）鉴定报告，微生物发酵制品还应当提供生产所用菌株的菌种鉴定报告。④适用范围、使用方法、在配合饲料或全混合日粮中的推荐用量，必要时提供最高限量值。⑤生产工艺、制造方法及产品稳定性试验报告。⑥质量标准草案及其编制说明和产品检测报告；有最高限量要求的，还应提供有效组分在配合饲料、浓缩饲料、精料补充料、添加剂预混合饲料中的检测方法。⑦农业农村部指定的试验机构出具的产品有效性评价试验报告、安全性评价试验

报告（包括靶动物耐受性评价报告、毒理学安全评价报告、代谢和残留评价报告等）；申请新饲料添加剂审定的，还应当提供该新饲料添加剂在养殖产品中的残留可能对人体健康造成影响的分析评价报告。⑧标签式样、包装要求、贮存条件、保质期和注意事项。⑨中试生产总结和"三废"处理报告。⑩对他人的专利不构成侵权的声明。

（2）产品样品应当符合以下要求：①来自中试或工业化生产线；②每个产品提供连续 3 个批次的样品，每个批次 4 份样品，每份样品不少于检测需要量的 5 倍；③必要时提供相关的标准品或化学对照品。

2. 评审　　农业农村部自受理申请之日起 5 个工作日内，将申请资料和样品交评审委进行评审。

新饲料、新饲料添加剂的评审采取评审会议的形式。评审会议应当有 9 名以上评审委专家参加，根据需要也可以邀请 1 或 2 名评审委专家以外的专家参加。参加评审的专家对评审事项具有表决权。评审会议应当形成评审意见和会议纪要，并由参加评审的专家审核签字；有不同意见的，应当注明。参加评审的专家应当依法公平、公正地履行职责，对评审资料保密，存在回避事由的，应当主动回避。

评审过程中，农业农村部可以组织对申请人的试验或生产条件进行现场核查，或者对试验数据进行核查或验证。评审委应当自收到新饲料、新饲料添加剂申请资料和样品之日起 9 个月内向农业农村部提交评审结果；但是，评审委决定由申请人进行相关试验的，经农业农村部同意，评审时间可以延长 3 个月。

评审会议原则通过的，由评审委将样品交农业农村部指定的饲料质量检验机构进行质量复核。质量复核机构应当自收到样品之日起 3 个月内完成质量复核，并将质量复核报告和复核意见报评审委，同时送达申请人。需用特殊方法检测的，质量复核时间可以延长 1 个月。质量复核包括标准复核和样品检测，有最高限量要求的，还应当对申报产品有效组分在饲料产品中的检测方法进行验证。申请人对质量复核结果有异议的，可以在收到质量复核报告后 15 个工作日内申请复检。

3. 发证　　农业农村部自收到评审结果之日起 10 个工作日内作出是否核发新饲料、新饲料添加剂证书的决定。决定核发证书的，由农业农村部予以公告，同时发布该产品的质量标准。决定不予核发的，书面通知申请人并说明理由。

农业农村部公告决定不发给新饲料、新饲料添加剂证书的情形：

（1）饲料添加剂扩大适用范围的；

（2）饲料添加剂含量规格低于饲料添加剂安全使用规范要求的，但由饲料添加剂与载体或者稀释剂按照一定比例配制的除外；

（3）饲料添加剂生产工艺发生重大变化的；

（4）新饲料、新饲料添加剂自获证之日起超过 3 年未投入生产，其他企业申请生产的；

（5）农业农村部规定的其他情形。

新饲料、新饲料添加剂在生产前，生产者应当按照农业农村部有关规定取得生产许可证。生产新饲料添加剂的，还应当取得相应的产品批准文号。

（二）新饲料和新饲料添加剂的监测期与保护制度

1. 监测期　　新饲料、新饲料添加剂的监测期为 5 年，自新饲料、新饲料添加剂证书核发之日起计算。新饲料、新饲料添加剂生产企业应当收集处于监测期内的产品质量、靶动物安全和养殖动物产品质量安全等相关信息，并向农业农村部报告。农业农村部对新饲料、新饲料添加剂的质量安全状况组织跟踪监测，必要时进行再评价，证实其存在安全问题的，撤销新饲料、新饲料添加剂证书并予以公告。

2. 保护制度　对取得新饲料和新饲料添加剂证书的产品实行监测期保护制度。

（1）监测期内不受理其他就该新饲料、新饲料添加剂提出的生产申请和进口登记申请，但该新饲料、新饲料添加剂超过 3 年未投入生产的除外。

（2）从事新饲料、新饲料添加剂审定工作的相关单位和人员，应当对申请人提交的需要保密的技术资料保密。

三、进口饲料、饲料添加剂管理的法律制度

（一）进口饲料、饲料添加剂产品的登记

进口饲料和饲料添加剂产品登记是指对首次进口的饲料和饲料添加剂进行审查、质量复核并对合格产品发给登记证，准予在国内销售的行政管理制度。根据《饲料和饲料添加剂管理条例》和《进口饲料和饲料添加剂登记管理办法》（2014 年 1 月 13 日农业部令 2014 年第 2 号公布，2016 年 5 月 30 日农业部令 2016 年第 3 号和 2017 年 11 月 30 日农业部令 2017 年第 8 号进行了两次修订）的规定，境外企业首次向中国出口饲料、饲料添加剂的，应当向农业农村部申请登记，取得饲料、饲料添加剂进口登记证；未取得进口登记证的，不得在境内销售、使用。

1. 申请

（1）向中国出口中国境内尚未使用或者已经使用但出口国已经批准生产和使用的饲料、饲料添加剂的，由出口方驻中国境内的办事机构或者其委托的中国境内代理机构向农业农村部申请登记，并提供该饲料、饲料添加剂的样品和下列资料：①商标、标签和推广应用情况；②生产地批准生产、使用的证明和生产地以外其他国家、地区的登记资料；③主要成分、理化性质、研制方法、生产工艺、质量标准、检测方法、检验报告、稳定性试验报告、环境影响报告和污染防治措施；④农业农村部指定的试验机构出具的该饲料、饲料添加剂的饲喂效果、残留消解动态及毒理学安全性评价报告。

申请饲料添加剂进口登记的，还应当说明该饲料添加剂的添加目的、使用方法，并提供该饲料添加剂残留可能对人体健康造成影响的分析评价报告。

（2）产品样品。每个产品提供 3 个批次、每个批次 2 份的样品，每份样品不少于检测需要量的 5 倍；必要时提供相关的标准品或者化学对照品。

2. 发证　　向中国出口中国境内尚未使用但出口国已经批准生产和使用的饲料、饲料添加剂的，向农业农村部申请登记后，农业农村部应当按照新饲料、新饲料添加剂的评审程序组织评审，并决定是否核发饲料、饲料添加剂进口登记证。

首次向中国出口中国境内已经使用且出口国已经批准生产和使用的饲料、饲料添加剂的，向农业农村部申请登记后，农业农村部应当自受理之日起 10 个工作日内对申请资料进行审查；审查合格的，将样品交由农业农村部指定的检验机构进行复核检测；检验机构应当在 3 个月内完成复核检测工作，并将复核检测报告报送农业农村部；复核检测合格的，农业农村部应当在

10 个工作日内核发饲料、饲料添加剂进口登记证。

3. 进口登记证的有效期与续展登记　　饲料、饲料添加剂进口登记证的有效期为 5 年。进口登记证有效期满需要继续向中国出口饲料、饲料添加剂的，应当在有效期届满 6 个月前申请续展。

（二）知识产权保护的规定

国家对已经取得新饲料、新饲料添加剂证书或者饲料、饲料添加剂进口登记证的含有新化合物的饲料、饲料添加剂的申请人提交的其自己所取得且未披露的试验数据和其他数据实施保护。

自核发证书之日起 6 年内，对其他申请人未经已取得新饲料、新饲料添加剂证书或者饲料、饲料添加剂进口登记证的申请人同意，使用前款规定的数据申请新饲料、新饲料添加剂审定或者饲料、饲料添加剂进口登记的，农业农村部不予审定或者登记；但是，其他申请人提交其自己所取得的数据的除外。

（三）其他规定

向中国出口的饲料、饲料添加剂应当包装，包装应当符合中国有关安全、卫生的规定，并附具符合规定的中文标签。向中国出口的饲料、饲料添加剂应当符合中国有关检验检疫的要求，由海关依法实施检验检疫，并对其包装和标签进行核查。包装和标签不符合要求的，不得入境。

境外企业不得直接在中国销售饲料、饲料添加剂，应当由依法在中国境内设立的销售机构或者委托符合条件的中国境内代理机构进行销售。

四、饲料和饲料添加剂生产企业管理的法律制度

饲料和饲料添加剂生产企业的管理包括饲料和饲料添加剂生产企业的准入条件、饲料和饲料添加剂生产企业的行政管理、饲料和饲料添加剂生产企业的生产质量管理等。

（一）饲料和饲料添加剂生产企业应具备的基本条件

设立饲料、饲料添加剂生产企业，应当符合饲料工业发展规划和产业政策，并具备下列条件：
（1）有与生产饲料、饲料添加剂相适应的厂房、设备和仓储设施；
（2）有与生产饲料、饲料添加剂相适应的专职技术人员；
（3）有必要的产品质量检验机构、人员、设施和质量管理制度；
（4）有符合国家规定的安全、卫生要求的生产环境；
（5）有符合国家环境保护要求的污染防治措施；
（6）农业农村部制定的饲料、饲料添加剂质量安全管理规范规定的其他条件。

（二）饲料和饲料添加剂生产企业的行政管理

《饲料和饲料添加剂生产许可管理办法》（以下简称"办法"）（2012 年 5 月 2 日农业部令 2012 年第 3 号公布，2013 年 12 月 31 日农业部令 2013 年第 5 号、2016 年 5 月 30 日农业部令 2016 年第 3 号、2017 年 11 月 30 日农业部令 2017 年第 8 号、2022 年 1 月 7 日农业农村部令

2022 年第 1 号进行了 4 次修订）第三条规定："饲料和饲料添加剂生产许可证由省级人民政府饲料管理部门（以下简称省级饲料管理部门）核发。省级饲料管理部门可以委托下级饲料管理部门承担单一饲料、浓缩饲料、配合饲料和精料补充料生产许可申请的受理工作。"第四条规定："农业农村部设立饲料和饲料添加剂生产许可专家委员会，负责饲料和饲料添加剂生产许可的技术支持工作。省级饲料管理部门设立饲料和饲料添加剂生产许可证专家审核委员会，负责本行政区域内饲料和饲料添加剂生产许可的技术评审工作。"

1. 生产许可证制度 申请从事饲料、饲料添加剂生产的企业，申请人应当向省级饲料管理部门提出申请。省级饲料管理部门应当自受理申请之日起 10 个工作日内进行书面审查；审查合格的，组织进行现场审核，并根据审核结果在 10 个工作日内作出是否核发生产许可证的决定。

生产许可证有效期为 5 年。生产许可证有效期满需要继续生产饲料、饲料添加剂的，应当在有效期届满 6 个月前申请续展。

2. 产品批准文号制度 取得饲料添加剂生产许可证的企业，应当按照农业农村部的规定向省级饲料管理部门申请核发产品批准文号。禁止生产、销售没有批准文号的饲料和饲料添加剂产品。

（三）饲料和饲料添加剂生产质量的管理

1. 原料查验和记录 饲料、饲料添加剂生产企业应当按照农业农村部的规定和有关标准，对采购的饲料原料、单一饲料、饲料添加剂、药物饲料添加剂、添加剂预混合饲料和用于饲料添加剂生产的原料进行查验或者检验。

饲料生产企业使用限制使用的饲料原料、单一饲料、饲料添加剂、药物饲料添加剂、添加剂预混合饲料生产饲料的，应当遵守农业农村部的限制性规定。禁止使用农业农村部公布的《饲料原料目录》《饲料添加剂品种目录》和《药物饲料添加剂品种目录》以外的任何物质生产饲料。

饲料、饲料添加剂生产企业应当如实记录采购的饲料原料、单一饲料、饲料添加剂、药物饲料添加剂、添加剂预混合饲料和用于饲料添加剂生产的原料的名称、产地、数量、保质期、许可证明文件编号、质量检验信息、生产企业名称或者供货者名称及其联系方式、进货日期等。记录保存期限不得少于 2 年。

2. 生产记录和产品留样观察制度 饲料、饲料添加剂生产企业，应当按照产品质量标准，以及农业农村部制定的饲料、饲料添加剂质量安全管理规范和饲料添加剂安全使用规范组织生产，对生产过程实施有效控制并实行生产记录和产品留样观察制度。

3. 生产企业的自检制度 生产者对其生产的产品质量负责，企业内部的质量检验是保证饲料产品质量的前提。饲料、饲料添加剂生产企业应当对生产的饲料、饲料添加剂进行产品质量检验；检验合格的，应当附具产品质量检验合格证。未经产品质量检验、检验不合格或者未附具产品质量检验合格证的，不得出厂销售。

饲料、饲料添加剂生产企业应当如实记录出厂销售的饲料、饲料添加剂的名称、数量、生产日期、生产批次、质量检验信息、购货者名称及其联系方式、销售日期等。记录保存期限不得少于 2 年。

4. 包装和标签的管理

（1）包装：出厂销售的饲料、饲料添加剂应当包装，包装应当符合国家有关安全、卫生的规定。饲料和饲料添加剂的包装分为袋装、桶装、瓶装和散装等。饲料生产企业直接销售给养殖者的饲料可以使用罐装车运输。罐装车应当符合国家有关安全、卫生的规定，并随罐装车附具符合规定的标签。易燃或者其他特殊的饲料、饲料添加剂的包装应当有警示标志或者说明，并注明储运注意事项。

（2）标签：饲料、饲料添加剂的包装上应当附具标签。标签应当以中文或者适用符号标明产品名称、原料组成、产品成分分析保证值、净重或者净含量、贮存条件、使用说明、注意事项、生产日期、保质期、生产企业名称及地址、许可证明文件编号和产品质量标准等。加入药物饲料添加剂的，还应当标明"加入药物饲料添加剂"字样，并标明其通用名称、含量和休药期。乳和乳制品以外的动物源性饲料，还应当标明"本产品不得饲喂反刍动物"字样。

5. 委托生产备案　　饲料、饲料添加剂生产企业委托其他饲料、饲料添加剂企业生产的，应当具备下列条件，并向各自所在地省级饲料管理部门备案：

（1）委托产品在双方生产许可范围内；委托生产饲料添加剂的，双方还应当取得委托产品的产品批准文号。

（2）签订委托合同，依法明确双方在委托产品生产技术、质量控制等方面的权利和义务。受托方应当按照饲料、饲料添加剂质量安全管理规范和饲料添加剂安全使用规范及产品标准组织生产，委托方应当对生产全过程进行指导和监督。委托方和受托方对委托生产的饲料、饲料添加剂质量安全承担连带责任。委托生产的产品标签应当同时标明委托企业和受托企业的名称、注册地址、许可证编号；委托生产饲料添加剂的，还应当标明受托方取得的生产该产品的批准文号。

五、饲料、饲料添加剂经营管理的法律制度

（一）饲料、饲料添加剂经营者应具备的条件

（1）有与经营饲料、饲料添加剂相适应的经营场所和仓储设施。

（2）有具备饲料、饲料添加剂使用、贮存等知识的技术人员。

（3）有必要的产品质量管理和安全管理制度。

（二）饲料、饲料添加剂经营者的管理

饲料、饲料添加剂经营者进货时应当查验产品标签、产品质量检验合格证和相应的许可证明文件。

饲料、饲料添加剂经营者不得对饲料、饲料添加剂进行拆包、分装，不得对饲料、饲料添加剂进行再加工或者添加任何物质。

禁止经营用农业农村部公布的《饲料原料目录》《饲料添加剂品种目录》和《药物饲料添加剂品种目录》以外的任何物质生产的饲料。

饲料、饲料添加剂经营者应当建立产品购销台账，如实记录购销产品的名称、许可证明文件编号、规格、数量、保质期、生产企业名称或者供货者名称及其联系方式、购销时间等。购销台账保存期限不得少于2年。

禁止对饲料、饲料添加剂作具有预防或者治疗动物疾病作用的说明或者宣传。但是，饲料中添加药物饲料添加剂的，可以对所添加的药物饲料添加剂的作用加以说明。

六、饲料、饲料添加剂使用管理的法律制度

饲料、饲料添加剂的使用是指养殖场或用户利用饲料、饲料添加剂饲喂动物的生产过程。饲料、饲料添加剂使用的管理是饲料及饲料添加剂全程管理的最后一个环节，包括饲料、饲料添加剂的使用、禁用规定等方面。

（一）饲料、饲料添加剂的使用

（1）养殖者应当按照产品使用说明和注意事项使用饲料。在饲料或者动物饮用水中添加饲料添加剂的，应当符合饲料添加剂使用说明和注意事项的要求，遵守农业农村部制定的饲料添加剂安全使用规范。

（2）养殖者使用自行配制的饲料（以下简称"自配料"）的，应当遵守农业农村部制定的自行配制饲料使用规范，并不得对外提供。2020年农业农村部公告第307号规定：

A. 养殖者自行配制饲料的，应当利用自有设施设备，供自有养殖动物使用。

B. 自配料不得对外提供；不得以代加工、租赁设施设备以及其他任何方式对外提供配制服务。

C. 养殖者应当遵守农业农村部公布的有关饲料原料和饲料添加剂的限制性使用规定，除当地有传统使用习惯的天然植物原料（不包括药用植物）及农副产品外，不得使用《饲料原料目录》《饲料添加剂品种目录》以外的物质自行配制饲料。

D. 养殖者应当遵守农业农村部公布的《饲料添加剂安全使用规范》有关规定，不得在自配料中超出适用动物范围和最高限量使用饲料添加剂。严禁在自配料中添加禁用药物、禁用物质及其他有毒有害物质。

E. 自配料使用的单一饲料、饲料添加剂、混合型饲料添加剂、添加剂预混合饲料和浓缩饲料应为合法饲料生产企业的合格产品，并按其产品使用说明和注意事项使用。

F. 养殖者在日常生产自配料时，不得添加农业农村部允许在商品饲料中使用的抗球虫和中药类药物以外的兽药。因养殖动物发生疾病，需要通过混饲给药方式使用兽药进行治疗的，要严格按照兽药使用规定及法定兽药质量标准、标签和说明书购买使用，兽用处方药必须凭执业兽医处方购买使用。含有兽药的自配料要单独存放并加标识，要建立用药记录制度，严格执行休药期制度，接受县级以上农业农村主管部门监管。

G. 自配料原料、半成品、成品等应当与农药、化肥、化工有毒产品以及有可能危害饲料产品安全与养殖动物健康的其他物质分开存放，并采取有效措施避免交叉污染。

H. 反刍动物自配料的生产设施设备不得与其他动物自配料生产设施设备共用。反刍动物自配料不得添加乳和乳制品以外的动物源性成分。

（二）饲料、饲料添加剂禁用的管理

（1）使用限制使用的物质养殖动物的，应当遵守农业农村部的限制性规定。禁止在饲料、动物饮用水中添加农业农村部公布的禁用物质，以及对人体具有直接或者潜在危害的其他物质，或者直接使用上述物质养殖动物。禁止在反刍动物饲料中添加乳和乳制品以外的动物源性成分。

（2）禁止生产、经营、使用未取得新饲料、新饲料添加剂证书的新饲料、新饲料添加剂，以及禁用的饲料、饲料添加剂。禁止经营、使用无产品标签、无生产许可证、无产品质量标准、

无产品质量检验合格证的饲料、饲料添加剂。禁止经营、使用无产品批准文号的饲料添加剂、添加剂预混合饲料。禁止经营、使用未取得饲料、饲料添加剂进口登记证的进口饲料、进口饲料添加剂。

七、监督管理

饲料、饲料添加剂的监督管理是指各级饲料行政主管部门依法对行政相对人遵守饲料法规和对所属机构及其工作人员实施行政管理活动的监视、督促、检查与指导，保护合法行为，制止并对违法行为依法予以制裁的行政活动。

（1）农业农村部和省级饲料管理部门应当按照职责权限对全国或者本行政区域饲料、饲料添加剂的质量安全状况进行监测，并根据监测情况发布饲料、饲料添加剂质量安全预警信息。

（2）农业农村部和县级以上地方人民政府饲料管理部门，应当根据需要定期或者不定期组织实施饲料、饲料添加剂的监督抽查；饲料、饲料添加剂的监督抽查检测工作由农业农村部或者省级饲料管理部门指定的具有相应技术条件的机构承担。饲料、饲料添加剂的监督抽查不得收费。农业农村部和省级饲料管理部门应当按照职责权限公布监督抽查结果，并可以公布具有不良记录的饲料、饲料添加剂生产企业、经营者名单。

（3）县级以上地方人民政府饲料管理部门应当建立饲料、饲料添加剂监督管理档案，记录日常监督检查、违法行为查处等情况。

（4）农业农村部和县级以上地方人民政府饲料管理部门在监督检查中可以采取下列措施：

A. 对饲料、饲料添加剂生产、经营、使用场所实施现场检查；

B. 查阅、复制有关合同、票据、账簿和其他相关资料；

C. 查封、扣押有证据证明用于违法生产饲料的饲料原料、单一饲料、饲料添加剂、药物饲料添加剂、添加剂预混合饲料，用于违法生产饲料添加剂的原料，用于违法生产饲料、饲料添加剂的工具、设施，用于违法生产、经营、使用的饲料、饲料添加剂；

D. 查封违法生产、经营饲料、饲料添加剂的场所。

第四节　生猪屠宰管理法律制度

一、我国生猪屠宰管理法治化建设

1997年12月19日国务院颁布了《生猪屠宰管理条例》，建立了国家实行生猪"定点屠宰、集中检疫、统一纳税、分散经营"的制度，规定商品流通行政主管部门主管生猪屠宰行业和活动的监督管理工作，标志着我国生猪屠宰管理进入了法治化管理的轨道。2008年5月25日国务院令第525号对《生猪屠宰管理条例》进行了第一次修订，确立了国家实行生猪"定点屠宰、集中检疫"的制度，明确了国务院商务主管部门负责全国生猪屠宰的行业管理工作，县级以上地方人民政府商务主管部门负责本行政区域内生猪屠宰活动的监督管理，县级以上人民政府有关部门在各自职责范围内负责生猪屠宰活动的相关管理工作。2011年1月8日对其进行了第二次修订。2016年2月6日对其进行了第三次修订，明确了国务院畜牧兽医行政主管部门负责全国生猪屠宰的行业管理工作，县级以上地方人民政府畜牧兽医行政主管部门负责本行政区域内生猪屠宰活动的监督管理，即将监督管理工作移交给畜牧兽医行政主管部门。2021年6月25日国务院令第

742 号对其进行了第四次修订（7 月 22 日公布，自 2021 年 8 月 1 日起施行，本节简称"《屠宰条例》"），使政府监管能力得到提升，生猪屠宰行为得到进一步规范，完善了生猪屠宰全过程管理、动物疫病防控，加大了对违法行为的处罚力度。

为规范生猪屠宰操作、检验检疫，保障屠宰产品质量安全，我国颁布了生猪屠宰操作、肉品品质检验、屠宰检疫等技术标准和规程。国家标准《畜禽屠宰操作规程 生猪》（GB/T 17236—2019）规定了生猪屠宰的术语和定义、宰前要求、屠宰操作程序及要求、包装、标签、标志和贮存及其他要求。2023 年农业农村部发布修订后的《生猪屠宰检疫规程》，规定了生猪屠宰检疫的范围及对象、检疫合格标准、检疫申报、宰前检查、同步检疫、检疫结果处理及检疫记录等操作程序。为规范生猪屠宰肉品品质检验，保障生猪产品质量安全，根据《屠宰条例》的规定，农业农村部组织制定了《生猪屠宰肉品品质检验规程（试行）》（农业农村部公告第 637 号），2023 年 1 月 3 日发布并生效，该规程规定了生猪屠宰加工过程中肉品品质检验的内容、程序方法及处理措施；2023 年 4 月 11 日，中国动物疫病预防控制中心（农业农村部屠宰技术中心）印发了《<生猪屠宰肉品品质检验规程（试行）>实施指南》（疫控标函〔2023〕60 号），为《生猪屠宰肉品品质检验规程（试行）》的贯彻实施提供了指导。

二、生猪屠宰管理法律制度概述

（一）定点屠宰、集中检疫制度

国家实行生猪定点屠宰、集中检疫制度。除农村地区个人自宰自食的不实行定点屠宰外，任何单位和个人未经定点不得从事生猪屠宰活动。在边远和交通不便的农村地区，可以设置仅限于向本地市场供应生猪产品的小型生猪屠宰场点，具体管理办法由省、自治区、直辖市制定。

（二）生猪屠宰行政管理制度

《屠宰条例》建立了生猪屠宰行政管理制度，规定了组织领导、监督管理机构的职责。

1. 生猪屠宰工作的组织领导 县级以上地方人民政府应当加强对生猪屠宰监督管理工作的领导，及时协调、解决生猪屠宰监督管理工作中的重大问题。

2. 生猪屠宰工作的监督管理机构 农业农村部负责全国生猪屠宰的行业管理工作；县级以上地方人民政府农业农村主管部门负责本行政区域内生猪屠宰活动的监督管理。县级以上人民政府有关部门在各自职责范围内负责生猪屠宰活动的相关管理工作。乡镇人民政府、街道办事处应当加强生猪定点屠宰的宣传教育，协助做好生猪屠宰监督管理工作。

（三）产业链一体化、标准化制度

国家鼓励生猪养殖、屠宰、加工、配送、销售一体化发展，推行标准化屠宰，支持建设冷链流通和配送体系。

（四）生猪定点屠宰场分级管理制度

国家根据生猪定点屠宰厂（场）的规模、生产和技术条件及质量安全管理状况，推行生猪定点屠宰厂（场）分级管理制度，鼓励、引导、扶持生猪定点屠宰厂（场）改善生产和技术条件，加强质量安全管理，提高生猪产品质量安全水平。生猪定点屠宰厂（场）分级管理的具体

办法由农业农村部制定。

（五）生猪定点屠宰厂（场）信用制度

县级以上人民政府农业农村主管部门应当建立生猪定点屠宰厂（场）信用档案，记录日常监督检查结果、违法行为查处等情况，并依法向社会公示。

三、生猪定点屠宰法律制度

（一）生猪屠宰行业发展规划制定

省级农业农村主管部门会同生态环境主管部门及其他有关部门，按照科学布局、集中屠宰、有利流通、方便群众的原则，结合生猪养殖、动物疫病防控和生猪产品消费实际情况制订生猪屠宰行业发展规划，报本级人民政府批准后实施。生猪屠宰行业发展规划应当包括发展目标、屠宰厂（场）设置、政策措施等内容。

（二）生猪定点屠宰条件及证照管理制度

《屠宰条例》建立了生猪屠宰许可制度，规定了生猪屠宰企业应当具备的条件、生猪定点屠宰证书的审批及管理要求。

1. 生猪定点屠宰场的条件　　生猪定点屠宰厂（场）应当具备下列条件：

（1）有与屠宰规模相适应、水质符合国家规定标准的水源条件；

（2）有符合国家规定要求的待宰间、屠宰间、急宰间、检验室及生猪屠宰设备和运载工具；

（3）有依法取得健康证明的屠宰技术人员；

（4）有经考核合格的兽医卫生检验人员；

（5）有符合国家规定要求的检验设备、消毒设施及符合环境保护要求的污染防治设施；

（6）有病害生猪及生猪产品无害化处理设施或者无害化处理委托协议；

（7）依法取得"动物防疫条件合格证"。

2. 生猪定点屠宰证书的审批　　生猪定点屠宰厂（场）由设区的市级人民政府根据生猪屠宰行业发展规划，组织农业农村、生态环境主管部门及其他有关部门，依照《屠宰条例》规定的条件进行审查，经征求省、自治区、直辖市人民政府农业农村主管部门的意见确定，并颁发生猪定点屠宰证书和生猪定点屠宰标志牌。生猪定点屠宰证书应当载明屠宰厂（场）名称、生产地址和法定代表人（负责人）等事项。

生猪定点屠宰厂（场）变更生产地址的，应当依照《屠宰条例》的规定，重新申请生猪定点屠宰证书；变更屠宰厂（场）名称、法定代表人（负责人）的，应当在市场监督管理部门办理变更登记手续后15个工作日内，向原发证机关办理变更生猪定点屠宰证书。

设区的市级人民政府应当将其确定的生猪定点屠宰厂（场）名单及时向社会公布，并报省、自治区、直辖市人民政府备案。

3. 生猪定点屠宰证书的管理　　生猪定点屠宰厂（场）应当将生猪定点屠宰标志牌悬挂于厂（场）区的显著位置。生猪定点屠宰证书和生猪定点屠宰标志牌不得出借、转让。任何单位和个人不得冒用或者使用伪造的生猪定点屠宰证书和生猪定点屠宰标志牌。

（三）生猪屠宰质量安全管理制度

《屠宰条例》建立了生猪屠宰质量安全管理制度，规定屠宰企业对其生产的生猪产品的质量安全负责。

1. 生猪入厂（场）查验登记制度　　生猪定点屠宰厂（场）应当建立生猪进厂（场）查验登记制度。生猪定点屠宰厂（场）应当依法查验检疫证明等文件，利用信息化手段核实相关信息，如实记录屠宰生猪的来源、数量、检疫证明号和供货者名称、地址、联系方式等内容，并保存相关凭证。发现伪造、变造检疫证明的，应当及时报告农业农村主管部门。发生动物疫情时，还应当查验、记录运输车辆基本情况。记录、凭证保存期限不得少于 2 年。

2. 生猪屠宰操作和质量管理规范制度　　生猪定点屠宰厂（场）屠宰生猪，应当遵守国家规定的操作规程、技术要求和生猪屠宰质量管理规范，并严格执行消毒技术规范。

3. 肉品品质检验管理制度　　生猪定点屠宰厂（场）应当建立严格的肉品品质检验管理制度。肉品品质检验应当遵守《生猪屠宰肉品品质检验规程（试行）》，与生猪屠宰同步进行，并如实记录检验结果。检验结果记录保存期限不得少于 2 年。

经肉品品质检验合格的生猪产品，生猪定点屠宰厂（场）应当加盖肉品品质检验合格验讫印章，附具"肉品品质检验合格证"。未经品质检验或者经品质检验不合格的生猪产品，不得出厂（场）。经检验不合格的生猪产品，应当在兽医卫生检验人员的监督下，按照国家有关规定处理，并如实记录处理情况；处理情况记录保存期限不得少于 2 年。

4. 生猪产品出厂（场）记录制度　　生猪定点屠宰厂（场）应当建立生猪产品出厂（场）记录制度，如实记录出厂（场）生猪产品的名称、规格、数量、检疫证明号、肉品品质检验合格证号、屠宰日期、出厂（场）日期，以及购货者名称、地址、联系方式等内容，并保存相关凭证。记录、凭证保存期限不得少于 2 年。

5. 不合格产品召回制度　　生猪定点屠宰厂（场）对其生产的生猪产品质量安全负责，发现其生产的生猪产品不符合食品安全标准、有证据证明可能危害人体健康、染疫或者疑似染疫的，应当立即停止屠宰，报告农业农村主管部门，通知销售者或者委托人，召回已经销售的生猪产品，并记录通知和召回情况。

6. 无害化处理制度　　《屠宰条例》第十五条规定，经检验不合格的生猪产品，应当在兽医卫生检验人员的监督下，按照国家有关规定处理；第十六条规定，经检疫不合格的生猪及生猪产品，应当在农业农村主管部门的监督下，按照国家有关规定处理；第十八条规定，生猪定点屠宰厂（场）应当对召回的生猪产品采取无害化处理等措施，防止其再次流入市场。生猪定点屠宰厂（场）对病害生猪及生猪产品进行无害化处理的费用和损失，由地方各级人民政府结合本地实际予以适当补贴。

7. 生猪产品储存管理制度　　生猪定点屠宰厂（场）对未能及时出厂（场）的生猪产品，应当采取冷冻或者冷藏等必要措施予以储存。

8. 代宰管理制度　　生猪定点屠宰厂（场）接受委托屠宰的，应当与委托人签订委托屠宰协议，明确生猪产品质量安全责任。委托屠宰协议自协议期满后保存期限不得少于 2 年。

9. 禁止性规定

（1）严禁生猪定点屠宰厂（场）及其他任何单位和个人对生猪、生猪产品注水或者注入其他物质。严禁生猪定点屠宰厂（场）屠宰注水或者注入其他物质的生猪。

（2）严禁任何单位和个人为未经定点违法从事生猪屠宰活动的单位和个人提供生猪屠宰场所或者生猪产品储存设施，严禁为对生猪、生猪产品注水或者注入其他物质的单位和个人提供场所。

10. 生猪屠宰产品经营管理制度　　从事生猪产品销售、肉食品生产加工的单位和个人，以及餐饮服务经营者、集中用餐单位生产经营的生猪产品，必须是生猪定点屠宰厂（场）经检疫和肉品品质检验合格的生猪产品。地方人民政府及其有关部门不得限制外地生猪定点屠宰厂（场）经检疫和肉品品质检验合格的生猪产品进入本地市场。

（四）生猪屠宰检疫及其监督制度

生猪屠宰的检疫及其监督，依照《动物防疫法》和国务院的有关规定执行。生猪定点屠宰厂（场）屠宰的生猪，应当依法经动物卫生监督机构检疫合格，并附有检疫证明。未经检疫或者经检疫不合格的生猪产品，不得出厂（场）。

1. 农业农村主管部门的职责　　县级以上地方人民政府农业农村主管部门应当按照规定足额配备农业农村主管部门任命的兽医，并负责监督屠宰企业对经检疫不合格的生猪及生猪产品按照国家有关规定进行处理。

2. 官方兽医的职责　　农业农村主管部门任命的官方兽医，监督生猪定点屠宰厂（场）依法查验检疫证明等文件，并对屠宰的生猪实施检疫。检疫合格的，出具检疫证明、加施检疫标志，并在检疫证明、检疫标志上签字或者盖章，对检疫结论负责。

3. 地方人民政府的保障制度　　县级以上地方人民政府按照本级政府的职责，将生猪、生猪产品的检疫和监督管理所需经费纳入本级预算。

（五）动物疫病防控制度

生猪定点屠宰厂（场）应当严格执行消毒技术规范。发生动物疫情时，应当按照农业农村部的规定开展动物疫病检测，做好动物疫情排查和报告。

四、生猪屠宰监督管理制度

（一）生猪屠宰质量安全风险监测制度

《屠宰条例》确立了国家实行生猪屠宰质量安全风险监测制度。农业农村部负责组织制订国家生猪屠宰质量安全风险监测计划，对生猪屠宰环节的风险因素进行监测。省级农业农村主管部门根据国家生猪屠宰质量安全风险监测计划，结合本行政区域实际情况，制定本行政区域生猪屠宰质量安全风险监测方案并组织实施，同时报农业农村部备案。

（二）生猪定点屠宰厂（场）监督检查制度

1. 生猪屠宰企业质量安全管理状况监督检查　　县级以上地方人民政府农业农村主管部门应当根据生猪屠宰质量安全风险监测结果和农业农村部的规定，加强对生猪定点屠宰厂（场）质量安全管理状况的监督检查。

2. 生猪屠宰活动的日常监督检查　　农业农村主管部门应当依照《屠宰条例》的规定严格履行职责，加强对生猪屠宰活动的日常监督检查，建立健全随机抽查机制。农业农村主管部门依法进行监督检查，可以采取下列措施：

（1）进入生猪屠宰等有关场所实施现场检查；

（2）向有关单位和个人了解情况；

（3）查阅、复制有关记录、票据及其他资料；

（4）查封与违法生猪屠宰活动有关的场所、设施，扣押与违法生猪屠宰活动有关的生猪、生猪产品及屠宰工具和设备。

农业农村主管部门进行监督检查时，监督检查人员不得少于 2 人，并应当出示执法证件。对农业农村主管部门依法进行的监督检查，有关单位和个人应当予以配合，不得拒绝、阻挠。

（三）违法行为举报制度

农业农村主管部门应当建立举报制度，公布举报电话、信箱或者电子邮箱，受理对违反《屠宰条例》规定行为的举报，并及时依法处理。

（四）农业农村主管部门与公安机关的行政执法和刑事司法衔接制度

农业农村主管部门发现生猪屠宰涉嫌犯罪的，应当按照有关规定及时将案件移送同级公安机关。

公安机关在生猪屠宰相关犯罪案件侦查过程中认为没有犯罪事实或者犯罪事实显著轻微，不需要追究刑事责任的，应当及时将案件移送同级农业农村主管部门。公安机关在侦查过程中，需要农业农村主管部门给予检验、认定等协助的，农业农村主管部门应当给予协助。

五、法律责任

《屠宰条例》进一步加大了对违法行为的惩处力度，加强行政处罚与刑事司法的衔接。

（一）行政处罚法律责任

《屠宰条例》第三十条至第三十八条规定，农业农村主管部门在监督检查中发现生猪屠宰企业不再具备相应的条件，或者有违反《屠宰条例》行为的，对生猪屠宰违法企业和个人，可以责令改正，给予警告，拒不改正的，责令停业整顿，以及采取没收违法所得、罚款等行政处罚；情节严重的，由设区的市级人民政府吊销生猪定点屠宰证书，收回生猪定点屠宰标志牌，并可以由公安机关依照《食品安全法》的规定，对其直接负责的主管人员和其他直接责任人员处 5 日以上 15 日以下拘留。

生猪定点屠宰厂（场）被吊销生猪定点屠宰证书的，其法定代表人（负责人）、直接负责的主管人员和其他直接责任人员 5 年内不得申请生猪定点屠宰证书或者从事生猪屠宰管理活动；因食品安全犯罪被判处有期徒刑以上刑罚的，终身不得从事生猪屠宰管理活动。

（二）行政处分法律责任

农业农村主管部门和其他有关部门的工作人员在生猪屠宰监督管理工作中滥用职权、玩忽职守、徇私舞弊，尚不构成犯罪的，依法给予处分。

（三）刑事法律责任

违反《屠宰条例》规定，构成犯罪的，依法追究刑事责任。

第五节　乳品质量安全管理法律制度

一、乳品生产及其行政管理体系

乳品既包括生鲜乳，又包括奶粉、发酵乳等乳制品，是我国消费者日常生活不可或缺的食品。近年来，我国乳品消费量的激增带动了乳品行业的快速发展。乳品安全直接关系到消费者的身体健康与社会经济稳定。我国高度重视乳品安全和乳制品行业的健康可持续发展，《食品安全法》对包括乳品在内的食品安全标准提出了明确要求，国务院颁布实施了《乳品质量安全监督管理条例》《奶业整顿和振兴规划纲要》《国务院办公厅关于推进奶业振兴保障乳品质量安全的意见》等法规、政策。我国也参照《食品法典》修订了《食品安全国家标准　生乳》等乳品安全国家标准。这一系列法规、政策、标准的"组合拳"，使乳品发展走上有法可依的轨道，推动着我国乳品质量安全管理法律制度不断完善。

我国建立起县级以上地方人民政府对本行政区域内乳品质量安全负总责，各级农业农村、卫生健康、质量监督、工商行政管理、市场监督管理等主管部门负监管责任，奶畜养殖者、生鲜乳收购站、乳制品生产企业和销售者负第一责任的乳品质量安全责任体系。其中，县级以上农业农村主管部门负责奶畜饲养及生鲜乳生产环节、收购环节的监督管理。县级以上质量技术监督部门负责乳制品生产的监督管理。县级以上工商行政管理部门负责乳制品销售环节的监督管理。县级以上市场监督管理部门负责乳制品餐饮服务环节的监督管理。县级以上卫生健康主管部门负责乳品质量安全监督管理的综合协调、组织查处食品安全重大事故。县级以上人民政府其他有关部门在各自职责范围内负责乳品质量安全监督管理的其他工作。

二、奶畜养殖和生鲜乳收购管理制度

（一）奶畜养殖管理制度

生鲜乳的品质是保障乳品质量安全的第一道关口，我国鼓励、引导、扶持奶畜养殖者提高生鲜乳质量安全水平，国家建立了奶畜政策性保险制度，要求省级以上人民政府在财政预算内安排支持奶业发展资金。畜牧兽医技术推广机构应向奶畜养殖者提供养殖技术培训、良种推广、疫病防治等服务。根据《畜牧法》和《乳品质量安全监督管理条例》的规定，奶畜养殖场应建立养殖档案，主要载明的内容包括：①奶畜的品种、数量、繁殖记录、标识情况、来源和进出场日期；②饲料、饲料添加剂、兽药等投入品的来源、名称、使用对象、时间和用量；③检疫、免疫、消毒情况；④奶畜发病、死亡和无害化处理情况；⑤生鲜乳生产、检测、销售情况等。

从事奶畜养殖，不得使用国家禁用的饲料、饲料添加剂、兽药，以及其他对动物和人体具有直接或者潜在危害的物质。禁止销售在规定用药期和休药期内的奶畜产的生鲜乳。应确保奶畜符合健康标准，并确保奶畜接受强制免疫。动物疫病预防控制机构应对奶畜的健康情况进行定期检测；经检测不符合健康标准的，应立即隔离、治疗或者做无害化处理。奶畜养殖者对奶畜养殖过程中的排泄物、废弃物应及时清运、处理。

（二）生鲜乳收购管理制度

生鲜乳收购按照方便奶畜养殖者、促进规模化养殖的原则，根据奶源分布情况设站收购。生鲜乳收购站由取得工商登记的乳制品生产企业、奶畜养殖场、奶农专业生产合作社开办，并取得所在地县级人民政府农业农村主管部门颁发的"生鲜乳收购许可证"。办理"生鲜乳收购许可证"需要具备的条件有：①符合生鲜乳收购站建设规划布局；②有符合环保和卫生要求的收购场所；③有与收奶量相适应的冷却、冷藏、保鲜设施和低温运输设备；④有与检测项目相适应的化验、计量、检测仪器设备；⑤有经培训合格并持有有效健康证明的从业人员；⑥有卫生管理和质量安全保障制度。"生鲜乳收购许可证"的有效期为2年，禁止除上述以外的单位或者个人开办生鲜乳收购站。

生鲜乳收购站要及时对挤奶设施、生鲜乳贮存运输设施等进行清洗、消毒，避免对生鲜乳造成污染，并且应当按照乳品质量安全国家标准对收购的生鲜乳进行常规检测。检测费用不得向奶畜养殖者收取。生鲜乳收购站应当建立生鲜乳收购、销售和检测记录。

禁止收购经检测不符合健康标准或者未经检疫合格的奶畜产的生鲜乳，或者奶畜产犊7日内的初乳（以初乳为原料从事乳制品生产的除外），或者在规定用药期和休药期内的奶畜产的等不符合乳品质量安全国家标准的生鲜乳，经检测无误后，应当予以销毁或者采取其他无害化处理措施。

贮存生鲜乳的容器在挤奶后2小时内应当降温至0～4℃。生鲜乳运输车辆应取得所在地县级人民政府农业农村主管部门核发的生鲜乳准运证明，并随车携带生鲜乳交接单。县级以上人民政府负责生鲜乳质量安全监测体系建设，配备相应的人员和设备，确保监测能力与监测任务相适应。县级以上人民政府农业农村主管部门负责生鲜乳质量安全监测工作，制定并组织实施生鲜乳质量安全监测计划，对生鲜乳进行监督抽查，并按照法定权限及时公布监督抽查结果，监测抽查不得向被抽查人收取任何费用。

三、乳制品生产和销售管理制度

（一）乳制品生产管理制度

从事乳制品生产的企业应取得所在地质量监督部门颁发的食品生产许可证，并具备以下条件：①符合国家奶业产业政策；②厂房的选址和设计符合国家有关规定；③有与所生产的乳制品品种和数量相适应的生产、包装和检测设备；④有相应的专业技术人员和质量检验人员；⑤有符合环保要求的废水、废气、垃圾等污染物的处理设施；⑥有经培训合格并持有有效健康证明的从业人员等。未取得食品生产许可证的任何单位和个人，不得从事乳制品生产。

1. 乳制品质量管理制度 乳制品生产企业应建立质量管理制度，符合良好生产规范（GMP）要求。采取质量安全管理措施，对乳制品生产实施从原料进厂到成品出厂的全过程质量控制，保证产品质量安全。我国鼓励乳制品生产企业实施危害分析与关键控制点（HACCP）体系，提高乳制品安全管理水平。其中，生产婴幼儿奶粉的企业应实施HACCP体系。对通过GMP、HACCP体系认证的乳制品生产企业，认证机构应依法实施跟踪调查，对不再符合认证要求的企业，应依法撤销认证。

2. 生鲜乳进货查验制度 乳制品生产企业应建立生鲜乳进货查验制度，逐批检测收购的生鲜乳，如实记录质量检测情况、供货者的名称及联系方式、进货日期等内容，并查验运输车辆生鲜乳交接单。查验记录和生鲜乳交接单应保存 2 年。乳制品生产企业不得向未取得"生鲜乳收购许可证"的单位和个人购进生鲜乳。乳制品生产企业不得购进兽药等化学物质残留超标或者含有重金属等有毒有害物质、致病性的寄生虫和微生物、生物毒素及其他不符合乳品质量安全国家标准的生鲜乳。

生产乳制品使用的生鲜乳、辅料、添加剂等，应符合法律法规的规定和乳品质量安全国家标准。生产的乳制品应经过巴氏杀菌、高温杀菌、超高温杀菌或者其他有效方式杀菌。生产发酵乳制品的菌种应纯良、无害，定期鉴定，防止杂菌污染。生产婴幼儿奶粉应保证婴幼儿生长发育所需的营养成分，不得添加任何可能危害婴幼儿身体健康和生长发育的物质。乳制品包装材料上必须标明保质期、产品标准代号、贮存条件、所使用的食品添加剂的化学通用名称、食品生产许可证编号等事项。使用奶粉、黄油、乳清粉等原料加工的液态奶，应在包装上注明。使用复原乳作为原料生产液态奶的，应标明"复原乳"字样。婴幼儿奶粉标签还应标明主要营养成分及其含量，详细说明使用方法和注意事项。

3. 乳品质量安全国家标准制度　　出厂的乳制品应符合乳品质量安全国家标准。乳制品生产企业应对出厂的乳制品逐批检验，并保存检验报告，留取样品。检验内容应包括乳制品的感官指标、理化指标、卫生指标和乳制品中使用的添加剂、稳定剂及酸奶中使用的菌种等；婴幼儿奶粉在出厂前还应检测营养成分。对检验合格的乳制品应标识检验合格证号；检验不合格的不得出厂。检验报告应保存 2 年。乳制品生产企业应如实记录销售的乳制品名称、数量、生产日期、生产批号、检验合格证号、购货者名称及其联系方式、销售日期等。乳制品生产企业发现其生产的乳制品不符合乳品质量安全国家标准、存在危害人体健康和生命安全危险或者可能危害婴幼儿身体健康或者生长发育的，应立即停止生产，报告有关主管部门，告知销售者、消费者，召回已经出厂、上市销售的乳制品，并记录召回情况。乳制品生产企业对召回的乳制品应采取销毁、无害化处理等措施，防止其再次流入市场。

（二）乳制品销售管理制度

从事乳制品销售应依法向工商行政管理部门申请领取有关证照，建立并执行进货查验制度，审验供货商的经营资格，验明乳制品合格证明和产品标识，并建立乳制品进货台账，如实记录乳制品的名称、规格、数量、供货商及其联系方式、进货时间等内容。从事乳制品批发业务的销售企业应建立乳制品销售台账，如实记录批发的乳制品的品种、规格、数量、流向等内容。进货台账和销售台账的保存期限不得少于 2 年。乳制品销售者应采取措施，保持所销售乳制品的质量。销售需要低温保存的乳制品的，应当配备冷藏设备或者采取冷藏措施。

禁止购进、销售无质量合格证明、无标签或者标签残缺不清的乳制品。禁止购进、销售过期、变质或者不符合乳品质量安全国家标准的乳制品。乳制品销售者不得伪造产地，不得伪造或者冒用他人的厂名、厂址，不得伪造或者冒用认证标志等质量标志。对不符合乳品质量安全国家标准、存在危害人体健康和生命安全或者可能危害婴幼儿身体健康和生长发育的乳制品，销售者应立即停止销售，追回已经售出的乳制品，并记录追回情况，立即报告所在地工商行政管理等有关部门，通知乳制品生产企业。乳制品销售者应向消费者提供购货凭证，履行不合格乳制品的更换、退货等义务。属于乳制品生产企业或者供货商的责任的，销售者可以向乳制品生产企业或者供货商追偿。

进口的乳品应按照乳品质量安全国家标准进行检验；尚未制定乳品质量安全国家标准的，可以参照国家有关部门指定的国外有关标准进行检验。出口乳品的生产者、销售者应保证其出口的乳品符合乳品质量安全国家标准的同时，还符合进口国家（地区）的标准或者合同要求。

四、乳品生产监督检查

农业农村、质量监督、工商行政管理等部门应定期开展乳品监督抽查，并记录监督抽查的情况和处理结果。监督检查部门之间，监督检查部门与其他有关部门之间，应及时通报乳品质量安全监督管理信息。需要对乳品进行抽样检查的，不得收取任何费用。监督检查时可以行使的职权包括：①实施现场检查；②向有关人员调查、了解有关情况；③查阅、复制有关合同、票据、账簿、检验报告等资料；④查封、扣押有证据证明不符合乳品质量安全国家标准的乳品，以及违法使用的生鲜乳、辅料、添加剂；⑤查封涉嫌违法从事乳品生产经营活动的场所，扣押用于违法生产经营的工具、设备。

县级以上质量监督部门、工商行政管理部门在监督检查中，对不符合乳品质量安全国家标准、存在危害人体健康和生命安全危险或者可能危害婴幼儿身体健康和生长发育的乳制品，责令并监督生产企业召回、销售者停止销售。县级以上人民政府价格主管部门应加强对生鲜乳购销过程中压级压价、价格欺诈、价格串通等不正当价格行为的监督检查。农业农村主管部门、质量监督部门、工商行政管理部门应建立乳品生产经营者违法行为记录，及时提供给中国人民银行，由中国人民银行纳入企业信用信息基础数据库。省级以上人民政府农业农村主管部门、质量监督部门、工商行政管理部门依据各自职责，公布乳品质量安全监督管理信息。有关监督管理部门应当及时向同级卫生健康主管部门通报乳品质量安全事故信息；乳品质量安全重大事故信息由省级以上人民政府卫生健康主管部门公布。

有关监督管理部门发现奶畜养殖者、生鲜乳收购者、乳制品生产企业和销售者涉嫌犯罪的，应当及时移送公安机关立案侦查。任何单位和个人有权向农业农村、卫生健康、质量监督、工商行政管理、市场监督管理等部门举报乳品生产经营中的违法行为。农业农村、卫生健康、质量监督、工商行政管理、市场监督管理等部门应当公布本单位的电子邮件地址和举报电话；对接到的举报，应当完整地记录、保存。接到举报的部门对属于本部门职责范围内的事项，应当及时依法处理，对于实名举报，应当及时答复；对不属于本部门职责范围内的事项，应当及时移交有权处理的部门，有权处理的部门应当立即处理，不得推诿。

复习思考题

1. 试述我国关于动物产品安全的质量标准。
2. 试述我国新兽药生产、经营、使用的法律制度。
3. 试述我国饲料管理的监督制度。
4. 试述我国生猪屠宰管理的法律制度。
5. 试述我国乳品质量安全管理的法律制度。

第十章　病原微生物实验室生物安全管理法律制度

本章内容提要　我国生物安全实验室建设起步较晚,相关的法规和标准制定也较晚。2002年SARS和2004年高致病性禽流感的暴发,以及2003年底至2004年上半年相继发生的SARS病毒实验室感染事件,使我国充分认识到了实验室生物安全的重要性,促进了实验室生物安全的法治化进程。新型冠状病毒感染暴发后,我国的公共卫生安全再一次受到挑战,实验室生物安全也一度受到威胁;2021年4月15日《生物安全法》正式生效,标志着我国生物安全,包括病原微生物实验室生物安全进入依法治理的新阶段。

本章主要介绍我国病原微生物实验室生物安全管理的主要法律制度,包括病原微生物的分类与管理,病原微生物样本采集、运输、保藏和管理,病原微生物实验室设立、活动和管理,实验室感染的控制,监督管理等方面的法律制度。

第一节　病原微生物实验室生物安全管理法律制度概述

一、生物安全的概念及《生物安全法》

(一)生物安全的概念

生物安全(biosafety)的概念有狭义与广义之分。狭义的生物安全主要是指实验室生物安全,包括病原微生物实验室的生物安全和重组DNA分子的实验室生物安全。广义的生物安全主要是指免遭生物攻击和侵害的管理与控制过程,既包括意外事故,也包括蓄意行为。广义的生物安全概念被广泛应用于农业、食品、环境、卫生等各个领域,也适用于从实验室直至国家、国际社会各个层次。尤其关注对生物武器扩散、生物恐怖威胁、重大传染病危害、异常突发疫情,以及非法获取病原微生物、非和平目的应用生物技术或蓄意施放有害生物等非法行为的防范与控制。WHO《实验室生物安全手册》(Laboratory Biosafety Manual)第四版中将生物安全定义为"避免意外暴露于生物制剂或其意外释放而实施的控制原则、技术和实践"(Containment principle, technologies and practices that are implemented to prevent unintentional exposure to biological agents or their inadvertent release)。

2021年4月15日起施行的《生物安全法》是我国生物安全领域的基础性、综合性、系统性、统领性法律。该法将生物安全定义为"国家有效防范和应对危险生物因子及相关因素威胁,生物技术能够稳定健康发展,人民生命健康和生态系统相对处于没有危险和不受威胁的状态,生物领域具备维护国家安全和持续发展的能力",属于广义的生物安全概念。生物安全是国家安全的重要组成部分,对于保障政治安全、经济安全、社会安全和人民安全等均具有重要意义,必须给予高度重视。

对于兽医工作者而言,生物安全就是防止动物病原体进入动物体内或留存在动物所在的地方,防止动物病原体的传播和扩散。通过多项措施来防止动物病原体的感染、传播和流行,防止对养殖业和人类造成危害。

（二）《生物安全法》的主要内容

《生物安全法》共 10 章，分别为总则，生物安全风险防控体制，防控重大新发突发传染病、动植物疫情，生物技术研究、开发与应用安全，病原微生物实验室生物安全，人类遗传资源与生物资源安全，防范生物恐怖与生物武器威胁，生物安全能力建设，法律责任和附则。该法明确要求必须建立生物安全风险监测预警制度、生物安全风险调查评估制度、生物安全信息共享制度、生物安全信息发布制度、生物安全名录和清单制度、生物安全标准制度、生物安全审查制度、生物安全应急制度、生物安全事件调查溯源制度、进境动植物和动植物产品及高风险生物因子国家准入制度、境外重大生物安全事件应对制度、生物安全监督检查制度等一系列生物安全相关规章制度，明确规定了相关领域的法律义务和违法责任。

（三）《生物安全法》实施的重要意义

《生物安全法》的立法目的在于维护国家安全，防范和应对生物安全风险，保障人民生命健康，保护生物资源和生态环境，促进生物技术健康发展，推动构建人类命运共同体，实现人与自然和谐共生。作为生物安全法治体系的重要组成部分，《生物安全法》的颁布实施为我国防范生物安全风险和提高生物安全治理能力提供了坚实的法律支撑，标志着我国生物安全法律体系建设进入了依法治理的新阶段。

二、病原微生物实验室生物安全的概念和发展概况

（一）实验室生物安全的概念

实验室生物安全（laboratory biosafety）是指实验室的生物安全条件和状态不低于容许水平，可避免实验室人员、来访人员、社区及环境受到不可接受的损害，符合相关法规、标准等对实验室生物安全责任的要求。

（二）病原微生物实验室生物安全的概念

病原微生物实验室生物安全是指用以防止发生病原微生物无意中暴露及意外释放的防护原则、技术及实践。其重点任务是实验室感染的控制、实验室对周围环境影响的控制，以及对实验室和感染性实验材料的管理控制。

（三）国际上病原微生物实验室生物安全的发展

病原微生物实验室生物安全起源于 20 世纪 50 年代，美国建造了世界上最早的生物安全实验室，随后法国、德国、澳大利亚、瑞典、南非、英国、苏联、加拿大、日本等国家也相继建造了不同级别的生物安全实验室。与此同时，有关生物安全实验室的手册、标准和法规也逐渐出现，使得生物安全实验室的建设和管理有章可循。特别是 1983 年 WHO 出版了《实验室生物安全手册》，该手册 2020 年已经更新到第四版，为生物安全实验室提供了在全世界范围内统一的标准和基本原则。

（四）我国病原微生物实验室生物安全的发展

我国生物安全实验室建设起步较晚，相关的法规和标准制定也较晚，直到 20 世纪末才建

设了一些标准较低的生物安全三级实验室。2003 年严重急性呼吸综合征（SARS）和 2004 年高致病性禽流感的暴发，使我国认识到生物安全实验室在新发高致病性传染病防控中的重要作用。2003 年底至 2004 年上半年，新加坡和我国相继发生了实验室 SARS 病毒泄漏造成实验人员感染的事件，这一事件引起我国政府对实验室生物安全管理的高度重视，也促进了实验室生物安全管理的立法进程。2004 年 11 月 12 日，国务院颁布了《病原微生物实验室生物安全管理条例》，这是我国第一部有关病原微生物实验室生物安全管理的行政法规。2019 年底新型冠状病毒感染的暴发，使我国的公共卫生安全再一次遭到严峻挑战，我国的实验室生物安全也一度受到威胁。2020 年 10 月 17 日，第十三届全国人民代表大会常务委员会第二十二次会议审议通过了《生物安全法》，并于 2021 年 4 月 15 日正式生效。该法的实施，标志着我国生物安全，包括病原微生物实验室生物安全，进入依法治理的新阶段。

三、病原微生物实验室生物安全管理法律、法规、规章和标准

近年来，我国加强了生物安全管理法律、法规和标准体系建设。为加强对动物病原微生物实验室生物安全的管理，规范动物病原微生物实验活动，全国人民代表大会常务委员会、国务院和农业农村部先后发布实施了一系列法律、法规、规章和标准，使我国动物病原微生物实验室生物安全管理工作逐渐走向法治化、科学化、规范化。

（一）主要法律、法规、规章

1. 主要法律　《生物安全法》第五章对病原微生物实验室生物安全制定了一系列的规定，包括病原微生物的国家统一管理，病原微生物分类管理和病原微生物实验室分等级管理，从事高致病性或者疑似高致病性病原微生物实验活动及样本采集、保藏、运输活动要求，设立病原微生物实验室要求，病原微生物实验室的实验动物及实验活动废弃物的管理，病原微生物实验室的管理特别是高等级病原微生物实验室人员管理制度，生物安全事件应急预案，使用病原微生物的生产企业的生物安全管理等诸多方面。

《动物防疫法》第二十八条规定："采集、保存、运输动物病料或者病原微生物以及从事病原微生物研究、教学、检测、诊断等活动，应当遵守国家有关病原微生物实验室管理的规定。"

《进出境动植物检疫法》第五条规定，国家禁止动植物病原体（包括菌种、毒种等）、害虫及其他有害生物进境。

其他与病原微生物实验室生物安全相关的法律还有《中华人民共和国环境影响评价法》（2002 年 10 月 28 日第九届全国人民代表大会常务委员会第三十次会议通过，2016 年 7 月 2 日、2018 年 12 月 29 日进行了两次修正）、《中华人民共和国固体废物污染环境防治法》（1995 年 10 月 30 日第八届全国人民代表大会常务委员会第十六次会议通过，2004 年 12 月 29 日、2020 年 4 月 29 日进行了两次修订）、《中华人民共和国出口管制法》（2020 年 10 月 17 日第十三届全国人民代表大会常务委员会第二十二次会议通过）、《中华人民共和国反恐怖主义法》（2015 年 12 月 27 日第十二届全国人民代表大会常务委员会第十八次会议通过，2018 年 4 月 27 日进行修正）等。

2. 主要法规　《病原微生物实验室生物安全管理条例》于 2004 年 11 月 12 日发布并实

施，2016 年 2 月 6 日进行了第一次修订，2018 年 3 月 19 日进行了第二次修订。该条例对病原微生物的分类与管理、实验室的设立与管理、实验室感染控制、监督管理及法律责任等作出了具体规定。

其他与病原微生物实验室生物安全相关的法规还有《重大动物疫情应急条例》、《兽药管理条例》、《中华人民共和国生物两用品及相关设备和技术出口管制条例》（2002 年 12 月 1 日起施行）等。

3. 主要规章　　主要有《高致病性动物病原微生物实验室生物安全管理审批办法》（2005 年 5 月 20 日农业部令 2005 年第 52 号发布，2016 年 5 月 30 日农业部令 2016 年第 3 号修订）、《动物病原微生物分类名录》（2005 年 5 月 24 日农业部令 2005 年第 53 号发布）、《动物病原微生物菌（毒）种保藏管理办法》[2008 年 11 月 26 日农业部令 2008 年第 16 号公布，2016 年 5 月 30 日、2022 年 1 月 7 日农业（农村）部进行修订]、《国家兽医参考实验室管理办法》（2005 年 2 月 25 日农医发〔2005〕5 号发布）、《病原微生物实验室生物安全环境管理办法》（2006 年 3 月 8 日国家环境保护总局公布）、《高等级病原微生物实验室建设审查办法》（2011 年 6 月 24 日科学技术部令 2011 年第 15 号公布，2018 年 7 月 16 日进行修改）等。

（二）相关标准、规范

相关标准、规范有《兽医实验室生物安全管理规范》（2003 年 10 月 15 日农业部公告第 302 号发布）、《生物安全实验室建筑技术规范》（GB 50346—2011）、《实验室生物安全通用要求》（GB 19489—2019）、《兽医实验室生物安全要求通则》（NY/T 1948—2010）、《病原微生物实验室生物安全通用准则》（WS 233—2017）、《病原微生物菌（毒）种国家标准株评价技术标准》（WS/T 812—2022）等。

第二节　病原微生物的分类与管理法律制度

一、病原微生物的分类

我国对病原微生物实行分类管理。根据病原微生物的传染性、感染后对个体或者群体的危害程度，将病原微生物分为 4 类；第一类危险程度最高，第四类危险程度最低。第一类、第二类病原微生物统称为高致病性病原微生物。

1. 第一类病原微生物　　是指能够引起人类或者动物非常严重疾病的微生物，以及我国尚未发现或者已经宣布消灭的微生物。

2. 第二类病原微生物　　是指能够引起人类或者动物严重疾病，比较容易直接或者间接在人与人、动物与人、动物与动物间传播的微生物。

3. 第三类病原微生物　　是指能够引起人类或者动物疾病，但一般情况下对人、动物或者环境不构成严重危害，传播风险有限，实验室感染后很少引起严重疾病，并且具备有效治疗和预防措施的微生物。

4. 第四类病原微生物　　是指在通常情况下不会引起人类或者动物疾病的微生物。

二、病原微生物名录

（一）人间传染的病原微生物名录

《人间传染的病原微生物名录》由国务院卫生健康主管部门商国务院有关部门后制定、调整并予以公布。2006 年 1 月 11 日卫生部首次公布，涉及病毒 160 种（另加附录 6 种），病原菌类 155 种，真菌类 59 种。2023 年 8 月 18 日国家卫生健康委员会对名录进行了更新，涉及病毒 160 种（另加附录朊病毒），病原菌 190 种，真菌类 151 种。病原微生物根据危害程度分为 4 类，其中第三类和第四类为高致病性病原微生物。

（二）动物间传染的病原微生物名录

动物间传染的病原微生物名录由国务院农业农村主管部门商国务院有关部门后制定、调整并予以公布。2005 年 5 月 24 日农业部令 2005 年第 53 号公布了《动物病原微生物分类名录》，对动物病原微生物进行了分类。其中一类和二类为高致病性动物病原微生物。

1. 一类动物病原微生物（10 种）　口蹄疫病毒、高致病性禽流感病毒、猪水疱病病毒、非洲猪瘟病毒、非洲马瘟病毒、牛瘟病毒、小反刍兽疫病毒、牛传染性胸膜肺炎丝状支原体、牛海绵状脑病病原、痒病病原。

2. 二类动物病原微生物（8 种）　猪瘟病毒、鸡新城疫病毒、狂犬病病毒、绵羊痘/山羊痘病毒、蓝舌病病毒、兔病毒性出血症病毒、炭疽芽孢杆菌、布氏杆菌。

3. 三类动物病原微生物（105 种）　①多种动物共患病病原微生物（18 种）：低致病性流感病毒、伪狂犬病病毒、破伤风梭菌、气肿疽梭菌、结核分枝杆菌、副结核分枝杆菌、致病性大肠杆菌、沙门氏菌、巴氏杆菌、致病性链球菌、李氏杆菌、产气荚膜梭菌、嗜水气单胞菌、肉毒梭状芽孢杆菌、腐败梭菌和其他致病性梭菌、鹦鹉热衣原体、放线菌、钩端螺旋体。②牛病病原微生物（7 种）：牛恶性卡他热病毒、牛白血病病毒、牛流行热病毒、牛传染性鼻气管炎病毒、牛病毒腹泻/黏膜病病毒、牛生殖器弯曲杆菌、日本血吸虫。③绵羊和山羊病病原微生物（3 种）：山羊关节炎/脑脊髓炎病毒、梅迪-维斯纳病病毒、传染性脓疱皮炎病毒。④猪病病原微生物（12 种）：日本脑炎病毒、猪繁殖与呼吸综合征病毒、猪细小病毒、猪圆环病毒、猪流行性腹泻病毒、猪传染性胃肠炎病毒、猪丹毒杆菌、猪支气管败血波氏杆菌、猪胸膜肺炎放线杆菌、副猪嗜血杆菌、猪肺炎支原体、猪密螺旋体。⑤马病病原微生物（8 种）：马传染性贫血病毒、马动脉炎病毒、马病毒性流产病毒、马鼻炎病毒、鼻疽假单胞菌、类鼻疽假单胞菌、假皮疽组织胞浆菌、溃疡性淋巴管炎假结核棒状杆菌。⑥禽病病原微生物（17 种）：鸭瘟病毒、鸭病毒性肝炎病毒、小鹅瘟病毒、鸡传染性法氏囊病病毒、鸡马立克氏病病毒、禽白血病/肉瘤病毒、禽网状内皮组织增殖病病毒、鸡传染性贫血病毒、鸡传染性喉气管炎病毒、鸡传染性支气管炎病毒、鸡减蛋综合征病毒、禽痘病毒、鸡病毒性关节炎病毒、禽传染性脑脊髓炎病毒、副鸡嗜血杆菌、鸡毒支原体、鸡球虫。⑦兔病病原微生物（4 种）：兔黏液瘤病病毒、野兔热土拉杆菌、兔支气管败血波氏杆菌、兔球虫。⑧水生动物病病原微生物（22 种）：流行性造血器官坏死病毒、传染性造血器官坏死病毒、马苏大麻哈鱼病毒、病毒性出血性败血症病毒、锦鲤疱疹病毒、斑点叉尾鮰病毒、病毒性脑病和视网膜病毒、传染性胰脏坏死病毒、真鲷虹彩病毒、白鲟虹彩病毒、中肠腺坏死杆状病毒、传染性皮下和造血器官坏死病毒、核多角体杆状病毒、虾产卵死亡综合征病毒、鳖鳃腺炎病毒、Taura 综合征病毒、对虾白斑综合征病毒、黄头病病毒、草鱼出血病毒、鲤春病毒血症病毒、鲍球形病毒、鲑鱼传染性贫血病毒。⑨蜜蜂病病原微生物（6 种）：美洲幼虫腐臭病幼虫杆菌、欧洲幼虫腐臭病蜂房蜜蜂球菌、白垩病蜂球囊菌、蜜蜂微孢子虫、跗腺螨、雅氏大蜂螨。⑩其他动物病病原微生物（8 种）：犬瘟热病毒、犬细小病毒、犬腺病毒、犬冠状病毒、犬副流感病毒、猫泛白细胞减少综合征病毒、水貂阿留申病毒、水貂病毒性肠炎病毒。

4. 四类动物病原微生物　　是指危险性小、低致病力、实验室感染机会少的兽用生物制品、疫苗生产用的各种弱毒病原微生物，以及不属于第一、二、三类的各种低毒力的病原微生物。

第三节　病原微生物样本采集、运输、保藏和管理法律制度

一、病原微生物样本采集与管理

病原微生物样本采集、处理等环节有可能造成实验室感染或泄漏及环境污染事故，甚至导致疫病暴发流行，所以必须在具有与采集的病原微生物样本所需要的生物安全防护水平相适应的器材、实验条件及个人装备的条件下，由掌握相关技术和知识的专业人员，严格执行相关规定和操作规范，进行病原微生物样本的采集等工作。

（一）采集样本的原则

采集样本时，既要做到早、快、近（离病变部位近）、多、净（避免交叉污染），同时要注意遵守包装要求。

（二）采集样本的一般要求

1. 采集设备与器材　　具有与采集病原微生物样本所需要的生物安全防护水平相适应的设备与器材，如个人防护用品（隔离衣、帽、口罩、鞋套、手套、防护眼镜等）、防护材料、器材和防护设施及实验条件等。

2. 采集人员与操作规范　　样本采集人员必须掌握相关专业知识和操作技能；遵循生物安全操作规范，严格做好个人防护和实验室生物安全工作；样本采集人员应加强与实验室检测人员的沟通，提高样本采集的针对性。

3. 应急措施与预案　　具有有效地防止病原微生物扩散和感染的措施与应急预案。

4. 采集技术与手段　　具有保证病原微生物样本质量的技术、方法和手段。如采集样本应无菌操作，避免杂菌污染；选择最能反映疫病特征的部位采样；盛放样本的容器预先应作无菌处理；样本采集后应立即送检并在合适的环境和装置中保存等。

5. 样本采集记录　　采集过程应对样本的来源、采集过程和方法等作详细的记录。

6. 采集高致病性病原微生物样本的要求　　从事高致病性或疑似高致病性病原微生物样本采集活动，应当具备相应条件，符合生物安全管理规范。工作人员采集过程中应高度注意防止病原微生物的扩散和污染。

二、高致病性病原微生物菌（毒）种或者样本的运输与管理

（一）一般要求

（1）运输目的、高致病性病原微生物的用途和接收单位符合国家卫生健康委员会或者农业农村部的规定。

（2）高致病性病原微生物菌（毒）种或者样本的容器应当密封，容器或者包装材料还应符合防水、防破损、防外泄、耐高（低）温、耐高压的要求。

（3）容器或者包装材料上应当印有生物危险标识、警告用语和提示用语。

（4）运输高致病性病原微生物菌（毒）种或者样本，应当通过陆路运输；没有陆路通道，必须经水路运输的，可以通过水路运输；紧急情况下或者需要将高致病性病原微生物菌（毒）种或者样本运往国外的，可以通过民用航空运输。通过民用航空运输高致病性病原微生物菌（毒）种或者样本的，除农业农村或者卫生健康主管部门批准外，还应当由国务院民用航空主管部门批准。有关单位或者个人不得通过公共电（汽）车和城市铁路运输病原微生物菌（毒）种或者样本。

（5）运输高致病性病原微生物菌（毒）种或者样本，应当经省级以上卫生健康或者农业农村主管部门批准：省级行政区域内运输的，由省级主管部门批准；跨省运输或者运往国外的，省级主管部门初审后，由国家卫生健康委员会或者农业农村部批准。海关在检疫过程中需要运输高致病性病原微生物样本的，由海关总署批准，同时向国家卫生健康委员会或农业农村部通报。

（6）运输高致病性病原微生物菌（毒）种或者样本，应当有不少于 2 人的专人护送，并采取相应的防护措施。

（7）承运单位应当凭批准文件予以运输，并应当与护送人共同采取措施，确保所运输的高致病性病原微生物菌（毒）种或者样本的安全。如果运输过程中发生被盗、被抢、丢失、泄漏事件，应当立即采取控制措施，在 2 小时内向有关部门报告。

（二）运输包装要求

高致病性动物病原微生物菌（毒）种或者样本属于联合国《关于危险货物运输的建议书——规章范本》和国际民用航空组织《危险物品航空安全运输技术细则》中规定的 A 类感染性物质，根据上述国际规范和农业农村部制定的《高致病性动物病原微生物菌（毒）种或者样本运输包装规范》，对其运输过程中必须使用三层包装系统，由内包装（包括防水的主容器和辅助包装两层），以及强度满足其容积、质量及使用要求的刚性外包装组成（图 10-1）。

运输包装具体要求包括：①主容器必须不透水、防泄漏，保证完全密封。②辅助包装必须结实、不透水和防泄漏。③主容器和辅助包装之间必须填充充足的吸附材料，能够吸收所有的内装物；多个主容器装入一个辅助包装时，必须将它们分别包装。④主容器的表面贴上标签，标明菌（毒）种或样本类别、编号、名称、数量等信息。⑤应当将相关文件，如菌（毒）种或样本数量表格、危险性声明、信件、菌（毒）种或样本鉴定资料、发送者和接收者的信息等放入一个防水的袋中，并贴在辅助包装的外面。⑥外包装的强度应当充分满足对于其容器、质量及预期使用方式的要求。⑦外包装应当印上生物危险标识并标注"高致病性动物病原微生物（非专业人员严禁拆开）"的警告语（图 10-2）。⑧冻干样本包装的主容器必须是火焰封口的

A类感染性物质的包装与标签

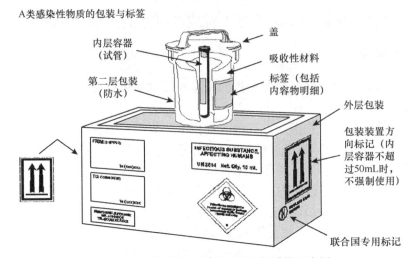

图 10-1 A类感染性物质三层包装系统示意图

图 10-2 生物危险标识图

玻璃安瓿或者是用金属封口的胶塞玻璃瓶。⑨向主容器中罐装液体样本时须保留足够的剩余空间，同时采用可靠的防漏封口，如热封、带缘的塞子或者金属卷边封口。如果使用旋盖，必须用胶带加固。⑩冰、干冰或者其他冷冻剂必须放在辅助包装周围，或者按照规定放在由一个或者多个完整包装件组成的合成包装件中。内部要有支撑物，当冰或者干冰消耗掉以后，仍可以把辅助包装固定在原位置上。如果使用冰，包装必须不透水；如果使用干冰，外包装必须能排出二氧化碳气体。如果使用冷冻剂，主容器和辅助包装必须保持良好的性能，在冷冻剂消耗完以后，应仍能承受运输中的温度和压力。

（三）民航运输的特殊要求

（1）菌（毒）种和样本及动物病料必须作为货物进行航空运输时，禁止随身携带，或者作为托运行李或邮件进行运输。菌（毒）种和样本及动物病料的航空运输需符合《民用航空危险品运输管理规定》（2016 年 4 月 13 日交通运输部令 2016 年第 42 号公布）和国际民用航空组织《危险物品航空安全运输技术细则》（ICAO DOC 9284 AN/905）的要求。

（2）菌（毒）种和样本及动物病料的托运人或其代理人必须接受符合《民用航空危险品运输管理规定》和《危险物品航空安全运输技术细则》要求的危险品航空运输训练，并持有有效证书。

（3）菌（毒）种和样本及动物病料的托运手续必须符合国务院、农业农村部的有关规定。跨省、自治区、直辖市或向境外运输动物病原微生物菌（毒）种或者样本时，需到农业农村部政务服务平台办理"跨省、自治区、直辖市运输或者运往国外高致病性病原微生物菌（毒）种或者样本审批"。托运人需持有农业农村部颁发的"动物病原微生物菌（毒）种或样本及动物病料准运证书"。运输动物病料或在省、自治区、直辖市人民政府行政区域内运输动物病原微生物菌（毒）种或者样本时，托运人需持有出发地省、自治区、直辖市人民政府农业农村主管部门颁发的"动物病原微生物菌（毒）种或样本及动物病料准运证书"。出入境菌（毒）种和样本及动物病料的运输，需由海关出入境检验检疫机构进行检疫。

（4）菌（毒）种和样本及动物病料必须由已获得中国民用航空局颁发的"危险品航空运输许可"的航空公司进行运输。

（5）菌（毒）种和样本及动物病料的包装需符合国际民用航空组织《危险物品航空安全运输技术细则》及农业农村部的相关要求，同时必须符合海关总署的要求或附有进口包装材料符合国际标准的有关证明文件。

（四）农业农村部对运输审批的要求

1. 审查类型　前审后批。

2. 申请条件　①申请范围为拟开展动物间传染的高致病性病原微生物跨省、自治区、直辖市运输或者运往国外的事项。②经省级农业农村主管部门签署审查意见。③运输的高致病性动物病原微生物菌（毒）种或者样本的使用目的合法。④高致病性动物病原微生物菌（毒）种、样本的接收单位取得国家生物安全三级或者四级实验室认可证书，并取得农业农村部或省级农业农村主管部门颁发的从事高致病性动物病原微生物或者疑似高致病性动物病原微生物实验活动批准文件；或农业农村部颁发的生物制品批准文件；或农业农村部颁发的指定菌（毒）种保藏文件。⑤盛装高致病性动物病原微生物菌（毒）种或者样本的容器或者包装材料符合农业农村部制定的《高致病性动物病原微生物菌（毒）种或者样本运输包装规范》的规定。

3. 禁止性要求　未取得接收单位同意接收的证明材料［送交菌（毒）种保藏的除外］不得申报。

4. 申请材料目录　①"运输高致病性动物病原微生物菌（毒）种或者样本申请表"（申请人自备，一式2份）。②接收单位是研究、检测、诊断机构的，需提供国家生物安全三级或者四级实验室认可证书、国家生物安全三级或者四级实验室生物安全评审报告（复印件）和从事高致病性或者疑似高致病性动物病原微生物实验活动批准文件（复印件）；接收单位是兽用生物制品研制和生产单位的，需提供生物制品批准文件（复印件）；接收单位是菌（毒）种保藏机构的，需提供指定菌（毒）种保藏文件（复印件）。③接收单位同意接收的证明材料［送交菌（毒）种保藏的除外］。

5. 办理基本流程　①农业农村部行政审批综合办公室受理申请人递交的"运输高致病性动物病原微生物菌（毒）种或者样本申请表"及相关材料，并进行初审；②农业农村部畜牧兽医局提出审批方案，经批准后办理批件。

6. 办理方式　网上提交申请材料，需提供纸质材料的同步报送。

7. 法定办理时限　5个工作日。

8. 审批结果及送达　①予以许可的，印发批准文件；不予许可的，作出不予许可书面决定。②自作出决定之日起 10 日内向行政相对人颁发加盖中华人民共和国农业农村部印章的批准文件。根据申请人要求，选择在农业农村部政务服务大厅现场领取或以邮寄方式送达。

三、动物病原微生物菌（毒）种和样本的保藏与管理

农业农村部依法加强对动物病原微生物菌（毒）种保藏的管理，制定了《动物病原微生物菌（毒）种保藏管理办法》（2008 年 11 月 26 日农业部令 2008 年第 16 号公布，2016 年 5 月 30 日农业部令 2016 年第 3 号、2022 年 1 月 7 日农业农村部令 2022 年第 1 号修订）、《国家动物病原微生物菌（毒）种保藏机构名单》（2020 年 9 月 17 日农业农村部公告第 336 号）等。

（一）保藏机构及其职责

1. 保藏机构的概念和分类　　此处提到的保藏机构，是指承担菌（毒）种和样本保藏任务，并向合法从事动物病原微生物相关活动的实验室或者兽用生物制品企业提供菌（毒）种或者样本的单位。保藏机构分为国家兽医微生物菌（毒）种保藏中心、国家兽医微生物菌（毒）种保藏分中心和国家动物病原微生物菌（毒）种保藏专业实验室三类。

1）国家兽医微生物菌（毒）种保藏中心　　中国兽医药品监察所设立了国家兽医微生物菌（毒）种保藏中心，主要负责菌（毒）种和样本的收集、筛选、分析、鉴定、保藏和管理，以及各分中心和保藏专业实验室所保藏菌（毒）种的统一编目。

2）国家兽医微生物菌（毒）种保藏分中心　　在中国农业科学院哈尔滨兽医研究所、兰州兽医研究所和上海兽医研究所，中国动物疫病预防控制中心，中国动物卫生与流行病学中心分中心，设立国家兽医微生物菌（毒）种保藏分中心，负责特定菌（毒）种的保藏和管理，定期向国家兽医微生物菌（毒）种保藏中心报送保藏目录。其中：

中国农业科学院哈尔滨兽医研究所分中心主要负责禽流感病毒、非洲猪瘟病毒、鼻疽假单胞菌、马传染性贫血病病毒、牛传染性胸膜肺炎支原体等菌（毒）种的收集、保藏、供应和管理，以及有一定价值的菌（毒）种的收集、保藏和管理。

中国农业科学院兰州兽医研究所分中心主要负责口蹄疫病毒、非洲猪瘟病毒、牛结节性皮肤病病毒、包虫、血液原虫、绦虫等菌（毒）种的收集、保藏、供应和管理，以及有一定价值的菌（毒）种的收集、保藏和管理。

中国农业科学院上海兽医研究所分中心主要负责日本血吸虫、日本乙型脑炎病毒、伊氏锥虫、弓形虫、鸡球虫、隐孢子虫等菌（毒）种的收集、保藏、供应和管理，以及有一定价值的菌（毒）种的收集、保藏和管理。

中国动物疫病预防控制中心分中心主要负责猪繁殖与呼吸障碍综合征病毒、猪瘟病毒等菌（毒）种的收集、保藏、供应和管理，以及有一定价值的菌（毒）种的收集、保藏和管理。

中国动物卫生与流行病学中心分中心主要负责非洲猪瘟病毒、牛羊朊病毒、小反刍兽疫病毒、牛结节性皮肤病病毒等外来动物疫病菌（毒）种，以及禽流感病毒、新城疫病毒、分枝杆菌、布鲁氏菌等菌（毒）种和动物源性食源性病原菌的收集、保藏、供应和管理，以及有一定价值的菌（毒）种的收集、保藏和管理。

3）国家动物病原微生物菌（毒）种保藏专业实验室　　农业农村部指定国家兽医实验室（包括国家兽医参考实验室、专业实验室和区域实验室）为国家动物病原微生物菌（毒）种保藏专业实验室，负责相应的特定动物微生物菌（毒）种的收集、鉴定、保藏和管理，定期向国

家畜医微生物菌（毒）种保藏中心报送保藏目录。

2. 保藏机构应当具备的条件

（1）符合国家关于保藏机构设立的整体布局和实际需要。

（2）有满足菌（毒）种和样本保藏需要的设施设备；保藏高致病性动物病原微生物菌（毒）种或者样本的，应当具有相应级别的高等级生物安全实验室，并依法取得"高致病性动物病原微生物实验室资格证书"。

（3）有满足保藏工作要求的工作人员。

（4）有完善的菌（毒）种和样本保管制度、安全保卫制度。

（5）有满足保藏活动需要的经费。

3. 保藏机构的职责

（1）负责菌（毒）种和样本的收集、筛选、分析、鉴定和保藏。

（2）开展菌（毒）种和样本的分类与保藏新方法、新技术研究。

（3）建立菌（毒）种和样本数据库。

（4）向合法从事动物病原微生物实验活动的实验室或者兽用生物制品生产企业提供菌（毒）种或者样本。

（二）保藏与管理

1. 保藏原则　　国家对实验活动用菌（毒）种和样本实行集中保藏，保藏机构以外的任何单位和个人不得保藏菌（毒）种或者样本。

2. 菌（毒）种和样本的收集　　从事动物疫情监测、疫病诊断、检验检疫和疫病研究等活动的单位和个人，应当及时将研究、教学、检测、诊断等实验活动中获得的具有保藏价值的菌（毒）种和样本，送交保藏机构鉴定和保藏，并提交菌（毒）种和样本的背景资料。保藏机构可以向国内有关单位和个人索取需要保藏的菌（毒）种和样本。

3. 菌（毒）种和样本的保藏与管理

（1）保藏机构应当设专库保藏一、二类菌（毒）种和样本，设专柜保藏三、四类菌（毒）种和样本。

（2）保藏机构保藏的菌（毒）种和样本应当分类存放，实行双人双锁管理。

（3）保藏机构应当建立完善的技术资料档案，详细记录所保藏的菌（毒）种和样本的名称、编号、数量、来源、病原微生物类别、主要特性、保存方法等情况。技术资料档案应当永久保存。

（4）保藏机构应当对保藏的菌（毒）种按时鉴定、复壮，妥善保藏，避免失活。

（5）保藏机构应当制定实验室安全事故处理应急预案。发生保藏的菌（毒）种或者样本被盗、被抢、丢失、泄漏和实验室人员感染的，应当按规定及时报告、启动预案，并采取相应的处理措施。

（三）供应和使用

（1）实验室和兽用生物制品生产企业需要使用菌（毒）种或者样本的，应当向保藏机构提出申请。

（2）保藏机构应当按照以下规定提供菌（毒）种或者样本：①提供高致病性动物病原微

生物菌（毒）种或者样本时，查验申请机构从事高致病性动物病原微生物相关实验活动的批准文件；②提供兽用生物制品生产和检验用菌（毒）种或者样本的，查验兽药生产批准文号文件；③提供三、四类菌（毒）种或者样本的，查验实验室所在单位出具的证明。

（3）保藏机构提供菌（毒）种或者样本时，应当进行登记，详细记录所提供的菌（毒）种或者样本的名称、数量、时间，以及发放人、领取人、使用单位名称等。

（4）保藏机构应当对具有知识产权的菌（毒）种承担相应的保密责任。供应具有知识产权的菌（毒）种或者样本的，应当经原提供者或者持有人的书面同意。

（四）销毁

（1）对于国家规定应当销毁的、丧失生物活性或者被污染已不适于继续使用的，或者无继续保藏价值的菌（毒）种或样本，保藏机构应当组织专家论证，提出销毁建议。

（2）销毁一、二类菌（毒）种和样本的，应当经农业农村部批准；销毁三、四类菌（毒）种和样本的，应当经保藏机构负责人批准，并报农业农村部备案。

（3）保藏机构销毁菌（毒）种和样本的，应当在实施销毁 30 日前书面告知原提供者。

（4）保藏机构销毁菌（毒）种和样本的，应当制定销毁方案，注明销毁的原因、品种、数量，以及销毁方式方法、时间、地点、实施人和监督人等。

（5）应使用可靠的销毁设施和销毁方法，必要时应当组织开展灭活效果验证和风险评估；并做好销毁记录，经销毁实施人、监督人签字后存档，并将销毁情况报农业农村部。

（6）实验室在相关实验结束后，应当按照规定及时将菌（毒）种和样本就地销毁或者送交保藏机构保管。

（五）国际交流

（1）国家对菌（毒）种和样本对外交流实行认定审批制度。

（2）从国外引进和向国外提供菌（毒）种或者样本的，应当报农业农村部批准。

（3）从国外引进菌（毒）种或者样本的单位，应当在引进菌（毒）种或者样本后 6 个月内，将备份及其背景资料送交保藏机构。引进单位应当在相关活动结束后，及时将菌（毒）种和样本就地销毁。

（4）出口《生物两用品及相关设备和技术出口管制清单》所列的菌（毒）种或者样本的，还应当按照《中华人民共和国生物两用品及相关设备和技术出口管制条例》的规定取得生物两用品及相关设备和技术出口许可证件。

第四节　病原微生物实验室设立、活动和管理法律制度

一、病原微生物实验室的设立与管理

（一）病原微生物实验室管理原则

我国根据对病原微生物的生物安全防护水平，对病原微生物实验室实行分等级管理。从事病原微生物实验活动应当在相应等级的实验室进行。低等级病原微生物实验室不得从事应当在高等级病原微生物实验室进行的病原微生物实验活动。

国家加强对病原微生物实验室生物安全的管理,制定统一的实验室生物安全标准。设立病原微生物实验室,应当依法取得批准或者进行备案。个人不得设立病原微生物实验室或者从事病原微生物实验活动。

（二）病原微生物实验室设立要求

国家根据实验室对病原微生物的生物安全防护水平,并按照实验室生物安全国家标准的规定,将实验室分为生物安全一级（BSL-1）、生物安全二级（BSL-2）、生物安全三级（BSL-3）和生物安全四级（BSL-4）。WHO《实验室生物安全手册》（第四版）将 BSL-2、BSL-3、BSL-4 分别改为核心要求实验室、加强要求实验室、最高要求实验室。

1. 一级和二级实验室　　新建、改建、扩建生物安全一级、二级实验室在内的病原微生物实验室（含第三方实验室）应当向设区的市级人民政府卫生健康或农业农村主管部门备案,设区的市级人民政府卫生健康或农业农村主管部门应当每年将备案情况汇总后报省、自治区、直辖市人民政府卫生健康或农业农村主管部门。

2. 三级和四级实验室　　新建、改建、扩建或生产、进口移动式三级和四级生物安全实验室,实行许可制度。规定如下:

（1）符合国家生物安全实验室体系规划并依法履行有关审批手续;

（2）经科技部审查同意;

（3）符合国家生物安全实验室建筑技术规范;

（4）依照《中华人民共和国环境影响评价法》的规定进行环境影响评价并经环境保护主管部门审查批准;

（5）生物安全防护级别与其拟从事的实验活动相适应。

（三）病原微生物实验室的生物安全管理要求

2017 年 9 月 25 日,国务院取消了由农业部承担的高致病性病原微生物实验活动资格认定事项,并明确了相应事中事后监管措施（国发〔2017〕46 号）。为此,农业部下发了《农业部办公厅关于做好高致病性病原微生物实验活动资格认定取消后事中事后监管工作的通知》,强调加强生物安全实验室活动的监管,切实保障高致病性动物病原微生物实验活动生物安全。病原微生物实验室生物安全管理要求如下。

（1）实验室从事实验活动应当严格遵守有关国家标准和实验室技术规范、操作规程。并指定专人监督检查实验室技术规范和操作规程的落实情况。

（2）每年定期对工作人员进行培训,保证其掌握实验室技术规范、操作规程、生物安全防护知识和实际操作技能,并进行考核。工作人员经考核合格的,方可上岗。

（3）从事高致病性病原微生物相关实验活动的实验室,应当每半年将培训、考核其工作人员的情况和实验室运行情况向省、自治区、直辖市人民政府卫生健康或者农业农村主管部门报告。

（4）从事高致病性病原微生物相关实验活动的实验室,应当建立健全安全保卫制度,采取安全保卫措施,严防高致病性病原微生物被盗、被抢、丢失、泄漏,保障实验室及其病原微生物的安全。

（5）进入从事高致病性病原微生物相关实验活动的实验室的工作人员或者其他有关人

员，应当经实验室负责人批准。实验室应当为其提供符合防护要求的防护用品并采取其他职业防护措施。

图 10-3　国际通用的生物危险标识
（标志图形为黑色，背景为黄色）

（6）从事高致病性病原微生物相关实验活动的实验室，应对实验室的工作人员进行健康监测，每年组织其进行体检，并建立健康档案；必要时，应当对实验室的工作人员进行预防接种。

（7）实验室应当建立实验档案，真实、完整地记录实验室使用情况和安全监督情况。从事高致病性病原微生物相关实验活动的实验档案保存期，不得少于 20 年。

（8）实验室应当依照环境保护的有关法律、行政法规和国务院有关部门的规定，对废水、废气及其他废物进行处置，并制定相应的环境保护措施，防止环境污染。

（9）三级、四级生物安全实验室应当在明显位置标示国务院卫生健康或农业农村主管部门规定的生物危险标识（图 10-3）和生物安全实验室级别标志。

二、病原微生物实验活动的要求与管理

（一）动物病原微生物实验活动的分类

动物病原微生物实验活动分为病原分离培养、动物感染实验、未经培养的感染性材料的实验、灭活材料的实验。不同的动物病原微生物实验活动，其危害性也不相同。《动物病原微生物实验活动生物安全要求细则》对动物病原微生物的不同实验活动，规定了实验活动所需实验室生物安全级别。

（二）动物病原微生物实验活动的要求

（1）一级、二级生物安全实验室不得从事高致病性动物病原微生物实验活动。

（2）三级、四级生物安全实验室需要从事某种高致病性动物病原微生物或者疑似高致病性动物病原微生物实验活动的，应当经农业农村部或者省级农业农村主管部门批准。①从事我国尚未发现或者已经宣布消灭的动物病原微生物有关实验活动的，或者从事国家规定的第一类高致病性动物病原微生物的病原分离和鉴定、活病毒培养、感染材料核酸提取、动物接种试验等有关实验活动的，由农业农村部批准。②从事其他高致病性动物病原微生物或者疑似高致病性动物病原微生物实验活动的，由省级农业农村主管部门批准，省级农业农村主管部门应当自收到申请之日起 15 日内作出是否批准的决定，并自批准之日起 10 日内报农业农村部备案。

（3）各实验室在开展高致病性动物病原微生物实验活动期间，应当每季度向原批准部门报告相关情况，具体包括实验活动进展情况、出现的问题及处理情况等，重大事项和突发情况应及时报告。

（三）高致病性动物病原微生物实验活动的要求

（1）严格遵守有关国家标准、实验室技术规范、操作规程，并有专人监督检查实验室技术规范、操作规程的落实情况。

（2）实验活动应当由 2 名以上的工作人员共同进行，进入从事高致病性病原微生物相关活动的实验室的工作人员或者其他有关人员，应经实验室负责人批准。

（3）在同一个实验室的同一个独立区域内，只能同时从事同一种高致病性病原微生物的相关实验活动。

（四）农业农村部对从事高致病性动物病原微生物实验活动审批的要求

1. 审查类型　　前审后批。

2. 申请条件

（1）申请从事该实验活动的实验室取得国家生物安全三级或者四级实验室认可证书，且在有效期内。

（2）实验活动限于与动物病原微生物菌（毒）种、样本有关的研究、检测、诊断和菌（毒）种保藏等。

（3）申请范围为从事 2007 年农业部公告第 898 号规定的高致病性动物病原微生物病原分离和鉴定、活病毒培养、感染材料核酸提取、动物接种试验等实验活动。

（4）经省级农业农村主管部门签署审查意见。

（5）农业农村部对特定高致病性动物病原微生物或疑似高致病性动物病原微生物实验活动（包括以合同、协议等形式明确承担的该特定病原微生物相关科研实验活动任务）的实验单位有明确规定的，只能在规定的实验室进行。

3. 禁止性要求　　未获得国家生物安全三级或者四级实验室认可证书的单位不得申报。

4. 申请材料目录

（1）高致病性动物病原微生物实验活动申请表（一式两份）。

（2）国家生物安全三级或者四级实验室认可证书和最近一次评审报告。

（3）从事与高致病性动物病原微生物有关的科研项目的，还应当提供科研项目立项证明材料。

（4）高致病性动物病原微生物实验活动生物安全承诺书。

首次申请高致病性动物病原微生物或者疑似高致病性动物病原微生物实验活动的，还应当提交下列材料：

（1）实验室管理体系文件。

（2）实验室设立单位的法人资格证书。

（3）实验室工作人员学历证书或者技术职称证书。

（4）实验室工作人员生物安全知识培训情况证明材料。

（5）国家生物安全三级或者四级实验室生物安全评审报告。

5. 办理基本流程

（1）农业农村部政务服务大厅畜牧兽医窗口审查高致病性动物病原微生物实验活动申请表及相关材料，申请材料齐全的予以受理。

（2）农业农村部畜牧兽医局组织专家进行评审。

（3）农业农村部畜牧兽医局根据国家有关法律法规及专家评审意见提出审批方案，经批准后办理批件。

6. 办理方式　　网上提交申请材料，需提供纸质材料的同步报送。

7. 承诺办理时限　　8 个工作日（专家评审时间不超过 25 天）。

8. 审批结果及送达

（1）予以许可的，颁发许可文件；不予许可的，作出不予许可书面决定。

（2）自作出决定之日起 10 日内向行政相对人颁发加盖中华人民共和国农业农村部印章的批准文件。根据申请人要求，选择在农业农村部政务服务大厅现场领取或以邮寄方式送达。

三、从事高致病性动物病原微生物科研项目的生物安全审查要求

实验室申报或接受与高致病性动物病原微生物有关的科研项目前，应当向农业农村部申请审查。

1. 审查类型　　前审后批。

2. 申请条件

（1）申请范围为拟申请承担涉及《病原微生物实验室生物安全管理条例》《动物病原微生物分类名录》规定的动物间传染的高致病性病原微生物的科研项目。

（2）实验室已取得国家生物安全三级或者四级实验室认可证书并在有效期内；或者有已取得国家生物安全三级或者四级实验室认可证书并在有效期内的实验室同意其使用。

（3）科研项目已由科技管理部门立项并发布指南。

（4）科研中拟采取的生物安全措施符合要求。

3. 禁止性要求　　未获得国家生物安全三级或者四级实验室认可证书，或者未承诺在规定实验室开展相关实验活动的单位不得申报。

4. 申请材料目录

（1）高致病性动物病原微生物科研项目生物安全审查表（一式两份）。

（2）科研项目建议书。

（3）科研项目研究中采取的生物安全措施。

（4）国家生物安全三级或者四级实验室生物安全评审报告。

5. 办理基本流程

（1）农业农村部政务服务大厅畜牧兽医窗口审查"高致病性动物病原微生物科研项目生物安全审查表"及相关材料，申请材料齐全的予以受理。

（2）农业农村部畜牧兽医局组织专家进行评审。

（3）根据国家有关法律法规及专家评审意见提出审批方案，经批准后办理批件。

6. 办理方式　　网上提交申请材料，需提供纸质材料的同步报送。

7. 承诺办理时限　　18 个工作日。

8. 审批结果及送达

（1）予以许可的，印发许可文件；不予许可的，作出不予许可书面决定。

（2）自作出决定之日起 10 日内向行政相对人颁发加盖中华人民共和国农业农村部印章的批准文件。根据申请人要求，选择在农业农村部政务服务大厅现场领取或以邮寄方式送达。

第五节 实验室感染的控制法律制度

一、感染控制中对实验室的要求

（一）制定应急预案

从事高致病性病原微生物相关实验活动的实验室应当制定实验室感染应急处置预案，并向该实验室所在地的省级农业农村主管部门备案。

（二）实行专人负责制

指定专门的机构或者人员承担实验室感染控制工作，定期检查实验室的生物安全防护、病原微生物菌（毒）种和样本保存与使用、安全操作、实验室排放的废水和废气及其他废物处置等规章制度的实施情况。

（三）及时履行报告义务

实验室发现工作人员出现与本实验室从事的高致病性病原微生物相关实验活动有关的感染临床症状或者体征，或者发生泄漏时，应当及时报告。

报告的程序为：应在 2 小时内报告所在地的县级人民政府农业农村主管部门。

（四）立即启动实验室感染应急处置预案

组织人员对实验室生物安全状况等情况进行调查；同时采取控制措施，对有关人员进行医学观察或者隔离治疗，封闭实验室，防止病原微生物扩散。

二、感染控制中对农业农村主管部门的要求

农业农村主管部门接到关于实验室发生工作人员感染事故或者病原微生物泄漏事件的报告，或者发现实验室从事病原微生物相关实验活动造成实验室感染事故的，应当立即组织动物疫病预防控制机构及其他有关机构依法采取下列预防、控制措施：①封闭被病原微生物污染的实验室或者可能造成病原微生物扩散的场所；②开展流行病学调查；③对患者进行隔离治疗，对相关人员进行医学检查；④对密切接触者进行医学观察；⑤进行现场消毒；⑥对染疫或者疑似染疫的动物采取隔离、扑杀等措施；⑦其他需要采取的预防、控制措施；⑧在规定的时间内逐级上报；⑨发生病原微生物扩散，有可能造成传染病暴发、流行时，县级以上人民政府农业农村主管部门应当依照有关法律、行政法规的规定及实验室感染应急处置预案进行处理。

第六节 监督管理法律制度

一、农业农村主管部门的监督职责

在病原微生物实验室生物安全监督管理中，县级以上地方人民政府农业农村主管部门负有

以下职责：

（1）对病原微生物菌（毒）种、样本的采集、运输、储存进行监督检查；

（2）对从事高致病性病原微生物相关活动的实验室是否符合规定的条件进行监督检查；

（3）对实验室或者实验室的设立单位培训、考核其工作人员及上岗人员的情况进行监督检查；

（4）对实验室是否按照有关国家标准、规程从事病原微生物相关实验活动进行监督检查。

二、农业农村主管部门的监督管理方式和要求

（一）监督管理方式

县级以上地方人民政府农业农村主管部门主要通过检查反映实验室执行国家有关法律、行政法规及国家标准和要求的记录、档案、报告，履行监督管理职责。

（二）监督管理要求

（1）依据法定的职权和程序履行职责，做到公开、文明、高效。

（2）执法人员执行职务时，应当有 2 名以上执法人员参加，出示执法证件，并依照规定填写执法文书。现场检查笔录、采样记录等文书经核对无误后，应当由执法人员和被检查人、被采样人签名。被检查人、被采样人拒绝签名的，执法人员应当在自己签名后注明情况。

三、农业农村主管部门的监督管理权限

有权进入被检查单位和病原微生物泄漏或者扩散现场调查取证、采集样品，查阅复制有关资料。需要进入从事高致病性病原微生物相关实验活动的实验室调查取证、采集样品的，应当指定或者委托专业机构实施。被检查单位应当予以配合，不得拒绝、阻挠。

复习思考题

1. 简述我国病原微生物实验室生物安全的主要法律、法规和标准。
2. 简述我国病原微生物的管理原则和动物病原微生物的分类。
3. 简述高致病性动物病原微生物菌（毒）种或样本运输与管理的要求。
4. 简述动物病原微生物菌（毒）种或样本保藏与管理的有关规定。
5. 简述动物病原微生物实验室生物安全管理、实验活动的有关规定。
6. 简述我国病原微生物实验室感染控制的相关法律制度。
7. 简述我国病原微生物实验室监督管理的相关法律制度。

第三篇　动物卫生行政执法与救济

第十一章　动物卫生行政执法

本章内容提要　动物卫生行政执法是实施动物卫生法律、法规的核心，对于我国推进全面依法治国战略至关重要。本章主要概述了动物卫生行政执法（概念和特征、内容和分类、原则、生效要件与效力、意义和作用）、动物卫生行政许可、动物卫生行政处罚、动物卫生行政强制等内容。

第一节　动物卫生行政执法概述

一、动物卫生行政执法的概念和特征

（一）动物卫生行政执法的概念

执法（law enforcement）有广义和狭义两种不同范围的含义。广义上的执法是指一切执行法律活动的总称，包括国家行政机关、司法机关及其工作人员依照法定职权和程序，以实现法律的目的为宗旨，将法律运用于具体的社会关系，并取得相应法律后果的活动。狭义上的执法仅指国家行政机关及其工作人员依照法定的职权和程序，以实现法律的目的为宗旨，将法律运用于具体的社会关系，并取得相应法律后果的活动。这里所称的行政执法是狭义上的执法。

行政执法（administrative enforcement of law），是 20 世纪 80 年代中后期我国行政法制建设取得初步成就以后出现的新提法和新概念，是行政机关执行法律的活动。执法已经成为现代行政的基本要素，行政执法是实施行政管理的重要手段和途径，是国家行政机关在执行宪法、法律、行政法规或履行国际条约时所采取的具体办法和步骤，是为了保证行政法规的有效执行而对特定的人和特定的事件所做的具体的行政行为。

动物卫生行政执法就是动物卫生行政执法主体在其职责范围内执行动物卫生相关法律、法规的行政活动，内容包括除行政立法、行政司法以外的全部行政活动，是国家进行动物卫生行政管理的重要手段，属于国家行政执法的组成部分。

（二）动物卫生行政执法的特征

1. 动物卫生行政执法主体是农业农村主管部门和动物卫生监督机构，以及能以自己的名义实施动物卫生监督管理、行政强制和行政处罚的行政综合执法部门　所谓行政执法主体，即行政权的行使者，是根据法律、法规和规章的规定，可以自己的名义对外作出具体行政行为，并能独立承担由此产生的法律后果的行政组织。

按照《动物防疫法》及相关动物卫生法规的规定，我国动物卫生行政执法主要由农业农村

主管部门和动物卫生监督机构来实施,如省级人民政府农业农村主管部门对通过执业兽医资格考试的人员颁发执业兽医资格证书,县级人民政府农业农村主管部门颁发"动物诊疗许可证",等等;动物卫生监督机构实施动物、动物产品检疫和出证。农业农村主管部门所属的农业综合行政执法机构承担动物卫生行政处罚、行政强制及行政检查的具体工作,但只能以农业农村主管部门的名义实施执法,产生的法律后果由农业农村主管部门承担。另外,能以自己的名义实施动物卫生监督管理、行政强制和行政处罚的行政综合执法部门也属于动物卫生行政执法主体。例如,长沙县行政执法局有权以自己的名义对其辖区内违反《动物防疫法》的违法行为作出行政处罚。

2. 动物卫生行政执法必须是具体行政行为　　根据行政行为对象的不同,行政行为可分为抽象行政行为和具体行政行为。抽象行政行为往往是以不特定的人或事为对象所实施的行政行为,而具体行政行为则是以特定的人或事为对象所实施的行政行为。动物卫生行政执法是对行政相对人执行动物卫生法律、法规的情况依法进行行政处理,直接影响和涉及个人、组织的权利和义务,其执法对象是特定而明确的,并直接产生法律后果。因此,动物卫生行政执法是具体行政行为。

3. 动物卫生行政执法是一种双方不平等的行政法律关系　　行政执法是法定的行政机关实施、适用行政法律规范的行为,是贯彻、执行国家意志的手段,因而必然具有国家意志的拘束力和法律规范的执行力。在动物卫生行政执法过程中,如果行政相对人违反动物卫生行政法律规范或不履行行政法律规范中所规定的义务时,就会受到行政处罚或行政强制,以达到维护动物卫生社会秩序的目的,因此动物卫生行政执法是以动物卫生行政执法主体单方意思表示为特征,即动物卫生行政执法主体在行使行政权时,无须征得行政相对人的同意,具有主动行使的特点。

二、动物卫生行政执法的内容和分类

与动物卫生相关的活动包括畜禽遗传资源保护,畜禽品种选育与生产经营,畜禽养殖,动物疾病防控,饲料生产与经营,兽药生产与经营,动物屠宰,动物及动物产品的经营、运输、贮存等活动。因此,为推动畜牧业高质量发展,保护动物和人类的健康,动物卫生执法的内容就涉及品种选育与生产管理,动物饲养管理,动物防疫管理,饲料兽药管理,动物屠宰管理,动物与动物产品经营、加工、贮藏、运输管理等方面的执法管理,按照我国行政法学理论,动物卫生行政执法可以分为动物卫生行政处理、行政检查、行政许可、行政处罚、行政强制等。

三、动物卫生行政执法的原则

(一)法治原则

法治原则是行政管理的基本原则之一,也是行政执法的基本原则之一。动物卫生行政执法主体的职权来源于动物卫生法律法规的规定。没有法律法规的授予,行政执法主体不可能享有并行使行政职权,对行政执法机关来说,凡法律没有授予的权力,不得主动为之,否则就是超越职权。强调行政执法的法治原则,目的在于使行政执法主体树立依法行政、依法执法的法律意识和违法必究的责任感。要让动物卫生行政执法主体明白其创设、存在和活动范围等皆源于动物卫生法律法规的规定,动物卫生的法律法规是动物卫生行政执法主体的生命线。同时,对行政相对人设定义务的事项,均应该有法律的明确规定,绝不能认为是合法存在的机关就可以在权限范围内对行政相对人采取任何手段。

（二）公正、公开原则

公正、公开原则集中体现在行政执法程序中，因而是行政执法的程序性原则，体现的是行政执法的公平性。

公正（justice），即行政机关和执法人员应严格依法办事、实事求是、公平正直、没有偏私。行政执法中的公正原则主要体现在：①作出执法决定前必须有事实根据和法律依据；②作出的执法决定应与违法事实、情节及对社会的危害程度相当，不得因人而异，厚此薄彼，确保法律面前人人平等。

公开（publicity），是指行政执法的有关内容应让群众知道。行政执法中的公开原则主要体现在：①行政许可、行政处罚、行政强制等的有关法律规定应公开，应事先让群众知道；②执法人员的身份应公开；③告知当事人（即违法的或怀疑违法的行政相对人）进行行政处罚或行政强制的事实依据、法律依据及应有的合法权利；④行政许可、行政处罚和行政强制等决定公开；⑤公开处理违禁物品及公开执行执法决定。公开原则有利于群众对执法行为的监督，也有利于教育群众自觉守法。

（三）处罚与教育相结合的原则

《行政处罚法》第六条规定："实施行政处罚，纠正违法行为，应当坚持处罚与教育相结合，教育公民、法人和其他组织自觉守法。"因此，动物卫生行政执法工作中，执法主体和人员应经常向行政相对人进行法治宣传教育，使他们清楚地认识到自己的权利和义务，知道自己可以做什么、应该做什么和不能做什么，知道违反有关规定会有什么法律后果，目的是教育人们自觉守法、自觉履行义务，预防和减少违法事件的发生。在具体的行政案件中，处罚与教育相结合则要求行政机关和执法人员不但要严肃执法，也要善于对违法者进行法治教育及恰当利用执法机会警示和教育他人。处罚与教育相结合体现在可自由裁量的执法决定上，要求对自觉守法的人偶然造成的过失违法、情节较轻、态度较好的，一般可只对其进行批评教育或从轻处罚；对故意违法、屡教不改、情节严重且态度恶劣的，必须从严惩处，使这些人在从严制裁中感受到法律的威严，迫使和教育这些人自觉守法。

（四）保障当事人合法权利的原则

行政执法工作中，法律规定了行政相对人有接受行政处罚、承担法律责任的义务。行政相对人若不自觉履行法定义务，执法主体有权采取强制措施，迫使其履行义务。法律同时也赋予了行政相对人一些权利，执法主体应保障行政相对人的合法权利得以实现。根据《行政处罚法》的规定，当事人的主要权利有以下几种。

1. 陈述权和申辩权　　陈述权是指当事人有权为自己的行为作出客观的说明，提出自己的主张和提供证据。当事人的陈述主要在行政案件的调查阶段进行。申辩权是指当事人有权为自己的行为申述理由、辩解及反驳对自己不利的意见和证据。当事人的陈述和申辩是行政处罚程序中的重要内容之一，是确保执法公正的重要措施。因此，执法主体和执法人员在案件调查中必须听取和尊重当事人的陈述；在作出执法决定前应听取当事人的申辩，避免当事人因不申辩而受到不公正的处罚。《行政处罚法》中规定了当事人陈述、申辩不加罚的原则。为确保当事人的申辩权，我国法律还规定了听证制度。《行政处罚法》第六十三条规定，行政机关作出较大数额罚款，没收较大数额违法所得、没收较大价值非法财物，降低资质等级、吊销许可证件，责令停产停业、责令关闭、限制从业，以及其他较重的行政处罚，或者法律、法规、规章规定的其他情形，应当告知当事人有要求听证的权利；当事人要求听证的，行政机关应当组织听证。

2. 申请行政复议与提起行政诉讼权　　行政执法是执法主体单方面的行政行为，其执法决定无须征得当事人的同意。这种不对等的行政法律关系很可能会由于执法人员的业务水平和主观意识等因素的影响，当事人的合法权益受到损害。为了保障当事人的合法权益，我国法律明确规定，当事人不服执法主体的执法决定，可依法申请行政复议或提起行政诉讼。

3. 申请国家赔偿权　　《中华人民共和国宪法》第四十一条规定："由于国家机关和国家工作人员侵犯公民权利而受到损失的人，有依照法律规定取得赔偿的权利。"依据《中华人民共和国宪法》，我国还专门发布了《国家赔偿法》。因此，在动物卫生行政执法中，由于行政执法主体和执法人员侵犯了公民的合法权益而受到损害的人，有依法申请国家赔偿的权利，执法主体则应依法承担赔偿责任。在行政复议和行政诉讼期内，按照规定，其行政执法决定原则上不停止执行，若执法决定最终被复议机关或人民法院撤销的，当事人对已造成的人身和财产损失，可依法要求赔偿。这样既确保行政执法的严肃性，有利于行政管理秩序的稳定，同时也维护了公民的合法权益。

（五）效率原则

效率原则是指行政机关在行使其职能时，要力争尽可能快的时间，尽可能少的人员，尽可能低的经济耗费，办尽可能多的事，取得尽可能大的社会、经济效益。为了保证行政活动的高效率，行政程序的各个环节应当有时间上的限制。动物卫生行政执法的效率原则，实际上体现了行政执法程序的法律化，可以减少无故拖延、重复，从而有利于行政效率的提高，对于行政权来说，效率是它的生命，没有效率的行政权是僵化的、无生命力的，对于所有行政执法机关来说，强调效率就是要提高工作效率以降低执法成本，及时完成工作指标，达到预期执法目的。"有法必依、执法必严、违法必究"，其中三个"必"字，一方面体现了法律的权威，另一方面体现为执法的力度与速度。如果对违法行为打击不力或不能及时打击，不仅会给国家、集体和广大公民造成损害和损失，而且会使违法行为蔓延，以致构成犯罪。

四、动物卫生行政执法的生效要件与效力

（一）动物卫生行政执法的生效要件

动物卫生行政执法行为的生效要件是指使动物卫生行政执法行为产生法律效力的必要条件。这些要件又分为实体要件和程序要件两大类。

1. 实体要件

（1）动物卫生行政执法行为的主体合法。所谓主体合法，即动物卫生行政执法主体必须是法律法规授权、依法成立并能独立承担法律责任的组织机构。根据《动物防疫法》的规定，在我国，县级以上地方人民政府农业农村主管部门主管本行政区域的动物防疫工作，动物卫生监督机构则负责动物、动物产品的检疫工作。

（2）动物卫生行政执法必须依法进行。动物卫生行政执法行为应当符合动物卫生行政法律

规范的规定。例如，动物检疫的出证、处理和处罚行为应当依据动物卫生行政法的有关规定施行。

（3）动物卫生行政执法必须是动物卫生行政执法主体的真实意思表示。执法人员不是在被胁迫（如暴力所胁迫）、被欺诈（如被伪造的证明所欺诈）及其他不正常的情况下所做的行为。

（4）行政相对人须有权利能力和行为能力。对未成年人或者限制行为能力人，不能要求其承担违反动物卫生行政法的行政责任。

2. 程序要件

（1）动物卫生行政执法行为必须符合法定程序。执法主体在实施行政处罚、行政处理、行政检查时，必须按照《行政处罚法》《农业行政处罚程序规定》规定的程序进行；实施行政强制措施，必须遵守《行政强制法》规定的有关程序；实施行政许可，必须遵守《行政许可法》规定的有关程序。

（2）动物卫生行政执法行为必须符合法定形式。动物卫生行政执法行为均属要式行为，具有法定形式。因此，必须符合法律规范的要求。例如，证照的发放必须按法律规范的要求进行制作、发放、管理；对违反动物卫生行政法律规范的当事人实施处理、处罚，也必须按法定程序进行，否则将视为程序违法。

（二）动物卫生行政执法的效力

所谓行政执法行为的效力，即行政执法行为生效后所产生的法律效果。其内容表现为以下几个方面。

1. 确定力　　确定力就是具有不得再行更改的效力。这种确定力表现在两个方面：①动物卫生行政执法主体所作出的行政执法决定事项，未经法律允许，行政相对人不得要求更改。即使法律允许其更改，行政相对人依法提起复议或诉讼，也受一定时间等条件限制。如当事人不服执法主体作出的行政处罚，可在接到通知后 60 日内提出申请复议，否则不予受理。②执法主体作出的行政执法决定，其自身也不能随意更改其内容。

2. 拘束力　　拘束力是指行政执法决定对动物卫生行政执法主体和行政相对人的约束力。其具体表现在两个方面：①对行政相对人的拘束力。当执法主体采取的行政决定对特定人发生拘束力时，以不能转移为原则。如颁发给甲某的"动物诊疗许可证"，不能转移给乙某使用，否则就是违法。②对动物卫生行政执法主体的拘束力。在动物卫生行政决定未经撤销以前，执法主体也有遵守的义务。

3. 执行力　　执行力是指执法决定生效后，执法主体有权对执法对象采取强制手段使执法决定得以完全实现。行政相对人的法定义务之一是承担行政法律责任，接受执法主体作出的、产生了法律效力的执法决定，并按决定完全执行。执法主体在执法过程中应督促、监督行政相对人执行决定。对于拒不执行决定的，执法主体可在权限范围内依法强制执行；无强制执行权的，可申请人民法院强制执行。

五、动物卫生行政执法的意义和作用

行政执法是行政机关依法行使行政职能的主要手段，是实现行政管理目标的重要途径。1999 年修正的《中华人民共和国宪法》明确规定"中华人民共和国实行依法治国，建设社会主义法治国家"，标志着我国已把依法治国定位为基本治国方略。依法行政是依法治国的核心，依法行政的水平直接影响法治国家目标的实现，而行政执法则是依法行政的中心所在。动物卫生行政执法就是对全社会动物卫生工作依法进行管理的活动，而实施动物卫生行政执法则是我国动物卫生行政管理的重要手段。

我国法治建设的基本内容包括立法、执法和守法。而"有法可依、有法必依、执法必严、违法必究"则是中国特色社会主义法治建设的基本要求。我国动物卫生法律规范同其他任何法律法规一样，规定了人们在动物卫生工作中的行为准则，这对于维护我国动物卫生管理秩序，促进畜牧业发展和保护人体健康具有重要作用。但是我国畜牧业是以农村散养、自繁自养的养殖方式发展起来的。长期以来人们对畜牧业在社会公共安全中的重要性认识不足，因而对动物卫生法律法规中规定的行为准则，并不是每一个人都能自愿接受和遵守，尤其是少数人为了个人利益，甚至会出现与动物卫生法律法规相违背的行为。因而加强动物卫生行政执法是十分必要的，动物卫生执法机构及执法人员通过行政执法使人们熟悉我国动物卫生法律制度，并自觉地依法约束自己的行为，这样才能使动物卫生法律规范得到贯彻执行。

从执法与守法的关系看，执法是促成行政相对人守法最有效的措施。行政执法机关及执法人员的工作内容之一是进行法治宣传，这是十分必要的。但现实社会中，仅靠宣传教育、道德规范希望所有人都自觉守法是不可能的。总有少数人为了一己私利而目无法纪，妄图铤而走险，对这些人只能绳之以法，通过执法运用国家强制力来惩处其违法行为，强制这些违法者守法，起到惩前毖后的作用，而且通过执法警示他人，教育公民自觉守法。因此，执法是教育人们守法最有效的措施之一。

第二节　动物卫生行政许可

一、动物卫生行政许可的概念和特征

（一）行政许可简介

行政许可是行政主体依法对社会、经济事务实行事前监督管理的一种有效手段，在行政管理工作中发挥重要作用。但是，行政许可是一把"双刃剑"，运用不当，也会产生消极的作用。为了规范行政许可的设定和实施，保护公民、法人和其他组织的合法权益，维护公共利益和社会秩序，保障和监督行政主体有效实施行政管理，2003年8月27日，第十届全国人民代表大会常务委员会第四次会议审议并通过了《行政许可法》，这是我国首部行政许可相关的法律，标志着我国行政许可走上依法管理的轨道。

行政许可的基本性质是对特定活动进行事前控制的一种管理手段。对行政许可现象进行解释和说明的理论很多，并且随着国家对经济和社会生活干预程度的变化，还在不断创新发展。目前有关行政许可的理论观点，大致有以下三种。

第一种观点认为，行政许可是普遍禁止的解禁，是普遍禁止的例外，即"解禁说"。该观点认为，应当许可的事项，在没有此种限制以前是任何人都可以作为的行为，因为法律规定的结果，其行为自由受到限制，所以许可是对自由的恢复，即不作为义务的解除，并非权利的设定。在早期自由资本主义时期，需经政府许可的事项很少，只有一些很特别的事项需经政府批准，如卖酒、销售枪支等。这些事项对全社会来说，都是禁止的，只有经政府许可的，才获得了例外。因此这时的法学理论通常把行政许可视为普遍禁止的解禁。

第二种观点认为，行政许可是一种权利的赋予，是一种授益性行政行为，即认为行政许可是赋权行为。相对人本没有此项权利，只是因为行政机关的允诺和赋予，才使其获得了一般人不能享有的特权。现代社会国家大量干预经济生活和社会生活，需经政府许可的事项大量增加，这时已难以用解禁说来解释如此广泛的行政许可现象，这就产生了"赋权说"。

第三种观点吸收了上述两种观点，认为行政许可是解禁与赋权的统一。它认为行政许可在性质上具有"赋权"与"限权"双重性质，这种双重性质是一个问题的两个方面。对于从许可中受益的相对人来讲，行政许可是一种赋权行为，但对于未经许可或不予许可的相对人来讲则是一种限制和排斥权利的行为。例如，准予进行动物诊疗活动是授益性行政行为。但是对更多未被赋予权利者来说，则是一种禁止，是对行使某种权利的限制，所有未取得"动物诊疗许可证"的单位和个人不得进行动物疾病的诊断和治疗活动。在法治国家里，公民可以从事一切活动，除非法律有禁止。许可正是权利与禁止这两者的结合点。例如，从事动物饲养、经营、屠宰及动物产品经营活动必须遵守国家关于动物防疫的规定，取得动物检疫合格证，因为动物与动物产品的生产经营活动涉及动物疫病的发生和流行，对动物和人类健康影响巨大。

行政许可具有区别于其他行政行为的一些特点：第一，它是一种外部行政行为。行政许可法律关系是对外行使行政管理职权的行政主体和受行政主体管理权限约束的行政相对人，即公民、法人或者其他组织。这一点决定它区别于行政主体内部的审批行为和行政主体之间及上下级行政主体的审批行为。也就是说，行政许可是一种外部行政行为，而不是一种内部行政行为。所谓内部行政行为，是指作用于行政主体内部、行政主体之间或与其有隶属关系的行政工作人员的行政行为；而外部行政行为直接作用于行政主体之外的公民、法人或者组织。第二，行政许可是一种要式行政行为。行政行为以是否具有法定形式要求为标准，可以分为要式行政行为和非要式行政行为。行政许可除了要遵循一定的法定程序，还应以正规的文书、格式、日期、印章等形式予以批准。行政主体作出准予行政许可的决定，需要颁发行政许可证件的，应当向申请人颁发加盖印章的许可证、执照或者其他许可证书，资格证、资质证或者其他合格证书，批准文件或者证明文件等。因此，行政许可是一种要式行政行为。第三，行政许可的功能在于抑制公益上的危险或影响社会秩序的因素，是一种事前控制手段，因而它不同于行政处罚、行政强制等事后或事中所采取的手段。

（二）动物卫生行政许可简介

动物卫生行政许可是指动物卫生行政主体根据公民、法人或者其他组织的申请，经依法审查，准予其从事动物卫生行政法律法规许可事项的行政行为。动物卫生行政许可是动物卫生行政管理的一种重要手段，是维护动物卫生行政管理秩序强有力的措施。实行这一制度不仅能确保生产、经营单位和个人符合国家规定的动物卫生要求，同时也有利于规范其行为，促使其守法经营。

动物卫生行政许可是我国行政许可的重要组成部分，同样也具有赋权和解禁的双重性质。按照《行政许可法》的界定，动物卫生行政许可具有以下三个特征。

（1）动物卫生行政许可是依申请的行政行为。动物卫生行政主体针对行政相对人的申请，依法采取相应的行政行为。行政主体不因行政相对人准备从事某项活动而主动颁发许可证或者执照。行政相对人提出申请，是颁发行政许可的前提条件。但并不是说申请使行政许可具有双方行为的性质，行政许可是行政主体基于行政权而为的单方行为，申请并不意味着必定得到行政主体的认可，行政相对人提出申请是其从事某种法律行为之前必须履行的法定义务。

（2）动物卫生行政许可是一种经依法审查的行为。行政许可并不是一经申请即可取得，而要经过行政机关的依法审查。审查的结果可能是给予或者不给予行政许可。行政主体接到行政许可申请后，首先审查决定是否受理，属于本机关职责范围，材料齐全，符合法定形式的，予以受理。受理后，根据法定条件和标准，按照法定程序进行审查，决定是否准予当事人的申请。审查应当公开、公平和公正，依照法定的权限、条件和程序，以保证行政许可决定的准确性。

（3）动物卫生行政许可是一种授益性行政行为。行政行为以对行政相对人权益的影响为标准，可分为授益性行政行为和非授益性行政行为。授予行政相对人权利或使相对人取得利益的行政行为是授益性行政行为。剥夺与限制行政相对人权益或要求行政相对人履行义务的行为是非授益性行政行为。行政许可与行政处罚和行政征收等行政行为不同，后者是基于法律对行政相对人权益的一种剥夺和限制，而前者是赋予行政相对人某种权利和资格，是一种准予当事人从事某种活动的行为，因此是授益性行政行为。

二、动物卫生行政许可的实施主体

为了保证行政许可的正确实施，《行政许可法》将由行政机关实施行政许可作为一项原则加以规定。但是，仅有行政机关实施行政许可还不够，《行政许可法》还规定了授权具有管理公共事务职能的组织实施行政许可和委托其他行政机关实施行政许可的内容。还有一些专业性、技术性比较强的行政许可，如果由行政机关实施可能成本更高，效率更低，如对设备、设施、产品、物品的检验、检疫、检测等，由专业技术组织实施一些行政许可工作可能是今后的一个发展方向。法律法规授权具有管理社会公共职能的组织实施行政许可，这个组织就享有实施行政许可的行政主体资格，具有与行政机关同等的法律地位，能够以自己的名义实施行政许可，并独立地承担法律责任，对引起的行政争议，能够以自己的名义参加行政复议和行政诉讼。

动物卫生直接关系人体健康、生命财产安全等方面，尤其动物卫生相关活动中涉及的饲料、兽药（含疫苗）、动物与动物产品等又属于直接关系公共安全、人体健康的物品。因此，需要根据《行政许可法》的规定对动物卫生活动及所涉及的物品，按照技术标准、技术规范，通过检验、检测、检疫等方式进行审定和行政许可。根据《动物防疫法》的规定，农业农村部主管全国的动物防疫工作，县级以上地方人民政府农业农村主管部门主管本行政区域的动物防疫工作，县级以上地方人民政府的动物卫生监督机构负责动物、动物产品的检疫工作。因此，作为动物卫生行政执法重要内容之一的动物卫生行政许可，其实施机构应为各级农业农村主管部门和动物卫生监督机构。动物卫生监督机构负责动物、动物产品检疫的行政许可，而各级农业农村主管部门负责其他领域的动物卫生行政许可。

三、动物卫生行政许可的实施程序

行政许可的实施程序是指国家为保障行政许可权的公正和有效行使而规定的实施行政许可行为必须遵循的方式、步骤、时限和顺序。行政许可程序的设置是否适当，对于保护申请人的合法权益，提高行政效率，防止行政机关及其工作人员权力"寻租"，具有重要意义。我国行政许可中出现的一些问题，直接原因就是目前关于行政许可的有关程序还不完善，行政许可环节过多、手续烦琐、时限过长、"暗箱操作"，老百姓办事很难。针对上述行政许可程序的诸多问题，《行政许可法》确立了公开制度、一次告知制度、申请人陈述和申辩制度、说明理由制度、期限制度和听证制度等，对行政许可的实施程序进行规范。2021年12月14日农业农村部令2021年第3号公布了《农业农村部行政许可实施管理办法》，自2022年1月15日起施行。该办法规范了农业农村部实施的行政许可行为，并明确规定已取消的行政许可事项，承办单位不得继续实施或者变相实施，不得转由其他单位或组织实施；承办单位应当变更监管规则，加强事中事后监管。

动物卫生行政许可事项多散在于《动物防疫法》为主的一系列动物卫生法律法规中。作为我国行政许可的重要组成部分，动物卫生行政许可的实施程序主要包括申请、审查和发证三个环节。

（一）申请人的申请是动物卫生行政许可的前提

申请人提出申请，是申请人从事某种特定行为之前必须履行的法定义务。行政许可是依申请的行政行为，行政机关遵循"不告不理"的原则，申请程序因相对人行使其申请权而开始。申请权是一种程序上的权利，相对人有权通过合法的申请，要求行政主体作出合法的应答。无论申请人在实体法上是否符合获得许可的条件，在程序上都享有该权利。

公民、法人或者其他组织从事动物卫生活动，依法需要取得行政许可的，应当向行政主体提出申请。申请人提出申请应当符合一定的要求。首先，申请人提出申请，必须有真实、明确的意思表示，不得含糊其词，使行政主体难以判断。申请人申请行政许可，应当如实向行政主体提交有关材料和反映真实情况，并对其申请材料实质内容的真实性负责。其次，对于法律、法规、规章规定有申请期限的许可，申请应当在法定期限内提出。一般情况下，法律、法规、规章对于申请人提出许可申请没有期限限制，申请人可以随时提出申请。如申请人开办兽药经营企业，只要申请人具备了《兽药管理条例》规定的条件和要求，就可以向农业农村主管部门提出申请。但在某些特殊情况下，基于事实上或者法律上的原因，要求申请人在一定的期限内提出，申请人不得逾期提出申请。例如，需要对动物产品进行检疫的，往往要求申请人在一定的期限内申报。

申请人可以向具备接收条件的行政主体，通过电报、电传、传真、电子数据交换和电子邮件等方式提交申请。这种申请方式主要适用于只需要申请人提交有关书面材料，不用提交实物、样品的行政许可，体现了行政许可的便民原则。申请人提出申请还可以委托代理人提出，但依法应当由申请人到行政机关办公场所提出行政许可申请的，申请人委托代理人提出申请，申请无效，行政机关不予受理。申请人委托代理人提出申请，应当出具授权委托书，载明委托事项和代理人的权限。代理人受申请人的委托提出申请，应当向行政机关出示能证明其身份的证件。《农业农村部行政许可实施管理办法》（农业农村部令2021年第3号）规定："申请人隐瞒有关情况或者提供虚假材料申请行政许可的，不予受理或者不予行政许可，并给予警告；行政许可申请属于直接关系公共安全、人身健康、生命财产安全事项的，申请人在一年内不得再次申请该行政许可。法律、行政法规另有规定的，依照其规定。"

从事动物卫生活动的申请人向有权机关提交符合法定形式的申请，且申请材料齐全，该机关应当予以受理。对于当场可以受理的，行政机关应当当场予以受理。为了促使行政机关尽快对申请材料作出审查，避免拖延，《行政许可法》对行政机关的受理期限作出了较为严格的规定，要求行政机关对申请作出迅速应答，即自收到之日起即为受理。作出这一规定，并不是说行政机关对申请材料不作审查，而是只对申请材料是否齐全、是否符合法定形式进行形式审查，不涉及申请材料的实质内容，因此《行政许可法》对行政机关设定了收到申请材料应当即时进行审查并作出是否受理的决定的义务。

（二）审查是动物卫生行政许可的关键

动物卫生行政机关受理申请以后，行政程序进入审查阶段。根据法律、法规、规章的规定，行政机关对申请材料的审查包括形式审查和实质审查。

1. 形式审查　　所谓形式审查，是指行政机关仅对申请材料的形式要件是否具备进行的审查，即审查其申请材料是否齐全，是否符合法定形式。对于申请材料的真实性、合法性不作审查。由于形式审查不对申请材料的内容进行审查，因此，对于能够当场作出决定的，行政机关应当当场作出决定，以方便申请人，提高行政效率。

2. 实质审查　　所谓实质审查，是指行政机关对申请材料的实质内容是否符合条件进行审查。对于申请的实质审查，有的可以采取书面审查的方式，即通过申请材料的陈述了解有关情况，进行审查，但有的实质审查还需要进行实地核查，才能确认真实情况。对于需要采取实地核查的，行政机关应当指派两名以上工作人员进行核查。行政机关的工作人员在进行实地核查时，应当向当事人或其他有关人员出示执法身份证件，以表明自己正代表国家执行公务，否则当事人可以拒绝接受核查。

（三）发证是动物卫生行政许可的结果

动物卫生行政机关经过审核，认为申请符合法定条件的，不存在不予许可的特别理由，行政机关原则上应当予以许可，行政许可决定应当以书面形式作出，并应以正规的文书、格式、日期和印章等形式予以批准和证明。对不符合法定条件的，应不予发证，并应向当事人说明理由。如果发证，应在许可证明中写清楚许可事项、编号，必要时还要标明期限。当然，依照法定期限办理许可事项是申请人和发证主体均应依法遵守的要求。农业农村部按照国务院的要求推广应用电子证照，逐步实现行政许可证照电子化，承办单位会同农业农村部法规司制定电子证照标准，制作和管理电子证照，对有效期内存量纸质证照数据逐步实行电子化。

根据《行政许可法》的规定，动物卫生行政许可证件包括以下几类。

1. 许可证或者其他许可证书　　许可证是指有关行政许可机关根据行政相对人的申请而依法核发的批准书，它以"许可证"的名称出现，如"动物诊疗许可证""兽药生产许可证""兽药经营许可证"等。

2. 资格证、资质证或者其他合格证书　　资格证、资质证是指经过考试、考核等审查程序合格，颁发给申请人的证明其能力、资格的许可证件，如执业兽医资格证。证件持有人可以从事某一职业或进行某种活动。

3. 法律、法规、规章规定的其他行政许可证件　　对于行政机关实施行政许可，采取对动物产品、运输工具进行检验、检测、检疫的，行政机关经检验、检测、检疫合格的，可以直接在产品、工具上加贴标识其合格的标签或者加盖印章。例如，《动物防疫法》规定："动物卫生监督机构接到检疫申报后，应当及时指派官方兽医对动物、动物产品实施检疫；检疫合格的，出具检疫证明、加施检疫标志。"

（四）动物卫生行政许可的相关期限

动物卫生行政机关在作出行政许可时应在规定期限内完成。除可以当场决定的外，行政机关应当自受理行政许可申请之日起 20 日内作出是否准予行政许可的决定。20 日内不能作出决定的，经本行政机关负责人批准，可以延长 10 日，并应当将延长期限的理由告知申请人。行政机关作出准予行政许可的决定，应当自作出决定之日起 10 日内向申请人颁发、送达行政许可证件，或者加贴标签，加盖检验、检测、检疫印章。法律、法规、规章对作出是否准予行政许可的决定另有规定的，依照其规定。例如，《动物诊疗机构管理办法》规定，从事动物诊疗活动的机构，应当向动物诊疗场所所在地的发证机关提出申请。申请材料不齐全或者不符合规定条件的，发证机关应当自收到申请材料之日起 5 个工作日内一次性告知申请人需补正的内容；发证机关受理申请后，应当在 15 个工作日内完成对申请材料的审核和对动物诊疗场所的实地考察。符合规定条件的，发证机关应当向申请人颁发"动物诊疗许可证"；不符合条件的，书面通知申请人，并说明理由。

（五）动物卫生行政许可的听证制度

为保护公民、法人和其他组织的合法权益，《行政许可法》第四十六条规定："法律、法规、规章规定实施行政许可应当听证的事项，或者行政机关认为需要听证的其他涉及公共利益的重大行政许可事项，行政机关应当向社会公告，并举行听证。"此外，行政许可直接涉及申请人与他人之间重大利益关系的，行政机关在作出行政许可决定前，应当告知申请人、利害关系人享有要求听证的权利。农业农村部根据《行政许可法》的规定，制定了《农业行政许可听证程序规定》，对农业农村行政许可听证进行了规范，依职权听证包括农业法律法规及规章规定实施行政许可应当举行听证的和农业农村行政机关认为其他涉及公共利益的重大行政许可需要听证的两种；依申请性听证是指行政许可直接涉及申请人与他人之间重大利益关系且申请人、利害关系人在法定期限内申请听证的情况。

1. 听证的组织与参与人员　　听证由农业农村行政机关法制工作机构组织，应当遵循公开、公平、公正的原则，听证不得向当事人收取任何费用。听证经费列入本部门预算。

听证由一名听证主持人、两名听证员组织，也可视具体情况由一名听证主持人组织。听证主持人、听证员由农业农村行政机关负责人指定。审查行政许可申请的工作人员不得作为该许可事项的听证主持人或者听证员。

行政许可申请人、利害关系人可以亲自参加听证，也可以委托 1 或 2 名代理人参加听证，由代理人参加听证的，应当向农业农村行政机关提交由委托人签名或者盖章的授权委托书。授权委托书应当载明委托事项及权限，并经听证主持人确认；委托代理人代为放弃行使听证权的，应当有委托人的特别授权；行政许可申请人、利害关系人应当按时参加听证；无正当理由不到场的，或者未经听证主持人允许中途退场的，视为放弃听证，放弃听证的，记入听证笔录。

听证主持人、听证员与参与者中有近亲属关系或其他直接利害关系，可能影响听证公正进行的，应当自行回避，申请人、利害关系人也可以申请其回避；听证主持人、听证员的回避由农业行政机关负责人决定，记录员的回避由听证主持人决定。

2. 听证的程序

1）依职权听证程序　　举行听证 30 日前，行政机关应当向社会公告听证事项、报名方式、报名条件、报名期限等内容。符合农业农村行政机关规定条件的公民、法人和其他组织，均可申请参加听证，也可推选代表参加听证。农业农村行政机关应当从符合条件的报名者中确定适当比例的代表参加听证，确定的代表应当具有广泛性、代表性，并将代表名单向社会公告。农业农村行政机关应当在举行听证 7 日前将听证通知和听证材料送达代表。

2）依申请听证程序　　申请人、利害关系人应当在被告知听证权利后 5 日内向农业农村行政机关提出听证申请。听证申请包括：申请人的姓名和住址，或者法人、其他组织的名称、地址及法定代表人或者主要负责人姓名；申请听证的具体事项；申请听证的依据、理由；并且应当同时提供相关材料。逾期未提出的，视为放弃听证。放弃听证的，应当书面记载。

法制工作机构收到听证申请后，应当对申请材料进行审查；申请材料不齐备的，应当一次告知当事人补正；不予受理的，应当书面告知不予受理的理由。对符合听证条件的受理，20 日内举行听证，制作"行政许可听证通知书"，并在举行听证 7 日前送达行政许可申请人、利害关系人。承办行政许可的机构在接到"行政许可听证通知书"后，应当指派人员参加听证。

举行听证时，听证主持人宣布听证开始，首先宣读听证纪律，核对听证参加人身份，宣布案由，宣布听证主持人、记录员名单；告知听证参加人的权利和义务，询问申请人、利害关系人是否申请回避；承办行政许可机构指派的人员提出其所了解掌握的事实，提供审查意见的证据、理由；申请人、利害关系人进行申辩，提交证据材料；听证主持人、听证员询问听证参加人、证人和其他有关人员；听证参加人就颁发行政许可的事实和法律问题进行辩论，对有关证据材料进行质证；申请人、利害关系人最后陈述；听证主持人宣布听证结束。

记录员应当将听证的全部内容制作笔录，由听证主持人、听证员、记录员签名。听证笔录应当经听证代表或听证参加人确认无误后当场签名或者盖章。拒绝签名或者盖章的，听证主持人应当在听证笔录上注明。

农业农村行政机关应当根据听证笔录，作出行政许可决定。法制工作机构应当在听证结束后 5 日内，提出对行政许可事项的处理意见，报本行政机关负责人决定。

四、动物卫生行政许可的监督管理

根据《行政许可法》的规定，行政机关应当通过以下方式对被许可人实施行政许可事项的活动进行监督：一是核查有关材料（如经营记录等）；二是依法抽样检查、检验、检测；三是依法实地检查；四是依据法律、行政法规的规定进行定期检验；五是核实有关行政机关的通报和群众的举报并及时处理。

在动物卫生行政许可的监督检查中，经常会碰到行政许可证的无效和失效问题，应注意区分。行政许可证的无效是指由于某种法定事由的存在，使许可证从一开始就没有法律效力的情况。许可证无效的特点在于：第一，非自动发生，而须经行政机关或司法机关确认无效后才产生无效后果；第二，向前向后均不具有效力，即对许可证的无效确认具有溯及力。引起许可证无效的原因通常有以下两种：一是颁发许可证的机关超越职权或滥用职权而构成违法行政行为；二是基于相对人以欺骗等违法手段取得许可的情况。行政许可证的失效是指由于某些法定事实而使许可证向后失去效力的情况，即许可证的效力存续一段时间后终止。行政许可证失效的情况有以下几种：第一，许可证有效期限届满。行政许可证都有期限的限制，到期持证人如不再申请审验，许可证便自期限届满之日起自动失效。第二，未进行年检、验证、注册。

对于在监督检查中发现的问题，行政机关可以通过撤销、撤回和吊销行政许可的方式进行处理。关于"撤销""撤回"和"吊销"的区别，目前还没有权威的说法，但比较合理的解释是："撤销"是由于被许可人在获得许可时就不具备许可条件，本不应获得许可而获得许可，事后被行政机关发现而"撤销"，"撤销"的效力一般溯及至许可决定作出的当时；"撤回"是被许可人合法获得许可，但其后条件发生变化，不再具备获得许可的条件而由许可机关收回许可，"撤回"的效力向后发生，不溯及既往；"吊销"是由于被许可人违法实施活动，许可机关依据法律法规的特别规定而吊销其许可证件，"吊销"属于行政处罚的一种，其效力也是向后发生。《农业农村部行政许可实施管理办法》（农业农村部令 2021 年第 3 号）规定："被许可人以欺骗、贿赂等不正当手段取得行政许可的，应当依法给予行政处罚；取得的行政许可属于直接关系公共安全、人身健康、生命财产安全事项的，申请人在三年内不得再次申请该行政许可。法律、行政法规另有规定的，依照其规定。"

第三节　动物卫生行政处罚

一、动物卫生行政处罚的概念和特征

（一）动物卫生行政处罚的概念

动物卫生行政处罚是国家动物卫生行政主体根据《行政处罚法》《动物防疫法》及其他相关法律、法规和规章的规定，对违反动物卫生行政相关法律、法规和规章但尚未构成刑事犯罪的公民、法人或者其他组织予以追究行政法律责任的一种行政执法行为。

动物卫生行政处罚是一种行政制裁，是动物卫生行政违法行为引起的法律后果。动物卫生行政违法行为是指动物卫生行政相对人违反动物卫生行政法规，破坏国家动物卫生行政管理秩序，依法由动物卫生行政主体对其进行行政处罚的行为。

（二）动物卫生行政处罚与相关概念的区别

1. 动物卫生行政处罚与执行罚的区别　　执行罚是间接强制执行的一种方法，它是以处罚的形式促使当事人履行义务的一种措施。虽然动物卫生行政处罚与执行罚都有着处罚的外在形式，但二者之间又有明显不同。

（1）法律性质不同。动物卫生行政处罚是以动物卫生行政违法行为作为前提的，没有违法行为就不能给予行政处罚。而引起执行罚的行为不具有严格意义上的违法性。

（2）实施目的不同。动物卫生行政处罚的目的是制裁已经发生的动物卫生行政违法行为，恢复动物卫生行政管理秩序；而执行罚的目的是促使行政决定的义务人在法定期限内履行应当履行但尚未履行的法定义务。

（3）行为性质不同。动物卫生行政处罚具有行政制裁的内容属性；而执行罚不具有制裁属性，只是一种间接强制执行措施。

（4）适用次数不同。动物卫生行政处罚只能实施一次，应遵循"一事不再罚原则"；而执行罚可以反复多次适用，直到义务人履行义务为止。

2. 动物卫生行政处罚与刑罚的区别　　刑罚是指国家司法机关对违反刑事法律和法规、严重危害社会的犯罪行为人，根据其应负的刑事责任所实施的一种制裁。动物卫生行政处罚与刑罚虽然都是由国家专门机关对违法行为实施的制裁，但二者存在本质区别。

（1）适用的行为不同。动物卫生行政处罚针对的是违反国家动物卫生法律、法规、规章，尚未构成犯罪、应当依法承担行政责任的行为；而刑罚针对的则是已经触犯《刑法》，构成犯罪的行为。

（2）处罚的主体不同。动物卫生行政处罚的实施主体包括有外部管理权限的动物卫生行政机关，法律、法规授权的组织和受相关行政机关委托的组织等；而刑罚的实施主体是人民法院。

（3）处罚的依据不同。动物卫生行政处罚的依据有动物卫生行政相关法律、法规和规章等；而刑罚的适用依据只能是《刑法》。

（4）处罚的种类不同。动物卫生行政处罚的种类包括警告、罚款、责令停产停业、暂扣或者吊销许可证、没收非法财物、没收违法所得、限制开展生产经营活动、责令关闭、限制从业、行政拘留等，处罚种类较多。刑罚包括 5 种主刑和 3 种附加刑。主刑包括管制、拘役、有期徒刑、无期徒刑和死刑；附加刑包括罚金、剥夺政治权利和没收财产，此外还有适用于外国人犯罪的驱逐出境。

（5）权力的归属不同。动物卫生行政处罚属于行政权的一部分；而刑罚则属于审判权的范畴。

（6）处罚的程序不同。动物卫生行政处罚是按照《行政处罚法》，以及动物卫生行政相关法律、法规和规章规定的程序作出的；而刑罚必须根据《中华人民共和国刑事诉讼法》规定的程序作出，这是由刑罚在法律制裁中具有最严厉的性质所决定的。

3. 动物卫生行政处罚与行政处分的区别　　行政处分是行政主体对所属的公职人员因违法、违纪所给予的一种行政制裁。动物卫生行政处罚与行政处分都是由违法引起的法律责任，都属于行政制裁，但二者既不应相互代替，也不能混淆。

（1）适用的行为不同。行政处分与行政处罚都适用于行政违法行为，但行政处分适用的是一般的违法失职行为，更多强调的是违反内部纪律；而行政处罚则适用于违反某种特定的、设定有行政处罚的法律、法规、规章的违法行为。

（2）处罚的主体不同。动物卫生行政处罚是由享有行政处罚权的动物卫生行政主体作出的，其行政处罚权已为法律、法规、规章明确规定；而行政处分是由受处分的相关行政机关工作人员或公务员所在机关、上级机关或行政监察机关作出的。

（3）适用对象不同。动物卫生行政处罚适用的对象是违反动物卫生行政相关法律、法规和规章的行政相对人；而行政处分适用的对象仅限于行政系统内部的工作人员或公务员。同时，动物卫生行政处罚既适用于个人，也适用于组织；行政处分则只适用于个人。

（4）处罚的依据不同。动物卫生行政处罚所依据的是动物卫生行政相关法律、法规，如《动物防疫法》《兽药管理条例》等；而行政处分所依据的是与行政机关工作人员相关的法律、法规，如《中华人民共和国公职人员政务处分法》《中华人民共和国公务员法》《中华人民共和国行政监察法》等。

（5）处罚的形式不同。动物卫生行政处罚的形式主要有警告、罚款、没收违法所得、责令停产停业、暂扣或吊销证照等；而行政处分的形式则主要有警告、记过、记大过、降级、撤职和开除等。

（6）救济途径不同。对动物卫生行政处罚不服的，除法律、法规和规章另有规定外，行政相对人可申请行政复议或提起行政诉讼；而对行政处分不服的，被处分的有关行政机关工作人员只能向作为处分机关的上一级机关或行政监察机关申诉。

（三）动物卫生行政处罚的特征

（1）双方法律地位不对等。动物卫生行政执法主体同动物卫生行政相对人之间的法律地位是不对等的。动物卫生行政执法主体在这种法律关系中是行使权力的一方，而动物卫生行政相对人是承担义务的一方。动物卫生行政执法主体的权力是国家赋予的，它对违反动物卫生行政相关法律、法规和规章的行政相对人所作的处罚，是基于人民和国家利益而进行的。

（2）单方面的意思表示。动物卫生行政处罚是动物卫生行政执法主体的单方面意思表示。动物卫生行政执法主体依法对违反动物卫生相关法律、法规和规章的行政相对人进行处罚，无须征得其同意，只要其有违法行为就可对其依法作出处罚决定。

（3）拥有自由裁量权。动物卫生行政处罚是动物卫生行政执法主体基于行政管理权的单方面意思表示，不能调解或协商。动物卫生行政执法主体在行政处罚中依法享有自由裁量权，根据行政相对人的违法行为和情节，对处罚幅度的确定、处罚的变更和处罚的撤销等依照法定程序给予裁量。

二、动物卫生行政处罚的原则

行政处罚的原则是指对行政处罚设定和实施具有普遍指导意义的行为准则。依据《行政处罚法》及相关动物卫生法律法规的规定，动物卫生行政处罚主要包括处罚法定，处罚公正、公开，处罚与教育相结合，过罚相当，一事不再罚，保障当事人合法权益和职能分离等原则。

1. 处罚法定原则　　处罚法定原则是指动物卫生行政处罚必须严格依据动物卫生行政相关法律、法规和规章进行，是动物卫生行政管理合法性原则在行政处罚中的具体体现和要求。该原则的基本含义如下。

（1）动物卫生行政处罚的依据法定。按照"法无明文规定不得处罚"原则，只有动物卫生法律、法规或规章明确规定应予处罚、给予何种处罚时，才能实施处罚；没有明确规定的，不能对行政相对人追究法律责任。

（2）实施动物卫生行政处罚的主体及其职权法定。除动物卫生法律、法规和规章明确规定，法律、法规授权或行政机关委托外，其他任何组织或个人均不得作出动物卫生行政处罚行为。

（3）动物卫生行政处罚的种类、内容和程序法定。动物卫生处罚既要求实体合法，也要求程序合法。

2. 处罚公正、公开原则　　处罚公正原则也称合理处罚原则，是处罚法定原则的必要补充。这一原则要求动物卫生行政处罚的设定与实施必须客观、公平、合理、没有偏私，给予的处罚与当事人的违法行为相适应，过罚相当。

所谓公开，就是动物卫生行政处罚的规定、程序、实施的过程要向社会公开，要有动物卫生行政相对人的参与，是公正原则的保障。公开原则有以下三项基本要求。

（1）对违法行为给予处罚的规定要公开，不能依据未公开的规定或内部文件实施处罚；

（2）对违法行为实施处罚的程序要公开，如获取证据的渠道公开，检查公开，处罚决定公开；

（3）对违法行为实施处罚的过程要公开，要保障当事人的陈述、申辩及听证的权利，同时动物卫生行政主体的处罚活动应接受行政相对人及社会的监督。

3. 处罚与教育相结合原则　　动物卫生行政主体在实施行政处罚时，不应以追究行政法律责任为目的，而应以制止并预防违法为目的，通过广泛的宣传教育，使动物卫生行政相对人自觉守法。教育要以处罚为后盾，但不能代替处罚，动物卫生行政主体在制裁违法行为的同时还应当加强法治教育，教育公民、法人或者其他组织自觉守法。

4. 过罚相当原则　　《行政处罚法》第五条第二款规定："设定和实施行政处罚必须以事实为依据，与违法行为的事实、性质、情节以及社会危害程度相当。"过罚相当原则是我国行政处罚中违法行为与处罚相适应的具体体现。

5. 一事不再罚原则　　一事不再罚原则是指同一动物卫生行政主体对违法行为人的同一个违法行为不得给予两次及以上的同类处罚，如罚款；不同动物卫生行政主体对违法行为人的同一违法行为不得给予多头处罚与重复处罚。这一原则的目的，是防止处罚机关滥用职权对行政相对人同一违法行为以同一事实理由处以两次及以上罚款，以获得不当利益，同时也是保障处于被管理地位的行政相对人的合法权益不受侵犯。

6. 保障当事人合法权益原则　　保障当事人合法权益原则又称"处罚救济"原则或"无救济便无处罚"原则，是指行政相对人对动物卫生行政主体给予的行政处罚享有获得法律救济的权利，包括陈述权、申辩权、行政复议权、提起行政诉讼权和获得行政赔偿权等。这一原则是为保障行政相对人在动物卫生行政处罚中的合法权益而设立的。

该原则是保证动物卫生行政处罚合法、公正行使的事后补救措施，主要包括两层含义：

（1）在立法阶段，无救济途径的规定，便不设立行政处罚；

（2）在执行阶段，无救济途径，便不实施行政处罚，并且实施行政处罚之前或者实施行政处罚时必须告知行政相对人有关权利的救济途径。

7. 职能分离原则　　职能分离原则主要包括动物卫生行政处罚的设定机关和实施机关相分离；动物卫生行政处罚的调查、检查人员和决定人员相分离；作出罚款决定的机关和收缴罚款的机构相分离；听证主持人与本案执法人员相分离等原则。

三、动物卫生行政处罚的实施机关

行政处罚的实施机关是指依法具体实施行政处罚活动的机关，包括有行政处罚权的主体和没有行政处罚权但受委托行使行政处罚权的主体。我国动物卫生行政处罚的实施机关包括动物卫生行政机关和受动物卫生行政机关委托实施行政处罚的组织。

（一）动物卫生行政机关

动物卫生行政机关行使行政处罚权应当符合法律、法规和规章的要求：

（1）只有法律规定享有动物卫生处罚权的行政机关才有动物卫生行政处罚权。

（2）具有动物卫生行政处罚权的行政机关只能在法定的职权范围内实施动物卫生行政处

罚。动物卫生行政机关只能对自己主管业务范围内违反动物卫生行政管理秩序的行为给予行政处罚。

国务院动物卫生行政部门,省(自治区、直辖市)、设区的市(自治州)、县(区)各级动物卫生行政部门的执法主体可以行使本部门的行政处罚权,但限制人身自由的行政处罚权只能由公安机关行使。

根据有关法律规定,各级农业农村主管部门是行使动物卫生行政处罚权的执法机关。例如,《动物防疫法》第七十四条规定:"县级以上地方人民政府农业农村主管部门依照本法规定,对动物饲养、屠宰、经营、隔离、运输以及动物产品生产、经营、加工、贮藏、运输等活动中的动物防疫实施监督管理。"

(二)动物卫生行政机关委托的组织

动物卫生行政机关可以委托符合规定条件的组织实施动物卫生行政处罚活动,委托机关与受委托的组织实施行政处罚应具备以下条件。

1. 动物卫生行政机关委托组织实施行政处罚的条件

(1)委托必须有法律、法规或者规章的依据。

(2)委托的行政处罚权必须在该动物卫生行政机关的法定权限内。

(3)对被委托组织实施动物卫生行政处罚进行监督。

(4)对被委托组织实施动物卫生行政处罚的行为后果承担法律责任。

2. 受委托的组织实施行政处罚的条件

(1)该组织是依法成立的管理动物卫生公共事务的相关组织。

(2)该组织有熟悉动物卫生相关法律、法规、规章和业务的工作人员。

(3)对违法行为需要进行技术检查或者技术鉴定的,应当有条件组织进行相应技术检查或者技术鉴定。

(4)受委托实施动物卫生行政处罚的组织以委托动物卫生行政机关的名义实施行政处罚;实施动物卫生行政处罚不得超出委托范围;不得再委托其他任何组织或者个人实施动物卫生行政处罚。

四、动物卫生行政处罚的管辖与适用

(一)动物卫生行政处罚的管辖

动物卫生行政处罚的管辖是关于动物卫生行政主体处理行政处罚案件权限划分的制度。它对于及时处理行政处罚案件,防止和解决动物卫生行政主体之间的权限冲突具有重要作用。依据《行政处罚法》和动物卫生行政相关法律、法规,动物卫生行政处罚的管辖主要包括职能管辖、级别管辖、地域管辖、指定管辖和移送管辖等。

1. 职能管辖　　职能管辖是指动物卫生行政机关依据各自不同的行政管理职能对动物卫生行政处罚案件管辖所作的权限分工。实践中,动物卫生行政处罚职能往往由动物卫生行政相关法律、法规和规章规定。违反了哪个方面的行政管理事项,就应当由对该行政管理事项享有管理权和行政处罚权的行政机关依法查处,是行政管理专业化的要求。

2. 级别管辖　　级别管辖是指行政处罚权在上下级动物卫生行政主体之间的权限划分。

动物卫生行政处罚案件由县级以上具有动物卫生行政处罚权的行政机关管辖,这是具有动物卫生行政处罚权的最低级别管辖机关;县级人民政府及其职能部门以上动物卫生行政机关之间的行政处罚权由动物卫生相关法律、法规规定。

3. 地域管辖　　动物卫生行政处罚案件一般由违法行为发生地的动物卫生行政机关管辖。如果法律、法规规定可以由违法行为发现地、行为人居住地的动物卫生行政机关管辖,应当遵从法律、法规的规定。

4. 指定管辖　　《行政处罚法》第二十五条规定:"两个以上行政机关都有管辖权的,由最先立案的行政机关管辖。对管辖发生争议的,应当协商解决,协商不成的,报请共同的上一级行政机关指定管辖;也可以直接由共同的上一级行政机关指定管辖。"动物卫生行政机关就管辖事项发生争议的,须报请它们的共同上级行政机关进行指定管辖。

5. 移送管辖　　移送管辖是指无动物卫生行政处罚权的行政机关将案件移至有动物卫生行政处罚权的行政机关。受移送管辖的动物卫生行政机关如果认为自己也没有管辖权的,不能自行移送,应当报送上一级行政机关进行指定管辖。

（二）动物卫生行政处罚的适用

动物卫生行政处罚的适用是关于动物卫生行政处罚实施机关对行政相对人,根据违法情节裁量决定给予行政处罚的制度,它一般涉及以下几个方面的内容:是否给予行政处罚,给予何种处罚,给予何种程度处罚等。

1. 不予动物卫生行政处罚　　不予处罚的几种情形为:不满14周岁的人、精神患者在不能辨认或者不能控制自己行为时有违反动物卫生法律规范的;动物卫生违法行为轻微并及时纠正,没有造成危害后果的;违法行为在两年内未被发现的和其他依法不予行政处罚的等。

2. 从轻、减轻的动物卫生行政处罚　　具备以下情形的,应当从轻、减轻动物卫生行政处罚:已满14周岁不满18周岁的人有违反动物卫生法律规范的;主动消除或者减轻违法行为危害后果的;受他人胁迫或者诱骗实施违法行为的;主动供述动物卫生行政主体尚未掌握的违法行为的;配合行政机关查处违法行为有立功表现的。

3. 依法从重的动物卫生行政处罚　　具备以下情形的,应当依法从重实施动物卫生行政处罚:动物卫生行政违法行为情节恶劣、危害后果较重的;不听劝阻、继续实施违法行为的;在共同实施违法行为中起主要作用的;多次实施违法行为、屡教不改的;采取的行为足以妨碍动物卫生行政执法人员查处违法案件的和隐匿、销毁违法证据的等。此外,法律、法规、规章或者农业农村部规定从重处罚的,依法从重处罚。例如,《动物防疫法》第一百零九条第一款规定:"违反本法规定,造成人畜共患传染病传播、流行的,依法从重给予处分、处罚。"

4. 依法定量罚幅度适用最高限的动物卫生行政处罚　　具备以下情形的,应当依法定量罚幅度适用最高限实施动物卫生行政处罚:动物卫生行政违法行为给公共安全、人身健康和生命财产安全、生态环境保护造成严重危害的;扰乱社会管理秩序、市场经济秩序造成严重危害后果的;胁迫、诱骗他人实施违法行为情节严重的;打击报复报案人、控告人、举报人、证人、鉴定人有危害后果的和在发生自然灾害、重大动物疫情等突发公共事件情况下实施违法行为的等。例如,2018年12月4日,农业农村部公告第97号规定,无"兽药生产许可证"生产兽用疫苗的,在给予罚款处罚时,按《兽药管理条例》第五十六条规定的上限罚款。

5. 行政处罚的追责时效　　动物卫生行政处罚时效是指动物卫生行政机关追究行政相对

人违法责任给予行政处罚的有效期限。《行政处罚法》第三十六条规定："违法行为在二年内未被发现的，不再给予行政处罚；涉及公民生命健康安全、金融安全且有危害后果的，上述期限延长至五年。法律另有规定的除外。前款规定的期限，从违法行为发生之日起计算；违法行为有连续或者继续状态的，从行为终了之日起计算。"

五、动物卫生行政处罚的种类

根据《行政处罚法》规定的行政处罚的种类，结合《动物防疫法》及相关动物卫生行政法律、法规的规定，动物卫生行政处罚种类有：警告，罚款，没收违法所得、没收非法财物，责令停产停业，暂扣、吊销许可证，限制从业等，以及法律、法规规定的其他行政处罚。

（一）警告

警告属于申诫罚，是指动物卫生行政机关对违反动物卫生行政法律规范的行政相对人的谴责和告诫，既具有教育性质又具有制裁性质，是一种较轻的行政处罚，也是动物卫生行政机关经常采用的一种处罚形式。警告可独立使用，也可作为其他行政处罚的先行程序。在程序上，警告可适用简易程序当场作出，但也与其他行政处罚一样必须制作书面行政处罚决定书。任何口头警告均不产生行政处罚所具有的法律效力。

（二）罚款

罚款属于财产罚，是动物卫生行政机关对违反动物卫生行政法律规范、不履行法定义务的行政相对人所作的一种经济上的处罚，是适用范围很广的一种行政处罚。

由于违法情况各不相同，行政法规对罚款的数额常规定有明确的限额和幅度，罚款数额的大小可参照以下原则裁量：①以法量罚，不徇私情，手续完备，依法交公；②罚款一般大于违法所得；③根据是否初犯、偶犯、累犯，是否知法违法，不同违法情节、手段、性质及认错态度等情况；④视危害程度及社会影响，直接的、潜在的、严重的或轻微的，恶劣与一般、面大与面小等；⑤衡量经济价值、损失情况、非法所得、经营规模等。

（三）没收违法所得、没收非法财物

没收违法所得、没收非法财物属于财产罚。没收违法所得是指动物卫生行政机关依法将行政相对人通过违法行为获取的财产收归国有的处罚形式。违法所得是行政相对人通过违法手段获取的财产，不受国家法律的保护。没收违法所得与罚款的最大区别是：罚款指向的是合法财产，而没收指向的是非法财产。没收非法财物是指动物卫生行政机关依法将违禁物品或者用以实施违法行为的工具收归国有的处罚形式。非法财物是指行政相对人非法占有的违禁物品及参与违法行为的物品和工具。非法占有的违禁物品是指应按规定进行处理而不处理，却予以转移、收购、加工或准备出售的违禁动物、动物产品和兽药等；参与违法行为的物品和工具一般指无证生产、经营和加工的动物、动物产品及有关的工具等。

（四）责令停产停业

责令停产停业属于能力罚，是动物卫生行政机关依法强制违法生产、经营单位或个人不得

继续生产、经营的处罚形式，是一种比较严厉的处罚。其中的停产是指停止生产、加工活动；停业一般指停止经营活动。例如，《屠宰条例》第三十四条规定："生猪定点屠宰厂（场）依照本条例规定应当召回生猪产品而不召回的，由农业农村主管部门责令召回，停止屠宰……"，该条规定的"停止屠宰"即属于"责令停产停业"的行政处罚种类。

（五）暂扣、吊销许可证

暂扣、吊销许可证属于能力罚，是动物卫生行政机关依法对持有某种许可证但其活动或行为违反证照的内容和范围的个人或组织的处罚，以限制或者剥夺违法行为人从事动物卫生活动的权利和资格为处罚形式。许可证是动物卫生行政机关准许行政相对人从事相关活动的法律凭据。吊销许可证，意味着行政机关取消了这种法律上的承认，从而剥夺了个人、组织从事该种行为的权利，是一种较为严厉的行政处罚形式，而且常并处没收违法所得和罚款。吊销动物卫生许可证，一般适用于以下几种情况：①违法情节恶劣或后果严重的；②经停业整顿，改进无效或确定无法改进的；③违法严重，屡教不改。例如，《动物防疫法》第一百零六条第二款规定，执业兽医使用不符合规定的兽药和兽医器械，情节严重的，吊销执业兽医资格证书，该条规定的"吊销执业兽医资格证书"即属于"吊销许可证"的行政处罚种类。

（六）限制从业

限制从业，是指行政机关依法对违反行政管理秩序的行政相对人，在一定时期内限制其从事特定行业、职业或岗位的行政处罚形式。例如，《动物防疫法》第九十七条第二款规定，前款规定的违法行为人及其法定代表人（负责人）、直接负责的主管人员和其他直接责任人员，自处罚决定作出之日起五年内不得从事相关活动；构成犯罪的，终身不得从事屠宰、经营、运输动物或者生产、经营、加工、贮藏、运输动物产品等相关活动。《兽药管理条例》第五十六条规定，生产、经营假、劣兽药，情节严重的，生产、经营企业的主要负责人和直接负责的主管人员终身不得从事兽药的生产、经营活动。

六、动物卫生行政处罚的程序

动物卫生行政处罚的程序是指动物卫生行政执法主体对违反动物卫生行政法律规范的当事人进行行政处罚时所遵循的方式和步骤，分为简易程序、普通程序和听证程序。

（一）简易程序

1. 简易程序的概念　　简易程序又称当场处罚程序，是指在具备某些条件的情况下，由动物卫生行政执法人员当场作出行政处罚决定（有些处罚决定可以当场执行）的步骤、方式、时限和形式等程序过程。

2. 简易程序的条件

（1）违法事实清楚，证据充分确凿。

（2）处罚有法定依据：处罚必须是法律、法规和规章明文规定的。

（3）较小数额罚款或者警告的行政处罚：所谓较小数额的罚款，按照《农业行政处罚程序规定》，是指对公民处以 200 元以下、对法人或者其他组织等行政相对人处以 3000 元以下罚款。

　　动物卫生行政执法人员执法过程中发现行政相对人实施违法行为后，如认定相应行为符合上述法定条件，可以当场予以处罚。

3. 简易程序的原则

　　（1）法定原则：动物卫生行政执法人员作出当场处罚决定时，必须符合动物卫生行政法律规范规定的必经程序和权限。

　　（2）不影响原则：作出当场处罚决定时，不得使违法行为人的正当权利受到影响。具体要求是实施当场处罚的动物卫生行政执法人员应当告知被处罚人违法的事实、处罚的依据和理由，同时告知被处罚人享有陈述和申辩的权利。

　　（3）效率原则：当场处罚是发生违法行为后当即给予的行政处罚，体现了当场处罚的高效性，有利于提高动物卫生行政处罚的效率。

　　（4）轻微原则：简易程序适用于对公民处以 200 元以下、对法人或者其他组织等行政相对人处以 3000 元以下罚款或者警告的行政处罚，这充分体现了处罚轻微的原则。

4. 简易程序的内容

　　《行政处罚法》第五十二条规定："执法人员当场作出行政处罚决定的，应当向当事人出示执法证件，填写预定格式、编有号码的行政处罚决定书，并当场交付当事人。当事人拒绝签收的，应当在行政处罚决定书上注明。行政处罚决定书应当载明当事人的违法行为，行政处罚的种类和依据、罚款数额、时间、地点，申请行政复议、提起行政诉讼的途径和期限以及行政机关名称，并由执法人员签名或者盖章。执法人员当场作出的行政处罚决定，应当报所属行政机关备案。"根据该条规定，简易程序包含以下 6 项内容。

　　（1）表明身份：动物卫生行政执法人员应向当事人出示执法证件。表明执法者身份，是动物卫生行政当场处罚的第一个步骤，目的主要是表明动物卫生行政主体实施行政处罚的资格合法。执法人员不出示执法证件的，被处罚人有权拒绝其执法。

　　（2）说明理由、告知权利：动物卫生行政执法人员应口头告知当事人作出行政处罚决定的事实、理由及依据和当事人依法享有的权利。

　　（3）听取当事人的陈述和申辩：当事人有权进行陈述和申辩。动物卫生行政执法人员应当充分听取当事人的意见，对当事人提出的事实、理由和证据，应当进行复核；当事人提出的事实、理由或者证据成立的，行政机关应当采纳。

　　（4）填写处罚决定书：动物卫生行政执法人员应当填写预定格式、编有号码的行政处罚决定书。行政处罚决定书应载明当事人的违法行为，行政处罚的种类和依据、罚款数额、时间、地点，申请行政复议、提起行政诉讼的途径和期限以及行政机关名称，并由执法人员签名或者盖章。

　　（5）交付处罚决定书：处罚决定书填写完毕，应当当场交付当事人，如果当事人拒绝接收，执法人员应当注明情况。

　　（6）处罚决定书备案：动物卫生行政执法人员当场作出的行政处罚决定，必须报所属行政机关备案。

　　当事人对当场作出的行政处罚决定不服的，可以依法申请行政复议或者提起行政诉讼。

（二）普通程序

1. 普通程序的概念　　普通程序是指除法律特别规定应当适用简易程序的以外，动物卫生行政处罚所应适用的程序。需要指出的是，可以适用简易程序的违法案件并不等于必须适用简易程序，其中部分案件或者部分程序也可适用普通程序。

2. 普通程序的特征

（1）适用范围广：动物卫生行政处罚适用普通程序的范围非常广泛，具体包括：①对公民处以 200 元以上，对法人或者其他组织处以 3000 元以上罚款；②对公民处以 200 元以下，对法人或者其他组织处以 3000 元以下罚款，案情比较复杂或者动物卫生行政机关认为应当适用普通程序的；③责令停产停业；④暂扣、吊销许可证；⑤没收违法所得、没收非法财物；等等。

（2）较简易程序严格、复杂：为了防止动物卫生行政执法人员的主观武断或者滥用职权，必须建立健全公正、民主、科学的处罚程序。而公正、民主、科学的处罚程序要求在时间顺序、当事人参与权利及对公众公开等方面更为严格。

3. 普通程序的步骤　　普通程序包括立案、调查取证、证据审核、法制审查、作出处罚决定、送达、执行、结案等阶段。

1）立案阶段　　立案即动物卫生行政机关对某一案件决定受理并对其进行调查处理的活动。立案的目的是对违法行为进行追究，通过调查取证证明违法嫌疑人是否实施了动物卫生行政违法行为，对违法者实施处罚。

立案是动物卫生行政处罚的启动程序，应通过一定的法律形式表现出来。根据《农业行政处罚程序规定》第三十条的规定，立案的条件是：①有涉嫌违反法律、法规和规章的行为；②依法应当或者可以给予行政处罚；③属于动物卫生行政机关职权范围且归本机关管辖；④在法定追责时效内。

动物卫生行政机关对依据监督检查职责或者通过投诉、举报、其他部门移送、上级交办等途径发现的违法行为线索，应当自发现线索或者收到相关材料之日起 7 日内予以核查，由动物卫生行政机关负责人决定是否立案；因特殊情况不能在规定期限内立案的，经动物卫生行政机关负责人批准，可以延长 7 日，法律、法规、规章另有规定的除外。

对于符合立案条件的，动物卫生行政机关应指派两名以上执法人员办理案件，填写立案审批表。动物卫生行政机关认为不符合立案条件的，或者主管负责人对立案报告不予批准的，应当制作不予立案审批表或撤销立案审批表。

2）调查取证阶段　　调查取证是指为查明行政案件真相，由动物卫生行政机关和执法人员依法进行的查明违法行为人和获取违法事实证据的调查活动。调查取证是普通程序的一个必经步骤，其目的是为动物卫生行政机关作出行政处罚决定提供事实依据。因此，调查取证的质量直接影响动物卫生行政处罚的结果。

调查是动物卫生行政执法人员依照法定程序向案件当事人、证人了解案件情况的活动。取证是指动物卫生行政执法人员除对当事人、证人进行调查外，还必须进行搜集证据的活动。证据包括书证、物证、视听资料、电子数据、证人证言、当事人的陈述、鉴定意见、勘验笔录和现场笔录等。

动物卫生行政机关需要调查的事项主要有：①行政相对人的基本情况；②违法行为是否存在；③违法行为是否为行政相对人实施；④实施违法行为的时间、地点、手段、后果及其他情节；⑤行政相对人有无法定从重、从轻、减轻及不予处理的情形；⑥与案件有关的其他事实。

调查取证应当符合下列规定：①动物卫生行政机关全面、客观、公正地调查、收集有关证据。处罚机关在搜集证据时，应当全面，不能仅收集不利于被处罚人的证据，也应收集有利于被处罚人的证据。②根据案件的性质和难易程度组成调查组进行调查取证，调查组由两人以上组成，调查人员在调查、搜集证据时应向被调查人员出示行政执法证件。③调查人员与案件有利害关系的应当回避，所谓有直接利害关系是指可能影响公正、客观调查取证的人际关系，如当事人与执法人员有亲属关系、有冤仇、有某些利益相关关系等。④动物卫生行政机关在调查取证时，有关单位和个人都有作证及协助的义务，有关公民、法人或者其他组织不得拒绝提供有关证据，被调查人应如实回答提问，并应协助调查或检查，不得阻挠。

为了保证调查取证工作顺利进行，动物卫生行政机关可以依法采取一些强制措施及其他法定措施。根据《农业行政处罚程序规定》，这些措施主要有检查、查封、扣押、抽样取证或先行登记封存等。

动物卫生行政机关对先行登记保存的证据，应当在 7 日内作出下列处理决定并告知当事人：①根据情况及时采取记录、复制、拍照、录像等证据保全措施；②需要进行技术检测、检验、鉴定、评估、认定的，送交有关机构检测、检验、鉴定、评估、认定；③对依法应予没收的物品，依照法定程序处理；④对依法应当由有关部门处理的，移交有关部门；⑤为防止损害公共利益，需要销毁或者无害化处理的，依法进行处理；⑥不需要继续登记保存的，解除先行登记保存。

3）证据审核阶段　　审核是指动物卫生行政机关在作出处罚决定之前，对违法行为和已收集的证据材料进行审查、核实，并向相对人提供陈述意见和要求或为其行为提供申辩的机会。

承办人员对收集到的各种证据，必须经过认真、细致的审查判断，以确认其客观性和真实性。只有经审查属实的证据，才能作为认定案情的依据。承办案件的执法人员取得有关证据后，必须进行审查判断，以辨真伪。对证人证言的审查主要从以下几个方面进行：①审查证人是否如实提供证言，排除虚假的可能，如证人与案件有无利害关系，提供证言时证人受到某种压力等；②审查证人证言的来源，核对其真实性，如是直接耳闻目睹的还是间接听说的；③审查证人证言的形成情况，查明反映是否准确，如调查笔录的制作是否符合要求，调查是否依法进行等；④综合审查，以确定其可靠性，如与其他证据对证是否相互印证等。

审查时，可采用以下方法进行：首先，与其他证据联系起来进行对照分析，如若不实，必然发生矛盾，需要进一步查证；其次，把证据交给当事人和有关人员进行辨认；最后，进行专门的鉴定或者通过有关人员找出新的证据。

在作出行政处罚决定之前，动物卫生行政机关应当制作行政处罚事先告知书，送达当事人，告知拟给予的行政处罚内容及其事实、理由和依据，并告知当事人可以在收到告知书之日起 3 日内进行陈述、申辩，对于符合听证条件的案件，告知当事人可以在收到告知书之日起 5 日内申请听证。当事人无正当理由逾期未进行陈述、申辩或申请听证的，视为放弃上述权利。对行政相对人的陈述、申辩，动物卫生行政机关应认真听取，仔细审查，正确认定；对口头陈述、申辩，应制作笔录，并允许行政相对人查阅、修正和补充。

4）法制审查阶段

（1）法制审查的情形。对涉及重大公共利益的；直接关系当事人或者第三人重大权益，经过听证程序的；案件情况疑难复杂、涉及多个法律关系的；以及法律、法规规定应当进行法制审查的行政处罚案件，在动物卫生行政机关负责人作出农业行政处罚决定前，应当由从事农业行政处罚决定法制审核的人员进行法制审核；未经法制审核或者审核未通过的，动物卫生行政机关不得作出决定。农业行政处罚法制审核工作由动物卫生行政机关法制机构负责；未设置法制机构的，由动物卫生行政机关确定的承担法制审核工作的其他机构或者专门人员负责，但案件查办人员不得同时作为该案件的法制审核人员。动物卫生行政机关中初次从事法制审核的人员，应当通过国家统一法律职业资格考试取得法律职业资格。

（2）法制审查的内容。法制审核的主要内容包括：本机关是否具有管辖权；程序是否合法；案件事实是否清楚，证据是否确实、充分；定性是否准确；适用法律依据是否正确；当事人的基本情况是否清楚；处理意见是否适当；其他应当审核的内容。对不符合法制审核的适用普通程序的其他行政处罚案件，在作出处罚决定前，应当参照法制审核内容进行案件审核；案件审核工作由动物卫生行政机关的办案机构或其他机构负责实施。

（3）法制审查建议。法制审核结束后，应当区别不同情况提出如下建议：对事实清楚、证据充分、定性准确、适用依据正确、程序合法、处理适当的案件，拟同意作出行政处罚决定；对定性不准、适用依据错误、程序不合法或者处理不当的案件，建议纠正；对违法事实不清、证据不充分的案件，建议补充调查或者撤销案件；违法行为轻微并及时纠正没有造成危害后果的，或者违法行为超过追责时效的，建议不予行政处罚；认为有必要提出的其他意见和建议。

（4）法制审查时限。法制审核机构或者法制审核人员应当自接到审核材料之日起5日内完成审核。特殊情况下，经动物卫生行政机关负责人批准，可以延长15日。法律、法规、规章对审核时限另有规定的除外。

5）作出处罚决定阶段　动物卫生行政机关对当事人的陈述、申辩或者听证情况进行审核后，认为违法事实清楚、证据确凿的，应根据不同情况，分别作出如下决定：①确有应受行政处罚的违法行为的，根据情节轻重及具体情况，作出行政处罚决定；②违法事实不能成立的，不予行政处罚；③违法行为轻微并及时纠正，没有造成危害后果的，不予行政处罚；④当事人有证据足以证明没有主观过错的，不予行政处罚，但法律、行政法规另有规定的除外；⑤初次违法且危害后果轻微并及时改正的，可以不予行政处罚；⑥违法行为超过追责时效的，不予行政处罚；⑦不属于农业行政处罚机关管辖的，移送其他行政机关处理；⑧违法行为涉嫌构成犯罪的，将案件移送司法机关。

下列行政处罚案件，应当由动物卫生行政机关负责人集体讨论决定：①符合《农业行政处罚程序规定》第五十九条所规定的听证条件，且申请人申请听证的案件；②案情复杂或者有重大社会影响的案件；③有重大违法行为需要给予较重行政处罚的案件；④农业行政处罚机关负责人认为应当提交集体讨论的其他案件。

动物卫生行政机关依法给予行政处罚，应当制作书面的行政处罚决定书。行政处罚决定书应当载明下列事项：①当事人的姓名或者名称、地址；②违反法律、法规或者规章的事实和证据；③行政处罚的种类和依据；④行政处罚的履行方式和期限；⑤不服行政处罚决定，申请行政复议或者提起行政诉讼的途径和期限；⑥作出行政处罚决定的行政机关名称和作出决定的日期。行政处罚决定书必须盖有作出动物卫生行政处罚决定机关的印章。

动物卫生行政处罚决定，应在立案受理后90日内作出。《农业行政处罚程序规定》第五十八条规定："农业行政处罚案件应当自立案之日起九十日内作出处理决定；因案情复杂、调查取证困难等需要延长的，经本农业行政处罚机关负责人批准，可以延长三十日。案情特别复杂或者有其他特殊情况，延期后仍不能作出处理决定的，应当报经上一级农业行政处罚机关决定是否继续延期；决定继续延期的，应当同时确定延长的合理期限。案件办理过程中，中止、听证、公告、检验、检测、鉴定等时间不计入前款所指的案件办理期限。"

6）送达阶段　送达是动物卫生行政机关依照法律、法规规定的程序和方式，将处罚决定送交行政相对人的行政行为。送达只有按法定的程序和方法进行，才能产生预期的法律后果，保证案件正确、及时地解决。

行政处罚决定书应在宣告处罚决定后当场交付当事人。当事人不在场的，动物卫生行政机关应当在 7 日内将行政处罚决定书送达当事人，动物卫生行政机关在将行政处罚决定书送达当事人时，应遵循以下规定：①送达行政处罚决定书必须有送达回证。②送达行政处罚决定书，应当直接送交受送达人。受送达人是公民的，本人不在则交给他的同住成年家属签收；受送达人是法人或者其他组织的，应当由法人的法定代表人，其他组织的主要负责人或者该法人、组织负责收件的人签收；受送达人有代理人的，可以送交其代理人签收；受送达人已向农业行政处罚机关指定代收人的，送交代收人签收。③受送达人或者他的同住成年家属拒绝接收行政处罚决定书的，送达人应当邀请有关基层组织或者所在单位的代表到场，说明情况，在送达回证上记明拒收事由和日期，由送达人、见证人签名或者盖章，把行政处罚决定书留在受送达人的住所；也可以把行政执法文书留在受送达人的住所，并采用拍照、录像等方式记录送达过程，即视为送达。④直接送达行政处罚决定书有困难的，可以邮寄送达或者委托其他动物卫生行政机关代为送达。邮寄送达的，以回执上注明的收件日期为送达日期。⑤受送达人下落不明，或者用其他方式无法送达的，可以公告送达，自发出公告之日起，经过 30 日，即视为送达公告已送达。

7）执行阶段　动物卫生行政处罚决定书送达当事人后即标志执行开始。当事人应在行政处罚决定规定的期限内，完成处罚决定规定的事项，并接受动物卫生行政主体的监督和指导；当事人逾期不申请复议，也不履行处罚决定，或既不履行复议决定，又不起诉的，可以由作出决定的行政机关申请人民法院强制执行。

8）结案阶段　属下列情况之一的动物卫生行政案件，执法人员应当填写行政处罚结案报告，经动物卫生行政机关负责人批准，方可结案，涉案材料应全部归档：①行政处罚决定由当事人履行完毕的；②农业行政处罚机关依法申请人民法院强制执行行政处罚决定，人民法院依法受理的；③不予行政处罚等无须执行的；④行政处罚决定被依法撤销的；⑤农业行政处罚机关认为可以结案的其他情形。

（三）听证程序

1. 听证程序的概念　所谓听证程序，即动物卫生行政机关为了查明案件事实、公正合理地实施行政处罚，在作出较大数额罚款、没收较大数额违法所得、没收较大价值非法财物、降低资质等级、吊销许可证件、责令停产停业、责令关闭、限制从业等较重行政处罚决定前，应当事人要求，通过公开举行由有关各方人员参加的听证会，广泛听取意见的一项程序。

2. 听证程序的范围　动物卫生行政处罚听证程序适用于下列行政处罚决定：较大数额罚款，没收较大数额违法所得、没收较大价值非法财物、降低资质等级、吊销许可证件，责令停产停业、责令关闭、限制从业，其他较重的行政处罚，法律、法规、规章规定的其他情形。前述所称的较大数额、较大价值，县级以上地方人民政府农业农村主管部门按所在省、自治区、直辖市人民代表大会及其常委会或者人民政府规定的标准执行。

3. 听证程序的特征

（1）听证是由动物卫生行政机关主持的并由有关人员参加的程序。

（2）听证公开进行。但涉及国家机密、商业秘密和个人隐私的除外。

（3）听证程序只适用于动物卫生行政处罚领域的符合听证条件的案件。

（4）听证程序的适用以当事人申请为前提。当然，动物卫生行政机关认为有必要举行听证的，也可以主动组织听证，但一般须征得当事人同意。

4. 听证程序的组织　　听证按下列程序进行：

（1）听证书记员宣布听证会场纪律、当事人的权利和义务，听证主持人宣布案由，核实听证参加人名单，宣布听证开始。

（2）案件调查人员提出当事人的违法事实、出示证据，说明拟作出的动物卫生行政处罚的内容及法律依据。

（3）当事人或其委托代理人对案件的事实、证据、适用的法律等进行陈述、申辩和质证，可以向听证会提交新的证据。

（4）听证主持人就案件的有关问题向当事人、案件调查人员和证人询问。

（5）案件调查人员、当事人或其委托代理人相互辩论。

（6）当事人或其委托代理人作最后陈述。

（7）听证主持人宣布听证结束。听证笔录交当事人和案件调查人员审核无误后签字或者盖章。

听证结束后，听证主持人应当依据听证情况，制作行政处罚听证会报告书，连同听证笔录，报动物卫生行政机关负责人审查。动物卫生行政机关应当根据听证笔录，作出决定。

七、动物卫生行政处罚的执行

（一）动物卫生行政处罚执行的概念

动物卫生行政处罚的执行，是指动物卫生行政机关保证行政处罚决定所确定的当事人的义务得以履行的行为。没有行政处罚的执行，行政处罚决定就没有任何意义，只有确保动物卫生行政处罚决定的内容得以实现，才能够确保整个国家的动物卫生管理工作有序开展。

（二）动物卫生行政处罚执行的原则

1. 自觉履行原则　　动物卫生行政处罚决定依法作出后，当事人应当在行政处罚决定书载明的期限内予以履行。当事人确有经济困难，需要延期或者分期缴纳罚款的，经当事人申请和行政机关批准，可以暂缓或者分期缴纳。如果不自觉履行，将被强制执行。

2. 申诉不停止执行原则　　动物卫生行政处罚决定依法作出后，当事人对行政处罚决定不服申请行政复议或者提起行政诉讼的，除法律另有规定外，行政处罚不停止执行。

3. 罚缴分离原则　　是指作出处罚决定的动物卫生行政机关与收缴罚款的机构相分离。《行政处罚法》作如此规定的目的在于限制滥设处罚、乱施处罚的现象发生，保护行政相对人的合法权益。除依法当场收缴的罚款外，作出处罚决定的行政机关及其执法人员不得自行收缴罚款；当事人到指定银行缴纳罚款，银行应将收受的罚款直接上缴国库。但依法可以当场收缴罚款的除外。

（三）动物卫生行政处罚执行的内容

1. 专门机构收缴罚款　　除符合当场收缴罚款外，均由动物卫生行政机关指定机构收缴罚款。此外，当事人逾期不履行行政处罚决定的，作出行政处罚决定的动物卫生行政机关可以根据法律规定，将查封、扣押的财物拍卖抵缴罚款。除依法应当予以销毁的物品外，依法没收的非法财物必须按照国家规定公开拍卖或者按照国家有关规定处理。罚款、没收违法所得或者没收非法财物拍卖的款项，必须全部上缴国库。

2. 当场收缴罚款

（1）当场收缴罚款的适用范围：依法给予100元以下罚款的；不当场收缴事后难以执行的；边远、水上、交通不便地区，当事人到指定的银行或者通过电子支付系统缴纳罚款确有困难，经当事人提出的。

（2）当场收缴罚款的程序：①出具罚款专用票据。动物卫生行政机关及其执法人员当场收缴罚款的，必须向当事人出具国务院财政部门或者省、自治区、直辖市人民政府财政部门统一制发的专用票据；不出具财政部门统一制发的专用票据的，当事人有权拒绝缴纳罚款。②罚款缴付。动物卫生行政执法人员当场收缴的罚款，应当自收缴罚款之日起2日内，交至行政机关；在水上当场收缴的罚款，应当自抵岸之日起2日内交至行政机关；行政机关应当在2日内将罚款缴付指定的银行。

3. 强制执行

（1）执行措施：是指动物卫生行政机关为达到迫使当事人履行行政处罚决定的目的而采取的包含国家强制力的手段或方法。《行政处罚法》第七十二条规定了4种执行措施：①到期不缴纳罚款的，每日按罚款数额的百分之三加处罚款，加处罚款的数额不得超出罚款的数额。②根据法律规定，将查封、扣押的财物拍卖、依法处理或者将冻结的存款、汇款划拨抵缴罚款。③根据法律规定，采取其他行政强制执行方式。④依照《行政强制法》的规定申请人民法院强制执行。

（2）延期或分期缴纳罚款措施：当事人确有经济困难，需要延期或者分期缴纳罚款的，经当事人申请和行政机关批准，可以暂缓或者分期缴纳，申请人民法院强制执行的期限，自暂缓或者分期缴纳罚款期限结束之日起计算。

第四节　动物卫生行政强制

一、动物卫生行政强制的概念和特征

（一）动物卫生行政强制的概念

动物卫生行政强制是指动物卫生行政主体或人民法院，在动物卫生行政管理活动中对行政相对人的人身、财产和行为采取的强制性措施。动物卫生行政强制是用国家强制力保证动物卫生行政法贯彻落实的重要手段之一。

（二）动物卫生行政强制的特征

1. 主体法定　　动物卫生行政强制的实施主体是动物卫生行政主体或人民法院。

2. 强制性　　动物卫生行政强制具有强制性，不考虑行政相对人的意愿。实施主体一旦作出，行政相对人必须严格执行。需要强调的是，动物卫生行政强制必须严格依法进行，要防止滥用职权，以免侵犯行政相对人的合法权益。行政机关及其工作人员不得利用行政强制权为单位或者个人谋取利益。

3. 标的广泛　　动物卫生行政强制的标的具有广泛性，可以是物，也可以是行为，还可以是人。

4. 目的特定　　动物卫生行政强制的实施目的在于保障动物卫生行政管理秩序和执法监督的顺利进行。动物卫生行政强制的设定和实施应当适当。用非强制手段可以达到行政管理目的的，不得设定和实施行政强制。公民、法人或者其他组织对行政机关实施行政强制，享有陈述权、申辩权；有权依法申请行政复议或者提起行政诉讼；因行政机关违法实施行政强制受到损害的，有权依法要求赔偿。公民、法人或者其他组织因人民法院在强制执行中有违法行为或者扩大强制执行范围受到损害的，有权依法要求赔偿。

5. 教育与强制相结合　　实施动物卫生行政强制中，应当坚持教育与强制相结合的原则。

二、动物卫生行政强制的种类

（一）动物卫生行政强制措施

1. 动物卫生行政强制措施的概念和特征　　动物卫生行政强制措施是指动物卫生行政机关在行政管理过程中，为制止违法行为、防止证据损毁、避免危害发生、控制危险扩大等情形，依法对公民的人身自由实施暂时性限制，或者对公民、法人或者其他组织的财物实施暂时性控制的行为。

动物卫生行政强制措施的特征体现在 4 个方面：①即时性。在需要制止违法行为、防止证据损毁、避免危害发生、控制危险扩大的情况下实施的，即刻作出动物卫生行政强制决定，即刻执行该决定。②强制性。动物卫生行政强制是对行政相对人及其权利的强行限制，无论相对人同意与否，都要立即实施。③临时性。动物卫生行政强制措施通常是一种临时性措施，要由后续的行政行为等来作出实体处理。④非制裁性。动物卫生行政强制通过限制权利行使来实现社会秩序和公共利益免受危害，本质是限制权利而不是剥夺权利。

2. 动物卫生行政强制措施的种类　　动物卫生行政强制措施的种类包括：①限制公民人身自由；②查封场所、设施或者财物；③扣押财物；④其他行政强制措施。对公民的人身自由的限制仅指发生重大动物疫情时，为了控制、扑灭动物疫情的需要，根据当地人民政府发布的封锁令，对出入疫区的有关人员实施的暂时性限制。动物卫生行政强制措施由法律设定，法律、法规以外的其他规范性文件不得设定行政强制措施。法律对行政强制措施的对象、条件、种类作了规定的，行政法规、地方性法规不得作出扩大规定。法律中未设定行政强制措施的，行政法规、地方性法规不得设定行政强制措施。但是，法律规定特定事项由行政法规规定具体管理措施的，行政法规可以设定除《行政强制法》第九条第一项、第四项和应当由法律规定的行政强制措施以外的其他行政强制措施。

查封、扣押是最常采用的动物卫生行政强制措施，应当由法律、法规规定的行政机关实施。查封、扣押限于涉案的场所、设施或者财物，不得查封、扣押与违法行为无关的场所、设施或者财物。当事人的场所、设施或者财物已被其他国家机关依法查封的，不得重复查封。

行政机关决定实施查封、扣押的，应当履行规定的程序，制作并当场交付查封、扣押决定书和清单。查封、扣押决定书应当载明下列事项：①当事人的姓名或者名称、地址；②查封、扣押的理由、依据和期限；③查封、扣押场所、设施或者财物的名称、数量等；④申请行政复议或者提起行政诉讼的途径和期限；⑤行政机关的名称、印章和日期。

查封、扣押的期限不得超过 30 日；情况复杂的，经行政机关负责人批准，可以延长，但是延长期限不得超过 30 日。法律、行政法规另有规定的除外。延长查封、扣押的决定应当及时书面告知当事人，并说明理由。对物品需要进行检测、检验、检疫或者技术鉴定的，查封、扣押的期间不包括检测、检验、检疫或者技术鉴定的期间。检测、检验、检疫或者技术鉴定的期间应当明确，并书面告知当事人。检测、检验、检疫或者技术鉴定的费用由行政机关承担。

对查封、扣押的场所、设施或者财物，行政机关应当妥善保管，不得使用或者损毁；造成损失的，应当承担赔偿责任。对查封的场所、设施或者财物，行政机关可以委托第三人保管，第三人不得损毁或者擅自转移、处置。因第三人的原因造成的损失，行政机关先行赔付后，有权向第三人追偿。因查封、扣押发生的保管费用由行政机关承担。

行政机关采取查封、扣押措施后，应当及时查清事实，在规定的期限内作出处理决定。对违法事实清楚，依法应当没收的非法财物予以没收；法律、行政法规规定应当销毁的，依法销毁；应当解除查封、扣押的，作出解除查封、扣押的决定。有下列情形之一的，行政机关应当及时作出解除查封、扣押决定：①当事人没有违法行为；②查封、扣押的场所、设施或者财物与违法行为无关；③行政机关对违法行为已经作出处理决定，不再需要查封、扣押；④查封、扣押期限已经届满；⑤其他不再需要采取查封、扣押措施的情形。解除查封、扣押应当立即退还财物；已将鲜活物品或者其他不易保管的财物拍卖或者变卖的，退还拍卖或者变卖所得款项。变卖价格明显低于市场价格，给当事人造成损失的，应当给予补偿。

3. 动物卫生行政强制措施的实施条件

（1）实施主体必须在法定职权范围内，如农业农村主管部门具有行政强制措施实施权。

（2）实施人员必须是实施机关具备资格的执法人员。

（3）实施对象必须是法律、法规作出明确规定。例如，根据《动物防疫法》第七十六条规定，县级以上农业农村主管部门执行监督检查任务时，可以对染疫或疑似染疫的动物、动物产品及相关物品采取隔离、查封、扣押和处理措施。

4. 动物卫生行政强制措施的实施程序　　动物卫生行政机关实施动物卫生行政强制措施应当遵守下列规定：①实施前须向农业农村主管部门负责人报告并经批准；②由两名以上动物卫生行政执法人员实施；③出示动物卫生行政执法身份证件；④通知当事人到场；⑤当场告知当事人采取动物卫生行政强制措施的理由、依据，以及当事人依法享有的权利、救济途径；⑥听取当事人的陈述和申辩；⑦制作现场笔录；⑧现场笔录由当事人和行政执法人员签名或者盖章，当事人拒绝的，在笔录中予以注明；⑨当事人不到场的，邀请见证人到场，由见证人和行政执法人员在现场笔录上签名或者盖章；⑩法律、法规规定的其他程序。

在紧急情况下需要当场实施行政强制措施的，动物卫生行政执法人员应当在 24 小时内向农业农村主管部门的负责人报告，并补办批准手续。负责人认为不应当采取行政强制措施的，应当立即解除行政强制措施。

（二）动物卫生行政强制执行

1. 动物卫生行政强制执行的概念和特征　　动物卫生行政强制执行是指对不履行动物卫生行政决定的公民、法人或者其他组织，动物卫生行政机关或者动物卫生行政机关向人民法院申请，依法强制其履行义务的行为。

动物卫生行政强制执行的特征体现在三个方面：①以行政相对人不履行行政义务为前提；②目的在于强迫行政相对人履行行政义务，达到与履行义务相同的状态；③行政强制执行的主体包括动物卫生行政主体和人民法院。行政强制执行由法律设定，法律没有规定行政机关强制执行的，作出行政决定的行政机关应当申请人民法院强制执行。

2. 动物卫生行政强制执行的程序　　动物卫生行政机关作出强制执行决定前，应当事先催告当事人履行义务。催告应当以书面形式作出，并载明下列事项：①履行义务的期限；②履行义务的方式；③涉及金钱给付的，应当有明确的金额和给付方式；④当事人依法享有的陈述权和申辩权。

当事人收到催告书后有权进行陈述和申辩。行政机关应当充分听取当事人的意见，对当事人提出的事实、理由和证据，应当进行记录、复核。当事人提出的事实、理由或者证据成立的，行政机关应当采纳。

经催告，当事人逾期仍不履行行政决定，且无正当理由的，行政机关可以作出强制执行决定。强制执行决定应当以书面形式作出，并载明下列事项：①当事人的姓名或者名称、地址；②强制执行的理由和依据；③强制执行的方式和时间；④申请行政复议或者提起行政诉讼的途径和期限；⑤行政机关的名称、印章和日期。在催告期间，对有证据证明有转移或者隐匿财物迹象的，行政机关可以作出立即强制执行决定。

在执行中或者执行完毕后，如果执行的行政决定被撤销、变更，或者执行错误的，应当恢复原状或者退还财物；不能恢复原状或者退还财物的，依法给予赔偿。

实施行政强制执行，行政机关可以在不损害公共利益和他人合法权益的情况下，与当事人达成执行协议。执行协议可以约定分阶段履行；当事人采取补救措施的，可以减免加处的罚款或者滞纳金。执行协议应当履行。当事人不履行执行协议的，行政机关应当恢复强制执行。

3. 动物卫生行政强制执行的方式　　《行政强制法》规定的行政强制执行方式为：加处罚款或者滞纳金，划拨存款、汇款，拍卖或者依法处理查封、扣押的场所、设施或者财物，排除妨碍、恢复原状，代履行及其他强制执行方式。但涉及动物卫生行政主体强制执行的方式主要有加处罚款或者滞纳金和代履行，动物卫生行政主体无法强制执行时，可以申请人民法院强制执行。

1）加处罚款或者滞纳金　　加处罚款或者滞纳金又称为执行罚，是指行政相对人逾期不履行具体行政行为确定的金钱给付义务，动物卫生行政主体通过对义务人科以新的金钱给付义务，以促使其履行的强制执行方式。

加处罚款或者滞纳金的实施条件：①动物卫生行政主体依法作出金钱给付义务的行政决定，当事人逾期不履行的，可以依法加处罚款或者滞纳金；②动物卫生行政主体的告知义务。加处罚款的标准必须告知当事人，即按《行政处罚法》的规定："到期不缴纳罚款的，每日按罚款数额的百分之三加处罚款。"《行政强制法》第四十五条第二款规定："加处罚款或者滞纳金的数额不得超出金钱给付义务的数额。"

动物卫生行政主体催告当事人履行义务的，应当以书面形式作出，并载明下列事项：①履行义务的期限，不得超过10天；②履行义务的方式，涉及金钱给付的，应当有明确的金额和给付方式；③当事人依法享有的陈述权和申辩权。当事人收到催告书后有权进行陈述和申辩。动物卫生行政主体应当充分听取当事人的意见，对当事人提出的事实、理由和证据，应当进行记录、复核。提出的事实、理由或者证据成立的，应当采纳。

动物卫生行政主体实施加处罚款或者滞纳金超过30日，经催告当事人仍不履行的，具有行政强制执行权的行政机关可以强制执行。没有行政强制执行权的行政机关应当申请人民法院强制执行。但是，当事人在法定期限内不申请行政复议或者提起行政诉讼，经催告仍不履行的，在实施行政管理过程中已经采取查封、扣押措施的行政机关，可以将查封、扣押的财物依法拍卖抵缴罚款。

2）代履行　　代履行是指行政机关依法作出要求当事人履行排除妨碍、恢复原状等义务的行政决定，当事人逾期不履行，经催告后仍不履行，其后果已经或者将危害交通安全、造成环境污染或者破坏自然资源，而该义务由他人代为履行可以达到相同目的，行政机关自行或委托无利害关系的第三人代为履行，并由义务人承担履行义务所需费用的强制执行方式。代履行的实施主体包括动物卫生行政主体和第三人。委托第三人实施代履行的内容是当事人应当履行的义务，而不是行政强制执行权。例如，在狂犬病疫区的养犬户不执行强行扑杀家养犬时，动物卫生行政主体有权代为进行扑杀、处理，扑杀、处理的一切费用由该养犬户承担。

代履行应当遵守下列规定：①代履行前送达决定书，代履行决定书应当载明当事人的姓名或者名称、地址，代履行的理由和依据、方式和时间、标的、费用预算及代履行人；②代履行三日前，催告当事人履行，当事人履行的，停止代履行；③代履行时，作出决定的行政机关应当派员到场监督；④代履行完毕，行政机关到场监督的工作人员、代履行人和当事人或者见证人应当在执行文书上签名或者盖章。代履行的费用按照成本合理确定，由当事人承担。但是，法律另有规定的除外。

道路、河道、航道或者公共场所的污染物需要立即清除，而当事人不能清除的，动物卫生行政主体可以决定立即实施代履行；当事人不在场的，动物卫生行政主体应当在事后立即通知当事人，并依法作出处理。立即代履行没有催告程序。

3）申请人民法院强制执行　　当事人在法定期限内不申请行政复议或者提起行政诉讼，又不履行行政决定的，没有行政强制执行权的行政机关可以自期限届满之日起三个月内，申请人民法院强制执行。

行政机关申请人民法院强制执行前，应当催告当事人履行义务。催告书送达10日后当事人仍未履行义务的，行政机关可以向所在地有管辖权的人民法院申请强制执行；执行对象是不动产的，向不动产所在地有管辖权的人民法院申请强制执行。

行政机关向人民法院申请强制执行，应当提供下列材料：①强制执行申请书；②行政决定书及作出决定的事实、理由和依据；③当事人的意见及行政机关催告情况；④申请强制执行标的情况如罚没款数额，没收物品名称及数量等；⑤法律、行政法规规定的其他材料。

人民法院接到行政机关强制执行的申请，应当在5日内受理。行政机关对人民法院不予受理的裁定有异议的，可以在15日内向上一级人民法院申请复议，上一级人民法院应当自收到复议申请之日起15日内作出是否受理的裁定。

人民法院对行政机关强制执行的申请进行书面审查，对符合《行政强制法》规定，且行政决定具备法定执行效力的,人民法院应当自受理之日起 7 日内作出执行裁定。人民法院发现有下列情形之一的,在作出裁定前可以听取被执行人和行政机关的意见:①明显缺乏事实根据的;②明显缺乏法律、法规依据的;③其他明显违法并损害被执行人合法权益的。人民法院应当自受理之日起 30 日内作出是否执行的裁定。裁定不予执行的,应当说明理由,并在 5 日内将不予执行的裁定送达行政机关。行政机关对人民法院不予执行的裁定有异议的,可以自收到裁定之日起 15 日内向上一级人民法院申请复议,上一级人民法院应当自收到复议申请之日起 30 日内作出是否执行的裁定。

因情况紧急,为保障公共安全,行政机关可以申请人民法院立即执行。经人民法院院长批准,人民法院应当自作出执行裁定之日起 5 日内执行。

行政机关申请人民法院强制执行,不缴纳申请费。强制执行的费用由被执行人承担。人民法院以划拨、拍卖方式强制执行的,可以在划拨、拍卖后将强制执行的费用扣除。划拨的存款、汇款以及拍卖和依法处理所得的款项应当上缴国库或者划入财政专户,不得以任何形式截留、私分或者变相私分。

复习思考题

1. 动物卫生行政处罚和其他行政处罚的区别有哪些?
2. 动物卫生行政处罚的原则有哪些?
3. 动物卫生行政处罚的实施机关有哪些?
4. 动物卫生行政处罚的管辖有哪几类,适用有哪些?
5. 动物卫生行政处罚的种类有哪些?
6. 动物卫生行政处罚的简易程序和普通程序的适用情形是什么,有哪些步骤?
7. 动物卫生行政处罚执行的原则有哪些?
8. 动物卫生行政强制的程序有哪些?

第十二章　　动物卫生行政救济

本章内容提要　提高国家机关及其工作人员的行政执法水平，坚持依法行政，从严治政，是建设社会主义法治国家的关键。而行政救济则是凸显社会主义制度优越性和以人为本、建设社会主义和谐社会的重要法治保障。本章结合我国行政救济法治建设的最新成果，介绍了动物卫生行政救济的概念和意义，重点分析了动物卫生行政复议、行政诉讼和行政赔偿三种最重要的行政救济途径的概念、基本原则和实施程序等。

第一节　　动物卫生行政救济概述

一、动物卫生行政救济的概念和分类

（一）动物卫生行政救济的概念

行政救济是行政法中经常使用的概念，其定义在世界各国因制度、传统差异而异。随着我国法治化建设的日趋完善，已经逐步建立起一整套适合我国国情的行政救济法律制度。我国学者通常认为，行政救济是指公民、法人或其他组织认为国家行政机关的具体行政行为侵害了其合法权益，请求有权的国家机关依法对行政违法或行政不当行为实施纠正，并追究其行政责任，以保护行政相对人的合法权益。

动物卫生行政救济是行政救济的重要组成部分，是指公民、法人或其他组织认为动物卫生行政主体的具体行政行为侵害了其合法权益，请求有权的国家机关依法对该行政违法或行政不当行为实施纠正，并追究其行政责任，以保护自身的合法权益。

（二）动物卫生行政救济的分类

我国行政救济制度虽然起步较晚，但经过不断发展和完善，目前已经形成较为完善的体系。目前我国行政救济法律制度的组成体系主要包括行政复议、行政诉讼、行政赔偿、行政补偿和信访等几种主要的形式，其中行政复议、行政诉讼和行政赔偿是其中最主要的三种形式。

二、动物卫生行政救济的意义

（一）解决行政纠纷，实施权利救济

行政权力侵犯公民权利是法律、政策、资源甚至人性在内的多种原因所导致的一种无法回避的社会现象。国家行政机关在依法行使国家行政管理职权的过程中，无论是否合法与适当，都难免发生行政争议；而且虽然依法行政是中国特色社会主义法治体系对于每个国家机关及其工作人员的最基本要求，但由于各个行政工作人员的品德、知识、能力的不同，在作出行政行为时，也难免有违法或者不当的行政行为发生，从而侵犯相对人的合法权益并进而引起争议。这些争议需要通过一定的程序加以解决，这就需要建立行政救济制度，通过行政救济程序，使

争议最终获得解决，使当事人的权益得到保护。

《中华人民共和国宪法》第四十一条规定："中华人民共和国公民对于任何国家机关和国家工作人员，有提出批评和建议的权利；对于任何国家机关和国家工作人员的违法失职行为，有向有关国家机关提出申诉、控告或者检举的权利，但是不得捏造或者歪曲事实进行诬告陷害。对于公民的申诉、控告或者检举，有关国家机关必须查清事实，负责处理。任何人不得压制和打击报复。由于国家机关和国家工作人员侵犯公民权利而受到损失的人，有依照法律规定取得赔偿的权利。"因此，建立行政救济法律制度，也是落实《中华人民共和国宪法》关于公民申诉、控告权利的需要。

（二）监督行政机关依法行使其职权

国家行政机关要对社会实施有效的管理，必须拥有一定范围的处理权和一定范围的自由裁量权。相对于行政相对人，行政机关在行政法律关系中处于主导地位，如果没有相应的监督力量与之伴随，便难以纠正它在处理具体事务时可能发生的错误，特别是当某些滥用职权行为发生导致损害公民、法人或者其他组织合法权益时难以及时处理。而行政救济通过保障行政相对人申诉和控告的权利，让行政相对人参与到对行政机关的监督活动中来，通过科学的制度设计，借助于行政机关内部的层级监督机制和司法机关的外部监督机制，倒逼行政机关进行"自我革命"，不断健全制度，严格执法程序，不断提升执法水平。

近年来，我国广大行政机关依法行政的意识和服务意识大大增强，行政管理的质量和水平明显提高，这与我国行政救济制度的建立和实施所起到的促进与推动作用不无关系。

第二节　动物卫生行政复议

一、动物卫生行政复议的概念和特征

（一）动物卫生行政复议的概念

动物卫生行政复议是指公民、法人或者其他组织等行政相对人，认为动物卫生行政主体作出的具体行政行为侵犯其合法权益，按照法定的程序和条件，向作出该行为的动物卫生行政主体所在地县级以上各级人民政府或者法律授权履行行政复议职责的行政机关提出申请，由受理该申请的行政复议机关依照法定程序和权限，对引起争议的原具体行政行为的合法性和正当性进行全面审查并作出决定的活动。

（二）动物卫生行政复议的特征

动物卫生行政复议作为行政复议的重要组成部分，具有以下特征。

1. 行政复议是一种"准司法"行政行为　　行政复议的实质是行政复议机关作为裁判，依据法定程序裁决行政相对人和行政主体之间因具体行政行为而发生的行政争议的活动。在此活动中，行政复议机关居于第三方的裁判地位，因此行政复议机关的行为与其他具体行政作为不同，具有司法的特点。

2. 行政复议是一种事后救济途径　　对行政相对人来说，如果其合法权益已经受到行政机关的违法或不当具体行政行为的侵害，可以通过行政复议对其予以补救；对行政机关来说，

这种补救的过程也是挽回自身影响的过程。

3. 行政复议与行政诉讼两种救济途径之间具有良好的衔接关系　　一般情况下，行政相对人对行政复议决定不服的，还可以依照《行政诉讼法》的规定向人民法院提起行政诉讼，但是法律规定行政复议决定为最终裁决的除外。

二、动物卫生行政复议的原则

行政复议的原则是行政复议机关履行行政复议职责必须遵循的准则，贯穿于行政复议的全过程，对行政机关受理行政复议申请、作出行政复议决定提出了总体和普遍性要求，是具有约束力的法律规范，行政复议机关不得违反。坚持这些原则的目的，就是有错必纠，保障法律、法规的正确实施。《中华人民共和国行政复议法》（以下简称"《行政复议法》"）规定了行政复议的基本原则，动物卫生行政复议也必须坚持这些原则。

1. 合法原则　　行政复议机关履行行政复议职责应遵循合法原则，是指行政复议机关必须严格按照宪法和法律规定的职责权限，依照法定程序受理行政复议申请，对申请行政复议的具体行政行为进行审查并作出行政复议决定。具体来说，这一原则包括以下内容：①履行行政复议职责的主体及其职权应当合法；②行政复议的依据应当合法；③受理行政复议申请、作出行政复议决定的程序应当合法。

2. 公正原则　　公正原则是合法原则的必要补充。行政复议机关履行行政复议职责遵循公正原则，要把握以下三点：①要公正对待申请人和被申请人，一视同仁，尤其不能"官官相护"；②对不同的申请人应一样相待，不能厚此薄彼，更不能以情代法；③对原具体行政行为的适当性进行审查，要严格以法律的目的和社会公认的公正标准为尺度。

3. 公开原则　　公开原则是合法原则、公正原则的外在表现形式，具体是指行政复议的条件、依据和过程是公开的。按照这一原则，行政复议的程序、行政复议决定及行政复议的依据都必须公开。行政复议中的公开原则，是我国行政过程公开化的重要方面，对提高行政效率，保护公民、法人和其他组织的合法权益都具有重要意义。

4. 高效原则　　高效原则也称为及时原则，主要内容是：①在接到行政复议申请后，应当及时予以审查并及时将有关情况告诉申请人；②受理行政复议申请后，应对申请行政复议的具体行政行为及时进行审查，需要调查取证、听取有关单位和人员意见的，要抓紧进行，不能拖延；③作出行政复议决定要及时；④对申请人、被申请人履行行政复议决定的情况要及时了解，对不及时履行行政复议决定的，要依法及时采取措施保证行政复议决定的履行。

5. 便民、为民原则　　作为行政机关内部的自我监督制度，便民、为民是其与其他监督制度相比所具有的最大优势。所谓便民、为民，简单地说就是要保证公民、法人和其他组织的合法权益，使公民、法人和其他组织在行使申请行政复议权时便利，节省费用、时间、精力。按照便民、为民原则，行政复议机关履行行政复议职责时，应当做到：①在法律规定申请人应承担的义务之内，要尽可能为申请人提供方便；②在法律规定申请人应承担的义务之外，不得增加申请人的负担，不论是受理行政复议申请，还是调查取证、听取意见，除非法律有明确规定的外，不得随意向申请人提出要求；③凡是行政复议机关自己能办到的事，就不要麻烦申请人；④行政复议机关也应当加强信息化建设，运用现代信息技术，方便公民、法人或者其他组织申请、参加行政复议，提高工作质量和效率。总之，要处处、事事、时时为申请人着想，这才符合便民、为民原则，符合行政机关及其工作人员的本分。

三、动物卫生行政复议的范围

根据《行政复议法》的规定，动物卫生行政复议的范围包括具体行政行为和抽象行政行为。

（一）具体行政行为

可以提起行政复议的具体行政行为，必须是对行政相对人作出的、对外发生法律效力的行政行为，具体包括以下几种。

1. 行政处罚　　主要有对动物卫生行政机关作出的警告、罚款、没收违法所得、没收非法财物、责令停产停业、暂扣或者吊销许可证、限制开展生产经营活动、责令关闭、限制从业等行政处罚决定不服的。

2. 行政强制措施、行政强制执行决定　　包括对动物卫生行政机关作出的查封、扣押、冻结财产等行政强制措施不服的，以及扑杀、无害化处理等行政强制执行决定不服的。

3. 行政许可　　包括动物卫生行政机关作出的有关许可证、资质证、资格证等证书变更、中止、撤销的决定不服的，以及认为符合法定条件，申请行政机关颁发许可证、资质证、资格证等证书，或者申请行政机关审批、登记有关事项，行政机关拒绝或者在法定期限内不予答复的。

4. 侵犯经营自主权　　如动物卫生行政机关违法限制动物和动物产品流通。

5. 违法征收财物或违法要求履行义务　　如违法收取检疫费用等。

（二）抽象行政行为

行政相对人认为行政机关的具体行政行为所依据的规范性文件不合法，在对具体行政行为申请行政复议时，可以一并向行政复议机关提出对该规范性文件的附带审查申请。这些规范性文件包括国务院部门的规范性文件（不含部委规章和地方人民政府规章），县级以上地方各级人民政府及其工作部门的规定性文件，乡、镇人民政府的规范性文件，法律、法规、规章所授权组织的规范性文件等。

四、动物卫生行政复议的程序

（一）行政复议的申请与受理

1. 行政复议申请　　行政复议申请是指行政相对人不服动物卫生行政主体的具体行政行为而向行政复议机关提出要求撤销或变更该具体行政行为的请求。由于行政复议是一种依申请的行政行为，因此，没有行政相对人的申请，不能启动行政复议机关受理、审查的程序。

（1）申请行政复议的条件：对具体行政行为不服而申请行政复议，应当具备如下条件：①申请人合格。申请人必须是认为具体行政行为侵犯其合法权益的行政相对人。在特殊情况下申请人资格也会发生转移，即有权申请行政复议的公民死亡的，其近亲属可以申请行政复议，有权申请行政复议的法人或者其他组织终止的，承受其权利和义务的法人或其他组织可以申请行政复议；有权申请行政复议的公民为无民事行为代理人或者限制民事行为能力人的，其法定代理人可以代为申请行政复议。②有明确的被申请人。行政相对人申请行政复议必须指明被申请人，即作出具体行政行为侵犯其合法权益的行政机关或者法律、法规、规章授权的组织。没有明确的被申请人，复议机关可以拒绝受理。如果复议机关受理后认为被申请人不合格，则可依法要求其更换。③有具体的行政复议请求和事实根据。行政复议请求是申请人申请行政复议所要达到的目的，主要有 4 种情况：一是请求撤销违法的具体行政行为决定；二是请求变更不适当的具体行政行为决定；三是请求责成被申请人限期履行法定职责；四是请求确认具体行政行为违法或责令被申请人赔偿损失。任何一种行政复议请求都必须以一定的事实根据为基础，否则不可能得到行政复议机关的支持。④在法定申请期限内提出。⑤属于《行政复议法》规定的行政复议范围。⑥属于受理行政复议机关的管辖范围。行政复议管辖范围是法定的，因此申请人必须向有法定管辖权的复议机关提出复议申请。⑦行政复议机关未受理过该申请人就同一行政行为提出的行政复议申请，并且人民法院未受理过该申请人就同一行政行为提起的行政诉讼。

（2）申请行政复议的期限：申请人必须在法定期限内提出行政复议申请，否则申请人的申请权不受法律保护。根据《行政复议法》的规定，行政相对人应当在知道相应具体行政行为之日起 60 日内提出行政复议申请，法律另有规定的除外。因不可抗力或者其他正当理由耽误法定申请期限的，申请期限自障碍消除之日起继续计算。行政机关作出行政行为时，未告知公民、法人或者其他组织申请行政复议的权利、行政复议机关和申请期限的，申请期限自公民、法人或者其他组织知道或者应当知道申请行政复议的权利、行政复议机关和申请期限之日起计算，但是自知道或者应当知道行政行为内容的日期最长不得超过一年。

（3）复议申请书：申请人提出行政复议申请一般应采用书面形式，即向行政复议机关递交行政复议申请书，申请书应当载明如下内容：①申请人的基本情况，包括公民的姓名、性别、年龄、职业和住所，法人或者其他组织的名称、住所和法定代表人或者主要负责人的姓名、职务；②被申请人的名称、地址；③行政复议请求、申请行政复议的主要事实和理由；④申请人的签名或盖章；⑤申请行政复议的日期。书面申请的，可以通过邮寄或者行政复议机关指定的互联网渠道等方式提交行政复议申请书，也可以当面提交行政复议申请书。行政机关通过互联网渠道送达行政行为决定书的，应当同时提供提交行政复议申请书的互联网渠道。

书面申请有困难的，也可以口头申请。口头申请的，行政复议机关应当当场记录申请人的基本情况，行政复议请求，申请行政复议的主要事实、理由和时间。

行政相对人对当场作出或者根据电子监控设备记录的违法事实作出的行政处罚决定不服申请行政复议的，可以通过行政处罚决定的行政机关提交行政复议申请。行政机关收到行政复议申请后，应当及时处理；认为需要维持行政处罚决定的，应当自收到行政复议申请之日起 5 日内转送行政复议机关。

2. 行政复议申请的受理　　行政复议机关在收到行政复议申请后，依法应当在 5 日内进行审查并作出如下处理。

（1）对于符合申请行政复议条件且未向人民法院提起诉讼的，依法应当决定受理，行政复议机关负责法治工作的机构收到行政复议申请之日即为受理日期。

（2）对于不符合申请复议条件的，如超过行政复议期限或者人民法院已经受理的，依法决定不予受理，并书面告知申请人不予受理的理由。对于行政复议申请符合《行政复议法》规定，但不属于该机关管辖的，还应当在不予受理决定中告知申请人有管辖权的行政复议机关。

（3）对于行政复议申请材料不齐全或者表达不清楚，无法判定行政复议申请是否符合《行政复议法》规定的，行政复议机关应当自收到申请之日起 5 日内书面通知申请人补正。补正通知应当一次性载明需要补正的事项。申请人应当自收到补正通知之日起 10 日内提交补正材料。有正当理由不能按期补正的，行政复议机关可以延长合理的补正期限；无正当理由逾期不补正的，视为申请人放弃行政复议申请，并记录在案。

行政复议申请的审查期限届满，行政复议机关未作出不予受理决定的，审查期限届满之日起视为受理。

3. 行政复议受理的法律后果

（1）申请人与被申请人之间的行政争议正式进入行政复议程序，其他任何国家机关、组织都没有对本案的管辖权。申请人申请行政复议，行政复议机关已经依法受理的，或者法律、法规规定应当先向行政复议机关申请行政复议、对行政复议决定不服再向人民法院提起行政诉讼的，在法定行政复议期限内不得向人民法院提起行政诉讼。

（2）行政复议不停止被申请具体行政行为的执行。根据《行政复议法》的规定，申请人申请行政复议，原则上不停止被申请的具体行政行为的执行。但在有下列情形之一的，被申请的具体行政行为可以停止执行：①被申请人认为需要停止执行；②行政复议机关认为需要停止执行；③申请人、第三人申请停止执行，行政复议机关认为其要求合理，决定停止执行；④法律、法规、规章规定停止执行的其他情形。

（3）行政复议程序正式开始，行政复议机关如没有法定事由，必须完成行政复议的全部程序并对行政争议作出决定。如果行政复议机关不在法定期限内作出决定，则构成行政复议不作为。

（二）行政复议审理

审理是行政复议机关对复议案件的事实、证据、法律适用及争论的焦点等进行审查的过程。它是行政复议程序的关键阶段。行政复议机关受理行政复议申请后，根据情况适用普通程序或者简易程序进行审理。

1. 行政复议的证据　　行政复议的证据包括书证、物证、视听资料、电子数据、证人证言、当事人的陈述、鉴定意见、勘验笔录和现场笔录。以上证据经行政复议机构审查属实，才能作为认定行政复议案件事实的根据。

被申请人对其作出的行政行为的合法性、适当性负有举证责任。有下列情形之一的，申请人应当提供证据：①认为被申请人不履行法定职责的，提供曾经要求被申请人履行法定职责的证据，但是被申请人应当依职权主动履行法定职责或者申请人因正当理由不能提供的除外；②提出行政赔偿请求的，提供受行政行为侵害而造成损害的证据，但是因被申请人原因导致申请人无法举证的，由被申请人承担举证责任；③法律、法规规定需要申请人提供证据的其他情形。

行政复议机关有权向有关单位和个人调查取证，查阅、复制、调取有关文件和资料，向有关人员进行询问。调查取证时，行政复议人员不得少于两人，并应当出示行政复议工作证件。被调查取证的单位和个人应当积极配合行政复议人员的工作，不得拒绝或者阻挠。

行政复议期间，被申请人不得自行向申请人和其他有关单位或者个人收集证据；自行收集的证据不作为认定行政行为合法性、适当性的依据。行政复议期间，申请人或者第三人提出被申请行政复议的行政行为作出时没有提出的理由或者证据的，经行政复议机构同意，被申请人可以补充证据。

行政复议期间，申请人、第三人及其委托代理人可以按照规定查阅、复制被申请人提出的书面答复、作出行政行为的证据和依据及其他有关材料，除涉及国家秘密、商业秘密、个人隐私或者可能危及国家安全、公共安全、社会稳定的情形外，行政复议机构应当同意。

2. 普通程序　　行政复议机构应当自行政复议申请受理之日起7日内，将行政复议申请书副本或者行政复议申请笔录复印件发送给被申请人。被申请人应当自收到行政复议申请书副本或者行政复议申请笔录复印件之日起10日内，提出书面答复，并提交作出行政行为的证据、依据和其他有关材料。

适用普通程序审理的行政复议案件，行政复议机构应当当面或者通过互联网、电话等方式听取当事人的意见，并将听取的意见记录在案。因当事人原因不能听取意见的，可以书面审理。

审理重大、疑难、复杂的行政复议案件，行政复议机构应当组织听证。行政复议机构认为有必要听证，或者申请人请求听证的，行政复议机构可以组织听证。

县级以上各级人民政府应当建立相关政府部门、专家、学者等参与的行政复议委员会，为办理行政复议案件提供咨询意见，并就行政复议工作中的重大事项和共性问题研究提出意见。

3. 简易程序　　行政复议机关审理下列行政复议案件，认为事实清楚、权利义务关系明确、争议不大的，可以适用简易程序：①被申请行政复议的行政行为是当场作出的；②被申请行政复议的行政行为是警告或者通报批评；③案件涉及款额3000元以下；④属于政府信息公开案件。除此以外的行政复议案件，当事人各方同意适用简易程序的，可以适用简易程序。

适用简易程序审理的行政复议案件，行政复议机构应当自受理行政复议申请之日起三日内，将行政复议申请书副本或者行政复议申请笔录复印件发送给被申请人。被申请人应当自收到行政复议申请书副本或者行政复议申请笔录复印件之日起5日内，提出书面答复，并提交作出行政行为的证据、依据和其他有关材料。

适用简易程序审理的行政复议案件，可以书面审理。适用简易程序审理的行政复议案件，行政复议机构认为不宜适用简易程序的，经行政复议机构的负责人批准，可以转为普通程序审理。

（三）行政复议的决定

行政复议机关应当在受理行政复议申请之日起60日内作出行政复议决定；但是法律规定的行政复议期限少于60日的除外。情况复杂，不能在规定期限内作出行政复议决定的，经行政复议机构的负责人批准，可以适当延长，并书面告知申请人和被申请人；但是延长期限最多不超过30日。

1. 维持决定　　对被申请的具体行政行为，行政复议机关认为事实清楚、证据确凿、适用依据正确、程序合法、内容适当的，应当依法作出维持该具体行政行为的复议决定。

2. 履行决定　　是指行政复议机关责令被申请人在一定期限内履行法定职责的决定，它主要适用于如下两种情况：①被申请人拒不履行法定职责；②被申请人拖延履行法定职责。

3. 撤销、变更行政行为的决定　　行政复议机关认为该行为具有如下情形之一的，依法作出撤销或者部分撤销该行政行为的决定，并可以责令被申请人在一定期限内重新作出具体行政行为：①主要事实不清、证据不足；②违反法定程序；③适用依据不合法；④超越职权或者滥用职权。行政复议机关责令被申请人重新作出行政行为的，被申请人不得以同一事实和理由作出与被申请行政复议的行政行为相同或者基本相同的行政行为,但是行政复议机关以违反法定程序为由决定撤销或者部分撤销的除外。

4. 确认行政行为违法的决定　　行政复议机关认定该行政行为具有如下情形之一的,不撤销该行政行为,但是确认该行政行为违法:①依法应予撤销,但是撤销会给国家利益、社会公共利益造成重大损害;②程序轻微违法,但是对申请人权利不产生实际影响。行政复议机关认定该行为具有如下情形之一的,不需要撤销或者责令履行的,确认该行政行为违法:①行政行为违法,但是不具有可撤销内容;②被申请人改变原违法行政行为,申请人仍要求撤销或者确认该行政行为违法;③被申请人不履行或者拖延履行法定职责,责令履行没有意义。

5. 确认行政行为无效的决定　　行政行为有实施主体不具有行政主体资格或者没有依据等重大且明显违法情形,申请人申请确认行政行为无效的,行政复议机关确认该行政行为无效。

申请人在申请行政复议时一并提出行政赔偿请求的,行政复议机关经审查,认定依照《国家赔偿法》的有关规定应当不予赔偿的,在作出行政复议决定时,应当同时决定驳回行政赔偿请求;对符合《国家赔偿法》的有关规定应当给予赔偿的,在作出撤销或者部分撤销、变更具体行政行为或者确认具体行政行为违法、无效的决定时,同时作出责令被申请人依法给予申请人赔偿的决定。申请人在申请行政复议时没有提出行政赔偿请求的,行政复议机关在依法决定撤销或者部分撤销、变更罚款、撤销或者部分撤销违法集资、没收财物、征收征用、摊派费用及对财产的查封、扣押、冻结等具体行政行为时,应当同时作出责令被申请人返还申请人财产,解除对申请人财产的查封、扣押、冻结措施,或者赔偿相应价款的决定。

行政复议机关作出行政复议决定后,应当制作行政复议决定书,并加盖行政复议机关印章。行政复议决定书一经送达,即发生法律效力。申请人如果不服行政复议决定,可依法提起行政诉讼。法律规定可以起诉的行政复议决定,当事人在法定的期间内既不提起行政诉讼又不履行复议决定,超过法定期间的,复议决定即具有强制执行的法律效力。

(四) 行政复议的执行

被申请人应当履行行政复议决定。被申请人不履行或者无正当理由拖延履行行政复议决定的,行政复议机关或者有关上级行政机关应当责令其限期履行。

申请人、第三人逾期不起诉又不履行行政复议决定的,或者不履行最终裁决的行政复议决定的,按照下列规定分别处理:①维持具体行政行为的行政复议决定,由作出具体行政行为的行政机关依法强制执行,或者申请人民法院强制执行;②变更具体行政行为的行政复议决定,由行政复议机关依法强制执行,或者申请人民法院强制执行。

第三节　动物卫生行政诉讼

一、动物卫生行政诉讼的概念和特征

(一) 动物卫生行政诉讼的概念

动物卫生行政诉讼是一种外部救济途径,即由人民法院根据动物卫生行政相对人的请求,依据《行政诉讼法》和动物卫生行政有关法律、法规的规定,对动物卫生行政争议实行审理、裁判的一种司法审判活动。

（二）动物卫生行政诉讼的特征

1. 当事人特定　　原告只能是动物卫生行政活动中的行政相对人，动物卫生行政主体恒定为被告。

2. 标的是法定的　　原告对动物卫生行政主体或其工作人员的具体行政行为不服，而请求法院予以裁决的行政权利义务关系。

3. 是一种多方的动物卫生行政诉讼法律关系　　动物卫生行政诉讼和其他诉讼一样，是在人民法院的主持下并在当事人及其他诉讼参与人的参加下进行的活动。在诉讼中产生了以人民法院为裁判方，以动物卫生行政主体为一方，以行政相对人为另一方的诉讼法律关系。

二、动物卫生行政诉讼的原则

行政诉讼基本原则是指反映行政诉讼基本特点和一般规律,贯穿于行政诉讼活动整个过程或主要过程,指导行政诉讼法律关系主体诉讼行为的重要准则。

（一）与民事、刑事诉讼共有的原则

1. 人民法院独立行使审判权原则　　人民法院独立行使审判权，是我国民事、刑事和行政诉讼共有的一项极为重要的原则。这项原则的贯彻实施不仅关系到国家权力的相互制约和监督功能的发挥，而且关系到国家审判机关是否能真正具有权威。特别是行政诉讼的被告是行政机关时，如果法院和法官的独立性差，就不可能真正公正地审理和裁判案件。但如何使法院能够真正独立地行使审判权，是我国诉讼制度改革与其他制度改革过程中应进一步加以解决的问题。

2. 以事实为根据，以法律为准绳原则　　人民法院审理各类案件均应以事实为根据，以法律为准绳。这一原则的基本要求是，人民法院审理行政案件，应当依照法定程序，在查清案件事实真相的基础上，正确适用法律，作出符合案件事实和法律的裁判。

3. 合议、回避、公开审判和两审终审原则　　合议制度是指人民法院的审判组织形式，即由三名以上单数的审判人员组成合议庭，共同进行审判工作并对承办的案件负责的审判制度。人民法院审理行政案件，由审判员组成合议庭，或者由审判员、陪审员组成合议庭。合议庭是审判的主体，以少数服从多数方式决定案件的裁判结果。

回避制度是指审判人员具有法定情形，必须回避，不参与案件审理的制度。根据《行政诉讼法》的规定，回避制度包括两种：一是当事人申请回避，即当事人认为审判人员与本案有利害关系或者有其他关系可能影响公正审判，有权申请审判人员回避；二是审判人员认为自己与本案有利害关系或者有其他关系，应当申请回避。

公开审判制度是指除不予公开和可以不公开审理的案件外,法院对行政案件的审理一律依法公开进行，允许群众旁听，允许记者公开报道；不论是否公开审理的案件，判决结果均一律公开的制度。

两审终审制是指一个案件经过第一审和第二审人民法院的审理，即终结诉讼的制度。

4. 当事人诉讼法律地位平等原则　　当事人在行政诉讼中的法律地位是平等的，当事人有平等的诉讼权利和诉讼义务。但这不意味着原、被告诉讼权利和义务完全对应。

5. 使用本民族语言文字进行诉讼原则　　各民族公民都有使用本民族语言文字进行行政

诉讼的权利。在少数民族聚居或者多民族共同居住的地区，人民法院应当用当地民族通用的语言文字进行审理和发布法律文书。人民法院应当为不通晓当地民族通用语言文字的诉讼参与人提供翻译。

6. 辩论原则　　在行政诉讼中，当事人有权针对案件事实的有无、证据的真伪、适用法律法规的正确与否诸方面相互进行辩论。

7. 人民检察院对行政诉讼进行法律监督的原则　　根据《中华人民共和国宪法》和《行政诉讼法》的规定，人民检察院有权对动物卫生行政诉讼实行法律监督。人民检察院对法院已经发生法律效力的判决、裁定，发现违反法律、法规规定的，有权按照审判监督程序提出抗诉。

（二）行政诉讼特有的原则

人民法院在审理动物卫生行政案件时适用的基本原则如下。

1. 特定管辖原则　　人民法院只管辖法律规定由其管辖的行政案件。根据该原则，人民法院管辖的行政案件的范围是：①只管辖因具体行政行为引起争议的案件，不管辖因抽象行政行为发生争议的案件；②只管辖行政机关在管理国家事务时与公民、法人或其他组织发生争议的案件，不管辖行政机关在管理内部事务时发生争议的案件；③按照国际惯例，政府所为的国家行为，如外交、国防事务等都不属于行政诉讼范围，人民法院不能管辖。

2. 对具体行政行为合法性进行审查原则　　行政行为的合法性，不仅包括认定事实清楚、适用法律正确、符合法定程序，还包括行政机关在自由裁量领域合理使用行政自由裁量权，明显不合理的行政行为构成滥用职权。

3. 起诉不停止执行原则　　是指在行政诉讼中，原行政机关的具体行政行为不因为原告的起诉和人民法院的审理而停止执行的制度。也就是说，动物卫生行政机关的具体行政行为一旦作出，就对行政机关本身和行政相对人具有约束力，必须遵守执行。一般认为，行政诉讼实行起诉不停止执行制度，主要是基于以下原因：①行政行为的权威性。行政机关的具体行政行为是依据行政权作出的，而行政权属于国家权力的一种，因此行政机关作出的具体行政行为应该具有权威性，具有一定的法律效力。只有作出行政行为的机关自己，或者比其更有权威的机关依一定的程序才能将其撤销或变更。②行政管理的客观需要。国家的行政管理工作是一刻也不能中断的，为保证国家行政管理工作的连续性和稳定性，行政诉讼的提起不能影响具体行政行为的执行，否则就可能妨碍国家行政机关的正常活动，不利于国家行政管理工作的顺利进行。③有些具体行政行为针对的对象具有社会危害性，不及时处理，将会给社会造成非常不利的后果。

根据《行政诉讼法》的规定，有下列情形之一的，裁定停止执行：①被告认为需要停止执行的；②原告或者利害关系人申请停止执行，人民法院认为该行政行为的执行会造成难以弥补的损失，并且停止执行不损害国家利益、社会公共利益的；③人民法院认为该行政行为的执行会给国家利益、社会公共利益造成重大损害的；④法律、法规规定停止执行的。

4. 被告承担举证责任原则　　在民事诉讼中通常是"谁主张，谁举证"。也就是说，原告起诉，就要由原告为其主张举证，如果举证不力，则原告承担败诉的不利法律后果。而行政诉讼举证责任的分配则不然。《行政诉讼法》第三十四条规定："被告对作出的行政行为负有举证责任，应当提供作出该行政行为的证据和所依据的规范性文件。"也就是说，虽然是原告对具体行政行为不服而启动了行政诉讼，但是原告没有义务证明具体行政行为的违法性。被告如果不想败诉，就要证明被诉具体行政行为是合法的，即被告必须承担证明被诉具体行政行为合法的义务。如果被告对此证明不了或者证明不力，则由被告承担败诉的不利法律后果。主要原因有二：①被告负举证责任是依法行政原则的应有内涵。动物卫生行政主体作出行政行为，不仅要依据实体法，而且要依据程序法，行政行为必须符合法定程序。而行政行为符合法定程序的一个最基本规则是"先取证，后裁决"，即动物卫生行政主体在作出裁决之前，应当充分收集证据，然后根据事实、对照法律作出裁决，而不能在毫无证据或者证据不足的情况下，对行政相对人作出行政行为。因此，当动物卫生行政主体作出的行政行为被诉至法院时，应当能够有充分的证据证明其合法性。这是被告承担行政诉讼举证责任的基础。②作为被告的动物卫生行政主体与原告相比具有举证优势。在行政程序中，动物卫生行政主体处于主动地位，而行政相对人处于被动地位。由于行政法律关系中双方当事人地位的不同，原告无法或者很难收集到证据，即使收集到，也可能难以保全。在一些特定情况下，原告甚至没有举证能力。而具备专业知识和技术条件的行政主体则具有更优越、更现实、更充分的举证能力。因此，从举证难易方面来考虑，由被告负举证责任是公允且合理的。

5. 不适用调解原则　　因为法院审理行政案件是针对具体行政行为的合法性进行的，或者合法，或者违法，没有第三种可能。并且行政权是国家权力之一，是不可让予、不可处分的一种权力。而调解的前提是双方让步，即双方权力（权利）的妥协与放弃。可见，行政权先天的不可处分性与调解的基础严重背离，因此行政诉讼不适用调解。但是《行政诉讼法》第六十条同时也规定，行政赔偿、补偿以及行政机关行使法律、法规规定的自由裁量权的案件可以调解。调解应当遵循自愿、合法原则，不得损害国家利益、社会公共利益和他人合法权益。

6. 司法变更权有限原则　　司法变更权是指人民法院对被诉具体行政行为经过审理后，改变该具体行政行为的权力，其涉及司法权与行政权的关系问题。考虑到法院的性质和司法权与行政权的关系，行政机关在法律法规授予的行政自由裁量权范围内作出的具体行政行为是否合理、适当，原则上通过行政复议由行政机关自行判断和处理。人民法院行使的是司法权，必须尊重权力与权力之间的界限，不能代行行政权，否则权力的分工与制衡就会被打破。《行政诉讼法》正是基于上述考虑，为了最大限度地保护当事人合法权益及司法权行使的有效性，同时兼顾法定的权力分配关系，规定行政处罚明显不当，或者其他行政行为涉及对款额的确定、认定确有错误的，人民法院可以判决变更，且人民法院判决变更，不得加重原告的义务或者减损原告的权益。

三、动物卫生行政诉讼的受案范围和管辖

（一）受案范围

动物卫生行政诉讼的受案范围包括：

（1）对暂扣或者吊销许可证、责令停产停业、没收违法所得、没收非法财物、罚款、警告等动物卫生行政处罚不服的；

（2）对限制人身自由或者财产的查封、扣押等行政强制措施和行政强制执行不服的；

（3）申请行政许可，行政机关拒绝或者在法定期限内不予答复，或者对行政机关作出的有关行政许可的其他决定不服的；

（4）对征收、征用决定及其补偿决定不服的；

（5）申请行政机关履行保护人身权、财产权等合法权益的法定职责，行政机关拒绝履行或者不予答复的；

（6）认为动物卫生行政机关侵犯其经营自主权的；

（7）认为动物卫生行政机关滥用行政权力排除或者限制竞争的；

（8）认为动物卫生行政机关违法集资、摊派费用或者违法要求履行其他义务的。

（二）管辖

我国的人民法院分为基层人民法院、中级人民法院、高级人民法院、最高人民法院。案件管辖是指各级人民法院之间或同级人民法院之间受理第一审动物卫生行政案件的具体分工和权限。《行政诉讼法》分别规定了级别管辖、地域管辖、指定管辖和移送管辖等不同的管辖形式。

1. 级别管辖　　基层人民法院管辖第一审行政案件。

中级人民法院管辖下列第一审行政案件：①对国务院部门或者县级以上地方人民政府所作的行政行为提起诉讼的案件；②海关处理的案件；③本辖区内重大、复杂的案件；④其他法律规定由中级人民法院管辖的案件。

高级人民法院管辖本辖区内重大、复杂的第一审行政案件。

最高人民法院管辖全国范围内重大、复杂的第一审行政案件。"重大、复杂的案件"是指：①社会影响重大的共同诉讼案件；②涉外或者涉及香港特别行政区、澳门特别行政区、台湾地区的案件；③其他重大、复杂的案件。

2. 地域管辖　　行政案件由最初作出行政行为的行政机关所在地人民法院管辖。经复议的案件，也可以由复议机关所在地人民法院管辖。经最高人民法院批准，高级人民法院可以根据审判工作的实际情况，确定若干人民法院跨行政区域管辖行政案件。

两个以上人民法院都有管辖权的案件，原告可以选择其中一个人民法院提起诉讼。原告向两个以上有管辖权的人民法院提起诉讼的，由最先立案的人民法院管辖。

3. 指定管辖和移送管辖　　人民法院发现受理的案件不属于本院管辖的，应当移送有管辖权的人民法院，受移送的人民法院应当受理。受移送的人民法院认为受移送的案件按照规定不属于本院管辖的，应当报请上级人民法院指定管辖，不得再自行移送。

有管辖权的人民法院由于特殊原因不能行使管辖权的，由上级人民法院指定管辖。

人民法院对管辖权发生争议，由争议双方协商解决。协商不成的，报它们的共同上级人民法院指定管辖。

上级人民法院有权审理下级人民法院管辖的第一审行政案件。下级人民法院对其管辖的第一审行政案件，认为需要由上级人民法院审理或者指定管辖的，可以报请上级人民法院决定。

四、动物卫生行政诉讼参加人

（一）原告资格

动物卫生行政行为的相对人，以及其他与行政行为有利害关系的公民、法人或者其他组织，有权提起诉讼。有权提起诉讼的公民死亡，其近亲属可以提起诉讼。有权提起诉讼的法人或者其他组织终止，承受其权利的法人或者其他组织可以提起诉讼。

（二）被告资格

公民、法人或者其他组织直接向人民法院提起诉讼的，作出行政行为的动物卫生行政机关是被告。经复议的案件，复议机关决定维持原行政行为的，作出原行政行为的行政机关和复议机关是共同被告；复议机关改变原行政行为的，复议机关是被告。复议机关在法定期限内未作出复议决定，公民、法人或者其他组织起诉原行政行为的，作出原行政行为的行政机关是被告；起诉复议机关不作为的，复议机关是被告。两个以上行政机关作出同一行政行为的，共同作出行政行为的行政机关是共同被告。动物卫生行政机关委托的组织所作的行政行为，委托的行政机关是被告。动物卫生行政机关被撤销或者职权变更的，继续行使其职权的行政机关是被告。

（三）诉讼代表人

当事人一方或者双方为二人以上，因同一行政行为发生的行政案件，或者因同类行政行为发生的行政案件、人民法院认为可以合并审理并经当事人同意的，为共同诉讼。当事人一方人数众多的共同诉讼，可以由当事人推选代表人进行诉讼。代表人的诉讼行为对其所代表的当事人发生效力，但代表人变更、放弃诉讼请求或者承认对方当事人的诉讼请求，应当经被代表的当事人同意。

（四）诉讼第三人

公民、法人或者其他组织同被诉行政行为有利害关系但没有提起诉讼，或者同案件处理结果有利害关系的，可以作为第三人申请参加诉讼，或者由人民法院通知参加诉讼。人民法院判决第三人承担义务或者减损第三人权益的，第三人有权依法提起上诉。

（五）法定代理人和委托代理人

没有诉讼行为能力的公民，由其法定代理人代为诉讼。法定代理人互相推诿代理责任的，由人民法院指定其中一人代为诉讼。

当事人、法定代理人可以委托一至二人作为诉讼代理人。下列人员可以被委托为诉讼代理人：①律师、基层法律服务工作者；②当事人的近亲属或者工作人员；③当事人所在社区、单位及有关社会团体推荐的公民。

五、动物卫生行政诉讼的程序

（一）起诉与受理

1. 起诉 行政诉讼的起诉是指公民、法人或其他组织，认为行政机关的具体行政行为侵犯其合法权益，向法院提起诉讼，请求法院行使国家审判权、审查具体行政行为的合法性并向其提供法律救济，以保护其合法权益的诉讼行为。起诉是人民法院对相应案件行使审判权的前提。

对属于人民法院受案范围的行政案件，公民、法人或者其他组织可以先向动物卫生行政机关申请复议，对复议决定不服的，再向人民法院提起诉讼；也可以直接向人民法院提起诉讼。公民、法人或者其他组织不服复议决定的，可以在收到复议决定书之日起 15 日内向人民法院提起诉讼。复议机关逾期不作决定的，申请人可以在复议期满之日起 15 日内向人民法院提起诉讼。公民、法人或者其他组织直接向人民法院提起诉讼的，应当自知道或者应当知道作出行政行为之日起 6 个月内提出。公民、法人或者其他组织因不可抗力或者其他不属于自身的原因耽误起诉期限的，被耽误的时间不计算在起诉期限内。公民、法人或者其他组织因前款规定以外的其他特殊情况耽误起诉期限的，在障碍消除后 10 日内，可以申请延长期限，是否准许由人民法院决定。

根据《行政诉讼法》第四十九条的规定，公民、法人或其他组织向人民法院提起行政诉讼，必须符合以下条件：①原告必须符合资格要求；②必须有明确的被告；③必须有具体的诉讼请求和事实依据；④起诉的案件属于人民法院受案范围和受诉人民法院管辖。

起诉除必须符合上述法定条件外，还必须符合法定的方式和形式。起诉应当向人民法院递交起诉状，并按照被告人数提出副本。书写起诉状确有困难的，可以口头起诉，由人民法院记入笔录，出具注明日期的书面凭证，并告知对方当事人。参照《中华人民共和国民事诉讼法》关于起诉状的要求，起诉状应当列明下列事项：①原告和被告的基本情况；②诉讼请求和所根据的事实和理由；③证据和证据来源，证人姓名和住所。

2. 受理　　行政诉讼的受理，是指人民法院对原告的起诉行为进行审查后，认为起诉符合法律规定的要件，在法定期限内予以立案；或者认为起诉不符合法律规定，决定不予受理的行为。

根据《行政诉讼法》的规定，人民法院在接到起诉状时对符合规定的起诉条件的，应当登记立案。对当场不能判定是否符合本法规定的起诉条件的，应当接收起诉状，出具注明收到日期的书面凭证，并在 7 日内决定是否立案。不符合起诉条件的，作出不予立案的裁定。裁定书应当载明不予立案的理由。原告对裁定不服的，可以提起上诉。起诉状内容欠缺或者有其他错误的，应当给予指导和释明，并一次性告知当事人需要补正的内容。不得未经指导和释明即以起诉不符合条件为由不接收起诉状。对于不接收起诉状、接收起诉状后不出具书面凭证，以及不一次性告知当事人需要补正的起诉状内容的，当事人可以向上级人民法院投诉，上级人民法院应当责令改正，并对直接负责的主管人员和其他直接责任人员依法给予处分。人民法院既不立案，又不作出不予立案裁定的，当事人可以向上一级人民法院起诉。上一级人民法院认为符合起诉条件的，应当立案、审理，也可以指定其他下级人民法院立案、审理。

（二）行政诉讼的审理和判决

1. 审理　　行政诉讼的审理裁判程序包括一审、二审和审判监督程序，具体程序参照《行政诉讼法》的相关规定。对于已立案的行政诉讼案件，人民法院应在规定的期限内审结。

对于第一审案件，人民法院应当在立案之日起 6 个月内作出判决，有特殊情况需要延长的，由高级人民法院批准，高级人民法院审理第一审案件需要延长的，由最高人民法院批准。对于适用简易程序审理的行政案件，应当在立案之日起 45 日内审结。

当事人不服人民法院第一审判决的，有权在判决书送达之日起 15 日内向上一级人民法院提起上诉。当事人不服人民法院第一审裁定的，有权在裁定书送达之日起 10 日内向上一级人民法院提起上诉。逾期不提上诉的，人民法院的第一审判决或者裁定发生法律效力。人民法院审理上诉案件，应当在收到上诉状之日起三个月内作出终审判决。有特殊情况需要延长的，由高级人民法院批准，高级人民法院审理上诉案件需要延长的，由最高人民法院批准。

2. 判决　　第一审人民法院在审理之后，根据不同情况，分别作出以下判决。

（1）驳回原告诉讼请求判决。动物卫生行政行为证据确凿，适用法律、法规正确，符合法定程序的，或者原告申请被告履行法定职责或者给付义务理由不成立的，判决驳回原告的诉讼请求。

（2）判决撤销或重新作出行政行为。动物卫生行政行为有下列情形之一的，判决撤销或者部分撤销，并可以判决被告重新作出行政行为：①主要证据不足的；②适用法律、法规错误的；③违反法定程序的；④超越职权的；⑤滥用职权的；⑥明显不当的。人民法院判决被告重新作出行政行为的，被告不得以同一事实和理由作出与原行政行为基本相同的行政行为。

（3）判定履行法定职责。经过审理，查明被告不履行法定职责的，判决被告在一定期限内履行。

（4）判决履行给付义务。经过审理，查明被告依法负有给付义务的，判决被告履行给付义务。

（5）判决确认违法。动物卫生行政行为有下列情形之一的，判决确认违法，但不撤销行政行为：①行政行为依法应当撤销，但撤销会给国家利益、社会公共利益造成重大损害的；②行政行为程序轻微违法，但对原告权利不产生实际影响的。动物卫生行政行为有下列情形之一，不需要撤销或者判决履行的，判决确认违法：①行政行为违法，但不具有可撤销内容的；②被告改变原违法行政行为，原告仍要求确认原行政行为违法的；③被告不履行或者拖延履行法定职责，判决履行没有意义的。

（6）判决确认无效。动物卫生行政行为有实施主体不具有行政主体资格或者没有依据等重大且明显违法情形，原告申请确认行政行为无效的，判决确认无效。人民法院判决确认违法或者无效的，可以同时判决责令被告采取补救措施；给原告造成损失的，依法判决被告承担赔偿责任。

（7）判决变更。动物卫生行政处罚明显不当，或者其他行政行为涉及对款额的确定、认定确有错误的，可以判决变更。人民法院判决变更，不得加重原告的义务或者减损原告的权益。但利害关系人同为原告，且诉讼请求相反的除外。

（8）判决履行行政协议及补偿。被告不依法履行、未按照约定履行行政协议的，人民法院判决被告承担继续履行、采取补救措施或者赔偿损失等责任。被告变更、解除行政协议合法，但未依法给予补偿的，人民法院判决给予补偿。

（9）复议决定和原行政行为一并裁决。动物卫生复议机关与作出原行政行为的行政机关为共同被告的案件，人民法院应当对复议决定和原行政行为一并作出裁决。

人民法院审理上诉案件，按照下列情形，分别处理：

（1）原判决、裁定认定事实清楚，适用法律、法规正确的，判决或者裁定驳回上诉，维持原判决、裁定；

（2）原判决、裁定认定事实错误或者适用法律、法规错误的，依法改判、撤销或者变更；

（3）原判决认定基本事实不清、证据不足的，发回原审人民法院重审，或者查清事实后改判；

（4）原判决遗漏当事人或者违法缺席判决等严重违反法定程序的，裁定撤销原判决，发回原审人民法院重审。原审人民法院对发回重审的案件作出判决后，当事人提起上诉的，第二审人民法院不得再次发回重审。

人民法院审理上诉案件，需要改变原审判决的，应当同时对被诉行政行为作出判决。

（三）行政诉讼案件的执行

当事人必须履行人民法院发生法律效力的判决、裁定、调解书。公民、法人或者其他组织拒绝履行判决、裁定、调解书的，动物卫生行政机关或者第三人可以向第一审人民法院申请强制执行，或者由动物卫生行政机关依法强制执行。动物卫生行政机关拒绝履行判决、裁定、调解书的，第一审人民法院可以采取下列措施：①对应当归还的罚款或者应当给付的款额，通知银行从该行政机关的账户内划拨。②在规定期限内不履行的，从期满之日起，对该行政机关负责人按日处50～100元的罚款。③将行政机关拒绝履行的情况予以公告。④向监察机关或者该行政机关的上一级行政机关提出司法建议。接受司法建议的机关，根据有关规定进行处理，并将处理情况告知人民法院。⑤拒不履行判决、裁定、调解书，社会影响恶劣的，可以对该行政机关直接负责的主管人员和其他直接责任人员予以拘留；情节严重，构成犯罪的，依法追究刑事责任。

公民、法人或者其他组织对动物卫生行政行为在法定期间不提起诉讼又不履行的，动物卫生行政机关可以申请人民法院强制执行，或者依法强制执行。

动物卫生行政机关或者行政机关工作人员作出的行政行为侵犯公民、法人或者其他组织的合法权益造成损害的，由该行政机关或者该行政机关工作人员所在的行政机关负责赔偿。动物卫生行政机关赔偿损失后，应当责令有故意或者重大过失的动物卫生行政机关工作人员承担部分或者全部赔偿费用。

第四节　动物卫生行政赔偿

一、动物卫生行政赔偿的概念和特征

（一）动物卫生行政赔偿的概念

动物卫生行政赔偿是指国家动物卫生行政机关及其工作人员违法行使职权，侵犯公民、法人或其他组织的合法权益并造成损害，由国家承担赔偿责任的制度，是国家赔偿中最常见的一种形式。

（二）动物卫生行政赔偿的特征

（1）行政赔偿中的侵权行为主体是国家动物卫生行政机关及其工作人员。这种侵权行为主体的特定性，是行政赔偿区别于其他赔偿的主要根据。

（2）行政赔偿是对动物卫生行政过程中的国家侵权行为造成的损害所给予的赔偿，也就是说，行政赔偿是动物卫生行政机关及其工作人员违法行使行政职权的行为引起的。动物卫生行政过程中的国家侵权行为形式多种多样，既包括违法行使职权所实施的法律行为、事实行为，也包括因执行动物卫生行政职务提供机会而实施的侵权行为，还包括仅在表面上与执行行政职务有关的侵权行为，这些侵权行为都可能引起行政赔偿。但是，发生在动物卫生行政过程以外的侵权行为引起的赔偿则不属于行政赔偿的范畴。

（3）行政赔偿的请求人是其合法权益受到侵权行为损害的公民、法人和其他组织。这里

应当注意的是：首先，行政赔偿请求人是作为行政相对人的公民、法人和其他组织，但不局限于具体行政行为所指向的对象。凡是合法权益受行政机关及其工作人员违法行使职权行为侵害的人都可请求赔偿。其次，行政赔偿请求人必须是受到损害的人，无损害就谈不上赔偿。最后，请求人受到损害的权益应是合法权益，非法权益不受法律保护。非法权益受到损害的公民、法人或其组织不能获得国家赔偿。

（4）行政赔偿的责任主体为国家，但行政赔偿义务机关为致害的行政机关。国家作为行政赔偿的责任主体是由国家与行政机关及其工作人员的关系所决定的。动物卫生行政机关及其工作人员是代表国家，以国家的名义实施行政管理的，因而无论是合法的行为还是违法的行为，其法律后果都归属于国家，违法侵权造成的损害要由国家承担赔偿责任。行政赔偿是一种国家赔偿责任，主要表现在：赔偿费用由国库支出，列入各级人民政府财政。至于具体的赔偿事务，如收集证据、确定是否赔偿和赔偿数额、出庭应诉、决定是否与受害人和解，以及最后支付赔偿金等，都是由行政赔偿义务机关来完成的。

二、动物卫生行政赔偿的条件

国家赔偿责任的构成要件是指国家承担赔偿责任所应具备的前提条件。国家赔偿责任的构成要件包括侵权行为主体、执行职务的行为违法、损害事实和因果关系4个方面。

1. 侵权行为主体　　在国家赔偿中，国家侵权行为的主体是有严格限制的，只有国家机关和国家机关工作人员，以及其他组织、个人在法律授权或接受国家机关委托的情况下，才能成为侵权行为的主体，一般公民、法人不能成为国家侵权行为的主体。按照《国家赔偿法》第二条和第三条的规定，这里的"国家机关"限定为行使行政职能及司法职能的国家行政机关与司法机关，不包括立法机关；"国家机关工作人员"包括国家行政机关、国家司法机关的工作人员，以及法律法规授权的组织、受行政机关委托的组织的工作人员。

2. 执行职务的行为违法　　包含两项内容：一是致害行为必须是执行职务的行为；二是该执行职务的行为违法。

3. 损害事实　　确定国家赔偿责任的最主要目的在于对受害人进行赔偿，因此损害事实的发生是国家承担侵权赔偿责任的首要条件，没有损害的存在就根本谈不上国家赔偿。无论何种损害，一般应具备如下特征：现实性与确定性、特定性与异常性、非法性与可估量性等。

4. 因果关系　　可引起赔偿的损害必须为侵权行为主体违法执行职务行为所造成的，即国家侵权行为与损害事实之间存在因果关系，其中违法行为是原因，损害事实是结果。

三、动物卫生行政赔偿的程序

行政赔偿程序是指行政赔偿请求人向行政赔偿义务机关请求行政赔偿，行政赔偿义务机关处理行政赔偿申请，以及人民法院解决行政赔偿纠纷的步骤、方式、顺序、时限的总和。从广义上讲，行政赔偿程序还包括行政赔偿义务机关对有故意或者重大过失的国家行政机关工作人员行使追偿权的程序。根据《国家赔偿法》第九条的规定，我国的行政赔偿程序实行的是"单独提起"与"一并提起"（或称附带提起）两种请求程序并存的办法，前者又分为行政程序和司法程序两个阶段，这是我国行政赔偿程序的突出特点。

（一）行政赔偿请求的提出

1. 提出行政赔偿请求的要件　　行政赔偿请求的提出必须符合一定的要件，只有当具备了这些要件时，行政赔偿请求人方可以一定的请求方式单独提出行政赔偿请求，或在行政复议、行政诉讼中一并提出行政赔偿请求。主要包括以下 4 个要件：

（1）请求人必须具有行政赔偿请求权；

（2）必须有明确的行政赔偿义务机关；

（3）必须在法定期限内提出行政赔偿请求；

（4）所提出的行政赔偿请求必须是在法律规定的应该赔偿的范围之内。

2. 行政赔偿的请求方式

（1）行政赔偿请求人向赔偿义务机关提出赔偿请求，一般应当以书面形式进行。如果赔偿请求人书写申请书确有困难的，可以委托他人代书，最后由本人签名或盖章，以示申请书的有关内容是本人的真实意思表示。如果行政赔偿请求人委托他人代书亦有不便，也可以口头申请，由赔偿义务机关将其口头申请记入笔录，经赔偿请求人确认无误后，由请求人签字或盖章，该笔录与正式申请书的法律效力相同。

（2）申请书的内容。请求人向行政赔偿义务机关递交的申请书必须能反映受害人的基本情况和要求行政赔偿的案由，以便赔偿义务机关尽快处理并履行行政赔偿义务。因此，申请书应当记载下列事项：①受害人的姓名、性别、年龄、工作单位和住所，如行政赔偿请求人为法人或其他组织时，申请书应载明它们的名称、住所、法定代表人或主要负责人的姓名和职务；②具体的行政赔偿要求；③要求行政赔偿的理由和事实根据；④赔偿义务机关；⑤申请的年、月、日。

3. 单独提出行政赔偿请求及先行程序　　按照《国家赔偿法》的规定，受害人单独提出行政赔偿请求的，应当首先向行政赔偿义务机关提出，在赔偿义务机关不予赔偿或赔偿请求人对赔偿数额有异议时，赔偿请求人才可以依法向行政复议机关申请行政复议或直接向法院提起诉讼。这通常适用于：争议双方对侵权行为的违法性没有争议，但对赔偿问题达不成协议；侵权行为已被确认为违法或已被撤销、变更或者被法院判决确认违法而撤销；该行为为终局裁决；该行为属事实行为等情形。

4. 一并（附带）提出行政赔偿请求　　一并（附带）提出行政赔偿请求，是指赔偿请求人在申请行政复议或提起行政诉讼时一并提出赔偿请求。《国家赔偿法》第九条第二款规定："赔偿请求人要求赔偿，应当先向赔偿义务机关提出，也可以在申请行政复议或者提起行政诉讼时一并提出。"《行政复议法》第七十二条第一款规定，申请人在申请行政复议时可以一并提出行政赔偿请求，行政复议机关对符合《国家赔偿法》的有关规定应当给予赔偿的，在决定撤销或者部分撤销、变更行政行为或者确认行政行为违法、无效时，应当同时决定被申请人依法给予赔偿。这种一并（附带）提出行政赔偿请求的特点为：将确认行政侵权行为违法与要求行政赔偿两项请求一并提出，要求并案处理。行政复议机关或人民法院通常先对行政侵权行为的违法性进行确认，然后再决定是否应予行政赔偿。

（二）行政赔偿义务机关的受案与处理

1. 行政赔偿义务机关的受案　　动物卫生行政赔偿义务机关收到行政赔偿申请书后，要进行受案前的初步审查，审查主要内容包括下列几个方面：

（1）申请是否符合行政赔偿的要件；

（2）申请书的内容和形式是否符合要求；

（3）申请人所要求赔偿的损害是否确由本行政机关及其工作人员或受本机关委托的组织或个人的违法侵权行为所造成；

（4）赔偿请求人所要求的行政赔偿是否属于《国家赔偿法》所规定的赔偿范围。

如经初步审查，所有这些要求均已达到，则应决定立案处理，并通知赔偿请求人。如果发现以下情况，则应另行处理：

（1）申请书的内容、形式有缺漏，应告知申请人予以补充；

（2）如果申请人不具有行政赔偿请求人资格，应告知由具有行政赔偿请求人资格的人申请；

（3）行使赔偿请求权已超过法定期限的，该请求权依法灭失，应告知赔偿请求人不予受理的原因。

2. 行政赔偿义务机关的处理 　《国家赔偿法》规定，行政赔偿义务机关应当自收到赔偿申请之日起两个月内作出是否赔偿的决定。

赔偿义务机关应当依照《国家赔偿法》提出赔偿方案。赔偿方案应包括下述内容：赔偿方式、赔偿数额、计算数额的依据和理由、履行期限等。

动物卫生行政赔偿义务机关在法定期限内如出现下列情形，视为处理不成：①赔偿义务机关对赔偿申请置若罔闻，不予理睬，或对自己提出的方案不予实施的；②赔偿请求人对赔偿义务机关的方案有异议的，包括对赔偿数额、方式、履行期限有不同意见。

赔偿的行政处理不成，赔偿请求人可自期间届满之日起三个月内，向人民法院提起行政赔偿诉讼。

（三）行政赔偿诉讼

行政赔偿诉讼是一种独立的特殊诉讼形式，是人民法院根据赔偿请求人的诉讼请求，依照行政诉讼程序和国家赔偿的原则、基本制度裁判赔偿争议的活动。在起诉条件、诉讼当事人、审理形式、证据规则诸方面都有其自身特点。

1. 起诉条件 　在单独提起赔偿诉讼时，要以行政赔偿义务机关先行处理为前提条件。在一并提起行政赔偿请求时，通常以动物卫生行政复议或行政诉讼形式确认行政职权行为违法为赔偿先决条件。

2. 诉讼当事人 　行政赔偿诉讼以行政赔偿义务机关为诉讼被告，实行"国家责任，机关赔偿"制度。致害的公务员或行政机关的工作人员不作为诉讼被告。

3. 审理形式 　行政赔偿诉讼不同于一般的行政诉讼，在行政赔偿诉讼审理过程中，可以适用调解作为结案方式。

4. 证据规则 　行政赔偿诉讼不完全采取"被告负举证责任"的原则，而是参照民事诉讼规则，要求行政赔偿请求人对其诉讼请求和主张进行举证。行政赔偿诉讼原则上适用《行政诉讼法》规定的程序。

（四）行政追偿程序

1. 行政追偿概述 　行政追偿是指行政赔偿义务机关代表国家向行政赔偿请求人支付赔偿费用以后，依法责令有故意或重大过失的公务员、受委托的组织和个人承担部分或全部赔偿费用的法律制度。

《国家赔偿法》第十六条规定："赔偿义务机关赔偿损失后，应当责令有故意或者重大过失的工作人员或者受委托的组织或者个人承担部分或者全部赔偿费用。对有故意或者重大过失的责任人员，有关机关应当依法给予行政处分；构成犯罪的，应当依法追究刑事责任。"这就是我国行政追偿制度的有关法律规定。行政机关的工作人员或者受委托的组织和个人在行使行政职权时，以国家和行政机关代表的身份出现。因此，其职权行为违法侵犯公民、法人或其他组织的合法权益时，受损害者无法向行使职权的个人要求赔偿，故此法律明确规定由国家承担赔偿责任、机关负责赔偿的制度。但是，如果致害人在行使行政职权时，有故意或重大过失导致损害事实发生的，国家对致害人可以行使追偿权。追偿制度既可以保证受害人及时得到赔偿，避免因动物卫生行政机关工作人员资金薄弱难以向受害人支付足额赔偿费用的情形，又可监督动物卫生行政机关工作人员依法行使行政职权，增强其责任感，使行政机关工作人员竭智尽忠、尽职尽责，同时还可以减轻国家财政负担。追偿是国家基于行政机关与其工作人员之间的内部权利和义务关系而对违法失职的行政机关工作人员追究其内部行政责任的制度。

2. 行政追偿的性质和形式

（1）追偿制度的性质：追偿制度的实质是指行政机关代表国家对有故意或重大过失的行政机关工作人员及受委托的组织和个人行使行政追偿权。追偿权产生的基础是国家与被追偿者之间的特别权力关系。追偿责任依赖于国家赔偿责任而存在，是国家追究违法行使行政职权且主观上有故意或重大过失的行政机关工作人员或者受委托的组织、个人的内部行政责任形式，在法律上不具备民事责任的性质。其也不是行政处分，而是一种独立的责任。

（2）追偿的形式：行政追偿的形式一般是国家先向受害人赔偿，然后根据法定条件和情况责令致害的行政机关工作人员支付赔偿费用，即"国家先赔偿，然后向公务员追偿"的方式。这种方式的优点在于受害人能得到及时的行政赔偿，避免了因动物卫生行政机关工作人员个人财力薄弱使受害人难以取得赔偿的问题，有利于保护受害人的合法权益。同时，建立对有故意或重大过失的行政机关工作人员行使追偿权的制度。可以监督其依法行政，增强责任心。忠于职守，鼓励行政工作人员合法、合理地行使行政权，履行职责，使其既不滥用行政权力，又不遇事畏缩，而能竭智尽忠地依法行政。

3. 行政追偿条件　　国家行政机关行使行政追偿权必须具备以下两个条件：

（1）赔偿义务机关已经向赔偿请求人，即受到损害的公民、法人或其他组织支付了赔偿金；

（2）行政机关工作人员或者受行政机关委托的组织或个人违法行使行政职权造成了受害人合法权益的损失，且其在主观上有故意或者重大过失。

只有完全具备上述两个条件，赔偿义务机关才能真实享有并行使行政追偿权。

4. 行政追偿的范围和标准　　赔偿义务机关有权依法责令有故意或重大过失的工作人员或受委托的组织、个人承担部分或全部赔偿费用。赔偿义务机关在行使追偿权、确定追偿金额时，一般遵循下列原则：

（1）追偿的范围，以赔偿义务机关支付的损害赔偿金额（包括赔偿金及恢复原状、返还财产所需费用）为限；

（2）如果赔偿义务机关因自己的过错而支付了过多的赔偿金时，超额部分无权追偿；

（3）追偿数额的大小要与过错程度相适应，同时考虑被追偿者的薪金收入；

（4）追偿数额的确定通常应与被追偿者进行一定的协商，协商不成的，行政机关有权作出处理决定。

5. 行政追偿人与被追偿人

（1）行政追偿人：按照法律规定，行政追偿人应当是赔偿义务机关，包括以下几种情形：①因行政机关的工作人员违法行使职权，侵犯公民、法人和其他组织的合法权益造成损害、引起赔偿的，该工作人员所在的行政机关为追偿人；②法律法规授权的组织的工作人员行使职权导致侵权赔偿的，该组织是追偿人；③受行政机关委托的组织或个人违法行使所委托的行政职权造成侵权损害赔偿的，委托的行政机关是追偿人。

（2）被追偿人：是指实施造成受害人合法权益受到侵权损害的职权行为的行政机关工作人员或受委托的组织和个人。包括以下几种情形：①两个或两个以上行政机关工作人员共同实施加害行为导致国家赔偿时，相应行为人均为被追偿人；②经合议的事项造成损害赔偿的，所有参加合议的人均为被追偿人，但对最终形成的决议表示反对的人除外；③法律法规直接授权组织的工作人员实施加害行为的，该行为人是被追偿人；④直接受行政机关委托行使行政职权的组织的成员实施加害行为，造成侵权损害赔偿的，该受委托的组织为被追偿人，该组织在承担了追偿责任之后，可以根据其内部的规章再追究直接责任人员的责任。

《国家赔偿法》规定，对于有故意或者重大过失的责任人员，有关机关应当依法给予行政处分，构成犯罪的，应当依法追究刑事责任。如果公务员或受委托的个人因故意或重大过失造成公民、法人和其他组织的合法权益受损，即违反行政法律规范的要求，违法行使行政职权，应受到法律制裁；如果触犯了刑律，还应追究其刑事责任，这是"法律面前人人平等"原则的要求。公务员是国家法律的执行者，如果因其公务员身份而网开一面，不追究其违法失职的责任，将会使国家整个法律制度受到破坏，这也是与现代法治原则严重相背离的。

复习思考题

1. 什么是行政救济？行政救济制度有何现实意义？
2. 什么是行政复议？申请行政复议的条件有哪些？
3. 行政复议机关如何审理行政复议案件？为什么规定被申请人承担举证责任？
4. 什么是行政诉讼？行政诉讼应坚持哪些基本原则？
5. 行政诉讼案件如何进行审理和判决？
6. 如何正确理解行政复议和行政诉讼这两种行政救济途径之间的关系？
7. 什么是行政赔偿，有何特征？
8. 行政赔偿责任的构成要件有哪些？
9. 行政相对人可以通过哪些方式提出行政赔偿请求？
10. 什么是行政追偿，为什么要进行行政追偿？

参 考 文 献

邓干臻, 陈向前. 2011. 动物卫生法学. 北京: 科学出版社

法律出版社. 2021. 生猪屠宰管理条例. 北京: 法律出版社

姜明安. 2019. 行政法与行政诉讼法. 7 版. 北京: 北京大学出版社

青岛动物卫生法学研究咨询中心. 2018. 动物卫生行政法理论与实务. 北京: 中国农业出版社

沈岿. 2022. 国家赔偿法: 原理与案例. 3 版. 北京: 北京大学出版社

施春风. 2021. 中华人民共和国动物防疫法解读. 北京: 中国法制出版社

世界动物卫生组织(OIE). 2020. 陆生动物卫生法典. 农业农村部畜牧兽医局译. 北京: 中国农业出版社

王瑞贺, 杨振海. 2021. 中华人民共和国动物防疫法释义. 北京: 中国民主法制出版社

中国法制出版社. 2020. 中华人民共和国行政复议法注解与配套. 5 版. 北京: 中国法制出版社